Saral Sarkar · Die nachhaltige Gesellschaft

Inhalt

Notizen zur deutschen Ausgabe

Seit dem Erscheinen des Buches auf Englisch im Mai 1999 habe ich von LeserInnen und RezensentInnen sowohl Kritik als auch Anregungen bekommen. Ich habe die Gelegenheit der deutschen Ausgabe benutzt, beides zu berücksichtigen und meine Argumentation klarer zu formulieren. Ich habe zu diesem Zweck auch an einigen Stellen zusätzliches Material eingefügt, insbesondere solches, das im deutschsprachigen Raum zum Diskussionsstoff geworden ist. Das vorliegende Werk ist also eine leicht überarbeitete, erweiterte und aktualisierte deutsche Übersetzung.

Bei Zitaten aus englischen Werken, die in deutscher Übersetzung vorhanden sind, hatte ich manchmal Probleme. Oft war ich mit der Übersetzung unzufrieden. In solchen Fällen habe ich die Zitate teilweise selbst übersetzt. Als Quelle habe ich dann neben der deutschen Übersetzung auch das englische Werk angegeben.

Ich hatte die Möglichkeit, die Übersetzung selbst zu prüfen. In der vorliegenden Fassung findet sie meine Billigung.

Saral Sarkar
Im Juli 2001

Dank

Intellektuell bin ich vielen DenkerInnen, Gelehrten und ForscherInnen zu Dank verpflichtet, deren Werke zur Entwicklung meiner eigenen Gedanken beigetragen haben. Ich habe auch aus den Werken von vielen von ihnen extensiv zitiert, um meine Thesen zu untermauern. Sie sind so zahlreich, dass ich sie hier nicht alle aufführen kann. Das ist auch nicht notwendig. Die LeserInnen finden ihre Namen im Text sowie in der Bibliografie.

Prof. Gerrit Huizer, Pieter Jansan, Wouter van Eck, Bob Tatam, David Orton, Ralph Smith (der auch das englische Original des Buches sprachlich redigiert hat), Robert Molteno und zwei externe LektorInnen der britischen und indischen Verlage haben das Manuskript gelesen und wertvolle Kommentare und Ratschläge gegeben. Ich bin ihnen sehr dankbar für die Zeit und Energie, die sie dafür aufgewendet haben.

Für direkte und indirekte, konkrete und moralische Unterstützung, die sie mir haben zuteil werden lassen, danke ich aufrichtig Hermine Karas, Fritz Karas, Rosalind Tatam, Govind Kelkar, Eva Igelmund, Judith Mies (die das Buch aus dem englischen Original ins Deutsche übersetzt hat) und, last but not least, meiner Frau Maria Mies. Den Mitarbeitern des Rotpunktverlages bin ich besonders für die große Mühe dankbar, mit der sie den deutschen Text redigiert haben.

Saral Sarkar
Im Juli 2001

Kapitel 1

Einleitung

Die Notwendigkeit einer umfassenden Analyse und einer umfassenden Perspektive

Die Idee zu diesem Buch entstand Anfang des Jahres 1990. 1989 war die Berliner Mauer gefallen; in der Folge brachen sämtliche »sozialistischen« Regimes in Osteuropa wie Dominosteine zusammen. SozialistInnen in jedem Sinne des Wortes waren tief erschüttert oder zumindest tief enttäuscht. Zwar hatten nicht alle diese Menschen die genannten Regimes für wahrhaft sozialistisch gehalten; dafür war eigens ein neuer Begriff geschaffen worden, nämlich »real existierender Sozialismus«. Aber viele hatten die Hoffnung gehegt, dass sich diese Gesellschaften zumindest in Richtung auf das Ideal des Sozialismus hin entwickeln könnten.

Grüne und UmweltschützerInnen erlebten eine ähnliche Enttäuschung, wenn sie auch weniger ein Schock war. Seit 1972, als *Die Grenzen des Wachstums*, der erste Bericht an den Club of Rome, veröffentlicht wurde, hatte weltweit keine einzige Regierung etwas unternommen, um die Wachstumsspirale zu stoppen. Im Gegenteil, alle Regierungen taten ihr Möglichstes, sie nach oben zu drehen. In den frühen Achtzigerjahren verfielen alle Teile der Ökologiebewegung – überall, wo sie existiert hatten.

In der zweiten Hälfte der Achtzigerjahre mussten zahlreiche Grüne und UmweltschützerInnen, zumindest in Deutschland, eine weitere Enttäuschung erleben: 1985 wurden die Grünen zum Koalitionspartner der Sozialdemokraten in der Landesregierung von Hessen und gaben dafür alle ihre radikalen Positionen auf. In den folgenden Jahren entwickelte sich dies zur allgemeinen politischen Linie der Gesamtpartei (für Einzelheiten siehe Sarkar 1994). Große Teile der Ökologiebewegung wurden – wie die Grüne Partei – zu kritiklosen AnhängerInnen der *Realopolitik*; und ihre politische Praxis beschränkte sich im Wesentlichen auf Lobbyarbeit (für Einzelheiten siehe Sarkar 1993).

Ich habe die beiden großen Enttäuschungen jener Zeit sehr persönlich erlebt, denn ich bin seit langem Sozialist gewesen und war sowohl ein aktives Mitglied der Grünen als auch ein Aktivist in der Ökologie- und Friedensbewegung.

Das (angebliche oder befürchtete) Scheitern des Sozialismus[1] war bereits vor 1989 ein kontroverses Diskussionsthema gewesen. Solche Debatten waren aber damals mit der Hoffnung verbunden, dass es den »sozialistischen« Gesellschaften gelänge, sich selbst zu reformieren und wieder zum echten Sozialismus hin fortzuschreiten. Oder man hoffte, dass es den chinesischen, albanischen oder nordkoreanischen KommunistInnen gelänge, auf einem anderen Weg echte sozialistische Gesellschaften zu bleiben oder zu werden. Doch seit 1989 gibt es keine Hoffnung mehr. Was das heutige China betrifft, besteht dort unter der Herrschaft einer sogenannten kommunistischen Partei der Kapitalismus beziehungsweise eine Mischwirtschaft. Nach 1989 schien Kuba noch für einige Jahre eine Bastion des »Sozialismus« zu bleiben. Doch nun scheint sich Kuba dafür entschieden zu haben, den chinesischen Weg einzuschlagen. Viele Linke haben sich mit dem Kapitalismus arrangiert.

Eine ähnliche Entwicklung vollzog sich in der bundesdeutschen Ökologiebewegung (ich wähle dieses Beispiel, weil die Bewegung hier sehr stark war). Während in der zweiten Hälfte der Siebziger- und zu Beginn der Achtzigerjahre die RadikalökologInnen den Diskurs dominierten und einen radikalökologischen Gesellschafts- und Wirtschaftsentwurf im Gegensatz und als Alternative zur Industriegesellschaft projizierten, setzten sich bis Mitte der Achtzigerjahre Vorstellungen vom ökologischen Umbau beziehungsweise von der Modernisierung der Industriegesellschaft durch. Dies wurde noch forciert durch die aufkommende Idee der nachhaltigen Entwicklung. Und seit dem Ende des »Sozialismus« sehen viele führende ÖkologInnen den Öko-Kapitalismus als ihr Ziel.

Eine parallele Entwicklung fand bei den westdeutschen Grünen statt, allerdings mit der Besonderheit, dass dort für einige Jahre die

Linken dominierten. Diese verbanden die Vorstellung vom ökologischen Umbau der Industriegesellschaft mit ihrer traditionellen linken Politik. Heute ist das Ideal der Bündnisgrünen jedoch einfach der Öko-Kapitalismus (siehe Fischer 1989; Die Grünen 1986).

Nach 1989 waren die Gründe für das Scheitern der »sozialistischen« Gesellschaften das Hauptthema der Diskussionen über den Sozialismus. Manche SozialistInnen taten die Frage damit ab, dass sie behaupteten, es habe bisher keine sozialistische Gesellschaft gegeben und daher könne man auch nicht über deren Scheitern diskutieren. Was da in Osteuropa zusammengebrochen war, sei etwas ganz anderes gewesen.

Dies ist meines Erachtens nur Polemik. Es ist nutzlos. Natürlich kann man Purist sein und die ehemaligen »sozialistischen« Regimes an sehr strengen Kriterien messen, um dann zu dem Schluss zu kommen, sie seien nicht sozialistisch gewesen. Natürlich gab es derart viele Ähnlichkeiten zwischen dem kapitalistischen Westen und dem »sozialistischen« Osteuropa, dass viele sogar von einer Konvergenz der Systeme sprachen. Ich persönlich betrachte sie als zwei Varianten derselben Sache, nämlich der Industriegesellschaft. Doch die beiden Varianten wiesen auch Unterschiede auf; deshalb bezeichne ich sie als Varianten. Für SozialistInnen ist es meines Erachtens ausgesprochen wichtig, nach den Gründen für das Scheitern der »sozialistischen« Regimes zu suchen. Das terminologische Problem habe ich, wie zahlreiche andere auch, gelöst, indem ich »Sozialismus« und »sozialistisch« (in Anführungszeichen) benutze, wenn ich über diese Regimes und ihr System schreibe. Ich verwende diese Anführungszeichen nicht in herabsetzender Absicht, sondern lediglich um zu verdeutlichen, dass ich dieses bestimmte System meine. Zur Bezeichnung aller anderen Vorstellungen vom Sozialismus habe ich den eher verschwommenen Begriff ohne Anführungszeichen benutzt.

Diese Verschwommenheit muss man tolerieren, da sie nicht zu vermeiden ist; denn »Sozialismus ist ein Hut, der seine Form verloren hat, weil ihn zu viele Leute getragen haben«. In ähnlicher Weise ist auch der Begriff »grün« zu vage geworden (das Gleiche gilt für »ökologisch« oder »Umwelt-«), weil sich zu viele Leute, wie man in Deutschland sagt, ein grünes Mäntelchen umgehängt haben. Es gibt mittlerweile grüne Grüne, rote Grüne, rosa Grüne, Tiefgrüne, Hellgrüne und so weiter.

Die geschilderte Situation hat große Verwirrung und Perspektivlosigkeit aufkommen lassen. Der »Sozialismus« ist gescheitert; die radikale Ökologiebewegung hat nichts Nennenswertes erreicht; der Kapitalismus hat jedoch ebenfalls versagt und versagt stetig mehr bei der Lösung der Probleme der Welt. Man denke nur an die Vehemenz, mit welcher die herrschenden Eliten sogar der reichsten kapitalistischen Länder derzeit versuchen, den Wohlfahrtsstaat auszuhebeln. Sie rechtfertigen dieses Vorgehen nicht einmal mehr mit dem Argument, dass dies getan werden müsse, um die Umwelt zu retten.

Diese Verwirrung muss beseitigt werden, und eine klare Perspektive muss sich auftun, wenn wir versuchen wollen, die Biosphäre vor dem totalen Ruin zu retten und die Menschheit vor noch mehr Hunger, Ausbeutung, Unterdrückung, Kriegen, Bürgerkriegen und ethnischen Säuberungen zu bewahren. Die Schaffung einer einigermaßen guten Gesellschaft und einer ökologischen Ökonomie sind nicht mehr Stoff für Traumtänzereien. Sie sind zu Überlebensnotwendigkeiten geworden. Mit diesem Buch möchte ich zu diesem lebenswichtigen Prozess beitragen. Ich habe versucht, Verwirrungen zu beseitigen und Klarheit zu schaffen. Und ich habe versucht, eine Perspektive aufzuzeigen.

Sicher, es gibt viele Menschen, die nicht denken, dass sie an Verwirrung oder Perspektivlosigkeit leiden (ich bin einer von denen). Ich denke jedoch, dass sie an verschiedenen Illusionen leiden. Eine der sehr populären Illusionen ist, dass die Weiterentwicklung von Wissenschaft und Technik sowie die intensivere Nutzung von beiden die Menschheit in die Lage versetzen werden, die ökologische Krise zu überwinden, die Industriegesellschaft zu retten und dem Süden die Verwirklichung einer nachhaltigen Entwicklung zu ermöglichen. In der Tat ist sehr viel von einer technologischen und/oder Effizienzrevolution die Rede. Eine andere verbreitete Wunschvorstellung ist, dass einige wirtschaftliche Innovationen wie Verschmutzungszertifikate, ökologische Steuerreform und so weiter den Wandel des derzeitigen Kapitalismus zum ökologischen Kapitalismus ermöglichen würden. In den

Kapiteln vier und fünf führe ich aus, warum ich das für eine reine Wunschvorstellung halte.

In den beiden illusorischen Vorstellungen wird der grundsätzliche Widerspruch zwischen Ökologie einerseits und industrieller Ökonomie und dem Kapitalismus andererseits indirekt zugegeben. Anderenfalls brauchte man ja keine »Revolution«, um sie miteinander zu versöhnen und die ökologische Krise zu überwinden. Linke aller Art fügen dem noch den grundsätzlichen Widerspruch zwischen dem Geist und der Logik des Kapitalismus einerseits und Gerechtigkeit und sozialer Wohlfahrt andererseits hinzu. Die Lösungen dafür, die heute die meisten Autoren und Politiker anbieten, werden gemeinhin mit den Begriffen »ökosoziale Marktwirtschaft« und »ökologischer Umbau der Industriegesellschaft« ausgedrückt.

Weil ich diese Lösungen für illusorisch halte, schlage ich in Kapitel sechs eine andere vor. Diese kann man als »radikalen Öko-Sozialismus« bezeichnen. Es wird weder eine Marktwirtschaft, die nur ein Euphemismus für Kapitalismus ist, noch eine Industriegesellschaft sein.

Gegen den Begriff »Öko-Sozialismus« können drei radikalökologisch begründete Einwände vorgebracht werden. Erstens wurde der Begriff in den Achtzigerjahren von Sozialdemokraten und anderen Linken benutzt, die lediglich zu ihren ansonsten traditionell sozialistischen beziehungsweise traditionell sozialdemokratischen Positionen in opportunistischer Weise ein paar ökologische Forderungen oder analytische Elemente hinzufügten, was zahlreiche innere Widersprüche in ihrer Programmatik verursachte. Oder sie glaubten – ehrlich, aber naiv – dass eine ökologische Industriegesellschaft möglich wäre. Zweitens verlangen die Theorien aller Art von Sozialismus eine zügige Entwicklung der Produktivkräfte und ein hohes Maß an Überfluss, die als unabdingbare Bestandteile der Politik eines (übergangs)sozialistischen oder sozialdemokratischen Regimes sowie als unverzichtbare Eckpfeiler einer künftigen sozialistischen Gesellschaft gelten. Beide Elemente stehen den Erfordernissen einer wahrhaft ökologischen Ökonomie entgegen. Drittens könnte argumentiert werden, die derzeit vordringlichste Aufgabe sei nicht der Kampf gegen den Kapitalismus und für eine sozialistische Gesellschaft, sondern die Sicherung des Überlebens der Gattung Mensch oder der gesamten Biosphäre. Es ist in diesem Sinne, dass einige frühe RadikalökologInnen den Slogan kreierten: »Wir sind weder links noch rechts, sondern vorn.«

Die beiden erstgenannten Einwände teile ich, verwerfe aber den dritten. Natürlich kann man sagen, der Name sei doch unwichtig. Das ist völlig richtig. Meine Vorstellung einer guten Gesellschaft enthält indes so viele Elemente des sozialistischen Ideals, dass es einer Täuschung gleichkäme, ihn nicht »Öko-Sozialismus« zu nennen. Außerdem bin ich überzeugt, dass wir ohne die Lösung der sozialen Frage auf sozialistische (nicht sozialstaatliche) Weise keine Hoffnung haben, die ökologische Krise überwinden zu können.

Manche RadikalökologInnen vertreten – zusammen mit den ProtagonistInnen der ökosozialen Marktwirtschaft – die Meinung, die Debatte müsse entideologisiert werden. Ich halte dies aber weder für möglich noch für wünschenswert. Ich bin völlig überzeugt davon, dass der Logik des Kapitalismus eine zwanghafte Orientierung hin zu stetigem Wachstum innewohnt. In seiner Logik ist kein Platz für Gerechtigkeit, Gleichheit, Brüderlichkeit, Solidarität, Mitgefühl, Moral oder Ethik. Die Wahl zwischen Kapitalismus und Sozialismus ist deshalb nicht irrelevant geworden; wir müssen uns damit auseinander setzen.

Ich glaube sogar, dass dies mit dem Aufkommen der ökologischen Krise noch wichtiger geworden ist. In der Tat ist es meine These – ich werde dies in den Kapiteln fünf und sechs ausführen –, dass eine wahrhaft ökologische Ökonomie nur in einer sozialistischen soziopolitischen Struktur funktionieren kann. Und eine wahrhaft sozialistische Gesellschaft kann nicht anders sein als eine wahrhaft ökologische. Während ein unausweichlicher und unlösbarer Widerspruch zwischen dem Kapitalismus und industrieller Ökonomie auf der einen und den Erfordernissen einer wahrhaft ökologischen Ökonomie auf der anderen Seite besteht, gibt es keinen Widerspruch zwischen dem Sozialismus und einer wahrhaft ökologischen Ökonomie, wenn Ersterer als eine nichtindustrielle Gesellschaft konzipiert werden kann, was ich für möglich halte. Es ist auch meine These, dass irgendwelche noch zu erfindenden, passenden Varianten sozialistischer Methoden, eine Wirtschaft zu organisieren – irgendwelche bekannten oder noch unbekannten Formen von öffentlichem Eigentum an natürlichen Ressourcen und Produktionsmitteln, irgendwelche Formen von Planung, Rationierung und so weiter –, für einen friedlichen und geordneten Übergang zu einer ökologischen Ökonomie zwingend notwendig sind.

Das sind aber nicht die einzigen Gründe, warum ich für den ökologischen Sozialismus eintrete. Milton Friedman, der berühmte prokapitalistische Wirtschaftswissenschaftler, sagte einmal: »Wäre die freie Marktwirtschaft nicht das effizienteste System, ich wollte sie trotzdem – wegen der Werte, die sie repräsentiert: Wahlfreiheit, Herausforderung, Risiko« (Zit. n. Heuser 1993: 101–102). Ich verwerfe den Öko-Kapitalismus nicht nur deshalb, weil er nicht funktionieren kann, sondern auch und vor allem wegen der Werte, die der Kapitalismus repräsentiert: Ausbeutung, brutale Konkurrenz, Anbetung des schnöden Mammons, Profit und Gier als Leitmotive. Und ich bin für den Sozialismus vor allem wegen der damit verbundenen Werte: Gleichheit, Kooperation, Solidarität. Freiheit und Demokratie sind mit diesen Werten durchaus vereinbar, auch wenn sie in den bisher erlebten »sozialistischen« Regimes nicht existierten. Nicht vereinbar sind sie aber mit den Werten des Kapitalismus, ganz besonders nicht mit Ungleichheit bei Geld und Macht. Der »Sozialismus« ist tot, aber nicht der Sozialismus. Sozialismus hat Zukunft. Er muss allerdings zuerst die ökologische Lektion lernen.

Es sollte nun klar geworden sein, warum die Ökobewegung in den westlichen kapitalistischen Ländern nichts erreicht hat. Sie kollidierte mit der inhärenten Wachstumslogik des Kapitalismus und der industriellen Ökonomie. Aber warum scheiterte der »Sozialismus«? Mit den Antworten, die ich bisher gehört habe, bin ich nicht zufrieden. Es ist meine These, dass der »Sozialismus« in der UdSSR und den osteuropäischen Ländern vor allem deshalb scheiterte, weil er an die Grenzen des Wachstums stieß. Ich habe zahlreiche Darstellungen der Umweltzerstörung in den »sozialistischen« Ländern gelesen sowie mehrere Hinweise auf ihre Ressourcenprobleme. Aber es fehlt überall der Hinweis auf den kausalen Zusammenhang zwischen den Grenzen des Wachstums und dem Scheitern des »Sozialismus« (siehe zum Beispiel

Magdoff und Sweezy 1990). Im zweiten Kapitel präsentiere ich Materialien, die meine These untermauern.

Meiner Meinung nach gab es noch einen zweiten, wesentlichen Grund für das Scheitern des »Sozialismus«: Man kann ihn ganz allgemein den menschlichen oder subjektiven Faktor nennen (die Grenzen des Wachstums sind ein objektiver Faktor). Den kommunistischen Parteien der »sozialistischen« Länder gelang es nicht, den »neuen Menschen« zu schaffen, dessen Verhalten von einer neuen sozialistischen oder kommunistischen Ethik geleitet sein sollte, die, wie sie wussten, eine unabdingbare Voraussetzung für den Erfolg ihres Projekts war. Das Projekt war ja nicht nur die Entwicklung der Produktivkräfte und die Schaffung einer Überflussgesellschaft. Die KommunistInnen wollten auch eine klassenlose, eine moralisch überlegene Gesellschaft schaffen. Sie scheiterten, weil dies ein sehr großes und sehr schwieriges Projekt war und noch ist. Auf diesen Punkt komme ich in Kapitel drei zu sprechen.

Die »sozialistischen« Regimes der UdSSR und Osteuropas hätten trotz der ökonomischen Stagnation weiterbestehen (nicht erfolgreich sein) können, wenn die Moralität ihrer kommunistischen Parteien und damit ihrer Gesellschaften sozialistisch geblieben wäre. Ebenfalls hätten sie trotz der moralischen Verkommenheit weiterbestehen können, wenn das Wachstum der Wirtschaft und des Lebensstandards zu einer befriedigenden Rate hätte gewährleistet werden können. Aber gegen Ende war keine der beiden Voraussetzungen mehr gegeben.

Warum diese beiden Voraussetzungen nicht erfüllt werden konnten, kann man auch allgemein mit dem sogenannten Ökonomismus erklären, der ein integraler Bestandteil der traditionellen marxistischen Sozialismustheorie war. Ein Element des Ökonomismus ist der Glaube, dass stetiges Wirtschaftswachstum möglich und notwendig sei. Ein anderes Element lautet, Überfluss sei für ein gutes Leben notwendig. So formulierten einige führende sowjetische Theoretiker 1967 in einem Buch mit dem Titel *Politische Ökonomie des Sozialismus* »das grundlegende wirtschaftliche Gesetz des Sozialismus« als *»immer vollständigere* Befriedigung der wachsenden materiellen und kulturellen Bedürfnisse der Bevölkerung durch *stetiges Wachstum* und Verbesserung sozialistischer Produktion« (Khudokormov 1967: 72). Aufgrund dieses ökonomistischen Denkens hielten die »SozialistInnen« ihr Wirtschaftswachstum und das erreichte Maß an Wohlstand nie für befriedigend. Zudem setzte in den frühen Achtzigerjahren, aus den in Kapitel zwei ausgeführten Gründen, eine wirtschaftliche Stagnation ein. Und da Überfluss für alle BürgerInnen nicht erreichbar war, begannen die herrschenden Eliten, sich ungerechtfertigte Privilegien zu gewähren. Zusätzlich frönten sie korrupten Praktiken, um sich das gute Leben leisten zu können, welches ihre Ideologie versprach. Sie verkamen moralisch. Mit diesem Thema befasse ich mich detailliert in Kapitel drei.

Es gibt/gab übrigens noch einen anderen Aspekt des Ökonomismus – sowohl im Westen wie auch in der UdSSR und Osteuropa. Sowohl die westlichen SowjetologInnen als auch die »sozialistischen« ReformerInnen verstanden das Scheitern des »Sozialismus« lediglich als ein Scheitern der »sozialistischen« Wirtschaft. Mehr noch, sie sahen die Erklärung für dieses Scheitern allein in den »funktionalen Defiziten« und »funktionalen Blockaden« im Wirtschaftssystem im engen Sinne, das heißt im Sinne von zentralisierter Planung, Kommando-administrativen Methoden von Management und Kontrolle und staatlichem Eigentum an den Produktionsmitteln, die alle angeblich Initiative und Motivation töteten.

Wie gesagt, glaube ich im Gegensatz zu ihnen, dass die Hauptgründe für das Scheitern des »Sozialismus« in den Grenzen des Wachstums und moralischer Verkommenheit liegen. Das Scheitern eines Gesellschaftssystems kann mehrere Aspekte haben. Und es kann ein Teilscheitern sein. Ein Gesellschaftssystem kann (kurz- oder mittelfristig) wirtschaftlich erfolgreich, aber moralisch verkommen sein. Die USA beispielsweise sind scheinbar wirtschaftlich sehr erfolgreich. Die US-Gesellschaft aber ist voll von Verbrechen, Gewalt, Korruption, psychischem Leiden, Drogensucht, Arbeitslosigkeit, Obdachlosigkeit und so weiter. Südkorea hat ein rasantes Wirtschaftswachstum geschafft, jedoch nur um den Preis eines diktatorischen Regimes, intensiver Ausbeutung der arbeitenden Bevölkerung und weitverbreiteter Korruption. Auch in den reichen kapitalistischen Ländern ist der Kapitalismus hinsichtlich der Qualität der Gesellschaft gescheitert.

Ich bestreite keineswegs, dass die oben erwähnten funktionalen Defizite und Blockaden beim Scheitern des »Sozialismus« eine Rolle gespielt haben. Sie spielten schon eine Rolle, aber eine unbedeutende. Selbst wenn diese Defizite und Blockaden hätten behoben werden können, wäre der »Sozialismus« gescheitert – sowohl bedingt durch die Grenzen des Wachstums im beschränkten wirtschaftlichen Sinne als auch bedingt durch die moralische Verkommenheit der Eliten und der Bevölkerung im weitesten moralischen Sinne. Dennoch habe ich in Kapitel drei diesen funktionalen Defiziten und Blockaden etwas Raum gegeben, da ich denke, die LeserInnen sollten den Unterschied zwischen meiner Analyse und derjenigen der Standardkritiker des Sozialismus verstehen.

Obwohl ich über die Gründe für das Scheitern des »Sozialismus« im Allgemeinen geschrieben habe, habe ich im Wesentlichen die Erfahrungen aus der UdSSR analysiert. Das ist zwar kein wissenschaftlich korrektes Verfahren, doch mehr war in der Kürze der Zeit nicht möglich. Wir befinden uns heute in einem kritischen Augenblick der Geschichte. Viele Entwicklungen von langfristiger, globaler Bedeutung, auch Entwicklungen geistiger Natur, werden zurzeit entweder bewusst oder durch Nachlässigkeit eingeleitet. Darum müssen die Dinge, die ich zu sagen habe, jetzt gesagt werden und nicht erst in fünf Jahren. Für ein politisches Essay wie das vorliegende genügt es, die Erfahrungen aus der UdSSR zu analysieren. Die anderen »sozialistischen« Länder Osteuropas hatten ja das sowjetische System kopiert; und ihre Erfahrungen waren, zumindest im wirtschaftlichen Bereich, ähnlich. Die Erfahrungen, die in China und Kuba gemacht wurden, sind hingegen sehr verschieden und sollten gesondert analysiert werden.

Die Erfahrungen aus der UdSSR zu analysieren, ist sehr wichtig – nicht nur, um nach den Gründen für das Scheitern des »Sozialismus« zu suchen, sondern auch, um die Vision einer künftigen sozialistischen Gesellschaft entwickeln zu können. Denn viele der schwierigen Probleme, Fragen und Alternativen, denen die Menschen in einer zukünftigen sozialistischen Gesellschaft gegenüberstehen werden, zeigten sich schon in der sowjetischen Erfahrung. Sie wurden sogar intensiv diskutiert. In dieser Hinsicht ist besonders die Frühgeschichte der Sowjetunion von Bedeutung. Vieles, was davon gelernt werden kann, ist sehr wertvoll, obwohl eine zukünftige sozialistische Gesellschaft unter den Bedingungen der Grenzen des Wachstums aufgebaut werden muss, von denen die frühen sowjetischen RevolutionärInnen noch keine Ahnung hatten. Kapitel zwei und drei sind dieser Analyse gewidmet; die Kapitel vier bis sieben befassen sich mit den Fragen der Gegenwart und der Zukunft.

Es ist nun keineswegs so, als bezögen sich die Probleme, denen sich die Menschheit heute und in absehbarer Zukunft stellen muss, auf die zwei Fragen: Wie überwinden wir die ökologische Krise? und: Kapitalismus oder Sozialismus? Es gibt noch viele andere Fragen und Probleme in der Welt. Diese lassen sich in zwei Hauptgruppen einteilen: Zum einen diejenigen, die die Beziehung der Menschen zur übrigen Natur betreffen, und zum anderen diejenigen, die die Beziehung der Menschen zueinander betreffen. Zur Ersteren gehören die Fragen nach Tierrechten, vegetarischer Ernährung oder Fleischgenuss, Artensterben, Wildnis, Naturressourcen, Bevölkerungsgröße, Tiefenökologie oder Anthropozentrismus, Treuhandschaft (stewardship) oder Ausbeutung der Natur zum Wohle des Menschen, die Frage, wie weit das Recht des Menschen auf Ausnutzung der übrigen Natur gehen kann. Zur Letzteren gehören Geschlechterbeziehungen, die Beziehungen zwischen den Generationen, Erziehung, Eltern-Kind-Verhältnis, die Beziehungen zwischen Völkern und Kulturen, Rassismus, Minderheitenrechte, Migration und Flucht, Krieg und Frieden, Staat, politische Organisation, Zivilgesellschaft, Eigentum an Produktionsmitteln, Organisation der Wirtschaft, Verteilung des Nationaleinkommens, Gleichheit und Gerechtigkeit.

Direkt oder indirekt sind all diese Fragen und Probleme relevant für die Zwillingsziele, nämlich die Überwindung der ökologischen Krise und die Schaffung einer ausreichend guten menschlichen Gesellschaft, was ohne die Lösung des ökologischen Problems nicht möglich ist. Als junge SozialistInnen haben wir gelernt, dass alles mit allem zusammenhängt. In der Ökologiebewegung haben wir die Begriffe »ganzheitliches Denken« und »vernetzt denken« gelernt sowie den Slogan »global denken und lokal handeln«. Ich habe jedoch die Erfahrung gemacht, dass, nach dem Ende der internationalen kommunistischen Bewegung – die ein zusammenhängendes, ganzheitliches Phänomen war und die eine umfassende Theorie, Analyse, Programmatik und Strategie hatte –, die Bewegungen und Bemühungen zur Erreichung der Zwillingsziele voneinander losgelöst, ja auseinander gerissen wurden. Die AktivistInnen wurden zu SpezialistInnen, die sich nicht mehr um das Ganze kümmerten. Die beiden zusammenhängenden, großen Ziele gerieten in Vergessenheit, und das Erreichen von Teilzielen wurde zum Hauptzeck aller Aktivitäten. Es war also nicht überraschend, dass sie aneinander vorbei arbeiteten und dabei sich widersprechende Programme und Forderungen aufstellten.

Ein Beispiel: Die westdeutschen Grünen solidarisierten sich mit den Gewerkschaften in deren Kampf gegen die KapitalistInnen und unterstützten ihre Forderungen nach höheren Löhnen und Arbeitszeitverkürzung. Gleichzeitig sprachen sie aber auch von der Notwendigkeit, Produktion und Konsum zu reduzieren. Die GewerkschafterInnen baten die Grünen im Namen der sozialen Gerechtigkeit um Unterstützung, aber gleichzeitig beschimpften sie die Grünen und die Ökologiebewegung wegen ihrer antiindustriellen Haltung (vgl. Sarkar 1993; 1994). Ein weiteres Beispiel: Viele Frauenbewegte lehnen jegliche Politik zur Kontrolle der Bevölkerungszahl, egal woher die Bevölkerung kommt, mit der Begründung ab, dass nur die individuelle Frau das Recht habe zu entscheiden, wie viele Kinder sie haben will. Gleichzeitig fordern sie aber, dass der Staat oder die Gesellschaft oder Gemeinschaft alles tun müsse, um die Kinder glücklich zu machen, und sie ernähren, kleiden und erziehen müsse. Sie fordern zusätzlich, dass die Umwelt geschützt werden müsse, weigern sich aber einzusehen, dass das kontinuierliche Bevölkerungswachstum ein ernsthaftes Problem ist (für eine Diskussion dieses Widerspruchs siehe Sarkar 1993a).

Darum brauchen wir eine umfassende Theorie, eine umfassende Analyse. Teilbereichstheorien und -analysen werden nur Halbwahrheiten und Halblösungen hervorbringen, die womöglich schlimmer sind als Ignoranz und gar keine Lösung. Ein Überblick über die einschlägige Literatur erweckt den Eindruck, dass sich die meisten Bücher und Artikel zum Thema nur mit einem Teil dessen befassen, was eigentlich ein

Ganzes ist. Eine Synthese der Teilwahrheiten, -einsichten und -lösungen ist dringend notwendig, ja geradezu essentiell für die Bewegungen. Und wir brauchen eine umfassende Bewegung.

Allerdings, wenn wir diese Synthese zustande bringen, wird sich herausstellen, dass viele unserer sehr populären theoretischen Positionen und konkreten Forderungen in Wirklichkeit unhaltbar sind. Dann müssen wir den Mut aufbringen, unsere Fehler zuzugeben und unsere beliebten, doch irrigen Forderungen aufzugeben.

Ich halte eine solche Synthese für möglich, und ich habe sie im vorliegenden Band versucht. Der begrenzte Raum, den ein einziges Buch bietet, macht dies schwierig, doch vielleicht ist es mir gelungen, zumindest den Rahmen dafür zustande zu bringen. Ich hoffe, dass dieses Buch eine nützliche Diskussion der wesentlichen Probleme und Fragen enthält. Dann kann es eine gute Einführung in das Thema sein. An dieser Stelle muss jedoch hinzugefügt werden, dass ich hier lediglich eine theoretische Synthese vorgenommen habe. Eine praktische, konkrete Synthese – die Zusammenführung aller wichtigen und bislang getrennt agierenden Bewegungen – ist die Aufgabe der AktivistInnen im Felde.

In den Kapiteln fünf bis sieben habe ich, auf der Grundlage meiner Analyse, meine Schlussfolgerungen hinsichtlich der wesentlichen Aspekte einer idealen menschlichen Gesellschaft der Zukunft ausgeführt. Man mag dagegen einwenden, dass die Zeit für Schlussfolgerungen noch nicht gekommen sei. Wir müssen aber heute handeln, anderenfalls werden wir alles ruinieren und immenses Leid verursachen. Um aber handeln zu können, brauchen wir Schlussfolgerungen, selbst wenn sie provisorisch sind. Wir werden nie alles wissen. Viele Fragen werden ewig unbeantwortet bleiben. Alle unsere Aktionen müssen notwendigerweise auf der Grundlage unvollständigen und unsicheren Wissens unternommen werden.

Einige grundsätzliche Standpunkte

Um den Rahmen für eine Synthese, eine umfassende Analyse zustande zu bringen, ist es notwendig, zuerst einige fundamentale Fragen zu erörtern und die eigenen grundsätzlichen Standpunkte darzulegen. Erst dann kann man sich mit konkreteren und praktischeren Fragen befassen. Wenn bei diesen fundamentalen Fragen unterschiedliche Auffassungen, Unklarheiten oder Unsicherheiten bestehen, dann kann eine Diskussion sehr schwierig sein. Im Folgenden habe ich meine grundsätzlichen Standpunkte zu derlei Fragen dargestellt.

GAIA, TIEFENÖKOLOGIE UND ANTHROPOZENTRISMUS

Einen sehr pessimistischen Ökologen habe ich einmal sagen hören: »Im Laufe der Erdgeschichte sind schon so viele Arten ausgestorben. Was macht es da, wenn die Gattung Mensch ebenfalls ausstirbt?« Niemand war von dieser rhetorischen Frage schockiert. Anscheinend waren sich alle einig, dass das eine völlig verständliche Einstellung sei. Sie führt aber zu einer anderen Frage: Wenn es uns egal ist, warum engagieren wir uns dann in der Ökologiebewegung, der Friedensbewegung oder einer anderen Bewegung für eine bessere Welt?

Eine logisch mögliche Implikation der Gaia-Hypothese von James Lovelock[2] ist die relative oder auch totale Unwichtigkeit der Gattung Mensch für das Überleben der Biosphäre. Es ist keineswegs so, dass wir Menschen sie retten müssen. Lovelock schreibt:

> »Es mag sein, dass sich die akuten negativen Auswirkungen unserer Technologie auf die Umwelt am Ende als zerstörerisch und schmerzhaft *für unsere eigene Gattung* erweisen werden. Aber das Beweismaterial für die Akzeptanz der Behauptung, dass die industriellen Aktivitäten auf ihrem heutigen Niveau oder in der allernächsten Zukunft das Leben Gaias als Ganzes bedrohen könnten, ist wirklich sehr dürftig.« (Lovelock 1987: 107–108, und 1982: 154)

Lovelock glaubt, dass Gaias automatisches Kontrollsystem sie in die Lage versetzt hat, die zahlreichen ökologischen Katastrophen der Erdgeschichte zu überstehen. Wir können also sicher sein, dass sie auch all die Umweltverschmutzungen, die wir Menschen ihr zufügen, überstehen wird. Sie wird einfach die notwendigen Änderungen in der Biosphäre vornehmen. Die einzige Frage, die wir nicht beantworten können, ist, ob in dieser veränderten Biosphäre auch die Gattung Mensch einen Platz haben könnte.

Die Quintessenz der obigen Argumentation ist, dass wir uns, wenn wir in der Ökologiebewegung aktiv sind, nicht einzubilden brauchen, wir seien aufgerufen, das *Leben* auf der Erde zu retten. Wir wollen Menschen, die Gattung Mensch und die derzeit existierenden Arten retten. Wenn wir von Umweltschutz sprechen, meinen wir den Schutz unserer derzeitigen Umwelt, in der wir Menschen zuhause sind und uns mehr oder weniger wohl fühlen. Diese ist womöglich, wer weiß, die einzige Umwelt, in der die Gattung Mensch überhaupt existieren kann. Gaia würde alles regulieren und ihr eigenes Gleichgewicht (Homöostase) bewahren – mit oder ohne uns. Doch das ist ein sehr langfristiger Prozess. Kurzfristig werden Millionen und Abermillionen Menschen leiden. Da wir Menschen sind, sorgen wir uns vorrangig (nicht ausschließlich) um das Wohl und Wehe von Menschen – umso mehr, als Gaia ja in der Lage ist, für sich selbst zu sorgen. Man könnte dies Anthropozentrismus nennen. Der Grund für *diesen Anthropozentrismus* ist aber sehr einfach: Wir sind anthropozentrisch, weil wir Menschen sind. Dafür braucht man kein Philosophieren und auch keine Religion oder Mythologie – keine Art will ihre eigene Ausrottung oder erhöhtes Leiden.

Die Gaia-Hypothese ist also für die Wissenschaft sehr interessant; einige auf dieser Grundlage durchgeführten Vorausberechnungen und Tests haben sie auch bestätigt (Lovelock 1990: 102). Sie kann jedoch für Angelegenheiten von uns Menschen und unserer Gesellschaft den Anthropozentrismus nicht ersetzen.

In der Ökologiebewegung gibt es jedoch zwei verwandte Strömungen von Denken und Aktionen, welche den Anthropozentrismus scharf kritisieren: die Tierrechtebewegung und die Tiefenökologiebewegung.[3] Die Hauptsorge von beiden ist der Schutz der Arten, die Opfer der menschlichen Dominanz über die Natur geworden sind.

Theoretisch haben wir überhaupt keinen Grund für die Annahme, dass wir Menschen in der Rangordnung der Natur einen höheren Platz haben als die anderen Arten. Wir haben einfach andere Eigenschaften.

Andrew McLaughlin hat Paul Taylors Argument folgendermaßen zusammengefasst:

> »Argumente für den Anthropozentrismus ... nehmen den Fragepunkt als bewiesen an. Sie nehmen einige menschliche Eigenschaften als höherwertig an, um damit eben jene Höherwertigkeit zu beweisen. Er prüft als Beispiel die griechische Vorstellung, der Mensch sei ein rationales Tier, und zeigt, wie diese Vorstellung selbst als Beweis dafür benutzt wird, dass ›demnach‹ Menschen anderen Kreaturen gegenüber höherwertig seien. Dieses Kriterium ist aber bestenfalls nur eine menschliche Erwägung über das beste Leben für Menschen. Das rechtfertigt nicht die Anwendung eines solchen Kriteriums auf alle Formen des Lebens. Die menschliche Fähigkeit, vernünftig zu denken, ist genauso wenig eine Rechtfertigung für eine Werthierarchie unter den verschiedenen Lebewesen wie die Schnelligkeit des Gepards oder die Sehschärfe des Adlers.« (McLaughlin 1993: 155–156)

Lovelock zieht den Schluss: »Die Gaia-Hypothese impliziert, dass der stabile Zustand unseres Planeten den Menschen als einen Teil von, oder Partner in, einer sehr *demokratischen* Gemeinschaft einschließt.« Also »sind vom Standpunkt Gaias aus alle Versuche, eine unterworfene Biosphäre unter der Vorherrschaft des Menschen zu rationalisieren, ebenso zum Scheitern verurteilt wie die ähnliche Vorstellung eines wohlwollenden Kolonialismus« (Lovelock 1987: 145 und 1982: 207; Hervorhebung durch den Autor).

Zwei bestimmte Eigenschaften der Menschen sind jedoch von besonderer Bedeutung: Erstens gehören Menschen zu den seltenen Arten, bei denen ein Individuum andere Individuen der eigenen Art tötet. Ein Tiger kämpft mit einem anderen Tiger um ein Revier. Keiner will jedoch den anderen töten. Der schwächere Tiger zieht sich zurück, und damit ist der Kampf beendet. Es ist hingegen sehr verbreitet, dass Menschen andere Menschen umbringen – nicht, um sie zu essen, sondern aus vielen anderen Gründen. Zweitens, trotz dieses abscheulichen Charakterzuges, sind Menschen die einzige Art, die der natürlichen Auslese entgegenhandelt. In der Regel kümmern wir uns um Alte und Kranke, nach jedem Krieg versuchen wir, Frieden zu schließen, oft bedauern wir die Morde, auch den Schwachen unter uns erlauben wir, Kinder zu zeugen, wir ernähren die Notleidenden usw. Seit einigen Jahren wollen wir auch noch bedrohte Arten schützen. Lediglich das Ausmaß dieser Bemühungen ist für viele von uns nicht befriedigend. Andere Tierarten tun so etwas im Allgemeinen nicht. Es gibt Fälle von gegenseitiger Hilfe innerhalb einiger anderer Tierarten, doch nur Menschen versuchen, andere Arten zu schützen.

Die erstgenannte dieser beiden besonderen Eigenschaften mag ein Hinweis darauf sein, dass wir zumindest in einer wichtigen Hinsicht weniger entwickelt, weniger »zivilisiert« sind als die meisten anderen Arten. Ich denke, praktisch gesehen, hätten wir eine Menge erreicht, wenn wir eine Welt schaffen könnten, in der Menschen zumindest Menschen nicht töten. Gleichzeitig könnten wir auch versuchen, eine Welt zu schaffen, in der kein Mensch einen anderen Menschen ausbeutet oder unterdrückt und kein Volk ein anderes Volk. Diese Ziele sind begrenzt, sie beziehen sich allein auf Menschen. Wir appellieren an Menschen, etwas zu respektieren, was man die »Gattungsgrenze« nennen könnte.

Die zweite Eigenschaft bedeutet dagegen, dass wir schon über reines Eigen- und Gattungsinteresse erhaben sein können. Es ist nicht die Natur, die von uns fordert, andere Arten zu schützen, sondern unser eigenes moralisches Pflichtgefühl. Halten wir uns aber für nur eine unter vielen anderen Arten, den anderen gleich im Wert, dann gibt es für uns auch keine zusätzliche moralische Verpflichtung, die anderen Arten zu schützen – eine Verpflichtung, die in der übrigen Natur nicht existiert. Wir Menschen sind also nicht einfach eine weitere Art, sondern eine sehr unterschiedliche, wenn auch vom Wert her keine höherrangige.

Eigentlich kann man einen inneren Widerspruch in der Tiefenökologie aufzeigen. Ihre ProtagonistInnen betrachten andere Arten als den Menschen wertgleich. Das erste der acht Grundprinzipien der tiefenökologischen Plattform lautet:

> »Das Wohlbefinden und Blühen des menschlichen und nichtmenschlichen Lebens auf der Erde haben einen Wert aus sich selbst heraus (intrinsischen, inhärenten Wert). Diese Werte sind unabhängig von der Nützlichkeit der nichtmenschlichen Welt für menschliche Zwecke.« (zit. n. McLaughlin 1993: 173)

Aber während das Töten von Menschen für sie undenkbar ist, erlauben sie es, Tiere zu töten. Arne Naess hat das Problem erkannt. Er schreibt:

> »Wenn wir versuchen, unser Verhältnis zu anderen Lebewesen in Übereinstimmung mit so einem *Prinzip der gleichen Rechte* für alle Mit-Lebewesen zu leben, werfen sich natürlich schwierige Fragen auf: … Unsere Wahrnehmung der faktischen Bedingungen, unter denen wir leben, macht es kristallklar, dass wir andere Lebewesen verletzen und töten müssen, mit anderen Worten, sie aktiv an ihrer Selbst-Entfaltung hindern müssen.« (Naess 1990: 167; Hervorhebung im Original)

Es ist nicht so, dass wir Tiere nur aus Hunger töten. Wir essen Fleisch, obwohl wir als VegetarierInnen überleben könnten. Wir versklaven auch Tiere, um ihre Arbeitskraft für unseren Komfort zu nutzen.

Der Widerspruch kann leicht aufgelöst werden, wenn wir sagen, dass wir alle Arten, nicht jedoch jedes einzelne Lebewesen schützen wollen. Ich nehme an, dass dies die Position der meisten TiefenökologInnen ist. In diesem Falle aber differenzieren sie bei der Wertrangordnung in der Tat zwischen Menschen und Tieren. Sie haben kein Problem, Tiere zu töten, doch sie können sich nicht vorstellen, einen Menschen zu töten. Gleichfalls würde, wenn ein Mensch und ein Hund in einem brennenden Haus eingeschlossen wären, selbst ein Tiefenökologe oder eine Tierrechtlerin zuerst den Menschen zu retten versuchen, sofern klar ist, dass nur einer von ihnen gerettet werden kann. Das ist nicht allzu weit entfernt vom Anthropozentrismus.

Als Reaktion auf die Kritik am Anthropozentrismus hat die christliche Ideologie den Begriff der Treuhandschaft an Stelle der Dominanz über die anderen Arten gesetzt. Viele MarxistInnen und andere HumanistInnen akzeptieren diese auch an ihnen geübte Kritik ebenfalls. Das hatte positive Auswirkungen auf die Politik, insbesondere auf die Umweltpolitik. Der wesentliche Punkt hier aber ist, dass auch dann, wenn unsere Maßnahmen zum Schutze der anderen Arten nicht von unseren wissenschaftlichen, ästhetischen oder emotionalen Bedürfnissen und Interessen motiviert sind, sondern von einem puren, moralischen Pflichtgefühl, wir es sind, die entscheiden, was unsere moralische Pflicht ist; wir sind es, die den anderen Arten das Recht auf Überleben zuerkennen.

Vor dem Anthropozentrismus scheint es also kein Entrinnen zu geben. Die Auseinandersetzung kann jedoch – zumindest theoretisch – gelöst werden, wenn wir eine Unterscheidung zwischen »anthropozentrisch« und »anthropisch« einführen. Jede Entscheidung oder Handlung von uns, die gegen unsere eigenen Bedürfnisse und Interessen gerichtet ist und andere Arten begünstigt, ist *nicht-anthropozentrisch. Anthropisch* ist die Entscheidung oder Handlung dennoch.

Die Frage, ob es für Gaia gut oder schlecht ist, dass wir entgegen der natürlichen Auslese handeln, kann man nicht beantworten. Vielleicht ist es für sie unwichtig. Eines ist allerdings klar: Wirklich gleichwertig im Verhältnis zu den anderen Arten waren wir nur ganz zu Anfang unserer Evolution. Heute ist diese Gleichheit nur noch eine Wunschvorstellung und eine Theorie. Praktisch ist sie nur mehr eine moralische Pflicht von uns. Dennoch sollten wir nicht so arrogant sein zu denken, dass die gesamte übrige Natur uns ausgeliefert sei. All die feindlichen Bakterien, die wir glaubten erfolgreich ausgerottet zu haben – jene, die Cholera, Malaria, Pest und so weiter verursachen – kommen alle wieder. Wir müssen sie töten, sonst töten sie uns.

Natürlich bleibt die theoretische beziehungsweise philosophische Frage: Sollten wir andere Arten deswegen schützen, weil es in unserem eigenen Interesse liegt oder weil wir ihre Rechte respektieren, ihren intrinsischen Wert anerkennen und sie als Gleiche betrachten? Die Frage muss nicht sofort beantwortet werden. Der praktizierte Anthropozentrismus jedoch, das von Menschen verursachte Aussterben von Arten, das muss gestoppt werden. Ich vermute, dass mittlerweile fast alle denkenden Menschen der Annahme zustimmen, dass es in unserem langfristigen Gattungsinteresse liegt, wenn nicht auch in unserem unmittelbaren materiellen Interesse (Landwirtschaft, Medizin), andere Arten zu schützen. Wenn wir dem eine rein philosophisch-ethische Überlegung hinzufügen, stärkt das die Bewegung. Das Ziel ist das Gleiche. Die bekannten Tiefenökologen Bill Devall und George Sessions haben sich ähnlich geäußert:

> »Wir behaupten, dass Menschen ein vitales Bedürfnis nach Wildnis haben, ein Bedürfnis nach unberührter Natur, die uns hilft, reife Menschen zu werden. Aber abgesehen von unseren psychologischen Bedürfnissen

> ist die Wildnis der Lebensraum anderer Arten, die ein Recht auf Leben und Gedeihen für sich selbst haben (ein inhärenter Wert). Aus beiden Gründen also, dem der Selbstverwirklichung und dem der biozentrischen Gleichheit, bekommt das Thema Wildnis sowohl als öffentliche politische Entscheidung als auch als re-kreatives Erlebnis aus tiefenökologischer Sicht eine immense Bedeutung.« (Devall und Sessions 1985: 111)

Eine Frage muss indes sofort beantwortet werden: Welche Art gesellschaftlicher und wirtschaftlicher Ordnung bietet die größte Möglichkeit und Wahrscheinlichkeit, dass die oben beschriebene Einsicht aller denkenden Menschen ein zentraler Inhalt der Politik wird – sowohl von Regierungen wie von wirtschaftlichen Einheiten? Ich bin überzeugt, dass dies in einer kapitalistischen Gesellschafts- und Wirtschaftsordnung nicht möglich sein wird. Die Ökologiebewegung kann dieser Frage nicht länger ausweichen.

EINE ERDE UND EINE WELT

In einem gewissen Sinne sind wir Menschen gar nicht anthropozentrisch genug in unseren Beziehungen zueinander. Nicht nur als Planet, auch ökologisch im Sinne der Gaia-Theorie ist die Erde eine Einheit. Die Welt ist aber noch nicht *eine* Welt. In der Hauptsache lehne ich die Positionen des Brundtland-Berichts ab. Doch hier möchte ich eine Passage daraus zitieren, die ich nur loben kann:

> »Die Erde ist eine Einheit, aber die Welt ist es nicht. Wir alle sind für die Erhaltung unseres Lebens abhängig von einer gemeinsamen Biosphäre. Dennoch verfolgt jede Gemeinde, jedes Land Überleben und Wohlstand ohne Rücksicht auf andere. Einige wenige verbrauchen die Ressourcen der Erde in einer Geschwindigkeit, die nicht genug für zukünftige Generationen hinterlassen wird. Andere, und sie sind die Mehrheit, haben viel zu wenig und leben mit Hunger, Elend, Krankheit und frühem Tod.« (WCED 1987: 27 und Hauff 1987: 31)

Wären wir echte AnthropozentristInnen, würden wir an uns selbst in erster Linie als Angehörige der Menschheit denken, und die Interessen der gesamten Menschheit wären für uns die wichtigste Sache. Tatsächlich aber denken und handeln wir meistens als Inder, Briten, Russen und so weiter, wenn wir nicht völlig individualistisch denken und handeln. Wir sind noch so weit vom Ideal der einen Welt entfernt, dass wir eine bloße Stammessolidarität für großartig halten.

Der Konflikt zwischen unseren nationalen oder Stammesloyalitäten und den logischen praktischen Konsequenzen, die aus der Erkenntnis gezogen werden müssten, dass die Erde eine Einheit ist, zeigte sich auf dem Erdgipfel von Rio 1992, welcher abgesehen von einem Papierberg keine Resultate zeitigte. Sogar die kleinere Europäische Union hat aufgrund der nationalen Loyalitäten ihrer Mitgliedsstaaten enorme Schwierigkeiten, als Einheit zu handeln – sogar dort, wo ein gemeinsames ökologisches Interesse besteht.

Ich denke, in dieser Hinsicht geht die Entwicklung in die umgekehrte, falsche Richtung. Seit der Entstehung der europäischen Arbeiterbewegung im 19. Jahrhundert hat sich die große Mehrheit der AktivistInnen der Linken und der neuen sozialen Bewegungen von den Idealen des Internationalismus und Humanismus inspirieren lassen. Seit einiger Zeit aber propagieren auch viele wohlmeinende Menschen in diesen Bewegungen Dinge, die jenen Idealen zuwiderlaufen. Sie wollen die Menschen voneinander trennen – im Namen der Differenz, Verschiedenheit, Tradition und kulturellen oder ethnischen Identität. Die Idee der einen Welt ist ihnen zum Anathema geworden.

Auf der Ebene der praktischen Politik existieren zwei entgegengesetzte Trends nebeneinander: Der ältere der wirtschaftlichen Globalisierung (den es im Kapitalismus wie im »Sozialismus« gab) besteht fort und gewinnt an Stärke durch das Wachstum des Welthandels und die Internationalisierung des Kapitals. Gleichzeitig sind multiethnische politische Einheiten wie die Sowjetunion und Jugoslawien gewaltsam auseinander gebrochen worden. Selbst in einer kleinen, sprachlich und religiös einheitlichen Nation wie Italien möchte sich der reiche Norden vom »armen« Süden trennen. Dieser Trend ist in vielen anderen Ländern ebenfalls sichtbar.

»Holistisches Denken«, »globales Denken«, »Alles hängt mit allem zusammen«, das sind beliebte Schlagworte und Slogans. Es stellt sich aber die Frage: Können wir in unserem Denken holistisch sein und gleichzeitig LokalpatriotInnen oder AktivistInnen von Ein-Punkt-Bewegungen? Sind wir eines von den beiden, ist nicht unser holistisches

Denken dann nur eine leere Phrase? Ich denke, bei vielen Problemen müssen wir lokal handeln, einfach deshalb, weil wir an einem bestimmten Ort leben und arbeiten und nicht zugleich an verschiedenen Orten sein können. Da aber alles mit allem zusammenhängt, müssen Politiken und Programme, die die Grundlage unserer lokalen Handlungen ausmachen, vom Prinzip und Ideal der einen Welt durchdrungen und darauf basiert sein – denn die Erde ist eine Einheit und wir Menschen sind auch nur *eine* Gattung.

Eine logische Folge ganzheitlichen und anthropozentrischen Denkens ist der Internationalismus. Es kann daher nicht zwei verschiedene Visionen und zwei verschiedene Sorten von Basispolitik geben, die eine für den Norden und die andere für den Süden. Nur die Details können unterschiedlich sein. Ich betone das, weil unter Linken und SozialistInnen der Gedanke recht verbreitet ist, dass im Norden eine sozialistische Gesellschaft auf einer entwickelten industriellen Ökonomie basiert wäre, im Süden aber auf einer Small-is-beautiful-Subsistenzwirtschaft. Wenn eine entwickelte industrielle Ökonomie gut für den Norden ist, warum soll sie für den Süden schlecht sein? Und wenn klein für den Süden fein ist, warum sollte es nicht auch den Norden zieren? Es gibt keine automatische Solidarität zwischen den Arbeiterklassen der verschiedenen Länder, wie die Linken früher glaubten. Diese Solidarität ist jedoch unerlässlich, wir müssen sie schaffen, wenn wir ökologische und menschliche Katastrophen verhindern wollen.

PARADIGMENWECHSEL

Thomas S. Kuhn schrieb sein Buch »Die Struktur wissenschaftlicher Revolutionen« 1962. Sein Schlüsselbegriff war das »Paradigma«. Seitdem hat man die Begriffe »Paradigma« und »Paradigmenwechsel« auch in Bereichen, die weniger exakt sind als die Naturwissenschaften, sehr nützlich gefunden.

Ein Paradigma kann in großen oder kleinen Zusammenhängen Anwendung finden. In dem betreffenden Bereich bestimmt und leitet ein Paradigma gesamte Denkmuster. Beispielsweise diente die ptolemäische geozentrische Hypothese jahrhundertelang als Paradigma in der Astronomie. Später wurde sie durch die kopernikanische heliozentrische Hypothese ersetzt, welche nicht nur die Phänomene, die die geozentrische Hypothese erklärte, ebenfalls erklären konnte, sondern auch die Anomalien, die Letztere nicht erklären oder eliminieren konnte. Das war ein Paradigmenwechsel.

Einige Paradigmenwechsel können revolutionär sein: Die Überzeugung, dass die Erde und die Menschen im Zentrum des Universums standen, musste unvermeidlich Religion, Philosophie und Ethik beeinflussen. Womöglich beeinflusste sie auch die anderen Wissenschaften. Als Kopernikus zeigte, dass die Erde nur ein kleiner Planet ist, der um die Sonne kreist, musste dies revolutionäre Auswirkungen auf das gesamte menschliche Denken haben.

Die früheste mir bekannte Verwendung der Begriffe in den Sozialwissenschaften erfolgte durch Herman E. Daly, der 1973 einen »aufkommenden Paradigmenwechsel in der politischen Ökonomie« feststellte. Daly formulierte ihn in zwei Fragen: »Sollen wir das Wirtschaftswachstum als einen permanenten, normalen Prozess einer gesunden Wirtschaft betrachten oder als eine vorübergehende Bewegung von einem stationären Zustand zu einem anderen? Sollen wir den Einkommensfluss oder den Reichtumsbestand als die Größe ansehen, die am direktesten zur Befriedigung menschlicher Bedürfnisse dienen soll?« (Daly 1973: 2)

In ernsthaften *politischen* Diskussionen stieß ich auf die Verwendung dieser Begriffe zum ersten Mal 1979 in einem Artikel des US-amerikanischen Marxisten Paul Sweezy, der auf einige Anomalien im Verhalten der scheinbar so starken »sozialistischen« Gesellschaften hinwies. In Analogie zu der Krise, welche im geozentrischen Paradigma der Astronomie durch die Häufung von am Himmel beobachteten Anomalien entstand, sprach Sweezy von einer Krise in der marxistischen Theorie, die in jener Zeit, zumindest für Linke aller Provenienz, als das Paradigma für die Wissenschaften der Geschichte und Gesellschaft diente. Ich möchte ihn ausführlich zitieren:

> »...wir finden mehr und mehr Anomalien im Kuhnschen Sinne, das heißt Abweichungen der beobachteten Realität von den durch die Theorie geweckten Erwartungen. ... Für Marx war der Sozialismus eine Übergangsgesellschaft zwischen dem Kapitalismus und dem Kommu-

nismus. Obwohl er bewusst davon absah, seine Idealgesellschaft zu entwerfen, besteht kein Zweifel darüber, was er für die fundamentalen Charakteristika des Kommunismus hielt: Er wäre eine klassenlose Gesellschaft, eine staatenlose Gesellschaft, und eine Gesellschaft wahrhafter ... Gleichheit zwischen Nationalitäten, Rassen, Geschlechtern und Individuen. Diese Ziele wären sicher sehr langfristiger Natur, und sie würden vielleicht nie ganz erreicht werden. Genauso sicher geben sie aber Richtlinien und grobe Maßstäbe ab. Nur eine Gesellschaft, die sich ernsthaft diesen Zielen hingibt und ihre Praxis entsprechend gestaltet, kann im Marxschen Sinne des Begriffs als sozialistisch bezeichnet werden.
Nun, ... die allgemein akzeptierte Marxsche Deutung der neueren Geschichte führt uns zu der Erwartung, dass der Kapitalismus durch proletarische Revolutionen niedergerissen werden wird und dass diese Revolutionen sozialistische Gesellschaften etablieren werden. In der Tat wird die Theorie so selbstverständlich für einen zuverlässigen Schlüssel dafür gehalten, was in der Welt geschieht, dass jede Gesellschaft, die ihren Ursprung in einer proletarischen (oder vom Proletariat angeführten) Revolution hat, automatisch für eine sozialistische gehalten und als solche identifiziert wird.
Und da beginnen die Anomalien. Keine dieser ›sozialistischen‹ Gesellschaften verhält sich so, wie Marx – und ich denke die meisten MarxistInnen bis vor einiger Zeit – dachte, dass sie tun würden. Die Klassen haben sie nicht eliminiert – außer dem Namen nach – und, außer in der Periode der Kulturrevolution in China, haben sie nicht versucht, einen Kurs einzuschlagen, der die langfristige Wirkung haben könnte, Klassen zu eliminieren. Der Staat ist nicht abgestorben – was auch niemand, außer in einer fernen Zukunft, erwarten konnte – sondern ist, im Gegenteil, mehr und mehr zur zentralen und dominanten Institution der Gesellschaft geworden. Jede interpretiert den proletarischen Internationalismus als Unterstützung ihrer eigenen politischen Linie und Interessen, wie sie diese selbst interpretiert. Sie ziehen nicht nur zur Selbstverteidigung in den Krieg, sondern auch, um anderen Ländern ihren Willen aufzuzwingen – sogar solchen, die auch als sozialistisch gelten.
All dies ist nun, denke ich, ziemlich offensichtlich, und natürlich wirkt es verheerend auf SozialistInnen und KommunistInnen. Ich denke, es ist nicht übertrieben zu sagen, dass die Anomalien schon so massiv und ungeheuerlich geworden sind, dass das Resultat eine tiefe Krise der marxistischen Theorie ist.« (Sweezy: 1979)

Seit 1979 ist viel Wasser den Rhein hinuntergeflossen. Der »Sozialismus« ist zusammengebrochen – nicht etwa durch einen Krieg oder Bürgerkrieg, sondern wegen seiner inneren Probleme. Er implodierte.

Sweezys Liste der Anomalien konnte natürlich diesen Kollaps nicht enthalten. Sehr seltsam ist aber, dass die Liste die beiden massivsten und wichtigsten Anomalien nicht enthielt: Der Kapitalismus entwickelt(e) die Produktivkräfte weiter; der »Sozialismus« fesselte sie. Beides widersprach vollkommen dem, was man auf der Basis des marxistischen Paradigmas erwartete. Bereits Mitte der Sechzigerjahre veranlassten diese beiden Anomalien die politischen Führer der UdSSR zu wirtschaftlichen Reformen.

Und noch etwas: Sweezy lieferte nur eine Liste von Fakten, er bot keine Erklärung für die aufgelisteten Anomalien; er sagte lediglich, dass Marx und Engels nicht dafür verantwortlich gemacht werden könnten. Seiner Meinung nach »funktioniert der Marxismus so gut wie eh und je ... als ein Weg, die Entwicklung des globalen Kapitalismus und seine Krise zu verstehen.« In diesem überaus wichtigen Bereich »tangierten« seiner Meinung nach die aufgelisteten Anomalien im Verhalten der »sozialistischen« Gesellschaften »die Gültigkeit des Marxismus nicht. ... Der Teil des Marxismus, der auf eine neue Grundlage gestellt werden muss, ist derjenige, welcher sich mit den nachrevolutionären Gesellschaften befasst (mit denen Marx und Engels natürlich keine Erfahrung hatten).« Er hielt dies für die einzige Weise, auf die MarxistInnen »die störenden Anomalien eliminieren« könnten (ebd.).

Damit war das marxistische Paradigma »gerettet«, die Anomalien waren »eliminiert«. Aber wir brauchten eine Erklärung für diese Anomalien, wir brauchen sie noch immer. Und wir brauchen eine Erklärung für den totalen Zusammenbruch der »sozialistischen« Gesellschaften – mit oder ohne marxistische Theorie.

Man erwartet von einem Paradigma, dass es die grundlegenden Erklärungen für eine ganze Reihe von beobachteten Phänomenen liefert, nicht nur für eine Auswahl davon. Oder sollten wir das ptolemäische geozentrische Paradigma weiterhin für gültig halten, weil es einige Bewegungen der Himmelskörper hinreichend erklärt? Es ist klar, dass die marxistische Theorie kein befriedigendes Paradigma im Kuhn'schen Sinne mehr ist. Ich denke, ein neues Paradigma ist bereits sichtbar. Es muss lediglich als solches erkannt und entsprechend ernsthaft erwägt werden.

Das neue, aufkommende Paradigma basiert auf der These der Grenzen des Wachstums; daher schlage ich vor, es das Grenzen-des-Wachstums-Paradigma zu nennen. Ich denke, es kann die grundlegenden Erklärungen für mehr beobachtete Phänomene liefern als irgendein anderes. Marx und Engels wussten nichts von den Grenzen des Wachstums. Obwohl Malthus sich bereits im 18. Jahrhundert mit der Bevölkerungsproblematik im Verhältnis zum Wachstum der Nahrungsmittelproduktion befasst hatte – ein wichtiger Aspekt des Grenzen-des-Wachstums-Paradigmas –, lehnten Marx, Engels und alle ihre SchülerInnen seine Theorie vehement ab. Die tiefer gehenden Aspekte der derzeitigen Krise der kapitalistischen Weltordnung – nicht die üblichen Rezessionen und Depressionen in Konjunkturzyklen, sondern Ressourcenprobleme, massive, von Menschen verursachte Umweltzerstörung, Erschöpfung der Tragfähigkeit der Erde oder eines bestimmten Landes, ethnische Konflikte, »kleine« Kriege, Bürgerkriege, strukturelle Massenarbeitslosigkeit, Massenarmut, massive Migration und so weiter –, all diese Phänomene können nicht innerhalb des marxistischen Paradigmas befriedigend erklärt werden. Dazu ist das Wissen um die Grenzen des Wachstums absolut unerlässlich.

Die marxistische Theorie der Krisen des Kapitalismus befasste sich nur mit oberflächlichen Phänomenen: dem tendenziellen Fall der Profitrate, der Überproduktion und Unterkonsumption, zunehmender Verelendung des Proletariats und so weiter. Doch selbst auf dieser oberflächlichen Ebene machten sich bald Anomalien bemerkbar: Das Proletariat ist nicht immer ärmer geworden, und Kapitalisten und andere Reiche sind stets erpicht darauf (nicht irgendwie gezwungen), ihr Geld trotz des (angeblichen) tendenziellen Falls der Profitrate in Handel und Industrie zu investieren. So mussten weitere Erklärungen angeführt werden, um die Anomalien wegzuerklären und das Paradigma zu retten: entgegenwirkende Kräfte, relative Verelendung und so weiter. Aber das Paradigma konnte nicht gerettet werden, denn die allerwichtigste darauf basierende Erwartung, nämlich dass der entwickelte Kapitalismus an seinen inneren Widersprüchen zusammenbrechen wird, ist bis heute nicht in Erfüllung gegangen. Diese Anomalie kann sehr einfach erklärt werden, wenn wir den Wechsel zu dem neuen Paradigma vollziehen. Der Kapitalismus ist deshalb in den entwickelten Ländern noch nicht zusammengebrochen, weil dort die Grenzen des Wachstums noch nicht erreicht sind.

Das Grenzen-des-Wachstums-Paradigma bietet eine grundlegende Erklärung für die tiefer gehenden Krisen aller heutigen Gesellschaften. Deswegen, denke ich, kann dieses Paradigma eine überzeugendere Erklärung für den Zusammenbruch der »sozialistischen« Gesellschaften der UdSSR und Osteuropas liefern und ebenso für das Scheitern der meisten Länder des Südens beim Versuch, den Norden in puncto wirtschaftlicher Entwicklung aufzuholen, unabhängig davon, ob sie den kapitalistischen oder den »sozialistischen« Weg einschlugen.

Ein Paradigma liefert nicht nur die grundlegenden Erklärungen für beobachtete Phänomene, sondern bestimmt auch – im Falle der Wissenschaften – die Richtung der Forschung. Bei gesellschaftlichen Angelegenheiten bestimmt es die Grundrichtung der Politik und bei praktischen Problemen die Richtung der Handlungen. Was die Wirtschaft betrifft, bestimmte das ältere und noch immer vorherrschende Paradigma, welches das Wachstumsparadigma genannt werden kann, die bisher existierende Grundrichtung der Wirtschaftspolitik. Es ist offensichtlich, dass das Grenzen-des-Wachstums-Paradigma einen radikalen Kurswechsel, womöglich eine Kehrtwende, in allen Bereichen der Wirtschaftspolitik erfordert. Und da die Wirtschaft die Grundlage aller anderen Aspekte der menschlichen Gesellschaft ist, gibt es keinen Zweifel, dass das Paradigma, welches den Kurs der wirtschaftlichen Aktivitäten bestimmt, Auswirkungen auf und Folgen für Politik und Kultur in ihrem weitesten sozialanthropologischen Sinne hat.

Was die Gesellschaft betrifft, haben die beiden Paradigmen tatsächlich entsprechende Zukunftsvisionen. In dem zitierten Abschnitt erwähnte Sweezy einige der erwarteten fundamentalen Charakteristika marxistischer kommunistischer Gesellschaften. Es muss hinzugefügt werden, dass Marx und die meisten MarxistInnen glaub(t)en, dass der wahre Reichtum der Menschen in der freien Zeit bestehe, dass das Reich der Freiheit erst kommen würde, nachdem das Reich der Notwendigkeit überwunden sei, und dass all das erst möglich sein würde, nachdem die Produktivkräfte so sehr entwickelt seien, dass die Gesellschaft gemäß dem Prinzip arbeiten würde: »Jeder nach seinen Fähigkeiten, jedem nach seinen Bedürfnissen!« (Marx und Engels 1966: 17). Herman Kahn (1977) und etliche andere – die innerhalb desselben Wachstumsparadigmas, aber ohne kommunistische Ideale dachten – beschrieben ihre Vision des Fortschritts in Richtung einer hochtechnologischen, superindustriellen Gesellschaft. Im Gegensatz zu Marx und Kahn beschäftigen sich diejenigen, die das Grenzen-des-Wachstums-Paradigma akzeptiert haben, eher mit Fragen des Überlebens, mit der Rettung der Lebensgrundlagen, insbesondere der des Menschenlebens. Und dann gibt es viele, die sich zwischen den beiden Paradigmen balancieren wollen. Ihre Zukunftsvision ist nachhaltiges Wachstum beziehungsweise nachhaltige Entwicklung und eine ökologische Industriegesellschaft.

Soweit ich das überblicken kann, besteht zurzeit der größere Teil der Ökologiebewegung und der Menschen, die für die ökologische Krise sensibilisiert sind, aus VerfechterInnen von nachhaltiger Entwicklung und ökologischer Modernisierung der Industriegesellschaft. Das ist auch der Fall mit denen, die noch SozialistInnen sind. Der einzige Unterschied ist, dass diese darauf bestehen, dass all das mittels sozialistischer Produktionsverhältnisse gemacht werden könne und müsse. Es scheint mir, dass Menschen mit solchen Ansichten – obwohl sie glauben, einen Balanceakt zu leisten – in Wirklichkeit immer noch im Rahmen des Wachstumsparadigmas denken (und, sofern sie an der Macht sind, handeln). Nur sehr wenige haben den Paradigmenwechsel in ihrem Denken vollzogen.

Ich meine keineswegs, dass mit dem Aufkommen des Grenzen-des-Wachstums-Paradigmas alles, was von orthodoxen (politischen) ÖkonomInnen bisher geschrieben wurde, überflüssig geworden ist oder dass die AnhängerInnen des neuen Paradigmas nichts von deren Ergebnissen gebrauchen können. Einen solchen Effekt hat ein Paradigmenwechsel nie. Mit dem Statement »Die Sonne geht im Osten auf« können wir weiterhin gut arbeiten, obwohl wir wissen, dass es nicht die Sonne ist, die aufgeht. IngenieurInnen können mit der Newton'schen Mechanik weiterhin gut arbeiten, obwohl sie Einsteins Relativitätstheorie gelernt haben. Gleichermaßen müssen wir im wirtschaftlichen Bereich weiterhin zum Beispiel das Gesetz vom abnehmenden

Nutzen, das Gesetz vom abnehmenden Ertragszuwachs und dessen Begleitgesetz, das Gesetz von steigenden Kosten, benutzen, auch wenn wir von der Gültigkeit des Entropiegesetzes im Wirtschaftsprozess überzeugt sind. Es gibt aber keinen Zweifel mehr, dass die Zukunftsvisionen des Wachstumsparadigmas obsolet geworden sind.

Zu guter Letzt meine ich nicht, dass die Grenzen des Wachstums die Erklärung für alle Probleme und Krisen im wirtschaftlichen und sozialen Bereich sind. Ein Meteorit verbrennt, wenn er der Erde zu nahe kommt. Die Erklärung für sein Verbrennen liegt nicht in der kopernikanischen heliozentrischen Hypothese. Aber allein durch diese Hypothese kann erklärt werden, warum der Meteorit überhaupt in die Erdatmosphäre eindrang und warum er solch eine Umlaufbahn hatte. Gleichermaßen ist es meine These, dass die Grenzen des Wachstums die tiefere Ursache des Scheiterns der »sozialistischen« Gesellschaften in der UdSSR und Osteuropa waren. Sie erklären aber nicht (ganz), warum beispielsweise die Manager der staatseigenen Betriebe die zentralen Planungsbehörden an der Nase herumführen mussten oder warum sie die massiven Umweltzerstörungen in ihrem jeweiligen Land verheimlichen mussten. Dennoch sucht man die Antworten auf diese Fragen am besten im Rahmen des Grenzen-des-Wachstums-Paradigmas.

Pessimismus oder Optimismus?

Wie sehr wir auch suchen, auf manche Fragen werden wir nie eine zufrieden stellende Antwort bekommen: wer wir sind, woher wir kommen, wohin wir nach dem Tode gehen, woher wir unser Bewusstsein und unsere Intelligenz haben, was der Sinn des Lebens ist und so weiter. Wir müssen ohne Antwort auf diese Fragen leben. Das Einzige, was wir tun können, zumindest versuchen sollten zu tun, ist das Zweitbeste: unser Leben, unsere Gesellschaften und unsere Welt so gut gestalten, wie wir können. Manche Übel und Leiden in der Welt können nicht beseitigt werden, viele andere aber doch.

Es bleiben die folgenden Fragen, die beantwortet werden können und müssen:

- Sollten wir unseren langfristigen Gattungsinteressen Priorität gewähren oder unseren kurzfristigen (wirtschaftlichen) Interessen, wenn beide miteinander in Konflikt geraten, was oft der Fall ist?
- Allgemein gesprochen, wie – nach welchen Kriterien – sollten wir eine Entscheidung treffen, wenn ein Konflikt zwischen zwei unterschiedlichen Interessen oder Zielen besteht?
- Was ist möglich, und was ist nicht möglich?
- Wenn wir entscheiden, unsere Umwelt zu schützen, wie verteilen wir unter den Individuen und Völkern die Opfer, die sicherlich notwendig sein werden, und den sich vielleicht ebenfalls ergebenden Nutzen?
- Wenn wir unseren langfristigen Gattungsinteressen den Vorrang geben, wie schaffen wir es dann, unseren Egoismus, Tribalismus und Nationalismus zu überwinden?

Dies sind alles schwierige Fragen; nicht einmal die erste ist zugunsten unserer langfristigen Gattungsinteressen entschieden. In einem Anfall von Pessimismus schrieb Nicholas Georgescu-Roegen:

> »Wird die Menschheit auf irgendein Programm hören, welches eine Einengung ihrer Sucht nach exosomatischen Komfort impliziert? Vielleicht ist das Schicksal des Menschen vielmehr ein kurzes, aber feuriges, aufregendes und extravagantes Leben als eine lange, ereignislose und vegetative Existenz. Lasst doch andere Arten – Amöben beispielsweise –, die keine spirituellen Ambitionen haben, eine Erde beerben, die weiterhin in einer Fülle von Sonnenschein badet.« (Georgescu-Roegen 1976: 35)

Eine große Schwierigkeit bereitet diesbezüglich der kurze und enge Horizont der meisten Menschen. Wie die Autoren der »Grenzen des Wachstums« 1972 schrieben:

> »Die meisten Menschen in der Welt kümmern sich nur um Dinge, die ihre Familie oder Freunde in einem kurzen Zeitabschnitt betreffen. Andere schauen weiter in die Zukunft oder auf ein größeres Gebiet – eine Stadt oder eine Nation. Nur einige wenige haben eine globale Perspektive, die sehr weit in die Zukunft reicht.« (Meadows et al.: 1972: 19. Übersetzt vom Autor. Deutsche Ausgabe, 1973: 13, enthält Übersetzungsfehler)

Vielleicht sind Menschen nur eine weitere Tierart, nichts mehr, nichts Besseres. Vielleicht finden WissenschaftlerInnen eines Tages endgültige Beweise dafür. Womöglich werden sie dann sagen, dass die »großen Seelen« – Gandhi, Jesus, Buddha, Tolstoi, Thoreau und andere – nur Ausnahmen beziehungsweise Mutationen waren, die im Prozess der natürlichen Auslese kein Glück hatten.

Wir wissen das aber noch nicht zweifelsfrei. Vielleicht hat die Gattung Mensch doch zumindest das Potenzial, eine annehmbar gute Gesellschaft zu bilden, auch wenn vieles auf das Gegenteil hinweist. Die »großen Seelen« sind Beweise für dieses Potenzial. Darum müssen wir darauf beharren: *Noch kein Aufgeben!*

Kapitel 2

Warum die »sozialistische« Sowjetgesellschaft zusammenbrach I: Die Grenzen des Wachstums und die ökologische Degradation

»Das Reich der Freiheit beginnt in der Tat erst da, wo das Arbeiten, das durch Not und äußere Zweckmäßigkeit bestimmt ist, aufhört; …« (Marx 1977: 828)

Was bedeutet das Scheitern des »Sozialismus«?

Es ist nicht so, dass der »Sozialismus« 1989 gescheitert ist. In jenem Jahr brach er lediglich zusammen; sein Scheitern war schon viel früher augenscheinlich. Ein System kann nur scheitern, wenn es ein Ideal oder zumindest ein hohes Ziel hat, und der Grad des Scheiterns entspricht der Höhe dieses Ziels. Zehn bis zwanzig Prozent Arbeitslosigkeit, wie heutzutage in Westeuropa, oder tiefste Armut gepaart mit Diktatur, wie in vielen Ländern der Dritten Welt, ist beinahe Bestandteil der kapitalistischen Normalität. Doch das Fehlen von Freiheit und Demokratie und ein Lebensstandard unter dem von England oder Frankreich gelten als hinreichender Beweis des Scheiterns nicht nur des »Sozialismus«, sondern auch des Sozialismus.

Die stalinistischen Terrorregimes[4] – in denen nicht einmal die ganze Kommunistische Partei tatsächlich regierte, sondern nur eine kleine Gruppe von Anführern (manchmal nur eine Person) mit Hilfe der Geheimpolizei; in denen nicht einmal KommunistInnen das Recht hatten, zu sagen, was sie dachten, geschweige denn die Arbeiter und Bauern –, solche Regimes verdienten es nicht, sozialistisch genannt zu werden. Es gibt noch einige andere Gründe dafür, dass sich viele SozialistInnen und KommunistInnen weigerten, diese Regimes als sozialistisch anzuerkennen. Doch der hauptsächliche und konkrete Grund für das Scheitern der »sozialistischen« Regimes in der UdSSR und Osteuropa lag in ihrem wirtschaftlichen Scheitern. Sie schafften es nicht, die materiellen

Erwartungen zu erfüllen, sie scheiterten darin, den kapitalistischen Westen in ökonomischer Hinsicht einzuholen, sie konnten die steigenden Konsumbedürfnisse ihrer BürgerInnen nicht befriedigen. Manche von ihnen verschuldeten sich sogar hoch bei westlichen kapitalistischen Ländern: Die DDR befand sich 1989 bei ihrem Außenhandel am Rande der Zahlungsunfähigkeit.

Für eine Minderheit der BürgerInnen war das Fehlen von Freiheit und Demokratie der wichtigste Grund für ihre Dissidenz. Sie hätten auch dann protestiert und demonstriert, wenn der Lebensstandard sehr viel höher gewesen wäre. Doch wenn der Lebensstandard dem im Westen gleich gewesen wäre, hätten diese Regimes ihren BürgerInnen ohne Furcht ein paar Freiheiten und demokratische Rechte gewähren können, wenn auch nicht ein parlamentarisch-demokratisches Mehrparteiensystem.[5] Im Falle der DDR hätte das Regime nicht befürchtet, dass eine große Anzahl seiner qualifizierten ArbeiterInnen nach einem Besuch im Westdeutschland nicht mehr zurückkehren würde. Ihr wirtschaftliches Scheitern und ihre völlige Hilflosigkeit, eine Lösung für die wirtschaftliche Krise zu finden, war auch der Grund für ihre fehlende Entschlossenheit, ihr System zu verteidigen und später den politischen Zusammenbruch zu verhindern.

Eines muss aber klar festgehalten werden: Das ökonomische Scheitern dieser »sozialistischen« Regimes war ein *relatives* Scheitern, nur im Vergleich mit dem »Erfolg« *einiger* westlicher kapitalistischer Länder. Ein Dritte-Welt-Mensch wie ich, der den Lebensstandard in der DDR beobachten konnte, war keineswegs überzeugt davon, dass ihre Wirtschaft in katastrophaler Verfassung gewesen sei. 1989 sagte ein DDR-Bürger im Fernsehen: »Wir haben alles, was wir brauchen, uns fehlen nur die guten Sachen«, und ein westdeutscher Fernsehreporter sagte, dass die Menschen in der Tschechoslowakei in relativem Wohlstand lebten. Selbst die Auslandsverschuldung dieser »sozialistischen« Länder war im Vergleich zu jener der meisten Dritte-Welt-Länder gering, und die Gefahr der Insolvenz hätte beseitigt werden können, wenn sie ihre Ambition, den Westen einzuholen, fallen gelassen hätten. Tatsächlich haben in letzter Zeit mehrere Dritte-Welt-Länder eine Beinahe-Zahlungsunfähigkeit erfahren. Trotzdem kollabierten ihre Regimes nicht. In ähnlicher Weise hätten auch die »sozialistischen« Länder mit der Krise und Stagnation überleben können, wären ihre Ziele nur nicht so hoch gesteckt gewesen. Wenn also einige Menschen im Westen schon vor 1989 vom totalen Scheitern des »Sozialismus« als Wirtschaftssystem sprachen, war dies nichts anderes als psychologische Kriegsführung.

Die allgemeine Verwirrung, der darauf folgende ökonomische und politische Kollaps, das katastrophale Absinken des Lebensstandards und der Zusammenbruch von Recht und Ordnung in den Jahren nach 1989 waren nicht das Ergebnis des »Sozialismus«, sondern von schlecht beratenen, unvorbereiteten, plötzlichen, chaotischen Bemühungen, das System vom »Sozialismus« zum Kapitalismus mit politischer Pluralität hin zu verändern. In der UdSSR begann der Zusammenbruch nach 1987, als Gorbatschow und seine Freunde versuchten, Glasnost und Perestroika zu schnell durchzusetzen. In den anderen »sozialistischen« Ländern geschah all das, nachdem es klar geworden war, dass die UdSSR sich zügig in Richtung Kapitalismus bewegte, insbesondere mit der Auflösung des RGW (Rat für gegenseitige Wirtschaftshilfe) und seiner internen, geplanten wirtschaftlichen Tauschbeziehungen. In der DDR geschah der wirtschaftliche Zusammenbruch nach der vollständigen Öffnung des Landes in Richtung Westdeutschland und der Einführung der Deutschen Mark als offizielle Währung. In der UdSSR vollendete sich der Zusammenbruch durch die Auflösung der Union.

Vor 1989 war der durchschnittliche Lebensstandard sagen wir mal in der DDR, der Tschechoslowakei, der UdSSR und Bulgarien genauso hoch, wenn nicht höher als zum Beispiel in Spanien und Portugal – zwei OECD-Ländern. Die UdSSR wurde jedoch stets mit den USA verglichen und die DDR mit der Bundesrepublik Deutschland (BRD). Das wollten die »Sozialisten« selbst so. Ihr eigener Maßstab zur Messung des Fortschritts war der Lebensstandard in den *reichen* kapitalistischen Ländern.

Doch es steht außer Frage, dass der »Sozialismus« politisch, hinsichtlich des Erhaltens der Legitimation, vollkommen gescheitert ist. Die »sozialistischen« Regimes kümmerten sich nicht darum, die echte

Zustimmung der Mehrheit ihrer Bevölkerung einzuholen, auch nicht mehrere Jahrzehnte nach der Revolution. Sie versäumten es, ein wichtiges menschliches Bedürfnis – das nach politischer Freiheit – zu erfüllen. In dieser Hinsicht waren ihnen sogar einige arme Dritte-Welt-Länder, wie zum Beispiel Indien und Sri Lanka, überlegen. Ein gewisses Maß an politischer Freiheit und mehr oder weniger freie Wahlen waren selbst für diese armen kapitalistischen Länder charakteristisch.

Das größte Scheitern des »Sozialismus«, ein Scheitern mit tiefer und ernsthaftester historischer Konsequenz, lag jedoch im Bereich der Ideologie. 73 Jahre nach der Oktoberrevolution in der UdSSR und 40 Jahre nach der Errichtung »sozialistischer« Regimes in Osteuropa verlangten die dortigen Völker bürgerliche Freiheiten und mehr Wohlstand und erwarteten dies vom Kapitalismus, anstatt Freiheit, Gleichheit und Brüderlichkeit zu fordern und dies vom Sozialismus zu erwarten.

Obwohl ihr ökonomisches Scheitern nur ein relatives war, besteht kein Zweifel, dass sie gegen die Achtzigerjahre eine echte ökonomische Krise hatten – in dem Sinne, dass selbst die Aussicht, die USA oder die BRD in naher Zukunft wirtschaftlich einzuholen, rapide schwand. Abel Aganbegyan, Gorbatschows oberster Wirtschaftsberater in der frühen Phase der Perestroika, schrieb 1988, 70 Jahre nach der Oktoberrevolution, dass die UdSSR hinsichtlich der Produktivität zweieinhalb- bis dreimal hinter den USA zurücklag und zwei- bis zweieinhalbmal hinter den anderen entwickelten westlichen Ländern. Die Produktivität der sowjetischen Landwirtschaft lag fünfmal unter derjenigen der USA. Da nun die Produktivität – und, wie er zu erwähnen vergaß, das Bruttosozialprodukt – in den westlichen entwickelten Ländern durchschnittlich um 2,5 bis 3 Prozent pro Jahr stieg, sah Aganbegyan keine Chance, die USA schnell einzuholen – trotz des geplanten beschleunigten Produktivitätswachstums in der UdSSR um durchschnittlich 6 Prozent pro Jahr bis zum Jahr 2000. Jedem unvoreingenommenen Beobachter der damaligen Situation in der UdSSR muss diese Rate überoptimistisch, ja absurd erschienen sein. Die Sowjets jedoch waren zu dem Zeitpunkt euphorisch. Nichtsdestoweniger führte simple Arithmetik Aganbegyan zu dem Schluss:

»Eine gewisse Zeitspanne jenseits des Jahres 2000 wird also notwendig sein, um die USA und andere Länder in puncto Produktivität, Effizienz und Qualität ... einzuholen und dann möglicherweise zu überholen. Auf jeden Fall schauen wir mit Zuversicht in die Zukunft und hoffen, dass der hundertste Jahrestag der Großen Sozialistischen Oktoberrevolution im Jahre 2017 mit der Erfüllung der Leninschen Prophezeiung gefeiert werden kann, nämlich dass die Produktivitätsniveaus im Sozialismus höher sein werden als im Kapitalismus.« (Aganbegyan 1988: 40)

Statistiken aus »sozialistischen« Ländern waren seit je dafür bekannt, entweder über- oder untertrieben zu sein. Aganbegyan bestätigte das. Wir müssen daher Statistiken und Vergleiche aus dem kapitalistischen Westen anführen. Die westdeutsche Zeitschrift *Wirtschaftswoche* führte 1985 eine Untersuchung durch, welche Produktivität und Reallöhne in der DDR und der BRD in den Jahren 1960 bis 1984 verglich und eine Prognose für das Jahr 1990 erstellte. Die Studie ergab, dass die Differenz zwischen den beiden größer statt kleiner wurde, wie Tabelle 2.1 zeigt.

Tabelle 2.1: Produktivität und Reallöhne in der DDR als Prozentsatz der entsprechenden Werte in der BRD

	1960	1970	1984	1990 (Prognose)*
Produktivität	70	55	46	35
Reallöhne	78	58	44	35

(vgl. Kurz 1991: 94. Quelle: *Wirtschaftswoche* Nr. 36, 30.08.1985)
* Die Prognosen für 1990 erwiesen sich später als richtig.

Das alles waren ernste Probleme für die Regimes, die behauptet hatten, das »sozialistische« Wirtschaftssystem sei dem kapitalistischen überlegen und es würde ihnen ermöglichen, selbst die USA in puncto Lebensstandard zu überholen – eine Aussicht, die lange ideologisch als die Hauptkompensation für fehlende Freiheiten benutzt wurde. Die Situation wurde nicht nur deswegen als eine Krise empfunden, weil die Ökonomien der USA, der BRD und anderer Länder schneller wuchsen als ihre: Es gab auch konkrete Probleme, die das Wachstum dieser »sozialistischen« Wirtschaften verlangsamten. Diese Probleme waren schon Mitte der Sechzigerjahre offenkundig und machten danach eine Reihe von wirtschaftlichen Reformen notwendig. Doch trotz aller Reformen blieben die Probleme bestehen; dauerhafte Verbesserungen resultierten daraus nicht. Und so mussten in der zweiten Hälfte der Achtzigerjahre die groß angelegten, radikalen ökonomischen und politischen Reformen – Perestroika und Glasnost genannt – versucht werden.

Grenzen der Ressourcen

Der Grund dafür, dass all die Wirtschaftsreformen es nicht schafften, die Krise zu überwinden, war, dass die Hauptursache dafür nicht beseitigt werden konnte, nämlich die Grenzen des Wachstums. Sie kann prinzipiell nicht beseitigt werden.

Es war pures Glück, dass die erste »sozialistische« Revolution der Welt in der riesigen UdSSR stattfand, die voller Ressourcen war und es noch ist. Die Feinde des »Sozialismus« konnten das erste »sozialistische« Regime der Welt ökonomisch nicht erwürgen, nachdem sie es militärisch nicht hatten besiegen können. So konnte die Vorstellung des Sozialismus, welche die Entwicklung der Produktivkräfte und materiellen Überfluss als unerlässliche Grundlagen einer sozialistischen Gesellschaft betrachtet, trotz der relativen ökonomischen Isolation erprobt werden. Kein anderes Land hätte bessere Ressourcenbedingungen bieten können, mit dem Aufbau einer »sozialistischen« Gesellschaft zu beginnen.

Nichtsdestoweniger begannen in den Sechzigerjahren etliche sowjetische Experten »die Befürchtung auszudrücken, dass die reichsten Ressourcenquellen des Landes bald aufgebraucht sein würden. Besonders beunruhigend waren Anzeichen dafür, dass sehr viel wertvolles Erz und Öl in den Minen und Bohrlöchern liegen gelassen beziehungsweise als unbrauchbar beiseite gelegt wurde. … viele Minen und Ölquellen des Landes erreichten eine Ausbeutungsrate von nur 50 Prozent.« Fünfzig- bis sechzigprozentige Verluste wurden bei der Kohle-, Öl-, Kalium- und Erdgasgewinnung gemeldet (Goldman 1972: 48).

Nach Marshall Goldman schienen zu jener Zeit die Führer der UdSSR nicht verstehen zu können, worin die Schwierigkeit bestand. Er erklärte das Phänomen folgendermaßen:

»Was dort offensichtlich abläuft, ist, dass die Grenzkosten und die durchschnittlichen variablen Kosten eines Minenbetreibers zu steigen beginnen, nachdem er den reichsten Teil des Erzes gewonnen hat. Da nunmehr mehr Arbeits- und Maschineneinheiten notwendig sind, um eine Einheit von Erz oder Öl zu gewinnen, beginnt der Minenbetreiber nach einer anderen, leichter ausbeutbaren Mine oder Öllagerstätte zu suchen. ... Er ist versucht umzuziehen, sobald seine Grenzkosten an der alten Lagerstätte (in erster Linie Arbeit, Kapital und Transport) die Kostendaten an der neuen Lagerstätte zu übersteigen beginnen.« (ebd.: 48–49)

Die Annahme liegt nahe, dass nicht nur die Minenbetreiber, sondern auch die Planer, die erpicht darauf waren, unmittelbare Ergebnisse zu erzielen, es so wollten.

Es genügt daher nicht zu wissen, wie viele Ressourcen in welcher Menge auf oder unter der Oberfläche lagern. Die Kosten für ihre Gewinnung und den Transport sind ebenfalls ein wichtiger Faktor des Wirtschaftswachstums. In einer späteren Publikation rechtfertigte Goldman sogar das Verhalten der Minenbetreiber: »Bei dem gegebenen relativen Ressourcenreichtum des Landes verhielten sich die Sowjets wohl nicht allzu irrational, wenn sie die im Überfluss vorhandenen Rohstoffe verschwendeten und versuchten, statt Rohstoffe andere, knappere Produktionsfaktoren wie Arbeit oder gar Kapital zu sparen« (Goldman 1983: 60).

In einem 1977 veröffentlichten Papier beschrieb Aganbegyan die Pläne und die Aussichten der Ausbeutung des »enormen natürlichen Reichtums« Sibiriens – Öl, Gas, verschiedene Mineralien, Wasserkraftpotenzial, Holz und so weiter. Er sprach sogar von »großen Flächen von fruchtbarem Ackerboden in Sibirien«. Obwohl er auch allgemein von »diesem abschreckenden Territorium« sprach, war er euphorisch über die Pläne und Projekte. Er sprach von »günstigen Bedingungen«, und er war überzeugt,

»dass all diese riesigen Elektrizitätsquellen in Sibirien *in wirtschaftlicher Hinsicht extrem effizient* sind. Die hier produzierte Energie ist die billigste im ganzen Land. Das gilt genauso für alle oben genannten Arten von Ressourcen. Die sibirischen Energieträger und Rohstoffe sind billig, weil dort die geologischen und bergwerkstechnischen Bedingungen günstig und der Konzentrationsgrad der Ressourcen hoch sind. Diese wirtschaftlichen Vorteile gehen auch dann nicht verloren, wenn die sibirischen Energieressourcen über Distanzen von 2000 bis 3000 Kilometer transportiert beziehungsweise überleitet werden müssen …« (Aganbegyan 1979: 72; Hervorhebung durch den Autor)

Nur elf Jahre später, 1988, schrieb er hingegen:

»Noch auffallender sind Veränderungen bei der Gewinnung von Brenn- und Rohstoffen. In der Periode 1971 bis 1975 stieg das Abbauvolumen in der Bergbauindustrie um 25 Prozent, in der Periode 1981 bis 1985 aber nur um acht Prozent. Dieser Rückgang in der Wachstumsrate hing in erster Linie mit der Verschlechterung der geologischen und ökonomischen Bedingungen des Bergbaus zusammen. Mit ihrer groß angelegten Bergbauindustrie … erschöpft die Sowjetunion ziemlich rapide die zugänglichsten ihrer Naturressourcen. Um das Abbauvolumen zu erhalten, ist es notwendig, tiefer zu schürfen, neue Lagerstätten zu entdecken und zu weniger günstigen Flözen zu ziehen. Die Lagerstätten in den bewohnten Regionen des Landes sind schon jetzt nicht ausreichend, unseren Bedarf zu decken, und in vielen von ihnen sinkt schon das Abbauvolumen. Es ist also notwendig, neue Lagerstätten im Norden und in den östlichen Regionen zu entdecken, Transportverbindungen zu bauen, neue Städte aus dem Boden zu stampfen, neue Territorien zu erschließen und Menschen dahinzulocken. All das ist natürlich nicht billig zu machen. Die Folge davon ist, dass die Kosten von Brenn- und Rohstoffen steigen. Die zugeteilte Kapitalinvestition wächst besonders rapide, und die Umweltschutzauflagen in der Bergbauindustrie werden immer strenger.« (Aganbegyan 1988: 8)

1977 schienen die »geologischen und bergwerkstechnischen Bedingungen günstig« und die Ressourcen die »billigsten« und »in wirtschaftlicher Hinsicht extrem effizient« zu sein. 1988 aber »verschlechterten« sich »die geologischen und ökonomischen Bedingungen des Bergbaus«, und der Prozess der Ressourcengewinnung war »nicht billig zu machen«.

Einige sowjetische Wissenschaftler hatten der Sibirieneuphorie bereits 1977 widersprochen, so beispielsweise Boris Komarow[6], Ökologe und hoher Wissenschaftsfunktionär in der Sowjetunion. Komarows Haupteinwände basierten auf der ökologischen Degradation in Sibirien, die durch Bergwerke und andere Industrien verursacht wurde.[7]

Er erklärte auch, warum, außer in dessen gemäßigter Zone, die rein finanziellen Kosten der wirtschaftlichen Aktivitäten in Sibirien zu hoch sind. Er nannte Gründe, die Aganbegyan in seinem 1988 erschienenen Buch nicht erwähnte. Über Sibiriens biologische Ressourcen schrieb Komarow:

> »Die biologische Produktivität auf einem Hektar Tundra, Waldtundra oder nördlicher Taiga ist viel geringer als in den Rayons der gemäßigten Klimazone. Diese Tatsache beschränkt in vielem die Möglichkeiten einer Nutzung der Ressourcen und die Möglichkeiten, dort der Bevölkerung ein normales Leben zu sichern. Und keine Technik kann die Produktion der Biogüter in ernst zu nehmender Weise steigern.« (Komarow 1979: 162)

Auch die Waldgebiete Nordsibiriens sind für großflächige Nutzung als Weideland für Rinder ungeeignet (ebd.: 158).

Komarow lieferte einen weiteren Grund dafür, warum die Erschließung Nordsibiriens zum Zwecke der wirtschaftlichen Nutzung zu kostspielig ist. In Permafrostgebieten sinken oft große Häuser ein, oder sie entwickeln Risse. Infolgedessen müssen in den nördlichen Siedlungen jährlich Hunderte von Häusern aufgegeben werden. Er zitierte den Fall einer Straße von 1000 Kilometer Länge, die vom Permafrostboden regelrecht »verschlungen« wurde: im Sommer versank sie unter Schlamm und tauchte später wieder hier und da auf, nach oben geschoben von gefrorenem Wasser unter dem Boden. In der Tundra Autostraßen zu bauen, ist ein großes Problem. »Nach mehrfachem Befahren verwandelt sich die Fahrspur hier in einen undurchwatbaren Schlamm.« Solche Straßen verlagern sich nach rechts oder nach links. Im Sommer sind einige Siedlungen in der Tundra unerreichbar, denn »alles ist durch die Trassen aufgewühlt und versumpft«. Bis 1977 wusste moderne Bautechnologie keine Antwort auf diese Probleme (ebd.: 155).

Lasst uns einmal beispielhaft die Gewinnung von Öl, der wichtigsten Energieressource von heute, etwas näher betrachten. Mitte der Achtzigerjahre sprachen die sowjetischen Führer von einer gespannten Lage in der Brennstoffbilanz des Landes, und es gab Berichte über fallende Produktions- und Exportzahlen für Öl (Heuler 1986: 23 ff.). Das ist verständlich. 1992 wurden die bekannten ausbeutbaren Erdölvorkommen der UdSSR und Osteuropas auf 8,1 Milliarden Tonnen geschätzt (Bundesumweltministerium 1994: 38), und die sowjetische Erdölproduktion betrug 1987 624 Millionen Tonnen (Lemeschew 1988: 338). Bei dieser Produktionsrate sollten demnach die bekannten Vorkommen in ungefähr 13 Jahren erschöpft sein. Schlimmer noch: 1988 wurde berichtet, dass die Förderkosten für eine Tonne Öl von drei Rubel in der nicht näher definierten Vergangenheit auf zwölf Rubel im Jahre 1988 gestiegen waren (ebd.: 330).

1994 wurde in einer Studie der Ölgesellschaft BP festgestellt, dass die russische Ölproduktion in den vergangenen sieben Jahren kontinuierlich zurückgegangen war und dass sie für das Territorium der ehemaligen UdSSR bei 60 Prozent des Höchstwertes von 1987 stand. Die Autoren bemerkten, dass der Niedergang des Energiesektors in der ehemaligen UdSSR in Friedenszeiten einmalig sei (*Frankfurter Rundschau*, 27.01.1994). Dieser dramatische Rückgang der Ölproduktion war sicherlich nicht allein auf die rasche Erschöpfung der Ressource zurückzuführen. Das Chaos im Lande und die Unfähigkeit, genügende und rechtzeitige Investitionen zu tätigen, waren zumindest teilweise dafür verantwortlich. Aber umgekehrt waren der Mangel an Investitionsmitteln und vielleicht auch das Chaos Ergebnisse der wirtschaftlichen Krise, die wiederum zum größten Teil das Ergebnis der allgemeinen Ressourcenkrise war, wie es von Aganbegyan bestätigt wurde.

Die Situation war nicht nur hinsichtlich des Öls schlecht, sondern auch allgemein hinsichtlich aller anderen Brenn- und Rohstoffe.

> »Während vor 20 bis 25 Jahren in der Bergbauindustrie eine Kapitalinvestition im Wert von zwei Rubel erforderlich war, um eine [jährliche][8] Produktion im Wert von einem Rubel zu ermöglichen, war diese Zahl bis vor zehn Jahren auf drei bis vier Rubel Kapitalinvestition gestiegen, und in der Periode 1981 bis 1985 hatte sie sieben Rubel überstiegen. Produktionskosten für viele Sorten von Rohstoffen stiegen; auch die Arbeitsintensität, die für ihren Abbau nötig war, stieg.« (Aganbegyan 1988: 72)

Der Anteil der vorwiegend Rohstoff verarbeitenden Branchen (Brennstoffe, Verhüttung, Holz, Baumaterialien) an den gesamten Industrieinvestitionen betrug 1975 33 Prozent, 1980 36 Prozent und 1985 40 Prozent. Und dieser negative Trend wurde nach Aganbegyan durch die Verschlechterung der geologischen und wirtschaftlichen Bedingungen verursacht (ebd.: 103).

Wenn die Produktion der Grundressourcen, insbesondere der Energieressourcen, real immer teurer wird, kann dies nur eine ungünstige Auswirkung auf die Wirtschaft im Allgemeinen haben. Zwischen den Fünfjahresplanperioden 1971 bis 1975 und 1981 bis 1985 fiel die Wachstumsrate des Nationaleinkommens von 28 auf 16,5 Prozent, die der Ressourcen von 21 auf 9 Prozent, die der Kapitalinvestitionen von 41 auf 17 Prozent und die der Landwirtschaft von 13 auf 6 Prozent (ebd.: 10). Ferner ist (allgemein gesehen) »das Kapital-Output-Verhältnis in jeder Fünfjahresperiode stark gefallen, durchschnittlich um 14 Prozent. Mit anderen Worten resultierte aus jedem ins Stammkapital eingeführten Rubel immer weniger Produktion, und es wurde immer weniger guter Gebrauch davon gemacht« (ebd.). Es ist kein Wunder, dass die Ökonomen der »sozialistischen« Regimes über Jahre hinweg ihre Wirtschaften als »Mangelwirtschaft« charakterisierten.

Grenzen des Wachstums der Nahrungsmittelproduktion

Vor 1917 war Russland eines der größeren Getreide exportierenden Länder. Von 1909 bis 1913 exportierte Russland durchschnittlich 11 Millionen Tonnen pro Jahr. Aber in der Periode nach der Revolution überstiegen die sowjetischen Getreideexporte nie 7,8 Millionen Tonnen (diese Zahl wurde 1962 erreicht), obwohl riesige Summen in Maschinen, Bewässerung, Kunstdünger und Pestizide investiert wurden (Goldman 1983: 63).

Ein Zweck der Kollektivierungskampagne von 1929 bis 1930 war, den in der Landwirtschaft produzierten Überschuss zur Industrie zu transferieren. Dieser Zweck wurde offensichtlich nicht in dem Maße erfüllt, wie die Planer es erwartet hatten. Es gab Hunger und Unterernährung in großem Ausmaß, und es gab weitverbreiteten Widerstand. Die Unterernährung wurde wohl teilweise durch den Zwang zum Getreideexport verursacht, der ein Teil der Strategie der »primitiven sozialistischen Akkumulation« war. Doch besteht, was die zweite Hälfte dieses Jahrhunderts betrifft, auch unter westlichen Beobachtern die übereinstimmende Meinung, dass die elementaren physiologischen Bedürfnisse der Menschen erfüllt werden konnten. In der Tat bemühten sich die sowjetischen Führer nach Stalins Tod, die Agrarproduktion zu erhöhen und die Situation der Bauern zu verbessern.

Sozialisten in der ganzen Welt waren daher schockiert, als sie 1963 und dann wieder in den Siebzigerjahren erfuhren, dass die Sowjetunion Weizen aus den westlichen kapitalistischen Ländern importieren musste. Zusätzlich importierte sie große Mengen von Fleisch und Milchprodukten. Der Import von Fleisch und Fleischprodukten stieg von 225 000 Tonnen im Jahre 1971 auf 980 000 Tonnen im Jahre 1981 (ebd.: 66).

Die meisten westlichen Beobachter haben dies mit der Ineffizienz der kollektiven Landwirtschaft erklärt. Dies ist jedoch nicht die ganze Erklärung. Was allgemein unerwähnt bleibt, ist, dass die Bevölkerung der UdSSR stetig von 136,1 Millionen im Jahre 1921 (Fereczi und Löhr 1987: 263) auf 283 Millionen im Jahre 1988 (Aganbegyan 1988: 17) stieg. Seit Mitte der Fünfzigerjahre war es kein großes Problem für die sowjetische Landwirtschaft, diese zunehmende Bevölkerung zu ernähren; denn die Getreideernte stieg ebenfalls – wenn auch mit Schwankungen und zahlreichen schweren Rückschlägen – von 81 Millionen Tonnen im Jahre 1950 auf 210 Millionen Tonnen im Jahre 1986 (Goldman 1983: 177). Das war genug, die physiologischen Grundbedürfnisse der Menschen zu befriedigen.

Es ist also klar, dass die UdSSR die Nahrungsmittel nicht deswegen importieren musste, weil Hunger im Lande herrschte. Doch ihre Version von kommunistischer Ideologie und ihre Führer hatten den »Gulasch-Kommunismus« versprochen. Folglich forderten die Menschen immer mehr »Gulasch« – Fleisch und Milchprodukte. Das Ergebnis war ein chronischer, relativer Fleischmangel. Bis 1985 stieg der angenommene jährliche Pro-Kopf-Bedarf an Fleisch und Milchprodukten auf 62 respektive 325 Kilogramm. Eine weitere Zunahme auf 70 beziehungsweise 340 Kilogramm bis 1990 wurde erwartet (Aganbegyan

1988: 17 f.). Es war dieses stetig steigende Verlangen nach Fleisch und Milchprodukten, das nicht aus der heimischen Produktion gestillt werden konnte, insbesondere in Jahren schlechter Ernten. Getreide musste als Viehfutter importiert werden.

Weil nun die Verbraucherpreise für Lebensmittel aus politischen Gründen nicht angehoben werden konnten – Chruschtschow hatte es 1962 versucht und dadurch Protestaktionen und Krawalle hervorgerufen (Goldman 1983: 77) – und weil landwirtschaftlichen Betrieben höhere Preise und andere Vergünstigungen gewährt werden mussten, wurde die sowjetische Landwirtschaft zu einem hochgradig subventionierten Unternehmen. (Man kann natürlich auch sagen, dass die Verbraucher mit Endpreisen, die unter den Produktionskosten lagen, subventioniert wurden.) Bis 1980 erreichten die jährlichen Subventionen an die Landwirtschaft das Äquivalent von circa 50 Milliarden US-Dollar, 35 Milliarden davon wurden zur Subventionierung von Weizen und Milchprodukten benötigt (ebd.). Die Landwirtschaft wandelte sich von der Hauptquelle der »primitiven sozialistischen Akkumulation« zu einer Belastung für die übrige Wirtschaft.

Um die landwirtschaftliche Produktion zu erhöhen, investierten die sowjetischen Führer in großem Umfang in diesen Sektor. Die Situation verbesserte sich stetig, jedoch zu einem hohen Preis. Beispielsweise stieg die Produktion in Weißrussland zwischen 1970 und 1974 um 29 Prozent, die Kosten jedoch um 44 Prozent. Dies bedeutet, dass 1,15 Rubel ausgegeben wurden, um einen Rubel an Produktwert herauszuholen (Nove 1982: 152). In der Periode 1966 bis 1976 stiegen im ganzen Land die Materialkosten pro Output-Einheit durchschnittlich um 77 Prozent, während Zahlungen für die Inputs aus nichtlandwirtschaftlichen Bereichen um 110 Prozent stiegen. Dies kam nicht nur deshalb zustande, weil mehr Input gebraucht wurde; auch die Preise von einigen Inputs – Traktoren, Dünger, Kraftfutter – hatten erhöht werden müssen (ebd.).

Diese Probleme der sowjetischen Landwirtschaft waren nicht alle von Menschen verursacht. Die geografischen Rahmenbedingungen des Landes waren und sind der wichtigste begrenzende Faktor. Die kontinentale und nördliche Lage des Landes ist nicht zu ändern. Nur etwa

10 Prozent der Landmasse der UdSSR konnten beackert werden, in den USA sind es dagegen 20 Prozent. Land, das für alle landwirtschaftlichen Zwecke benutzt wird (inklusive Weidewirtschaft, Obstanbau usw.), betrug nur circa 27 Prozent der Fläche der UdSSR; in den USA ist es 47 Prozent (Encyclopaedia Americana 1982: 428 i).

Die Schwarzerderegion des Landes ist zwar sehr fruchtbar. Aber die Trockenheit des Klimas, außer in der westlichen Ukraine, ist ein Nachteil. Die Regenmenge in der Schwarzerderegion an der Wolga beträgt nur etwa die Hälfte oder gar ein Drittel derjenigen in den westlichen Regionen. Sie ist manchmal weniger als zwölf Zoll im Jahr. Der Schnee in diesen Gegenden ist für die Landwirtschaft von geringem Nutzen, da die Schneeschmelze zu schnell vor sich geht und das Wasser, anstatt in den Boden einzudringen, abfließt und oft genug den Mutterboden wegschwemmt und Schluchten bildet (Dobb 1993: 40).

Der größere Teil des restlichen Bodens ist von verhältnismäßig magerer Qualität. Auch ein Teil des kaum berührten Landes, welches in den Fünfzigerjahren in Kasachstan kultiviert wurde, eignete sich nicht zur dauerhaften landwirtschaftlichen Nutzung, obwohl der Großteil davon weiterhin kultiviert wird. Goldman berichtet, dass das Programm Mitte der Fünfzigerjahre Sandstürme in Kasachstan verursachte, weil es die Bodendecke destabilisiert hatte. Er sprach eigentlich von »desaströsen« Konsequenzen für die Umwelt, die vielleicht der Grund dafür gewesen waren, dass in den Dreißigerjahren in der Region die großflächige Landwirtschaft aufgegeben worden war (Goldman 1972: 171).

Ganz allgemein ist das Klima ungünstig. Die sowjetische Landwirtschaft hatte (hat) eine kürzere Vegetationsperiode. Sie war (ist) außerdem Frost- und Dürreschäden sehr stark ausgesetzt, da die Regenfälle unzuverlässig und die durchschnittlichen Temperaturschwankungen zu stark sind. All dies war (ist) ein Resultat der kontinentalen Lage der sowjetischen Anbaugebiete, denen der mäßigende Einfluss nahe gelegener Meere fehlt (Encyclopaedia Americana 1982: 428 i). Aus all diesen Gründen waren ihre größere Ausdehnung und höhere Pro-Kopf-Verfügbarkeit von Land von geringem Nutzen für die UdSSR.

Geografisch gegebene Grenzen können zwar in einem gewissen Maße durch Wasser-Management-Projekte wie Be- und Entwässerung sowie durch Kunstdünger überwunden werden. Doch auch die Bewässerung hängt vom Niederschlag, einer begrenzten, wenngleich auch erneuerbaren Ressourcen ab.

Man hat berechnet, dass das Territorium der ehemaligen UdSSR zehn Prozent der jährlichen Niederschlagsmenge der Welt erhält. Dies scheint zunächst ein sehr gutes Quantum zu sein. Der größere Teil dieses Wassers steht jedoch in den nördlichen und östlichen Landesteilen zur Verfügung, während der größere Teil der Bevölkerung im Westen lebt. So stehen nur 18 Prozent der fließenden Wassermenge 80 Prozent der Bevölkerung zur Verfügung, und in Wirklichkeit stehen den dicht bevölkerten industrialisierten Regionen nur 14 Prozent zur Verfügung. Viel davon fließt auch noch als Oberflächenwasser ab, während viele Flüsse lange Zeit im Jahr trocken bleiben (Goldman 1972: 78–80). Das Bewässerungspotenzial ist also auch recht begrenzt.

In der UdSSR waren die zwar positiven Ergebnisse der hydrotechnologischen Restrukturierungen der nach Süden fließenden Ströme trotzdem nicht zufrieden stellend. Hinsichtlich der Bewässerung entsprach das Ergebnis, verglichen mit der großen gefluteten Fläche (über 120000 Quadratkilometer), nicht den Erwartungen (Heuler 1986: 23 ff.). In vielen bewässerten Regionen gingen die Ernteerträge zurück, anstatt zu steigen. Etwa die Hälfte der von Stauseen überfluteten Fläche bestand aus bereits kultiviertem oder kultivierbarem Land (Goldman 1972: 258). Manche Beobachter glauben sogar, dass letztlich mehr fruchtbares Land durch die Bewässerungsprojekte verloren ging, als urbar gemacht wurde – nicht nur durch die Stauseen, sondern auch durch Versalzung, Wassersättigung und so weiter.

Sowjetische Wasserbauingenieure dränierten auch mehrere hunderttausend Hektar Sumpfland. Auch in diesem Fall fiel das Ergebnis enttäuschend aus. Mindestens die Hälfte der enttäuschenden Ergebnisse war auf die Bodenstrukturen zurückzuführen. Beispielsweise ließ das Dränieren oft sandige Erde austrocknen, die dann vom Wind verweht und zu Dünen aufgetürmt wurde. Im Falle von Torfboden starben oft alle existierenden Pflanzen aufgrund der Trockenheit ab, und die neuen Nutzpflanzen benötigten Sprinkleranlagen. Zudem erlebte das verbesserte Land Staubstürme. In anderen Gebieten wurde die dünne Humusschicht mit den Wurzeln der gerodeten Büsche beseitigt, und das Pflügen brachte anschließend Sand auf die Oberfläche (Komarow 1979: 68–71).

Was Kunstdünger betrifft, ist die Kapazität von Pflanzen, sie nutzbringend zu absorbieren, begrenzt. Drei sowjetische WissenschaftlerInnen schrieben, dass nur 40 Prozent der so reichlich in ihrem Lande verwendeten Kunstdünger von den Pflanzen absorbiert werden konnten. Die restlichen 60 Prozent wurden verschwendet und verschmutzten die Gewässer (Heuler 1986).

Das Wasser, das den Flüssen zugunsten landwirtschaftlicher Maßnahmen abgezogen wurde, fehlte natürlich an anderen Stellen, was wiederum negative wirtschaftliche (und ökologische) Auswirkungen hatte. Der Aralsee hat jetzt nur noch halb so viel Wasser, wie er früher hatte. Das Kaspische Meer schrumpft ebenfalls – vorwiegend wegen der Verringerung der Wasserzufuhr durch die Flüsse. (Die anderen Ursachen sind geologische Veränderungen und Veränderungen in Temperatur und Niederschlagsmenge.) Im Falle des Asowschen Meeres, das mit dem Schwarzen Meer verbunden ist, wurde das Wasser salziger als früher, seitdem der Süßwasserzufluss reduziert wurde.

Der reduzierte Süßwasserzufluss hatte in Kombination mit der Verschmutzung, die von den Industrien und Städten an den Ufern der betreffenden Flüsse ausging, verheerende Auswirkungen auf das Fischleben in diesen Gewässern. Der jährliche Fang ist sehr stark zurückgegangen. Der Gesamtfang aus dem Asowschen Meer in den Siebzigerjahren betrug nur ein Neunzigstel der Zahl für die Vierzigerjahre (Komarow 1979: 55–56). Sowjetische Geografen warnten davor, dass die Eliminierung des Aralsees die Kontinentalität des Klimas der Region verstärken würde, was längere Winter und kürzere und heißere Sommer bedeuten würde. Die Region könnte, sagten sie, zur Wüste werden, mit regelmäßigen Salz- und Sandstürmen. Beide Faktoren würden sich auf die Landwirtschaft in der Umgebung negativ auswirken.

Lösungen für die verschiedenen Probleme, die durch die Austrocknung des Aralsees und die Schrumpfung des Kaspischen Meeres verursacht werden, suchte man in einem alten Traum: ein Teil des Wassers der nach Norden fließenden Ströme nach Süden umzuleiten. Die Idee hatte zwei Ziele: dem schrumpfenden Kaspischen Meer und dem Aralsee Wasser zuzuführen und mehr bisher ungenutzen Boden in den ariden Gebieten urbar zu machen. Diese Ideen konnten jedoch nicht verwirklicht werden, da die riesigen Geldmittel, die dafür erforderlich wären, nicht zur Verfügung standen. Wären sie verwirklicht worden, hätten die Projekte weitreichende Konsequenzen gehabt: Große Flächen von Ackerland, Wiesen und Wäldern und zahlreiche Städte und Dörfer wären überflutet worden. Ökonomische Nutzen im engeren Sinne wären zweifelhaft gewesen, wie elf Mitglieder der sowjetischen Akademie der Wissenschaften in ihren Berechnungen darlegten (Heuler 1986). Sie hätten auch unkalkulierbare Einflüsse auf das Klima gehabt, beispielsweise durch die weitere Abkühlung des Nordpolarmeeres.

Die Unzulänglichkeiten der sowjetischen Wasserprojekte waren nicht allein auf die Ineffizienz einer »sozialistischen« Planwirtschaft zurückzuführen. Fast überall sonst in der Welt haben die großen Wasserprojekte die großen Hoffnungen, die in sie gesetzt wurden, enttäuscht. Fred Pearce fasste dies 1992 zusammen:

> »... im Grunde genommen hat keines dieser Projekte sein Produktionsziel erreicht oder ist den finanziellen Erwartungen gerecht geworden. Das verbreitete Bild von Bewässerung, die unfruchtbares Land fruchtbar macht, ist falsch. Das meiste für Bewässerungsprojekte übernommene Land war bereits kultiviert, bevor die Ingenieure kamen. ... Die Bewässerer nehmen gewöhnlich das beste Land, um die besten finanziellen Ergebnisse aus ihren großen Investitionen zu sichern. Häufig ... lassen Wasserabzweigungen für große staatliche Bewässerungsprojekte flussabwärts produktives Land austrocknen. Folglich sind die Statistiken, die zeigen, um wieviel höher die Ernteerträge auf bewässertem Land sind, in höchstem Maße irreführend als Maßstab für den Erfolg der Bewässerung.
>
> ›Es wird nunmehr weithin zugegeben, dass Be- und Entwässerungsprojekte nicht die erwarteten Nutzen zeitigen‹, schloß der Stab der Landwirtschaftsabteilung der Weltbank 1992 ...« (Pearce 1992: 183)

Den Sowjets gelang es – teilweise durch Bewässerungsprojekte –, die landwirtschaftliche Produktion zu steigern. Doch endloses Wachstum ist nicht möglich, nirgendwo in der Welt. In der UdSSR waren die Grenzen des Wachstums der Nahrungsmittelproduktion beinahe erreicht. Die Sowjets konnten die elementaren geografischen Beschränkungen nicht überwinden. Doch schlechte Ernten waren zweifellos zum Teil auf die Misswirtschaft zurückzuführen, die dem »sozialistischen« System zuzuschreiben war. Misswirtschaft kann abgeholfen werden, den Grenzen des Wachstums jedoch nicht.

Die Rache der Natur

Kosten-Nutzen-Analysen haben in der Vergangenheit im Allgemeinen ökologische Kosten ausgeklammert, teilweise tun sie das noch immer. Die Kosten-Nutzen-Analyse der Bewässerungsprojekte mit dem Wasser von Amudarja und Syrdarja ist ein Schulbeispiel dafür. Die Planer dachten nicht an die Möglichkeit, dass die Region rund um den Aralsee aufgrund ihrer Austrocknung für Menschen unbewohnbar werden könnte. In Teilen der bewässerten Gebiete entstanden später sumpfige Bodenzustände, und Fische, die sich von Moskitolarven ernährten, wurden ausgerottet. Infolgedessen stieg die Moskitopopulation an, und die Malaria kehrte zurück (Goldman 1972: 235). Es bestand (besteht) außerdem die Befürchtung, dass die Menschen der Region sich in großer Zahl entschließen könnten, in wohnlichere Gebiete zu emigrieren.

ÖKONOMIE CONTRA ÖKOLOGIE: DIE »SOZIALISTISCHE« POSITION

Besonders »Sozialisten« hätten sich der ökologischen Folgen des Wirtschaftswachstums bewusst sein sollen, denn Marx und Engels hatten bereits im 19. Jahrhundert davor gewarnt. Marx schrieb:

> »Wie in der städtischen Industrie wird in der modernen Agrikultur die gesteigerte Produktivität und größere Flüssigmachung der Arbeit erkauft durch Verwüstung und Versiechung der Arbeitskraft selbst. Und jeder Fortschritt der kapitalistischen Agrikultur ist nicht nur ein Fort-

schritt in der Kunst, den Arbeiter, sondern zugleich in der Kunst, den Boden zu berauben, jeder Fortschritt in Steigerung seiner Fruchtbarkeit für eine gegebene Zeitfrist zugleich ein Fortschritt im Ruin der dauernden Quellen dieser Fruchtbarkeit. Je mehr ein Land, wie die Vereinigten Staaten von Nordamerika zum Beispiel, von der großen Industrie als dem Hintergrund seiner Entwicklung ausgeht, desto rascher dieser Zerstörungsprozess. Die kapitalistische Produktion entwickelt daher nur die Technik und Kombination des gesellschaftlichen Produktionsprozesses, indem sie zugleich die Springquellen alles Reichtums untergräbt: die Erde und den Arbeiter.« (Marx 1977: 529 f.)

Und Engels nahm die negativen Umweltauswirkungen der Abholzung als Beispiel, um uns zu warnen:

»Schmeicheln wir uns indes nicht zu sehr mit unseren menschlichen Siegen über die Natur. Für jeden solchen Sieg rächt sie sich an uns. Jeder hat in erster Linie zwar die Folgen, auf die wir gerechnet, aber in zweiter und dritter Linie hat er ganz andere, unvorhergesehene Wirkungen, die nur zu oft jene ersten Folgen wieder aufheben. ... so werden wir bei jedem Schritt daran erinnert, dass wir keineswegs die Natur beherrschen, wie ein Eroberer ein fremdes Volk beherrscht, wie jemand, der außer der Natur steht – sondern dass wir mit Fleisch und Blut und Hirn ihr angehören und mitten in ihr stehen ...« (Engels 1973: 173 f.)

Aber nichtsdestoweniger waren Marx und Engels Wachstumsoptimisten. Sie sahen also auch einen Ausweg, einen Weg, die Rache der Natur zu vermeiden. Engels schrieb,

»... dass unsere ganze Herrschaft über sie darin besteht, im Vorzug vor allen anderen Geschöpfen ihre Gesetze erkennen und richtig anwenden zu können.

Und in der Tat lernen wir mit jedem Tag ihre Gesetze richtiger verstehen und die näheren und entfernteren Nachwirkungen unserer Eingriffe in den herkömmlichen Gang der Natur erkennen. Namentlich seit den gewaltigen Fortschritten der Naturwissenschaft in diesem Jahrhundert werden wir mehr und mehr in den Stand gesetzt, auch die entfernteren natürlichen Nachwirkungen wenigstens unserer gewöhnlichsten Produktionshandlungen kennen und damit beherrschen zu lernen ...« (ebd.: 174)

Diesem Optimismus ist nichts entgegenzusetzen außer, dass Engels zu sagen vergaß, dass es auch erstens Grenzen der Möglichkeit dieser Beherrschung gibt – Grenzen, die auch den Naturgesetzen innewohnen – und dass zweitens diese Beherrschung Kosten mit sich bringt. Wenn eine Gesellschaft diese Kosten nicht tragen kann oder will, geht die ökologische Degradation unvermindert weiter, und die negativen Auswirkungen akkumulieren sich. Trägt die Gesellschaft diese Kosten, die sehr hoch sein können, dann ist womöglich der Nettogewinn oder -nutzen aus manchen wirtschaftlichen Aktivitäten negativ oder zu gering, um ihren originären Arbeits- und Ressourcenaufwand zu rechtfertigen. Hier liegt ein fundamentaler Widerspruch zwischen (industrieller) Ökonomie und Ökologie. Ich werde diesen Punkt noch einmal in Kapitel vier aufgreifen. An dieser Stelle wollen wir uns anschauen, was sowjetische TheoretikerInnen und andere führende KommentatorInnen im Hinblick auf diesen Widerspruch sagten und taten.

G. Khozin räumte 1976 ein, dass alle industriell entwickelten Länder unvermeidlich ökologische Probleme haben. Er kritisierte aber die Autoren der ersten beiden Studien des Club of Rome dafür, dass sie »annehmen, die Krisenphänomene seien eine gleiche Bedrohung für Staaten mit unterschiedlichen sozioökonomischen Systemen«, dafür, dass sie behaupteten, »die negativen Auswirkungen der wissenschaftlichen und technologischen Revolution existierten unterschiedslos in allen Staaten, ungeachtet ihres Sozialsystems«. Er kritisierte die Schwarzseher wegen ihrer »Weigerung, ... die von Grund auf unterschiedlichen Ansätze zur Lösung dieser Probleme ... in verschiedenen sozioökonomischen Formationen zu sehen« (Khozin 1976: 203, 204, 199).

Marshall Goldman aber kam 1972 auf der Basis einer gründlichen Studie von in sowjetischen Büchern, Zeitungen und Zeitschriften publiziertem Material zu dem Schluss, dass »ökologische Degradation« in der UdSSR »genauso ausgedehnt und schwerwiegend« sei wie in den USA, dass die UdSSR »die Umwelt auf *dieselbe Weise* und in *demselben Maße* mißbrauche« (Goldman 1972: 2; Hervorhebung durch den Autor). Komarow zitierte ein Mitglied der Sowjetischen Akademie der Wissenschaften, das während einer Unterhaltung sagte: »Insgesamt steht die Sache bei uns nicht besser als bei Ihnen, das heißt in den USA und in Europa. Doch bei Ihnen sieht die Zukunft finster aus, während es bei uns zumindest theoretisch noch einen Lichtblick gibt« (Komarow 1979: 176).

Das war in der Tat die *theoretische* Position aller SozialistInnen in den Siebzigerjahren. Sie sahen die Wurzeln des Problems im politisch-ökonomischen System. Erstens wurde der Kapitalismus (fälschlich und dogmatisch) als ein System gesehen, welches die weitere Entwicklung und Anwendung von Wissenschaft und Technologie (der Produktivkräfte also) behindert, und zweitens wurden KapitalistInnen (richtigerweise) als Menschen betrachtet, die kein logisches Interesse daran haben, Geld in den Umweltschutz zu investieren. In beiden Punkten wurde vom Sozialismus, als eine Selbstverständlichkeit, das genaue Gegenteil erwartet. Die Logik war einfach. Wenn alle natürlichen Ressourcen und alle Produktionsmittel dem Staat gehören, dann kann es keine Externalitäten geben wie in einer kapitalistischen Wirtschaft. Denn jeder zusätzliche Profit, den ein staatseigenes Unternehmen durch Missachtung des Umweltschutzes macht, verursacht anderswo Verluste oder Kosten, für die letztlich der Staat aufkommen muss. Der Umweltverschmutzer – hier der Staat – kann keinen Teil seiner Kosten auf die Allgemeinheit abwälzen.[9] Ökologische Degradation in »sozialistischen« Gesellschaften wurde daher als ein vorübergehendes Phänomen betrachtet, welches verschwinden würde, wenn die Produktivkräfte hinreichend entwickelt seien.

In der Tat wollten die sowjetischen Führer auch solche auf ein sozialistisches System gesetzte Erwartungen erfüllen. Lenin maß dem Naturschutz hohe Priorität bei, und die UdSSR war das erste Land der Welt, welches ein Naturschutzgebiet einrichtete. Zwischen 1925 und 1929 wuchs die Gesamtfläche der Naturschutzgebiete von 4000 auf 15 000 Quadratmeilen (McLaughlin 1993: 49–53).

Es gab eine Überfülle an Gesetzen zum Schutze der Natur, die Goldman als »die Perfektion selbst« betrachtete (Goldman 1972: 22). Er zitierte einen B. V. Petrovsky, den damaligen Chef des Ministeriums für das öffentliche Gesundheitswesen der UdSSR, der 1968 sagte:

»In der Sowjetunion stehen Fragen des Schutzes der Umwelt vor Verschmutzung durch Industrieabfälle im Zentrum der Aufmerksamkeit der Partei und der Regierung. Es ist verboten, Industrieanlagen anlaufen zu lassen, bevor die Reinigungsanlagen vollständig gebaut sind. … Die Sowjetunion ist das erste Land der Welt gewesen, welches Höchstwerte für schädliche Substanzen in der Luft bewohnter Gebiete festgelegt hat.« (ebd.: 23)

Goldman und Komarow berichteten beide, dass die Grenzwerte für schädliche Substanzen in Luft und Wasser sehr streng waren, in vielen Fällen wesentlich niedriger als in anderen Ländern (ebd.: 24 f.; Komarow 1979: 33). Zusätzlich zu den Gesetzen wurde der Schutz der Umwelt 1977 zum Bestandteil der Verfassung der UdSSR erhoben – als eine Pflicht sowohl des Staates als auch der BürgerInnen.

Doch Gesetze, Verfassungen und Absichten sind eine Sache und ökonomische, politische und gesellschaftliche Realitäten eine andere. Nach den Zwanzigerjahren starb die Naturschutzbewegung in der UdSSR allmählich ab. Bis zu den frühen Fünfzigerjahren ging die Gesamtfläche der Naturschutzgebiete von ihrem Höchststand von 48 000 Quadratmeilen auf 5700 Quadratmeilen zurück (McLaughlin 1993: 53). Alle Arten wirtschaftlicher Tätigkeit wurden dort ausgeübt. Umweltschutzgesetze wurden straflos verletzt. Wenn Missetäter bestraft wurden, waren die Strafen (meist Geldstrafen) so milde, dass sie praktisch keine Wirkung hatten. Goldman zitiert zwei bestürzte Sowjetbürger, beide prominent. Nikolai Popov, zu jener Zeit ein Redakteur der Zeitschrift *Soviet Life*, fragte 1966: »Warum ist es in einem sozialistischen Land, in dessen Verfassung ausdrücklich steht, dass öffentliches Interesse nicht straflos übergangen werden darf, den Chefs der Industrie erlaubt, die Gesetze zum Schutz der Umwelt zu verletzen?« (zit. n. Goldman 1972: 23). Akademiemitglied Gerasimov fragte 1969: »Was ist es in unserer Gesellschaft mit ihrem stetigen Fortschritt in allen Lebensbereichen, das einen raschen Fortschritt in so einem extrem wichtigen Bereich wie der rationalen Ausbeutung der Natur behindert?« (zit. n. Goldman, ebd.).

Popovs und Gerasimovs Bestürzung ist nicht verwunderlich. Im Rahmen ihrer Ideologie und Theorien war keine Erklärung für die Tatsache zu finden, dass die ökologische Degradation in der »sozialistischen« UdSSR auf die gleiche Weise und in demselben Ausmaß wie in den kapitalistischen USA weiterging. Doch wer von derlei Ideologie und Theorien frei ist, weiß die Antwort: Die UdSSR war ein Industrieland wie die USA, und der fundamentale Widerspruch zwischen Ökologie und Ökonomie existiert in jeder Industriegesellschaft.

Außerdem begann der Prozess der Industrialisierung in der UdSSR recht spät. Die Sowjets wollten und mussten rasen, um den bereits hoch industrialisierten und feindlichen Westen militärisch und wirtschaftlich einzuholen. Die Wirtschaft musste so viel Überschuss wie irgend möglich produzieren und akkumulieren, während in allen Bereichen von Landwirtschaft und Industrie Mangel herrschte. Es gab nicht einmal genug Heu fürs Vieh. Jeder Bissen des knappen investierbaren Überschusses wurde für rasches Wirtschaftswachstum benötigt. Es blieb daher nicht viel übrig, um in den Umweltschutz zu investieren. Und strikte Befolgung der einschlägigen Gesetze hätte die wirtschaftliche Entwicklung und die Zunahme der militärischen Macht verlangsamt.

Tatsächlich waren auch in den Zwanzigerjahren manche Naturschutzgebiete nur Jagdreservate, wo sich wirtschaftlich wertvolle Arten vermehren konnten. 1929 wurde auf dem Naturschutzkongress beschlossen, dass sich die Naturschutzgebiete wirtschaftlich rechtfertigen müssten (McLaughlin 1993: 49–51), und als die Fünfjahrespläne und die beschleunigte Industrialisierung begannen, verloren solche Schutzgebiete offensichtlich an Unterstützung. Auf der Ebene der politischen Richtungsbestimmung triumphierte die Ökonomie über die Ökologie.

Es ist keineswegs so, dass die politische Doppellinie des »Sozialismus in einem Land« und der rasanten Industrialisierung nur aufgrund einer einsamen Entscheidung Stalins zustande gekommen war. Die Entwicklung von Wissenschaft und Technologie sowie der uneingeschränkte Glaube an unbegrenzten Fortschritt und unbegrenzte Fähigkeiten der von den Fesseln des Kapitalismus befreiten Menschen dominierten den Zeitgeist in der UdSSR. Dieser Zeitgeist führte die sowjetischen Intellektuellen dazu, die warnenden Worte von Marx und Engels zu vergessen. 1926 sagte der Autor Sasubrin auf dem ersten sibirischen Schriftstellerkongress:

»Möge die mürbe, grüne Brust Sibiriens bekleidet werden mit dem Zementpanzer aus Städten, bewehrt mit steinernen Mündungen der Fabrikschornsteine und gefesselt durch die Trassen der Eisenbahnen! Soll doch die Taiga eingeäschert, ausgeholzt, mag die Steppe zerstampft werden. Sei's drum, es wird unausweichlich sein. Nur auf Zement und Eisen kann der Bruderbund aller Menschen, die eiserne Brüderschaft der ganzen Menschheit errichtet werden!« (zit. n. Rosenbladt 1986: 143)

Der berühmte Poet Majakowskij sah die Industriestadt Nowokusnezk im tiefsten Sibirien entstehen. In seinem großen Enthusiasmus schrieb er den folgenden Vers über sie:

»Ich weiß – eine Stadt wird sein
Ich weiß – ein Garten wird blühen
Wenn es solche Menschen
Im sowjetischen Land geben wird.«
(zit. n. Komarow 1979: 37)

Und 1937 sagte Maxim Gorki den folgenden Satz über die frisch gebauten Kanäle: »Diese großen Flüsse, mein Herr, sind auch vernünftig. Die Flüsse früher, die waren ohne Vernunft« (ebd.: 197).

Es war ein Zeitgeist, der die Natur verändern wollte, der über die Natur herrschen wollte wie ein Eroberer. Die Natur nahm Rache. Und weil die Herrschaft des Sowjetvolks über sie besonders hart war, fiel die Rache der Natur hier schwerer aus als in irgendeinem anderen Land und in irgendeiner früheren Epoche.

DIE ÖKOLOGISCHEN KOSTEN DES WIRTSCHAFTSWACHSTUMS

Es ist erstaunlich, dass Goldman 1972 zu dem Schluss kam, die UdSSR missbrauche ihre Umwelt lediglich im gleichen Maße wie die USA. Komarow sah das anders: Das Ausmaß der Umweltverschmutzung war annähernd gleich, während die Gesamtproduktion in der UdSSR nur etwa die Hälfte der von den USA betrug. Auf der Grundlage seiner Kenntnis von den Inhalten unveröffentlichter Dokumente befürchtete er, dass bis zum Jahr 1984 nicht nur die urban-industriellen Zusammenballungen, sondern die gesamte UdSSR stärker verschmutzte Luft atmen würde als die US-Großstädte (Komarow 1979: 45–46).

1988 betrug nach Angaben des Worldwatch Institute die Schwefeldioxidemission in der UdSSR 18,5 Millionen Tonnen gegenüber 20,7 Millionen Tonnen in den USA. Das bedeutet, dass in dieser Hinsicht die UdSSR die USA fast eingeholt hatte. Aber hinsichtlich der Emission pro Einheit des BSP übertraf die UdSSR (10 Gramm) die USA (4 Gramm) bei weitem. Hinsichtlich der Stickoxide sind die Zahlen für die Sowjetunion (4,5 Millionen Tonnen und 2 Gramm pro Einheit BSP) weitaus besser als die für die USA (19,8 Millionen Tonnen und 4 Gramm pro Einheit BSP; French 1992: 203). Dies hing sicherlich mit der viel geringeren Anzahl von Autos in der UdSSR zusammen.

Was die Wasserverschmutzung betrifft, berichtete Goldman, dass 1966 stündlich 300 000 Kubikmeter ungeklärte Abwässer in die Wolga abgelassen wurden (Goldman 1972: 231). Man schätzte, dass 60 bis 75 Prozent des industriellen Schlicks überhaupt nicht geklärt wurde. Und von dem gesamten industriellen und Haushaltsabwasser, das in Kläranlagen behandelt wurde, durchliefen nur 20 Prozent eine zweite Klärstufe (ebd.: 109).

Komarows erstmals 1978 in Deutschland veröffentlichter Bericht zeigte, dass sich die Situation trotz hoher Aufwendungen für Kläranlagen nicht verbessert hatte. In einigen Fällen hatte sie sich inzwischen sogar verschlechtert. Beispielsweise schien die Ölmenge in Flüssen und Seen zugenommen zu haben, was in Anbetracht der stetig steigenden Ölproduktion und -nutzung kein Wunder war. Im Falle der Wolga betrug die Ölkonzentration in der Mitte des Flusslaufs das 25- bis 30fache des Grenzwerts, im Falle des Don gar das 51fache. Hinzu kamen neue Probleme, wie beispielsweise eine verhältnismäßig hohe DDT-Konzentration im Grundwasser von Usbekistan. Man war ernstlich besorgt, ob die Regierung weiterhin in der Lage sei, die Bevölkerung mit Trinkwasser zu versorgen (Komarow 1979: 51).

Was den Zustand des Bodens in der UdSSR angeht, zitierte Goldman die folgenden Zahlen aus verschiedenen Quellen: 50 Millionen Hektar (500 000 Quadratkilometer) waren durch Erosion »angegriffen«; zwischen 1958 und 1964 erodierten 9 Prozent des fruchtbaren Landes, und 24 Prozent des zu der Zeit bestellten Landes »erlitten ein ähnliches Schicksal« (Goldman 1972: 170).

Sechs Jahre später nannte Komarow folgende Zahlen, die, obwohl sie nicht genau mit Goldmans oben zitierten Daten vergleichbar sind, eine weitere Verschlechterung der Situation zeigen: Von der Gesamtfläche von 22 Millionen Quadratkilometern sind 14 bis 15 Millionen besiedelbar. Davon wiederum waren 1977 175000 bis 220000 Quadratkilometer von Gruben- und Torfausbeutung verunstaltet und entwertet worden, 50000 Quadratkilometer waren Müllhalden für städtische und industrielle Abfälle aller Art, 120000 Quadratkilometer lagen unter den Fluten großer Stauseen begraben, 500000 bis 550000 Quadratkilometer waren Ödland und Sümpfe, Ergebnis von Abholzung und Waldbränden, und 630000 Quadratkilometer waren stark erodierte, versalzene Böden, Schluchten und Treibsandflächen an Stelle der ehemaligen Felder. Insgesamt waren also 1,45 Millionen Quadratkilometer – das entspricht etwa 10 Prozent des besiedelbaren Landes – zerstört worden.

> »Und dieses eine Zehntel unserer ›Pirogge‹, das wir in kleinen Stückchen verzehrt haben, war das ›leckerste und fetteste‹, das brauchbarste für die Nutzung und in vielen Fällen das fruchtbarste. Wir haben die Rosinen aus dem Teig herausgepickt. Deshalb werden wir mit dem zweiten, dritten und vierten Stück noch sehr viel schneller fertig sein. Und das um so mehr, als wir viel zahlreicher geworden sind und unsere Bedürfnisse sehr rasch steigen.« (Komarow 1979: 140)

Zusätzlich zu dieser Art Zerstörung existierte auch die gewöhnliche Umweltverschmutzung. Komarow berichtete, dass Wissenschaftler Mitte der Siebzigerjahre feststellten, dass der landwirtschaftlich bebaute Boden in der UdSSR mit 150 verschiedenen Arten von Pestiziden, chemischen Giften und Spurenelementen belastet war; 90 davon waren Verbindungen von Schwermetallen (ebd.: 66).

Ein eigenes Kapitel widmete Komarow Sibirien. Dieses spärlich bevölkerte riesige Gebiet, welches die Bolschewisten 1917 »in fast demselben Zustand übernommen« hatten, »in dem der Herr es geschaffen hatte«, bot seiner Meinung nach »eine einmalige Gelegenheit, die Beziehungen zur Natur neu zu gestalten, ohne die früheren groben Fehler zu wiederholen. … Darum ist die Erfahrung der Erschließung Sibiriens eine echte Erfahrung, in ihrer Art ein Test für den sozialistischen Entwicklungsweg« (ebd.: 154). Doch die Bolschewisten fielen bei diesem Test durch. Sie ruinierten Sibirien ökologisch.

Nach Meinung von sowjetischen Ökologen hätten 80 bis 90 Prozent des Bodens in Sibirien und dem Norden[10] für Wälder, Sümpfe, Steppen und andere Naturlandschaften reserviert bleiben müssen, wenn man eine irreversible Zersetzung des ökologischen Gleichgewichts der Region hätte verhindern wollen. Doch die Wissenschaftler gaben sich keinen Illusionen hin. Einer der Besten sagte: »Nun, und das tatsächlich zu erwartende Bild kennen Sie wahrscheinlich genauso gut wie ich. Zuerst verschwinden die Tiere, die Fische, dann kommen Feuersbrünste und Insekten, dann das Umkippen der Flüsse, Holzeinschläge, und folglich auch Geröll, Erdrutsche, Überschwemmungen und so weiter« (zit. n. ebd.: 162).

All das trat tatsächlich ein. Komarow lieferte zahlreiche Details, von denen ich nur eine Auswahl wiedergebe. Für ihn gab es keinen hässlicheren und traurigeren Anblick als die Straßen und die Umgebung der Siedlungen Sibiriens und des Nordens. Innerhalb eines Radius von mehreren Kilometern gab es keine Bäume und keinerlei natürliche Landschaft mehr. Es war vielmehr eine schmutzige, sumpfige, wüste Gegend, wo Haufen von Asche, Schlacke, Flaschen, rostige Autowracks und Waggons und allerlei Müll herumlagen. In solchen Siedlungen wurde pro Kopf bei weitem mehr Brennstoff verbraucht als anderswo. Die Kombination von Abgasen, Nebel und den niedrigen Temperaturen des langen Winters führte regelmäßig zu Smog mit all seinen bekannten Auswirkungen. Der schmutzige, chemisch belastete Schnee und das Schmelzwasser verursachten die Verwesung der Moos- und Flechtendecke, was wiederum dazu führte, dass der gefrorene Boden sumpfig wurde. Die Wälder wichen nach Süden zurück, nicht nur als Folge der Abholzung, sondern auch wegen dieser Zerstörung der Moos- und Flechtendecke. Die Zerstörung der Wälder wiederum führte zu einem Anstieg der Windgeschwindigkeit und damit zu einem weiteren Abfall der Temperatur (ebd.: 156–157).

Im Osten, wo die Baikal-Amur-Eisenbahn gebaut wurde, wurden zahlreiche Berge abgeholzt und nicht wieder aufgeforstet. Förster klagten, dass im gesamten Nordosten von Sibirien weniger als 20 Prozent der abgeholzten Wälder wieder aufgeforstet wurden (ebd.: 161). Im westlichen Sibirien, wo Öl und Erdgas im sorglosen Schnellverfahren gewonnen wurden, gab es zahlreiche Ölspillagen. Westsibirien ist wasserreich; in der Region gibt es mehr Seen und Sümpfe als festes Land. Bei den niedrigen Temperaturen des Nordens schwimmen die Ölschlicke jahrelang an der Oberfläche und werden nicht kleiner. Die Ölindustrie dort kümmerte sich nicht um die Umwelt und ließ sogar aus Ölquellen ausgepumptes Wasser in Seen und Flüsse ab. Das war eine große Gefahr für die gesamte Umwelt Westsibiriens (ebd.: 172).

Abfallentsorgung war und ist wegen des Frosts und der niedrigen Temperaturen ein großes Problem in Sibirien. Das Alltagsabwasser wird nicht gefiltert. Der Abbau des Mülls dauert 20- bis 30-mal länger als anderswo im Land. Im Frühling erreicht sämtlicher Abfall die Flüsse. Und während sich ein normaler Fluss nach einer 200 bis 300 Kilometer langen Strecke von einer zulässigen Dosis organischen Mülls selbst reinigen kann, reichen für einen Fluss im Norden nicht einmal 1500 Kilometer (ebd.: 158–159).

Es ist keineswegs so, dass es keine öffentlichen Proteste gab. Viele WissenschaftlerInnen, JournalistInnen, BürgerInnen und Interessengruppen protestierten schon gegen viele Projekte mit den im Lande vorhandenen und erlaubten Mitteln. Auch die Führer wollten die Degradation der Umwelt ihres Landes verhindern. Aber dieser aufrichtige Wunsch stand im Widerspruch zu einem anderen, viel stärkeren Wunsch: die USA einzuholen. Das besonders reine Wasser des Baikalsees wurde beispielsweise benötigt, um besonders haltbares Kordgewebe für Flugzeugreifen zu produzieren. In der Endphase wurden umweltschädliche Wirtschaftspolitiken unentbehrlich für das bloße Überleben des »sozialistischen« Systems. Der Export von Öl, Mineralien, Holz und so weiter musste weitergehen, und die steigenden Konsumforderungen der Bevölkerung mussten zumindest teilweise erfüllt werden, um eine politische Krise wie in Polen 1980/1981 abzuwenden.

Berichte aus der liberaleren Perestroika- und Glasnostzeit zeigen, dass weder Komarow noch Goldman übertrieben hatten. Einige dieser späteren Berichte behaupteten indes, dass sich die Situation inzwischen etwas gebessert habe. Es wurde berichtet, dass die Sowjetische

Akademie der Wissenschaften 1985 einen Sonderpreis der UNO-Umweltorganisation UNEP für die Rettung des Baikalsees erhalten habe (vgl. Rosenbladt 1986. 149 f.). Michael Lemeschew schrieb, dass etwa 80 Prozent der Schadstoffe in Abgasen abgefiltert und entgiftet würden und dass als Resultat davon die Luft in Moskau und einigen anderen Großstädten deutlich besser geworden sei (Lemeschew 1988: 328).

Sabine Rosenbladt berichtete jedoch aus der großen Industriestadt Nowokusnezk – wo Majakowskij einen blühenden Garten vorhergesehen hatte –, dass die verschiedenen Industriebetriebe dort im Jahre 1986 immer noch 3000 Tonnen Staub und schädliche Gase pro Tag ausstießen, mehr als eine Million Tonnen pro Jahr. Das war die Situation, nachdem zehn Jahre lang die Schadstoffemissionen jährlich um 100 000 Tonnen reduziert worden waren. Die von offizieller Seite damit in Verbindung gebrachten Krankheiten waren: verlangsamtes Knochenwachstum bei Kindern, krankhafte Veränderungen der Atmungsorgane, chronische Bronchitis, genetische Defekte und anderes mehr (Rosenbladt 1986: 144 f., 150). Die Todesrate stieg an. Der Tenor des Berichts war jedoch, dass sich das ökologische Bewusstsein erhöhe und dass die Führer mittlerweile auch mehr gegen das Problem unternähmen. Ein anderer sprach von »einigen positiven Ergebnissen« seit Mitte der Siebzigerjahre (Lemeschew 1988: 329).

Rosenbladt klang übermäßig und Lemeschew verhalten optimistisch. Doch Alexej Jablokow, ein hochrangiger Biologe und Ökologe und Gorbatschows Chefberater in ökologischen Fragen in der zweiten Hälfte der Achtzigerjahre, war sehr vorsichtig. Er wies nach, dass es auch 1987/1988 keine wesentlichen Verbesserungen gegeben hatte. Er schrieb von immer schnellerem Aussterben von ganzen Tier- und Pflanzenarten und von (in diesem Zusammenhang) »beunruhigenden Nachrichten« vom Baikalsee. Er berichtete, dass 1987 die Luft in 104 Großstädten Schadstoffmengen enthalten habe, die um mehr als das Zehnfache höher lagen als die Grenzwerte. Was die Flüsse betrifft, schrieb er, dass die Konzentration der Schadstoffe in jedem siebten die Grenzwerte um das Zehnfache überstieg. Im Falle von einigen Seen und Stauseen war es gefährlich, daraus gefangene Fische zu essen. In zahlreichen Gebieten Zentralasiens stieg die Sterblichkeitsrate plötzlich wegen der Verschlechterung der Trinkwasserqualität an. Im Allgemeinen war die statistische Lebenserwartung seit 1971 nicht gestiegen. 1985 war sie niedriger als im Jahre 1958.

Was den Zustand des Bodens angeht, schrieb Jablokow, dass auch in der zweiten Hälfte der Achtzigerjahre mehr Land verloren ging, als durch Bodenverbesserung nutzbar gemacht wurde. In einigen Teilen des Landes stieg der Anteil der Halbwüsten um zehn Prozent pro Jahr an. Der Humusgehalt der Erde, die Grundlage der natürlichen Fruchtbarkeit, nahm ab (Jablokow 1988: 307–310).

Diese Berichte sind etwas widersprüchlich. Die Erklärung dafür scheint zu sein, dass die frühere Situation sehr schlecht war und dass die Situation in den Achtzigerjahren, auch nachdem in der vorigen Dekade (1975 bis 1985) eine Menge Geld investiert und einige positive Ergebnisse erzielt worden waren, immer noch schlecht blieb. Eine zusätzliche Erklärung drängt sich auf, nämlich dass das Wirtschaftswachstum, obwohl es sich seit Mitte der Siebzigerjahre deutlich verlangsamt hatte, die Wirkung all des in den Umweltschutz investierten Geldes zunichte gemacht hatte.

Durch ökologische Degradation verursachte ökonomische Kosten und Verluste

Ein ernsthafter Versuch der UdSSR, das umzusetzen, was gemeinhin für eine ökologisch verträgliche Politik der wirtschaftlichen Entwicklung gehalten wird, hätte Kosten verursacht. In welcher Größenordnung? In einer Publikation aus dem Jahr 1971 schätzte Barry Commoner, in den USA »müsste ... etwa die Hälfte der in der Nachkriegszeit entstandenen Produktionsunternehmen durch ökologisch angemessenere ersetzt werden«. Das hätte seiner Schätzung nach zu Preisen von 1958 circa 600 Milliarden Dollar gekostet. Hinzuzurechnen sei der Betrag, der für die Wiederherstellung ruinierter Bereiche des Ökosystems aufgewendet werden müsse; »er dürfte sich in einer Größenordnung von einigen hundert Milliarden Dollar bewegen.« Das bedeutete für Commoner, »dass der größte Teil der amerikanischen Mittel für Kapitalinvestitionen zumindest über eine Generation für die Aufgabe der ökologischen Rekonstruktion des Produktionssystems aufgewendet werden müsste« (Commoner 1973: 260–261).

Commoners Schätzungen waren für die USA der Siebzigerjahre nicht exakt und können nicht ohne Problem auf die UdSSR jener Tage angewandt werden. Sie vermitteln aber eine Vorstellung von der enormen Höhe der Kosten. Commoner sprach von der Notwendigkeit, ganze Produktionsunternehmen zu ersetzen. Das kam und kommt für die UdSSR nicht in Frage. Vielleicht war das, was Petrovsky 1968 behauptete – dass es verboten sei, Industrieanlagen vor der Fertigstellung der Reinigungsanlagen anlaufen zu lassen –, im Rahmen des Möglichen. Nicht einmal dieses Verbot wurde in der UdSSR eingehalten. Die Investitionsmittel wurden dringend anderswo benötigt. Es war eine Frage der Prioritäten.

Die wirtschaftlichen Kosten, von denen hier die Rede ist, sollten in drei Kategorien unterteilt werden: Kosten für die Prävention weiterer ökologischer Degradation, Kosten für die Rückgängigmachung (Reparaturen oder Aufräumarbeiten) bereits geschehener ökologischer Degradation und durch ökologische Degradation verursachte wirtschaftliche Verluste, beispielsweise geringere Produktion oder Produktivität. Menschen mit Krankheiten, die irgendwie durch ökologische Degradation verursacht sind, lassen Kosten der zweiten Kategorie entstehen, da die Gesellschaft für die medizinische Behandlung solcher Menschen aufkommen muss. Sie verursachen auch Kosten der dritten Kategorie, da ihre Arbeitsfähigkeit nicht genutzt werden kann. Die Daten über solche Kosten, die ich gefunden habe, sind nicht sauber in diese drei Kategorien unterteilt. Für den Zweck dieses Buches ist aber nur eine grobe Vorstellung solcher Kosten notwendig.

Auf der Basis sowjetischer Zahlen aus den späten Sechzigerjahren berechnete Goldman zu Anfang der Siebziger, dass »es wohl 17 bis 20 Milliarden Rubel kosten würde, allein die Qualität der Wasserversorgung und Abwasserklärung zu verbessern«. Er hielt es aber für möglich, dass diese Schätzung zu niedrig war (Goldman 1972: 119). Es war schwierig für ihn, Daten über die Kosten der Beseitigung der Luftverschmutzung in der UdSSR zu bekommen. Er fand eine Berechnung aus dem Jahre 1969, der zufolge die Russische Republik in den Jahren 1959 bis 1967 155,6 Millionen Rubel zur Kontrolle der Luftverschmutzung aufgewandt habe. Diese Zahl für den bei weitem größten Teil der UdSSR betrug weniger als zehn Prozent des von den USA im gleichen Zeitraum zum gleichen Zweck aufgewendeten Betrags. Und die amerikanischen Experten waren gar nicht zufrieden mit ihrem nationalen Prozentsatz (ebd.: 150).

Hier sind einige konkrete Beispiele für die entstandenen Kosten:

Der als ein Naturwunder geltende Sevansee in Armenien, einer der höchstgelegenen Seen der Welt, befand sich im Eutrophierungsprozess. Um ihn zu retten, hat man Wasser aus anderen Regionen dorthin umgeleitet. Diese Maßnahme kostete schätzungsweise 100 Millionen US-Dollar (ebd.: 66).

Die Kosten zur partiellen Sauberhaltung des Baikalsees mittels einer Kläranlage betrugen 1970 täglich 20000 Rubel (ebd.: 199).

Es wurde geschätzt, dass für die Periode 1968 bis 1980 etwa 430 Millionen Rubel für die Moskauer Abwasserkläranlagen aufgewendet werden müssten (ebd.: 103).

Goldman fand einen Bericht, welcher 1968 die Kosten eines einzigen Staubfängers für einen Siemens-Martin-Ofen in der Stahlindustrie mit 1,5 Millionen Rubel bezifferte. Das bedeutet, dass die Gesamtsumme von 155,6 Millionen Rubel, die die gesamte Russische Republik in der Periode 1959 bis 1967 zur Eindämmung der Luftverschmutzung aufgewendet hatte, lediglich für 100 solcher Staubfänger reichte (ebd.: 150).

Es gab natürlich auch technische Probleme. Beschwerden über fehlende Forschungseinrichtungen und Produktionsstätten für Umweltschutzausrüstung hörte man aus nahezu allen Republiken (ebd.: 147–148). Doch Geldknappheit war der Hauptgrund für den Mangel an Forschungseinrichtungen. In dem Zusammenhang schrieb Goldman: »... Die Anzahl tatsächlicher Installationen von Umweltschutzausrüstung ist wesentlich geringer als die der Hilfsersuchen der umweltverschmutzenden Fabriken. Die Anzahl dieser Hilfsersuchen ist wiederum wesentlich geringer als die der von Kontrollbehörden geführten Beschwerden und ihrer Forderungen nach Handlungen« (ebd.: 148). Es ist bemerkenswert, dass solche Beschwerden und Forderungen von den Kontrollbehörden ausgingen, obwohl es in der UdSSR keine Ökologiebewegung gab, die mit der im Westen vergleichbar war. Es ist also klar, dass, was das ökologische Bewusstsein und gute Absichten betrifft, die UdSSR keineswegs hinterherhinkte. Es fehlten schlicht die Geldmittel. Goldman bemerkte in einem etwas anderen Kontext: »Wenn genug Geld vorhanden ist, lässt sich immer eine Lösung finden. Die Natur jedoch nimmt ihre Rache, denn diese neuen Korrekturen tendieren unweigerlich dazu, ihre eigenen negativen Konsequenzen hervorzurufen, die wiederum zusätzlicher Korrekturen bedürfen« (ebd.: 238). Auf dieses Thema werde ich in Kapitel vier zurückkommen. Im Moment wollen wir uns mit Komarows sechs oder sieben Jahre später verfasstem Bericht über diese Fragen beschäftigen.

Komarow zitierte Lemeschew, der Mitte der Siebzigerjahre die Meinung vertrat, die sowjetische Wirtschaft könne sich den Aufwand von 15 bis 20 Prozent der Produktionskosten jeder Fabrik für den Umweltschutz nicht leisten. Seiner Meinung nach war es ein »unerlaubter Luxus«, die Auspuffe von Motorfahrzeugen mit Filtern zu versehen, um die Luft der Städte zu verbessern (zit. n. Komarow 1979: 44). Ein überzeugender Vorschlag zur Rettung des Baikalsees, nämlich die Abflüsse aus den Papier-und-Pulpe-Fabriken durch eine Rohrleitung über die Berge in den Fluss Irkut zu leiten, konnte wegen der Kosten (40 Millionen US-Dollar) nicht angenommen werden. Dies hätte das gesamte Unternehmen unwirtschaftlich gemacht (ebd.: 16; Goldman 1972: 202).

Komarow schrieb einen bemerkenswerten, aber unklaren Satz über die Kosten des Umweltschutzes. Bezug nehmend auf die Schätzungen von ungenannten sowjetischen Wirtschaftswissenschaftlern, berichtete er, dass Mitte der Sechzigerjahre die Sowjetgesellschaft mit einem Aufwand von 50 Kopeken für den Umweltschutz Verlust oder Schäden durch Umweltverschmutzung im Wert von einem Rubel kompensieren konnte. 1977 benötigte sie für denselben Zweck schon 1,5 bis 1,7 Rubel, Anfang der Achtzigerjahre 3 bis 3,5 Rubel (Komarow 1979: 146–147). Wenn diese Schätzungen stimmten, dann war die logische Schlussfolgerung daraus, dass es ab einem gewissen Punkt sinnlos war zu versuchen, durch Naturzerstörung verursachte wirtschaftliche Schäden mittels Geldausgabe zur Reparatur der Naturzerstörung zu kompensieren. Es war daher zumindest *wirtschaftlich* rational, wenn die Sowjetbehörden nach 1977 nichts mehr unternommen haben, um Umweltschäden zu beheben.

Hier kann man zweierlei einwenden: Erstens ist es so, dass Gesundheitsschäden nicht nur wirtschaftliche Verluste verursachen, sondern dass sie selbst ein Verlust im Sinne menschlichen Leids sind. Da sollten Kosten keine Rolle spielen. Es hätte dann aber weniger Konsumgüter für die BürgerInnen gegeben. Zweitens mag man einwenden, dass die richtige Umweltpolitik vorrangig Schäden vermeiden und verhindern soll, statt sie nachträglich zu beheben; dann wären die Kosten auch nicht so hoch. Das ist richtig. Doch sogar die Auspuffe von Kraftfahrzeugen mit Filtern zu versehen, eigentlich eine reine Präventionsmaßnahme, war für Lemeschew ein »unerlaubter Luxus«. Und die Produktion solcher Filter trägt auch wieder zur ökologischen Degradation bei.

Kommen wir zurück zu den Verlusten. Die AutorInnen der beiden von Komarow zitierten Prognosen (*Unsere Natur im Jahre 1980* und *Unsere Natur im Jahre 1990*) quantifizierten in etwa die wirtschaftlichen Verluste im engeren Sinne: bis 1980 würden die gesamten jährlichen durch Wasser- und Luftverschmutzung verursachten wirtschaftlichen Verluste 20 Milliarden Rubel betragen. Bis 1990 würden sie nach ihrer Schätzung auf 45 Milliarden Rubel ansteigen. Komarow, der Zugang zu Geheimdokumenten hatte, schrieb aber, dass anderen Prognosen zufolge die Gesamtverluste 1980 wahrscheinlich 50 bis 60 Milliarden Rubel und 1990 etwa 120 Milliarden Rubel betragen würden (ebd.: 39).

Aus einer späteren Quelle haben wir eine offizielle Zahl: 1984 zitierte der Vizevorsitzende des Umweltausschusses des Obersten Sowjets Schätzungen, nach denen die jährlichen Verluste durch Wasser- und Luftverschmutzung 2 bis 2,5 Prozent des sowjetischen Bruttosozialprodukts betragen würden. Fügte man die Kosten der notwendig gewordenen Maßnahmen zum Schutze des Bodens hinzu, kämen die Verluste auf 4,5 Prozent (vgl. Rosenbladt 1986: 148–149).

Auch wenn wir diesen offiziellen Zahlen Glauben schenken und wenn wir bedenken, wie problematisch der Begriff »Bruttosozialprodukt« ist, dann scheint unter Einbeziehung aller Faktoren in jener Zeit keine reale wirtschaftliche Verbesserung erzielt worden zu sein. Denn in der Fünfjahresperiode 1976 bis 1980 stieg das Bruttosozialprodukt der UdSSR (wiederum nach offiziellen Angaben) um nur 21 Prozent (Aganbegyan 1988: 10), also um durchschnittlich 4,2 Prozent pro Jahr. Dies allein sollte ausreichen, um die Stagnation in der Wirtschaft zu erklären.

Komarow berichtete, dass die Hälfte der Verluste durch Umweltschäden im Gesundheitssektor stattfand. Aus den beiden oben genannten Prognosen zitierte er einige aussagekräftige Details über Krankheiten, die durch Luftverschmutzung verursacht wurden: In den zehn Jahren, bevor er sein Buch schrieb, verdoppelte sich die Verbreitung von Lungenkrebs; die Verbreitung von genetischen Defekten bei Neugeborenen nahm um 5 bis 6 Prozent pro Jahr zu. Zu dem Zeitpunkt, als er sein Werk verfasste, hatten 7 bis 8 Prozent der Bevölkerung genetische Defekte; man fürchtete, diese Zahl könnte bis 1990 auf 15 Prozent steigen (Komarow 1979: 38–39).

Nun möchte ich einige Zahlen über die Situation in den ausgehenden Achtzigerjahren zitieren; sie wurden 1991 vom World Watch Institute veröffentlicht:

Allein die durch die Umweltverschmutzung notwendigen Aufwendungen für das Gesundheitssystem in der Sowjetunion betrugen 1987 190 Milliarden Rubel (330 Milliarden US-Dollar nach dem offiziellen Kurs im Oktober 1990) oder 11 Prozent des geschätzten Bruttosozialprodukts.

Die Produktionsverluste durch Bodenerosion kosteten die sowjetische Wirtschaft jährlich 18 bis 20 Milliarden Rubel (31 bis 35 Milliarden US-Dollar).

Als Sofortmaßnahmen zur Verminderung der Umweltverschmutzung schloss die sowjetische Regierung 240 Fabriken im Jahr 1989. Dies hatte auch einen gegenteiligen Effekt: Viele Produktionsstätten für unentbehrliche Arzneimittel oder das knappe Papier wurden geschlossen.

Einer Schätzung zufolge hätte die Sowjetunion 100 Milliarden Rubel (174 Milliarden US-Dollar) als Startkapital und dann weitere 10 Milliarden Rubel jährlich aufwenden müssen, um allein die Luftverschmutzung auf die gesetzlichen Grenzwerte zu senken (French 1991: 94 ff. und French 1992: 198, 210, 219, 222).

In der oben zitierten Passage (Seiten 62/63) beschuldigte Marx die »kapitalistische Agrikultur« und die »kapitalistische Produktion«, sie untergrüben »zugleich die Springquellen alles Reichtums: die Erde und den Arbeiter«. Es ist aber heute klar, dass auch die »sozialistische« Produktion die Erde und die Arbeiter der UdSSR ruinierte. Marx selbst wies ahnungslos auf die wichtigste Ähnlichkeit zwischen den beiden Systemen hin, als er schrieb: »Je mehr ein Land ... von der großen Industrie als dem Hintergrund seiner Entwicklung ausgeht, desto rascher dieser Zerstörungsprozess« (Marx 1977: 529). Sowohl die USA als auch die UdSSR taten genau das.

Welchen Anteil ihres Bruttosozialprodukts wandte nun die UdSSR für den Umweltschutz auf, und wie viel wäre erforderlich gewesen? Nach Jablokow wären es ein Prozent beziehungsweise fünf bis sechs Prozent (Jablokow 1988: 312). Die UdSSR konnte aber einfach nicht so viel für den Umweltschutz ausgeben und weiterhin ihren Status als Supermacht aufrechterhalten. Es ist außerdem zweifelhaft, ob es überhaupt Sinn macht, dem Umweltschutz mehr Geld zuzuteilen, wenn das zusätzliche Geld durch Wirtschaftswachstum erwirtschaftet werden muss und wenn es in technische Vorrichtungen investiert wird. Eine derartige Strategie ist sinnlos, denn Wirtschaftswachstum führt zu weiterer ökologischer Degradation.

Die Perestroika-Enthusiasten glaubten, Wirtschaftswachstum sei ohne weitere ökologische Degradation möglich. Sie glaubten sogar, das sei machbar mit gleichzeitiger Reduzierung der Produktion von Rohstoffen und Zwischenprodukten. Lemeschews Lösung des Problems sah beispielsweise so aus: »... dass man mit einer geringeren Anzahl von erstklassigen Traktoren weniger Boden von besserer Qualität bearbeiten und bei Einhaltung aller Forderungen der Agrotechnik größere Mengen billigerer landwirtschaftlicher Erzeugnisse von besserer Qualität produzieren kann« (Lemeschew 1988: 342–343). Das wäre natürlich die Traumlösung. Heutzutage nennt man das »nachhaltiges Wachstum«. Ich habe aber große Zweifel an der Machbarkeit desselben. Lemeschew selbst sagte an anderer Stelle in demselben Papier, die Entwicklung neuer, abfallarmer und abfallfreier Produktionstechnologien würde zusätzliche Ausgaben erforderlich machen, was folglich die Produkte teurer machen würde (ebd.: 335). Und wo soll das Land von besserer Qualität herkommen? Die Bodenqualität ist ein gegebener Faktor. Sie kann in einem gewissen Rahmen verbessert werden, doch nicht ohne Mühe und finanzielle Kosten. Diese Fragen werde ich wieder in Kapitel vier aufgreifen.

Das Fehlen von Kolonien

Im Zusammenhang mit dem Ressourcenproblem schrieb Aganbegyan:

> »Die UdSSR ist vielleicht das einzige Land in der Welt, dessen Bedarf an Brenn- und Rohstoffen größtenteils durch einheimische Produktion gedeckt wird, nicht durch Importe. Es gibt weder die Gelegenheit noch die Notwendigkeit, sich bei der Belieferung der Wirtschaft mit Brenn- und Rohstoffen so zu verhalten wie die entwickelten kapitalistischen Länder. Wenn eines dieser Länder zusätzliche Mengen von Kohle oder Nichteisenmetallen braucht, kauft es diese in der Regel von unterentwickelten Ländern. Wenn nötig, investiert es Kapital in solchen Ländern und gründet dabei eigene Firmen. Wir dürfen uns nicht so verhalten.
> Dieser Ansatz von uns gilt … gewissermaßen auch für die Arbeit. Jeder Mangel an WissenschaftlerInnen oder hochqualifizierten SpezialistInnen in den USA ist dadurch überwunden worden, dass KandidatInnen aus anderen Ländern durch die Anziehungskraft höherer Gehälter ›angeworben‹ wurden. Türkische oder jugoslawische ArbeiterInnen wurden von Westdeutschland angeworben, wenn zusätzliche ungelernte Arbeitskräfte gebraucht wurden. Als dieser Bedarf zu Ende ging, wurden ausländische ArbeiterInnen sofort nachteilig behandelt. Auch eine solche Handlungsweise ist für uns unannehmbar.« (Aganbegyan 1988: 9)

Mir kommt es so vor, als ob Aganbegyan hier die Not zur Tugend macht. Was Rohstoffe und Brennstoffe betrifft, hatte die UdSSR zwar genug davon. Aber, wie wir schon gesehen haben, stiegen die Produktionskosten rapide an. Wirtschaftliche Rationalität hätte sie dazu führen müssen, sich für billige Importe zu entscheiden. Doch sie konnten dies nicht in erforderlichem Umfang tun. Aganbegyan gibt auch zu, dass es keine »Gelegenheit« gab, sich in dieser Hinsicht wie die entwickelten kapitalistischen Länder zu verhalten.

Was das Personal angeht, dachten WissenschaftlerInnen und hochqualifizierte SpezialistInnen in anderen Ländern nicht im Traum daran, einen Job in der UdSSR anzunehmen, weil die Gehälter dort so gering waren. Vielleicht hatten die Sowjets genug Experten. Doch einen Mangel an Arbeitern gab die UdSSR zu (ebd.: 7–8). Es ist ziemlich bekannt, dass die DDR Arbeiter aus Vietnam, Angola, Mosambik und anderen Ländern rekrutierte; ob oder in welchem Ausmass die UdSSR das auch getan hat, ist nicht bekannt.

An der generellen Knappheit an Arbeitskräften war hauptsächlich die niedrige Arbeitsproduktivität schuld. Wir haben gesehen, dass die Arbeitsintensität im sowjetischen Bergbau immer höher wurde. Aber auch in der Gesamtwirtschaft fiel oder stagnierte die Wachstumsrate der Arbeitsproduktivität (ebd.: 68). Der Hauptgrund dafür war das niedrige Niveau der Automation, und der Hauptgrund hierfür wiederum lag in dem niedrigen Niveau der Geldmittel, die für Investitionen in Automation zur Verfügung standen. Niedrige Arbeitsproduktivität ist allgemein der Grund für niedrige Löhne. Die Löhne in der DDR waren zwar für Arbeiter aus Vietnam, Angola oder Mosambik anziehend genug, nicht aber für türkische oder jugoslawische Arbeiter. Dasselbe galt möglicherweise auch für die sowjetischen Löhne; hier kamen die extremen Witterungsverhältnisse als ein zusätzlicher Abschreckungsfaktor hinzu.

Die wesentlichste Ursache dafür, dass die UdSSR keine Gelegenheit hatte, sich hinsichtlich der Rohstoffe so zu verhalten wie die entwickelten kapitalistischen Länder, lag in ihrer chronisch schwachen Stellung auf dem Weltmarkt. Ihre Technologie und ihre hochwertigen Industrieprodukte waren weder hoch geschätzt noch in ausreichender Menge für Exporte in Hartwährungsländer – oder in solche, die mit harter Währung zahlen konnten – verfügbar. (Die sowjetische Industrie musste ja auch vorrangig die Nachfrage im Inland und in den »sozialistischen Bruderländern« befriedigen.) Darum waren ihre Hauptexportgüter geringwertige Brennstoffe und andere Rohstoffe.

Schauen wir uns einmal einige wichtige Daten über den sowjetischen Außenhandel Mitte der Achtzigerjahre an. Der Anteil der UdSSR an der Weltindustrieproduktion betrug circa 20 Prozent, ihr Anteil am Welthandel war aber lediglich 5 Prozent (ebd.: 148). Nur 12 Prozent ihres Nationaleinkommens stammten aus Exporten, während viele europäische kapitalistische und »sozialistische« Länder 40 bis 50 Prozent aus dieser Quelle erwirtschafteten[11] (ebd.: 141). An diesen Zahlen ist indes nichts Negatives. Die UdSSR konnte viel mehr Bedürfnisse ihrer BürgerInnen aus eigener Produktion befriedigen als die anderen Länder. Negative Züge wies hingegen die Zusammensetzung ihres Außenhandels auf. Brennstoffe, Strom und andere Rohstoffe wie Erze, Holz und so weiter machten 62 Prozent der Exporte aus, während Maschinen, Anlagen und Fahrzeuge nur 14 Prozent ausmachten (ebd.). Der Verfall der Weltmarktpreise von ohnehin geringwertigen Brenn- und Rohstoffen hatte ähnlich negative Auswirkungen auf die sowjetische Wirtschaft wie auf die der unterentwickelten Länder.

Der geringe Anteil der UdSSR am Welthandel war zum Teil auch ein Ergebnis von Geschichte und Politik. Um eine schnelle Industrialisierung zu erreichen und das »sozialistische« System vor wirtschaftlicher Konkurrenz und militärischer Bedrohung aus dem Ausland zu schützen, war es notwendig, eine Politik der relativen Autarkie zu verfolgen. Bei zwei sehr wichtigen Fragen jedoch hatten sich die Bedingungen für wirtschaftliche Entwicklung in der zweiten Hälfte des 20. Jahrhunderts gegenüber denen der ersten Hälfte gravierend geändert: Erstens hatte die Anzahl der Technologien, die beherrscht werden mussten, enorm zugenommen, und alle Technologien waren sehr kompliziert geworden, so dass sie eine weit größere und vielfältigere Ressourcenbasis erforderten. Zudem verlief der technologische Fortschritt ganz allgemein sehr schnell. Zweitens hatten die Menge und vor allem die Arten von Konsumgütern, die notwendig waren, um die Bevölkerung jedes beliebigen Landes zufrieden zu stellen, enorm zugenommen. Kein einzelnes Land – nicht einmal eine Gruppe von Ländern – war in der Lage, sie alle zu produzieren oder die Zwischenprodukte zu produzieren, die man zur Herstellung der Endprodukte brauchte – zumindest nicht auf eine wirtschaftlich sinnvolle Weise.

Aus diesen beiden Gründen wurde es für ein wirtschaftlich rückständiges Land extrem schwierig und teuer, nahezu unmöglich, aus eigener Kraft die große technologische Lücke zu schließen. Die UdSSR scheiterte in dieser Hinsicht – trotz ihrer Errungenschaften in der Weltraum- und Rüstungstechnologie und trotz ihres enormen Reichtums an Bodenschätzen.

Aber ihre Vorstellung des »Sozialismus« sowie all ihre anderen Ambitionen – eine Supermacht werden, die USA in puncto Lebensstandard einholen, höheres nationales Ansehen – machten es für die UdSSR absolut notwendig, die technologische Lücke zu schließen und auch dafür mehr Güter und Technologien zu importieren als in den Zwanziger- und Dreissigerjahren. Mit der alten Politik der relativen Autarkie war das nicht länger möglich. Integration in den Weltmarkt und wirtschaftliche Zusammenarbeit sowie Konkurrenz mit den anderen Industriestaaten wurden zwingend notwendig.

In diesem Zusammenhang müssen wir einen wichtigen Unterschied zwischen den führenden westlichen Industrieländern und den »sozialistischen« Ländern Europas bedenken. In den Erstgenannten wurde der Prozess der ursprünglichen Kapitalakkumulation durch die Eroberung und Ausbeutung der Kolonien wesentlich erleichtert – durch die Ausbeutung sowohl ihrer Bodenschätze als auch ihrer Arbeitskräfte, Sklavenarbeit eingeschlossen. Ein Großteil des höheren Lebensstandards in jenen Ländern wurde direkt durch diese Ausbeutung ermöglicht.

Selbst nachdem die Kolonien politisch unabhängig geworden waren, ging die wirtschaftliche Ausbeutung mit anderen Mitteln weiter. Sie wurde aufgrund der höheren Entwicklung der Produktivkräfte sogar weiter intensiviert.[12] Dies ist bekannt als Neokolonialismus. Die Grundlage des Neokolonialismus ist die unterschiedliche Verfügungsgewalt über die Ressourcen der Erde, über das Finanzkapital, über das akkumulierte wissenschaftliche, technologische und Management-relevante Know-how der Menschheit sowie über weltweite kommerzielle Kontakte. Diese Unterschiedlichkeit entstand im Wesentlichen durch den Kolonialismus. Die wenigen reichen kapitalistischen Länder der Welt und die Länder, die mit ihnen irgendwie wirtschaftlich assoziiert sind, haben bei weitem den größten Teil dieser Reichtumsfaktoren unter ihrer Verfügungsgewalt, die sie mit allen Mitteln verteidigen – mit finanziellen, kommerziellen, politischen und militärischen. Sie haben außerdem die gesamte billige Arbeitskraft der unterentwickelten Welt zur Verfügung.[13]

Die »sozialistischen« Länder Europas hatten all dies nicht – weder Kolonien noch Neokolonien im oben beschriebenen Sinne. Logischerweise konnten (und können) nicht alle Länder der Welt Kolonien oder Neokolonien haben. In dieser endlichen Welt gibt es auch für Kolonien eine Grenze. Zwar war das zaristische Russland eine Kolonialmacht, aber es konnte seine europäischen Territorien – die Ukraine, Weißrussland und andere – nicht in der gleichen Weise ausbeuten, wie beispielsweise Großbritannien Indien ausbeutete. Weder Sibirien noch das aride Zentralasien waren besonders lukrative Kolonien – nicht mit den Technologien jener Zeit. Wir haben ja gerade gesehen, dass es nicht einmal mit den modernen Technologien leicht gewesen ist, die Ressourcen Sibiriens auszubeuten. Und als Russland mit seiner Industrialisierung beginnen konnte, war es schon ein Mitglied, wenn auch das führende Mitglied, der »sozialistischen« UdSSR geworden. Die Menschen in den ehemaligen zaristischen Kolonien waren gleichberechtigte BürgerInnen desselben »sozialistischen« Staates geworden. Sie konnten nicht ausgebeutet werden. Im Gegenteil, »SozialistInnen« hatten den Ehrgeiz, sie zur gleichen Höhe zu entwickeln wie die Menschen in Moskau oder Leningrad. Es gab dort also keine billigen Arbeitskräfte auszubeuten und niemanden zu berauben.

Was die Lohnkosten in Sibirien betrifft, mussten ArbeiterInnen aus anderen Landesteilen angelockt werden; sie bekamen das Dreifache des üblichen Lohns und viele Sondervergünstigungen. Trotzdem wollte sich niemand so recht dort niederlassen. Die meisten arbeiteten dort nur drei Jahre – das war die Mindestvertragsdauer –, nahmen ihre Prämie – ein Auto – und verließen Sibirien (Komarow 1979: 163, 173).

Für die westlichen Industrieländer hingegen sinken die Kosten für den Import von Rohstoffen und Primärprodukten aus den unterentwickelten Ländern – ihren ehemaligen Kolonien und heutigen Neokolonien – fast kontinuierlich. Zum Beispiel bekamen Westeuropäer zwischen 1961 und 1964 für eine Schweizer Uhr 7,5 Kilogramm tansanischen Kaffee. Zehn Jahre später – zwischen 1971 und 1974 – bekamen sie aber 14,2 Kilogramm tansanischen Kaffee für die gleiche Schweizer Uhr (Strahm 1981: 46). Um noch ein Beispiel zu geben: 1985 konnten Westeuropäer für einen westdeutschen LKW 7,6 Tonnen Kakao aus der Elfenbeinküste bekommen. 1990 bekamen sie 29 Tonnen dafür (*Frankfurter Rundschau*, 24.07.1991).

Aus diesem Unterschied ergeben sich zwei wesentliche Punkte: Erstens erklärt er zum Teil den steigenden Lebensstandard im Westen, und umgekehrt erklärt er zum Teil, warum der Lebensstandard in den »sozialistischen« Industrieländern hinter dem des industrialisierten, kapitalistischen Westens zurückblieb. Zweitens erklärt er zumindest einen Teil des Wirtschaftswachstums im Westen. Im Dezember 1985 schrieb *The Economist*, die Zeitung des britischen Kapitals:

> »Wie das teurere Öl von gestern den reichen Ländern zweimal Stagflation[14] bescherte, so können ihnen jetzt die billigeren Rohstoffe von heute die Inflation drosseln und das Wirtschaftswachstum ankurbeln helfen. …
> Die meisten der reichen Länder haben noch nicht begriffen, … wieviel davon [von dieser Möglichkeit] ein Geschenk aus den armen Ländern ist. In den vergangenen zwölf Monaten … ist der Preis von Metallen um 15 Prozent gefallen, der von Öl um 5,5 Prozent. Diese Preisstürze … bedeuten, dass die Verbraucher jetzt für die gleiche Menge von Rohstoffen circa 65 Milliarden Dollar pro Jahr weniger zahlen als vor zwölf Monaten.« (*The Economist*, 06.12.1985, S. 13)

Die UdSSR und die anderen »sozialistischen« Länder konnten kaum so etwas bekommen wie die »Geschenke armer Leute« an die westlichen Reichen.

Zwar warfen die Chinesen und ihre Anhänger in den Siebzigerjahren der UdSSR vor, sich in ihren Handelsbeziehungen zu den unterentwickelten Ländern imperialistisch zu verhalten. Der Vorwurf war jedoch nicht überzeugend. Sie beriefen sich zwar auf einige Fakten und Statistiken, doch bei näherer Prüfung erwiesen sich diese als unzureichend, den Vorwurf zu rechtfertigen. Dies ist nicht der Ort, sich mit der Angelegenheit detailliert auseinander zu setzen, doch ein paar Beispiele sind angebracht.

Es wurde behauptet, dass die UdSSR für ihre Exporte in unterentwickelte Länder einen höheren Preis verlange als für gleiche Exporte in westliche Industrieländer. Beispielsweise habe sie 1974 für ein Auto, welches in unterentwickelte Länder exportiert worden sei, 1569 Rubel verlangt, für ein ähnliches, nach Westeuropa exportiertes Auto aber nur 805 Rubel (N. K. Chandra, zit. n. Bogen 1987: 24). Auf den ersten Blick scheint das Ausbeutung der unterentwickelten Länder zu sein. Eigentlich belegt es jedoch nur, dass die UdSSR ihre Autos in Westeuropa zu Dumpingpreisen, womöglich mit Verlust, verkaufte. Auf jeden Fall haben die unterentwickelten Länder sicher keinen höheren Preis dafür bezahlt als für ein ähnliches italienisches oder französisches Auto. Der niedrige Preis für Westeuropa zeigt lediglich das Bestreben der UdSSR, an harte Währung zu kommen. Im Falle der unterentwickelten Länder gab es diesen Grund nicht, da der Handel der UdSSR mit ihnen meist ein Tauschgeschäft war.

Es wurde festgestellt, dass zwischen 1960 und 1969 von den zwölf wichtigsten Waren, die Indien in die UdSSR exportierte, nur eine, nämlich Rohtabak, durchweg einen Preis unter dem Weltmarktpreis erzielte (Asha Datar, zit. n. Szymanski 1979: 162). Aber es gibt verschiedene Qualitäten von Rohtabak. Der niedrigere Preis, den die Sowjets zahlten, lasst sich leicht mit einer niedrigen Qualität des von ihnen importierten Rohtabaks erklären (ebd.).

Was die Chinesen und ihre AnhängerInnen indes belegen konnten, war die Tatsache, dass sich die Sowjetunion in ihren Handelsbeziehungen zu den unterentwickelten Ländern nicht aufopferungsvoll verhielt – außer im Falle von Kuba. Sie versuchte, Nutzen aus diesem Handel zu ziehen. Doch das ist der Zweck jedes Handels. Man kann nur dann von Ausbeutung sprechen, wenn eine Seite aus dem Handel einen größeren Nutzen zieht als die andere, weil sich die Letztere in einer Situation von direktem oder indirektem Zwang befindet.

Man kann berechtigterweise einwenden, dass die Weltmarktpreise der meisten Exportwaren der unterentwickelten Länder ausbeuterisch niedrig sind. Und man kann mit Recht behaupten, dass die Weltmarktpreise, die sie für ihre Importe aus den entwickelten Industrieländern zahlen müssen, für sie ausbeuterisch hoch sind. Daraus könnte man schlussfolgern, dass die UdSSR die unterentwickelten Länder ausbeutete, indem sie beim Handel mit ihnen auf Weltmarktpreisen bestand.

Wenn man dieses Argument akzeptiert, bleibt die Frage, warum die Ausbeutung der unterentwickelten Länder der UdSSR nicht helfen konnte, ihre wirtschaftliche Krise zu überwinden. Die Antwort ist sehr einfach. Das Volumen des Handels der UdSSR mit den unterentwickelten Ländern war zu gering. Der Handel zwischen den »sozialistischen« Ländern Europas und den unterentwickelten Ländern betrug 1982 nur zwei Prozent des Welthandels. Der Anteil der UdSSR an diesen zwei Prozent betrug 58 Prozent (Bogen 1987: 13). 1986 belief sich der Handel der Sowjetunion mit solchen Ländern auf nur 14 Milliarden Rubel (Aganbegyan 1988: 153). Der Gesamtgewinn daraus war zu gering, um einen nennenswerten Beitrag zur Überwindung der wirtschaftlichen Krise der UdSSR zu leisten.

Noch ein anderer wichtiger Punkt ist zu beachten. Bis zu den frühen Neunzigerjahren gab es einen jährlichen Nettogeldtransfer aus den unterentwickelten Ländern – bedingt durch deren Auslandsverschuldung – in die Industrieländer. 1989 belief sich dieser Transfer auf 42 Milliarden Dollar (Deutsches Institut für Entwicklungspolitik 1991:1). 1992 sollen es etwa 50 Milliarden Dollar gewesen sein. Ein anderer Bericht, welcher Gewinntransfers von transnationalen Konzernen (TNKs) und Kapitalflucht aus den unterentwickelten Ländern in die westlichen Industrieländer einschloss, schätzte die Summe auf 120 Milliarden Dollar (*Der Spiegel*, 18.05.1992). Hervorzuheben ist, dass diese Zahlen *Netto*zahlen sind. Das heißt, man hat von den Bruttotransfersummen Geldsummen abgezogen, die aus dem industrialisierten Westen in die unterentwickelten Länder geflossen sind: kommerzielle Kredite, »Entwicklungshilfe« – die eigentlich meist Kredite sind –, private und Firmeninvestitionen.

Wenn man die Gesamtzahlen betrachtet, hat sich die Bewegung seit Mitte der Neunzigerjahre umgekehrt. Das ist das Resultat von massiven Direktinvestitionen von Privatpersonen und Konzernen *in einige wenige* unterentwickelte Länder (vgl. Wahl 1997). Aber Kredite und Investitionen sind kein endgültiger Transfer. Kredite müssen mit Zinsen zurückgezahlt werden, und Investitionen werfen Profite ab, die über kurz oder lang in der einen oder anderen Form außer Landes wandern. Abgesehen davon, dass solche privaten und kurzfristigen Investitionen einen flüchtigen, also negativen, Aspekt haben, wie die plötzlichen finanziellen und darauf folgenden Wirtschaftskrisen in Ost- und Südostasien Ende 1997 zeigten, ist die Schuldenkrise der unterentwickelten Länder *insgesamt* nicht durch solche Investitionen gelindert worden. Im Gegenteil, nach einem aktuellen Bericht hat sie sich verschlechtert. Aus den Zahlen der Weltbank ergibt sich, dass 1997 die Gesamtschulden der unterentwickelten Länder um zehn Prozent gestiegen sind (*Frankfurter Rundschau*, 20.01.1998).

Die UdSSR und einige andere »sozialistische« Länder gaben ebenfalls Kredite im Namen der Entwicklungshilfe. Doch sie wurden an befreundete Staaten zu sehr niedrigen Zinssätzen vergeben. In den unterentwickelten Ländern gab es kaum ausländische Firmen aus den »sozialistischen« Ländern, obwohl in den entwickelten kapitalistischen Ländern einige solche existierten (Levinson 1978: 71; 234–235).

In den Sechziger- und Siebzigerjahren hielt das westliche Kapital Einzug in die UdSSR und die anderen »sozialistischen« Staaten. Es begann mit umfangreichen Krediten zur Finanzierung von Unternehmen, die mit Hilfe westlicher transnationaler Konzerne gebaut werden sollten, beispielsweise die große Fiat-Autofabrik in Togliattigrad.[15] (Ein Großteil der amerikanischen Kredite war bestimmt für Weizenkäufe in den USA.) Ein Gedanke hinter solchen Unternehmen war, auf diese Weise hoch entwickelte, westliche Technik zu importieren. Aber schon 1976 musste die UdSSR zugeben, dass die Auslandsschulden für sie selbst und für einige andere »sozialistische« Länder zum Problem geworden waren (ebd.: 35). Man suchte eine Lösung, indem man einen Teil der Produktion der Unternehmen exportierte, die in den »sozialistischen« Ländern mit westlicher Technologie und westlichen Krediten gebaut worden waren. Man nannte dies dann Koproduktion.

Hier zeigt sich eine gewisse Ähnlichkeit zwischen den europäischen »sozialistischen« Ländern und den unterentwickelten Ländern in ihren wirtschaftlichen Beziehungen zum Westen. Der Unterschied lag im Grad der Abhängigkeit. Es gab die Auslandsverschuldung, es gab die Ausbeutung billiger »sozialistischer« Arbeitskräfte durch westliche transnationale Konzerne. In den Achtzigerjahren gab es in der DDR sogar Mülldeponien für alle Arten von Wohlstandsabfall aus Westdeutschland.

Es war jedenfalls klar, dass die UdSSR und die anderen »sozialistischen« Länder Europas ihre wirtschaftlichen Probleme nicht lösen konnten – nicht einmal die technologische Lücke in einem nennenswerten Grad schließen konnten –, indem sie sich bemühten, sich in den Weltmarkt zu integrieren. Ihr Anteil am Welthandel und an den Profiten daraus war zu gering – eine Situation, die jener der meisten unterentwickelten Länder ähnlich war. Sie konnten also die USA, Großbritannien oder Westdeutschland nicht einholen. Sie stießen an die Grenzen des Wachstums.

Beim Aufbau des »Sozialismus« gescheitert, versuchten die »SozialistInnen« nun eifrig, das zu tun, was sie für das Nächstbeste hielten: Juniorpartner des Westens zu werden. Ihre konkreten Geschäftskontakte mit westlichen Kapitalisten und ihre moralische Degeneration, die ich im nächsten Kapitel beschreibe, bereiteten sie auf den Übergang zum Kapitalismus vor.

Kapitel 3

Warum die »sozialistische« Sowjetgesellschaft zusammenbrach II: Die neue Klasse und die moralische Degeneration der »sozialistischen« Gesellschaft

In Kapitel zwei habe ich den wichtigsten Grund für das Scheitern des »Sozialismus« ausgeführt. In diesem Kapitel werde ich den zweitwichtigsten Grund dafür darlegen und diskutieren, nämlich die Entstehung einer neuen Ausbeuterklasse unter den KommunistInnen und die moralische Degeneration nicht nur der KommunistInnen, sondern auch der ganzen »sozialistischen« Gesellschaft. Aber vergegenwärtigen wir uns zunächst das Ideal, und dann sehen wir, was unter der Führung der KP daraus geworden ist.

Das Ideal

KLASSENLOSE GESELLSCHAFT

Das wichtigste Argument für die Meinung, dass die »sozialistischen« Gesellschaften nicht wirklich sozialistisch gewesen sind, ist, dass Sozialismus ohne Demokratie undenkbar ist. Und da die »sozialistischen« Gesellschaften nicht »demokratisch« nach der herkömmlichen Interpretation des Begriffs waren, waren sie nicht sozialistisch. Das grundsätzliche Gegenargument der KommunistInnen war, dass keine Gesellschaft, die auf Grund der Unterschiede in Reichtum und Einkommen in Klassen unterteilt und von einer Minderheit dominiert ist, welche die schwächeren Klassen ausbeutet, es verdient hat, demokratisch genannt zu werden. Das wichtigste Kriterium für Demokratie war ihrer Ansicht nach das Fehlen von Ausbeutung. Und da die »sozialistischen« Gesellschaften ihrer Meinung nach frei von Ausbeutung waren, waren sie im Grunde demokratisch.

Natürlich kann man einwenden, dass auch eine klassenlose Gesellschaft undemokratisch sein kann. Aber wenn man nachweisen kann, dass die »sozialistischen« Gesellschaften frei von ausbeutenden und ausgebeuteten Klassen waren, dann wird die Ansicht zumindest plausibler, dass sie demokratisch und damit wahrhaft »sozialistisch« waren. Bereits 1936 wurde behauptet, dass in der UdSSR »alle Ausbeuterklassen eliminiert« gewesen seien, dass »die Ausbeutung von Menschen durch Menschen abgeschafft« worden und der »totale Sieg des sozialistischen Systems in allen Bereichen der nationalen Wirtschaft« eine Tatsache geworden sei (Stalin 1976: 799–800). Früher wurde das politische System als eine »Diktatur des Proletariats« betrachtet, welche dem kommunistischen Verständnis nach nicht nur »sozialistisch«, sondern auch – zumindest annähernd – demokratisch war, da sie von arbeitenden Menschen, der produzierenden Klasse, welche die Mehrheit der Bevölkerung ausmachte, dominiert war.

Den KommunistInnen zufolge bestand die sowjetische Gesellschaft ab der zweiten Hälfte der Dreißigerjahre aus zwei Klassen – den ArbeiterInnen und den kollektivierten Bauern und Bäuerinnen – und einer Schicht der Intelligenz. Es gab aber angeblich keinen Antagonismus zwischen ihnen; sie lebten und arbeiteten freundschaftlich zusammen und verdienten einen Lohn, der ihrer geleisteten Arbeit entsprach.

DER NEUE MENSCH

Von Anbeginn des revolutionären Regimes an wurde eine Vorstellung vom idealen Menschen – der neue Mensch genannt – propagiert und gepflegt. Er wurde sowohl als Vorbedingung wie auch als Folge des »sozialistischen« Ideals verstanden. Man dachte, dass nur Verstaatlichung beziehungsweise Kollektivierung der Wirtschaft nicht ausreiche, um eine »sozialistische« Gesellschaft aufzubauen. Andrej Sinjawskij schrieb 1989 in seinem kritischen Buch über die sowjetische Zivilisation: «Die Idee des ›neuen Menschen‹ ist der Eckstein der Sowjetzivilisation. Ohne ihn ist der Aufbau des Sozialismus in einem rückständigen Land unmöglich. Von Anfang an war mit der Revolution die Idee einer tiefgreifenden inneren Veränderung und Umformung des Menschen verbunden« (Sinjawskij 1989: 164). Er zitierte anschließend den berühmten sowjetischen Dichter Majakowskij, der 1918 den folgenden Vers schrieb:

«Wir haben ein paar Tage mit Gewehren geknallt
Und glauben
Dem Alten vorauszusein.
Von wegen!
Die Jacke zu wechseln
Ist nicht genug.
Euch selbst umkrempeln müsst ihr! Von Innen heraus!«
(zit. n. ebd.)

Bucharin, ein Führer und Theoretiker der Partei, schrieb 1922, dass die eigentliche Aufgabe der Revolution in der »Umformung der menschlichen Psyche selbst« besteht. Er schrieb 1928: »An einer der ersten Stellen unseres Systems der wissenschaftlichen Planung steht das Problem der planmäßigen Vorbereitung von neuen Menschen – den Erbauern des Sozialismus« (zit. n. ebd.).

Sinjawskij schrieb, dass im Laufe weniger Jahre der Begriff mit dem Terminus »KommunistIn« identisch wurde. Als die Eigenschaften des neuen Menschen galten folgende: Erstens, »grenzenlose Hingabe an das höchste Ziel, das in der Schaffung der idealen Gesellschaft auf Erden besteht«. Zweitens, »der entschiedene Übergang von der Theorie zur Praxis. Der ›neue Mensch‹ ist immerzu dabei, die Welt nach seinem Ideal umzugestalten. Er ist kein Träumer, sondern ein Praktiker und Macher.« Und drittens »tritt der ›neue Mensch‹ in der Regel als Repräsentant der Masse oder der Klasse auf, die ihn braucht, um ihr Ideal zu realisieren. Er ist niemals ein Einzelgänger ... Deshalb handelt der ›neue Mensch‹ nicht im Interesse der eigenen, sondern der übergeordneten, der allgemeinen Sache. ... Das ist der Grund, weshalb die größte menschliche Sünde für den ›neuen Menschen‹ im Egoismus oder Individualismus besteht, in dem Hang, für sich selbst und nicht für das allgemeine Glück zu leben« (ebd.: 165–166).

Nach dieser Theorie war »bourgeois« (bürgerlich) nicht bloß eine Klassenkategorie, sondern vor allem ein psychisches Phänomen. Man glaubte, dass bürgerliche Relikte selbst nach der Liquidierung des Privateigentums und der Bourgeoisie als Klasse noch im menschlichen Bewusstsein fortbestünden. Diese Relikte waren Individualismus, Trägheit, Sittenlosigkeit, persönliche Gewinnsucht und dergleichen. Der neue Mensch war daher stolz darauf, nichts persönlich zu besitzen und seinen eigenen Interessen zugunsten des Gemeinwohls entsagt zu haben.

Sidney und Beatrice Webb lieferten uns eine Darstellung der kommunistischen Ethik in der ersten Hälfte der Dreißigerjahre. 1932 fragten sie einen »sehr einflussreichen und allseits hoch respektierten Bolschewicki-Führer«, »eine Verkörperung des Gewissens der Kommunistischen Partei« Folgendes: »Was ist das Kriterium für gut oder schlecht im Verhalten eines Parteimitglieds?« Er antwortete im Wesentlichen: »Was immer zum Aufbau der klassenlosen Gesellschaft beitragen würde, wäre gut; und was immer sie behinderte, wäre schlecht.« (Webb 1944: 838). In diesem Zusammenhang bemerkten die Webbs: »Es ist in der Tat ein Grundprinzip der kommunistischen Ethik, dass jedes Individuum aktiv danach streben soll, einen Zustand sozialer Gleichheit herzustellen. Es muss auf der vollständigen Abschaffung von Privilegien bestehen ...« (ebd.: 857). Die Ideale, welche bolschewistische Lehrer und Schriftsteller in ihrer unaufhörlichen Erziehungskampagne propagierten, fassten die Webbs folgendermaßen zusammen:

> »Nicht die Vervollkommnung der eigenen Seele oder des Selbst, sondern der Dienst an den anderen und der Beitrag zum Fortschritt der Gesellschaft machen Tugend aus. Niemand gilt als gut, wenn er nicht für seine Mitmenschen tut, was er kann. Er wird nicht an seinen Taten gemessen, denn diese können ohne eigenes Verschulden erfolglos sein, sondern an den *Beweggründen und Antrieben,* die seine Handlungen bestimmen. Selbst wenn seine Taten gesellschaftlich nützlich und erfolgreich sind, ist er kein guter Mensch, wenn er selbstsüchtig oder ein Karrierist ist.« (ebd.: 839)

Zum Thema persönlicher Habsucht schrieben die Webbs: »In der UdSSR besteht eine weitverbreitete, beharrliche Entmutigung persönlichen Gewinnstrebens ... Das Streben nach persönlichen Reichtümern ist etwas, was man im sowjetischen Kommunismus ›nicht tut‹« (ebd.: 853).

Die Webbs berichteten, dass das individuelle Sparen von Geld aufgehört habe, eine anerkannte Tugend zu sein. Obwohl der Staat Zinsen und Dividenden für Ersparnisse und Schuldscheine zahlte, versuchten die Gewerkschaften, ihre Mitglieder zu motivieren, sich als eine patriotische Pflicht Anteile an internen Anleihen zu erwerben, die keine Zinsen, sondern lediglich Lotteriepreise für die gezogenen Anteilscheine brachten. Dies wurde allgemein als Konsumopfer betrachtet. Viele Preisgewinner unterließen es sogar, ihre Preise zu fordern (ebd.: 855/856). Die Webbs fügten hinzu, dass Parteimitglieder generell zu höherem Verhaltensstandard angehalten wurden als einfache BürgerInnen. Sie hatten sich »freiwillig der Armut verschrieben, sie hatten gelobt, niemals für sich selbst höhere Gehälter oder Löhne anzunehmen als das durch Parteiregeln festgelegte übliche Maximum ...« (ebd.: 856). Das war ein noch nie da gewesenes Experiment in der Geschichte der Menschheit. Eine weitere zeitgenössische Beobachterin aus dem Westen, Ella Winter, bemerkte: »vor dieser hat noch keine Gesellschaft ... versucht, ihre Moral bewusst zu schaffen. ... Der neue Mensch wird geplant, während die neue Gesellschaft entworfen wird« (zit. n. ebd.: 842). Lunatscharskij, der damalige Volkskommissar für Erziehung, sagte 1931: »Wir müssen alles tun, was in unserer Kraft steht, um einen neuen Menschen mit einer neuen Psyche zu erschaffen« (zit. n. ebd.).

Die Wirklichkeit

Es muss schwierig gewesen sein – besonders für ausländische BeobachterInnen wie die Webbs – herauszufinden, inwieweit die Wirklichkeit den Idealen und Prinzipien entsprach. KritikerInnen der sowjetischen Kommunisten behaupteten sogar in den frühen Jahren des Regimes, dass sich dort ein neues System von Privilegien, Ungleichheiten und Despotismus formte. 1919 benutzte Kautsky, ein Führer der deutschen Sozialdemokraten, den Begriff »neue Klasse« in diesem Zusammenhang (vgl. Kolakowski 1979: 183). 1957 veröffentlichte Milovan Djilas, bis einige Jahre zuvor ein führender jugoslawischer Kommunist, seinen Angriff auf den Kommunismus unter dem Titel *Die neue Klasse*. Und in den Sechzigerjahren begannen viele Linke außerhalb der »sozialistischen« Gesellschaften zu sagen, die UdSSR und die übrigen »sozialistischen« Gesellschaften Osteuropas seien *nicht länger* sozialistisch.

Vom Standpunkt dieser KritikerInnen aus war also der »Sozialismus«, zumindest in der UdSSR und den osteuropäischen Ländern, sehr früh gescheitert, wenn auch nur deshalb, weil er sich gegen die Angriffe der neuen Bourgeoisie nicht verteidigen konnte.

DIE KLASSENFRAGE

Wie groß war die Differenz zwischen dem höchsten und dem niedrigsten Einkommen? Wie war der Tarif für die einzelnen Berufe? Wurden die Einkommensunterschiede größer oder schrumpften sie? Antworten auf solche Fragen sind sehr wichtig, um zu bestimmen, ob die »sozialistischen« Gesellschaften wirklich sozialistisch waren oder ob sie zu Klassengesellschaften einer neuen Art geworden waren. Trotz aller Zweifel und Schwierigkeiten bezüglich des Datenmaterials aus der UdSSR sind einige allgemeine Schlussfolgerungen möglich. Man kann ganz allgemein von einer Pendelbewegung zwischen dem Egalitarismus und dem Antiegalitarismus sprechen.

In den ersten paar Jahren nach der Revolution war Gleichheit das Ideal. Man erwartete allgemein, dass es, was die materielle Entlohnung betraf, keinen Unterschied mehr geben würde zwischen Land- und Industriearbeit oder zwischen Hand- und Kopfarbeit. Bei den KommunistInnen wurde dieses Ideal auch praktiziert. Das Gehalt eines Volkskommissars war ungefähr so hoch wie der Lohn eines Facharbeiters, und Parteimitglieder, deren Einkommen eine bestimmte Grenze überstieg, mussten den Überschuss an die Partei abgeben (vgl. Carr 1976: 117–118). Diese Regel nannte man Partmax.

Aber ungeachtet dieser Ideale war die für die Gesellschaft im Ganzen verfolgte Politik eher pragmatisch. Das neue Regime setzte das vom vorherigen überlieferte System differenzierter Löhne mehr oder weniger fort. Die Umstände waren einfach nicht günstig für die Förderung der Arbeitsmotivation allein durch moralische Anreize. Die Produktion nach dem Krieg wieder in Gang zu bringen, hatte in dieser Periode absoluten Vorrang.

In der Periode des Kriegskommunismus (etwa zwischen dem Sommer 1918 und dem Frühjahr 1921, der Periode des Bürgerkriegs) trieb die Regierung eine Politik der Verringerung des Lohngefälles zwischen gelernten und ungelernten ArbeiterInnen, das vor 1914 existiert hatte. Im Februar 1919 wurde das Lohngefälle in der Kategorie ArbeiterInnen auf 1 zu 1,75 festgesetzt. In höher bezahlten Kategorien war es auch 1 zu 1,75. Das Verhältnis des niedrigsten Lohns zum höchsten Gehalt, nämlich dem für das höchstqualifizierte administrative Personal, war 1 zu 5 (ebd.: 205).

1920 befand man es für notwendig, die Lohngefälle zu vergrößern. Geldlöhne waren jedoch nahezu bedeutungslos geworden, und sie wurden mehr und mehr durch Bezahlung in Naturalien (Rationen) ersetzt. Natürlich waren die Rationen nach Status und Beruf differenziert, aber es war nicht möglich, sie nach individueller Leistung zu regeln. Es wurde ein Versuch gemacht, einen Bonus in Naturalien einzuführen, doch aufgrund des Versorgungsengpasses war er nicht durchführbar. Es war beinahe unmöglich, mehr als die absolut minimalen Rationen auszugeben. Carr fasst die Lage so zusammen: »Das Endergebnis des Kriegskommunismus im Bereich der Arbeitsmarktpolitik war, dass in der Praxis kein anderer Anreiz als revolutionärer Enthusiasmus oder nackter Zwang übrigblieb« (ebd.: 220).

Mit der Einführung der Neuen Ökonomischen Politik (NÖP) wurden private Unternehmen erlaubt, und es entwickelte sich in der Sowjetunion eine Mischwirtschaft. Hinsichtlich der Löhne war nun die Aufgabe des Staates nur noch, Mindestlöhne festzusetzen; die tatsächlichen Löhne wurden zur Verhandlungssache. Der Egalitarismus wurde zu Grabe getragen, und Löhne wurden von der Produktivität abhängig gemacht. Die NÖP brachte die Ungleichheit zurück auf den Stand vor der Revolution. Nach Berechnungen von Peter Wiles überstieg gegen Ende dieser Periode die Ungleichheit unter ArbeiterInnen und Angestellten diejenige in Großbritannien 1966. Während 1928 in der UdSSR das Dezile-Verhältnis[16] 1 zu 3,8 war, war es in Großbritannien 1966 1 zu 2,7 (beides nach Steuern; Wiles 1981: 22).

Dieser unsozialistische Aspekt der UdSSR brachte offensichtlich etliche Bolschewiki-Führer in Verlegenheit. Aber als Stalin der oberste Führer wurde, machte er dem ein Ende. 1931 rügte er den Egalitarismus bei Löhnen und Gehältern als »unangemessen und schädlich für die sozialistische Produktion« (zit. n. Encyclopaedia Americana 1982: 401). Er verurteilte »die linke Praxis der Lohngleichmacherei.« Er rechtfertigte dies mit folgenden Worten:

»Wir können die Situation, in der ein Stahlgießer soviel verdient wie eine Putzkraft und ein Lokführer nicht mehr als ein Kopist, nicht länger hinnehmen. Die Folge der Lohngleichmacherei ist, dass für den ungelernten Arbeiter der Anreiz fehlt, Facharbeiter zu werden. Er wird dadurch der Aussicht beraubt, im Beruf weiterzukommen. Im Ergebnis fühlt er sich in der Fabrik wie ein ›Besucher‹, arbeitet nur vorübergehend, um etwas zu verdienen, und dann geht er fort, um anderswo ›sein Glück zu suchen‹.« (zit. n. Dobb 1993: 461)

Die gesamte Stalinära war von extremen Einkommensgefällen geprägt. Beispielsweise stieg der Einkommensunterschied zwischen den höheren Kategorien von ArbeiterInnen und den Hilfskräften (Putzkräfte, Boten und so weiter), die als ArbeiterInnen eingestuft waren, auf 1 zu 12 (Nove 1982: 212). Auch Ingenieure, Techniker und Werksleiter profitierten von diesem Trend. Kurz vor dem Zweiten Weltkrieg betrug der Durchschnittsverdienst von ArbeiterInnen 200 bis 300 Rubel, während Spitzenwissenschaftler in vielen Fällen bis zu 2500 Rubel verdienten (Dobb 1993: 467). Das macht ein Verhältnis von 1 zu 12,5 beziehungsweise 1 zu 8,33 aus. Hier sollten wir uns daran erinnern, dass das Verhältnis vom Mindestlohn zum höchsten Gehalt 1919 nur 1 zu 5 war.

In den Nachkriegsjahren gab es eine allgemeine »Lohndrift« zugunsten der AkkordarbeiterInnen, das heißt zugunsten der großen Mehrheit in der Kategorie »ArbeiterIn«. Seit den späten Fünfzigerjahren gab es einen stabilen Trend, die extremen Unterschiede der Stalinära zu reduzieren. 1956 wurden Maßnahmen ergriffen, einen Mindestlohn festzusetzen (und später anzuheben). (In der Stalinära gab es offenbar keinen.) Dieser Trend zur Verkleinerung der Einkommensgefälle hielt bis in die zweite Hälfte der Sechzigerjahre hinein an. 1966 war das Verhältnis des Durchschnittseinkommens der untersten Gruppe zum Durchschnittseinkommen der höchsten Gruppe 1 zu 2,8 (Szymanski 1979: 67).

Zwischen 1965 und 1973 profitierten von diesem Trend die Bauern und Bäuerinnen der Kollektiv- und Staatsfarmen – die zwei in der Stalinära am schlimmsten vernachlässigten Gruppen von Werktätigen – am meisten. Ihr Einkommen stieg um 62 Prozent beziehungsweise 78 Prozent (ebd.: 52). In den späten Siebzigerjahren wurden die Einkommensunterschiede weiter verringert – hauptsächlich durch sukzessive Anhebungen des Mindestlohns. So lagen die Lohngefälle unter ArbeiterInnen 1978 zwischen 1 zu 1,86 (im Bergbau) und 1 zu 1,58 (in der Leicht- und Lebensmittelindustrie). Der Lohn eines Vorarbeiters war dem Durchschnittslohn der ArbeiterInnen annähernd gleich und damit niedriger als der Lohn von hoch qualifizierten ArbeiterInnen (Nove 1982: 213).

Natürlich erzählen die Tariflöhne und -gehälter nicht die ganze Geschichte. Betriebsleiter erhielten einen Planerfüllungsbonus von etwa 25 bis 30 Prozent ihres Gehalts und zusätzliche Privilegien wie kostenlose Autos und Sommerhäuser. Doch auch ArbeiterInnen erhielten einen Bonus und einen Soziallohn. Außerdem hatte die Preispolitik des Staates einen ausgleichenden Effekt auf die Realeinkommen: die Preise für Grundbedürfnisse lagen unter ihrem eigentlichen Wert und die für Luxusgüter über ihrem.

Szymanski zeigte, dass 1973 das durchschnittliche Jahreseinkommen von US-amerikanischen, männlichen, selbständigen Angehörigen der gehobenen Berufsklassen und besoldeten Ärzten und Chirurgen 2,4- bis 2,7-mal so hoch war wie das von US-amerikanischen IndustriearbeiterInnen. Das war in etwa auch das Verhältnis des Durchschnittseinkommens von höchstrangigen sowjetischen BetriebsleiterInnen, BeamtInnen und StaatsministerInnen zu dem von sowjetischen IndustriearbeiterInnen. Die Ersteren verdienten 2,7- bis 4-mal so viel wie die Letzteren (Szymanski 1979: 63-66). Er folgerte: »Dies deutet darauf hin, dass die sowjetische Führungsschicht zumindest einkommensmäßig eher der US-amerikanischen, gehobenen Berufsklasse (professional petty bourgeoisie) entspricht als der US-amerikanischen Kapitalistenklasse (seien es Konzernmanager oder multimillionenschwere Reiche)« (ebd.: 66). Szymanski wertete sehr viel Zahlenmaterial aus den Sechziger- und frühen Siebzigerjahren aus, um herauszufinden, ob – und wenn ja, inwieweit – die Schicht, welche einkommensmäßig den US-amerikanischen, gehobenen FreiberuflerInnen entsprach, sich zu einer klar identifizierbaren sozialen Klasse formierte. Er kam zu den folgenden Schlüssen: Erstens tendierten die gehobenen Berufsgruppen beziehungsweise die wissenschaftlich-technische Intelligenz dahin, sich als eine klar identifizierbare soziale Schicht zu kristallisieren, die separat von der körperlich arbeitenden Klasse sowie von der wirtschaftlich-politischen Intelligenz betrachtet werden musste. Doch die Tendenz der einen oder beider Kategorien der Intelligenz, sich zu einer distinkten sozialen *Klasse* zu formieren, war sehr schwach. Zweitens gab es keine »privilegierte soziale Elite-Schicht« mit ihrem eigenen, »hoch unterscheidenden Lebensstil, exklusivem Muster von gegenseitiger Heirat und der faktischen Sicherheit, ihre gesellschaftlichen Stellungen ihren Kindern weitergeben zu können ...«. Drittens war die sowjetische Machtelite keine distinkte soziale Klasse, welche der Klasse von reichen Konzernbesitzern und Managern im Westen entspräche.

Szymanski betonte besonders die bemerkenswert hohe soziale Mobilität nach oben, die durch die staatlichen Bemühungen um die Egalisierung von Bildungschancen zustande kam. Die besten Resultate wurden im politischen Bereich erzielt. 1966 gehörten die Eltern von 40 Prozent der WirtschaftsministerInnen der Unionsregierung – in der UdSSR hatte jeder Wirtschaftszweig einen Minister – zur körperlich arbeitenden Klasse, die von 27 Prozent gehörten zur Klasse der Bauern und Bäuerinnen, die von 15 Prozent zur Klasse von Angestellten der unteren Stufen. Die Eltern von nur 18 Prozent gehörten zur Intelligenz. Im selben Jahr gehörten die Eltern von 36 Prozent der Mitglieder des Zentralkomitees der Partei zur körperlich arbeitenden Klasse, die von 47 Prozent zur Klasse der Bauern und Bäuerinnen, und die von nur 16 Prozent arbeiteten nicht körperlich (gehörten zur Intelligenz oder der Klasse der Angestellten unterer Stufen). Auch die meisten Mitglieder des Politbüros stammten aus bescheidenen Verhältnissen (die zwei obigen Absätze sind eine Zusammenfassung des vierten Kapitels von Szymanski 1979).

Trotzki hielt die UdSSR ungeachtet seiner eigenen Verfolgung weiterhin für einen ArbeiterInnenstaat und grundsätzlich für »sozialistisch«, wenn auch degeneriert. Seine Argumente dafür waren, erstens, dass die Produktionsmittel weiter im Besitz des Staates blieben und, zweitens, dass die Privilegien der herrschenden Bürokratie nicht automatisch von der einen an die nächste Generation vererbt werden konnten. Nach Trotzki war also die sowjetische herrschende Bürokratie keine Klasse, sondern nur eine Kaste (vgl. Kolakowski 1979: Kapitel 4 und 5).

Einige spätere sowjetische DissidentInnen waren der Meinung, dass trotz allem keine neue Elite-Klasse in der UdSSR existierte. Ihre Hauptargumente waren, erstens, dass die politische Macht niemals an die Nachfahren übergeben wurde und, zweitens, dass die staatseigenen Datschas und andere Privilegien nicht vererbt werden konnten. Schores Medwedjew, ein prominenter Dissident der frühen Siebzigerjahre, sagte einem ausländischen Journalisten: »Im alten System konnte der Adel fest auf seine Vorrechte bauen. Heute ist das nicht mehr so. Man kann seinen Rang jederzeit verlieren. Wenn man ihn verliert, verliert man alles. Man kann seinen Rang und seine Privilegien nicht an seine Kinder weitergeben. Es sind keine Rechte, die man aufgrund seiner Geburt erwirbt« (zit. n. Smith 1976: 75).

Ein anderer Punkt, der geprüft werden soll, um zu beurteilen, ob die Sowjetunion eine Klassengesellschaft war oder nicht, ist die gesellschaftliche Stellung der arbeitenden Menschen. Schließlich wurde ja die Machtstruktur der »sozialistischen« Staaten von den »SozialistInnen« selbst Diktatur des Proletariats genannt. Wir wissen natürlich, dass sie eigentlich eine Diktatur der Kommunistischen Partei und nicht des Proletariats war. Aber hatte das Proletariat zumindest im Produktionsprozess, in den Betrieben, die Macht? Bestimmten die ArbeiterInnen selbst zumindest die unmittelbaren Bedingungen ihrer Arbeit? Oder bestimmten Verhältnisse von Herrschaft und Unterordnung auch diesen Bereich? Hier sind zwei Punkte wichtig: Die Form der Lohnzahlung und das Verhältnis zwischen ArbeiterInnen und Betriebsleitung.

Über eine Form der Lohnzahlung war schon lange gestritten worden, über Stücklohn. Wie wir wissen, hassen die ArbeiterInnen in kapitalistischen Ländern den Stücklohn, und am meisten hassen sie jene ArbeiterInnen, die über der Norm produzieren. Aber auch in der UdSSR, unter der Diktatur des Proletariats, hatte das Stücklohnsystem eine ähnlich negative Auswirkung auf die Moral der Arbeiterklasse, da nach offizieller Vorgabe die Normen häufig heraufgesetzt werden sollten (Nove 1982: 209).

Im April 1918 erließ der Zentralrat der Russischen Gewerkschaften eine Verordnung, nach der angesichts der »wirtschaftlichen Desintegration«, welche die »Auslöschung des Proletariats« mit sich zu bringen drohte, der Einsatz des Stücklohnsystems erlaubt wurde, wenn auch mit Bauchschmerzen, »um die Produktivität der Arbeit zu steigern« (Carr 1976: 115). Diese Verordnung wurde von einigen Bolschewiki, die in jenen Tagen als die Linke Opposition bekannt waren, heftig kritisiert – nämlich als ein »Versuch, den Achtstundentag abzuschaffen« (ebd.). Lenin jedoch unterstützte die Einführung des Stücklohns um der »Wiederbelebung der Wirtschaft und Erhöhung der Arbeitsdisziplin« willen (zit. n. ebd.: 115). Stücklöhne breiteten sich aus. Schon 1925 umfassten sie im Bergbau und in der Großindustrie 50 bis 60 Prozent der ArbeiterInnen (Bettelheim 1978: 244). Das Stücklohnsystem verringerte das Realeinkommen einer wachsenden Zahl von weniger erfolgreichen ArbeiterInnen. Viele ArbeiterInnen widersetzten sich dieser Entwicklung. 1925 – das heißt in der NÖP-Periode – kam es zu großen Streiks, ohne dass die Gewerkschaften oder die Partei informiert worden waren. Die Stücklöhne führten zu einer Spaltung innerhalb der ArbeiterInnenklasse – nicht nur in Bezug auf das Einkommen, sondern auch in Bezug auf die Haltung. Auf dem achten Kongress des Komsomol[17] von 1928 beschwerte sich ein Delegierter, dass einige ArbeiterInnen »sich wie Pfauen spreizten«, während andere fast »BettlerInnen« waren (ebd.: 241–251).

Während der gesamten NÖP-Periode wurde eingeräumt, dass das Stücklohnsystem eine kapitalistische Methode war; und es wurde als eine Übergangsmaßnahme betrachtet, die vorläufig aufgrund des technologischen Rückstands akzeptiert werden musste (vgl. ebd.: 244). In der Stalinära jedoch wurde das System ausgedehnt. In den späten Dreißigerjahren wurden fast drei Viertel aller ArbeiterInnen nach der einen oder anderen Variante dieses Systems bezahlt (Dobb 1993: 464). Es wurde sogar die Meinung geäußert, dass Zeitlöhne ganz abgeschafft werden sollten. 1956 wurden 77,5 Prozent aller IndustriearbeiterInnen nach dem Stücklohnsystem bezahlt (Nove 1982: 209).

Nach der Stalinära – angefangen im Jahre 1956 – wurden Revisionen der Lohntarife unternommen. Tarif- oder Ecklöhne begannen im

Einkommen der ArbeiterInnen eine größere Rolle zu spielen. Nichtsdestoweniger war 1965 der Prozentsatz der ArbeiterInnen, die nach dem Stücklohnsystem bezahlt wurden, immer noch 57,6 Prozent (ebd.: 210). Jedoch wurden auch gute Stücklohnsätze zu einem der angewandten Instrumente, denjenigen ArbeiterInnen höhere Reallöhne zu verschaffen, die anders nicht zu bekommen oder zu halten waren.

Was das Verhältnis zwischen den ArbeiterInnen und der Betriebsleitung angeht, sagte Lenin 1918, also bald nach der Revolution: »Solange aber die Arbeiterkontrolle nicht zur Tatsache geworden ist, ... solange kann man nicht nach dem ersten Schritt ... den zweiten Schritt zum Sozialismus machen, das heißt zur Regulierung der Produktion durch die Arbeiter übergehen« (Lenin 1966: 749). Einige Zeit früher hatte er auch geschrieben, dass »alle Beamten ohne Ausnahme gewählt werden und jederzeit abwählbar sein« sollten (zit. n. Bettelheim 1976: 405).

Aber einmal an der Macht, befanden die Bolschewiki diese Ideale für unverwirklichbar. Vor der Oktoberrevolution unterstützten sie die Fabrikkomitees, deren Auffassungen revolutionär waren. Aber bald nach der Revolution sorgten diese Fabrikkomitees und die ArbeiterInnenkontrolle für eine Menge Anarchie in der Produktion. Danach wurde es ein unmittelbares Ziel des Revolutionsregimes, die Fabrikkomitees zu zähmen und die ArbeiterInnenkontrolle zu überwinden. Dieses Ziel wurde erreicht, indem man die Fabrikkomitees den Gewerkschaften unterordnete – die reformistisch waren, für Industriezweige als Ganzes handelten und folglich umfassender waren – und indem später die Gewerkschaften dem Staat untergeordnet wurden. Viele, insbesondere die Anarchisten, widersetzten sich dieser Politik. Einer von ihnen charakterisierte die Fabrikkomitees als »Keimzellen der kommenden sozialistischen Gesellschaftsordnung, der Ordnung ohne politische Macht«; ein anderer bezeichnete die Gewerkschaften als »lebende Leichen« (zit. n. Carr 1976: 111). Sie hatten aber nicht die Kraft, irgendetwas zu verhindern.

Die Gewerkschaften wurden bald zu einem Staatsorgan reduziert. Es wurde zwar proklamiert, dass »die Organisierung der ArbeiterInnenkontrolle eine der dringlichsten Aufgaben der Gewerkschaften« sei (zit. n. ebd.). In Wirklichkeit aber bestand ihre Hauptfunktion darin, die Arbeitsdisziplin zu erzwingen. Im März 1918 forderte der siebte Kongress der Bolschewiki »die energischsten, schonungslos entschiedenen, drakonischen Maßnahmen, um die Selbstdisziplin und Disziplin der Arbeiter und Bauern zu erhöhen« (zit. n. ebd.: 114). Neben dem Zwang und der Androhung von Strafen, die während des Bürgerkriegs angewandt wurden, gab es auch moralische Ermahnungen und materielle Anreize in Form von Boni in Naturalien. Viele ArbeiterInnen zeigten selbst Initiative und Enthusiasmus, für den »Sozialismus« zu arbeiten.

Zwei heiß diskutierte Fragen der frühen Jahre waren die Zentralisierung der Verwaltung und Politikbestimmung sowie deren Folgeerscheinung, das Einpersonenmanagement. Bei diesen Fragen standen zwei Ansprüche im Widerspruch zueinander: der auf Effizienz und der auf sozialistische Selbstverwaltung und Selbstmanagement. Die meisten RadikalsozialistInnen, vor allem die AnarchistInnen, glaubten, dass alle halbwegs intelligenten BürgerInnen die Fähigkeit zur Staatsführung und zum Industriemanagement hätten. Aber Lenin und viele andere begriffen bald, dass dem nicht so war, dass der Aufbau des »Sozialismus« »einen immensen Kader von wissenschaftlich geschulten Spezialisten« erforderte (zit. n. ebd.: 186). Mit anderen Worten: die ArbeiterInnen waren für Selbstverwaltung und Selbstmanagement noch nicht reif. Folglich war die Zentralisierung der Verwaltung in den Händen einer Bürokratie unvermeidlich.

Hinsichtlich der ernsthaften Probleme bei der Eisenbahn verlangte Lenin kategorisch »individuell verantwortliche leitende Verwaltungsbeamte, die von den Organisationen der BahnarbeiterInnen gewählt würden«, sowie »bedingungslosen Gehorsam gegenüber ihren Anordnungen« (zit. n. ebd.: 191). Das Prinzip des Einpersonenmanagements verallgemeinernd, schrieb Lenin: »Jede Großindustrie … erfordert eine bedingungslose und strenge Einheit des Willens, der die gleichzeitige Arbeit von … Zehntausenden von Menschen … leitet. … Uneingeschränkte Unterordnung unter einen einzigen Willen ist unabdingbar notwendig für den Erfolg des Arbeitsprozesses, wenn dieser nach großindustriellen Mustern organisiert ist« (zit. n. ebd.). Diese Politik wurde von der linken Opposition erbittert bekämpft, und es gab eine

Zeit lang sehr viel Widerstand dagegen. Letztendlich jedoch konnte Lenin die Partei überzeugen, und das Prinzip des Einpersonenmanagements wurde akzeptiert.

Was die Disziplin betrifft, wurden die BetriebsleiterInnen seitdem mit beinahe diktatorischer Macht ausgestattet, und sie waren nicht mehr der ArbeiterInnenkontrolle unterworfen. Lenin räumte ein, dass dies ein unvermeidlicher »Rückschritt« war, aber er betrachtete diese Maßnahmen auch als vorübergehend und provisorisch, die von den spezifischen Aufgaben des Tages diktiert wurden (Bettelheim 1976: 156). Er implizierte damit, dass diese Stärkung kapitalistischer Verhältnisse später wieder zu berichtigen war. Doch obwohl bis 1926 die Schwierigkeiten der ersten Jahre im Wesentlichen überwunden waren, dauerte dasselbe Managementsystem fort. In ihren Ausführungen über die Parole »Regime der Wirtschaft« zitieren Carr und Davies einen kritischen Gewerkschafter, der behauptete, die Manager »wollten in erster Linie ... die Arbeiter ausquetschen«. Sie zitieren einen anderen, der über den Druck auf die ArbeiterInnen klagte, die »den Druck auf ihre Schultern fühlen«, und noch einen, der über »den Druck auf die Muskelkraft der ArbeiterInnen« klagte (Carr und Davies 1974: 524). 1928, als die Periode der Planwirtschaft und der forcierten Industrialisierung begann, wurde das Einpersonenmanagement bekräftigt. Von jenem Zeitpunkt an bestand die Hauptaufgabe der Gewerkschaften darin, die ArbeiterInnen zu höherer Produktivität anzutreiben (Dobb 1993: 461). Mitte der Dreißigerjahre häuften sich die Beschwerden darüber, dass sich die Gewerkschaften nicht genug darum kümmerten, die Arbeitsbedingungen ihrer Mitglieder zu verbessern. Dies wurde von einer Schwächung der internen Gewerkschaftsdemokratie begleitet (ebd.: 461–462).

Dobb stellte fest, dass es 1936 häufig passierte, dass ArbeiterInnen willkürlich versetzt wurden, dass Disziplinarstrafen verhängt wurden, ohne dass die Angeklagten angehört wurden, dass eine verzögernde und formalbürokratische Haltung gegenüber Vorschlägen und Beschwerden der ArbeiterInnen eingenommen wurde und dass ArbeiterInnen aus »formalen Gründen« entlassen wurden (ebd.: 462). 1937 »wurde von Fällen berichtet, in denen ArbeiterInnen widerrechtlich unter dem Vorwand von ›freiwilliger Arbeit‹ um ihren freien Tag gebracht wurden, ohne dass die Gewerkschaften protestierten ...« (ebd.). Die Chefs der Unternehmen drangen stets darauf, die Arbeit zu intensivieren, die Produktionsnormen zu erhöhen, die Löhne zu vermindern und die Arbeitsdisziplin zu stärken (ebd.: 219).

Nach dem Ende der Stalinära besserte sich die Situation. Szymanski schrieb auf der Grundlage von Untersuchungen zahlreicher SowjetologInnen, dass nach 1956 die Gewerkschaften eine größere Rolle als Verteidiger der Interessen der ArbeiterInnen spielten, indem sie Arbeitsnormen, Quoten, Standards von Arbeitsproduktivität und so weiter festsetzten und mitbestimmten, wie der Plan erfüllt werden sollte. Auch die ArbeiterInnen hatten tatsächlich bei den Entscheidungsfindungen ihres Betriebs etwas zu sagen. Die Beteiligung an Betriebsvollversammlungen war hoch, wo sich die Leitung den Fragen der Basis stellen musste. Solche Befragungen waren für die Manager eine schwere Prüfung (Szymanski 1979: 53–56). 1970 jedoch hatten 67 bis 68 Prozent der ungelernten ArbeiterInnen das Gefühl, keinen Einfluss auf die Angelegenheiten ihres Arbeitskollektivs zu haben. Bei den ManagerInnen und SpezialistInnen war die entsprechende Zahl 13 bis 24 Prozent (ebd.: 56).

Dieser scheinbare Widerspruch in Szymanskis Darstellung lässt sich erklären, wenn man an den Begriff der Entfremdung denkt. Zwar konnten die Gewerkschaften die ArbeiterInnen überreden, zu den Vollversammlungen zu gehen und den Managern kritische Fragen zu stellen. Aber die objektiven Zwänge einer modernen, groß angelegten industriellen Wirtschaft, die zumal zentral geplant und von oben geführt wurde, ließen wenig Raum für Entscheidungsfindungen unter Beteiligung der ArbeiterInnen, außer in unwichtigen Fragen.

Das bis hier vorgelegte Material reicht nicht für die Behauptung, dass die UdSSR eine Klassengesellschaft war. Für das Stadium des Sozialismus (vor dem Kommunismus) wurde vollständige Gleichheit sogar von Marx ausgeschlossen, der Entlohnung nach geleisteter Arbeit befürwortete. Obwohl das Einpersonenmanagement für sie keine zufrieden stellende Lage der Dinge war, konnten die Sowjets nicht umhin, hierarchische Formen der Arbeitsorganisation für effizienter zu halten als nichthierarchische und partizipative Formen. Und Effizienz wurde von allen »SozialistInnen« ebenso wie von ihren KritikerInnen für sehr wichtig gehalten für das Wohl der Gesellschaft.

DIE NEUE KLASSE UND IHRE PRIVILEGIEN

In den oben zusammengefassten Ansichten gibt es einige problematische Punkte. Szymanski betonte die proletarische und ähnlich bescheidene Herkunft der Mehrheit der Mitglieder der herrschenden Elite der Sowjetunion. Aber garantierte das, dass die UdSSR ein »sozialistischer« Staat und die ArbeiterInnenklasse an der Macht war? Soziale Mobilität nach oben bedeutet nicht unbedingt, dass diejenigen, die in eine höhere Klasse oder Schicht aufgestiegen sind, weiterhin loyal zu der Klasse oder Schicht ihrer Herkunft bleiben und die Interessen von diesen vertreten. Das wusste auch ein führender Theoretiker der Bolschewiki. Bucharin schrieb 1922:

> »Selbst eine proletarische Herkunft, selbst die schwieligsten Hände ... sind keine Garantie gegen die Verwandlung in eine neue Klasse. Denn wenn wir uns vorstellen, dass ein Teil derjenigen, die aus der ArbeiterInnenklasse aufgestiegen sind, sich nunmehr von der Masse der ArbeiterInnen loslöst und in ihrer Eigenschaft als ehemalige ArbeiterInnen in einer Monopolposition erstarrt, könnten auch diese zu einer Art *Kaste* werden, die sich wiederum zu einer *neuen Klasse* entwickeln könnte.« (zit. n. Nove 1975: 620)

Es gab und gibt »ArbeiterbürokratInnen« in westlichen Gewerkschaften. Aber in der UdSSR war die Gefahr nach Bucharin noch größer. Er schrieb:

> »Die kulturelle Rückständigkeit der arbeitenden Massen lässt auch bei dem von den arbeitenden Massen herkommenden Teil des Kaders die Gefahr einer sehr scharfen Trennung von den Massen aufkommen – insbesondere unter Bedingungen allgemeiner Verelendung, wenn *nolens volens* den Angehörigen des Verwaltungs- und Führungsapparats wesentlich mehr Konsumgüter zugeteilt werden müssen als den gewöhnlichen ArbeiterInnen. ... Ein Appell an die Herkunft aus der Arbeiterklasse und die proletarische Güte ist für sich genommen kein Argument gegen das Bestehen dieser Gefahr.« (zit. n. ebd.)

Rakowskij, ein verbannter russischer Revolutionär, schrieb 1929, die neuen HerrscherInnen hätten sich »in einem solchen Maße verändert, dass sie aufgehört haben – nicht nur objektiv, sondern auch subjektiv, nicht nur physisch, sondern moralisch – Angehörige der ArbeiterInnenklasse zu sein« (zit. n. ebd.).

Das nächste, wichtige Argument zur Verteidigung der UdSSR war, dass die Angehörigen der herrschenden Elite ihre Macht und Privilegien nicht vererben konnten. Das war ein technisches Argument, welches einem lediglich untersagte, den Begriff »herrschende *Klasse*« zu benutzen. Aber eine herrschende Elite, die materielle Privilegien besaß und folglich die ArbeiterInnenklasse ausbeutete, unterminierte ohne Zweifel den »Sozialismus«. Die nächste Generation dieser Elite, obwohl nicht genetisch verwandt mit der vorhergehenden, setzte einfach die Ausbeutung fort.

Es gibt zwei weitere Probleme:

Zum einen wandte Szymanski die üblichen soziologischen Kategorien und Kriterien an, um herauszufinden, ob eine Elite-Klasse existierte oder sich gerade formierte. Aber diejenigen, die der Ansicht waren, dass eine privilegierte Elite-Klasse über die UdSSR herrschte, sprachen von einer *neuen* Klasse, einer Klasse also, welche die *üblichen* soziologischen Kriterien nicht erfüllte, um als eine Klasse bezeichnet zu werden.

Zum anderen untersuchten Szymanski und seine Quellen die Einkommen und die Lebensstile der verschiedenen sozialen Gruppen oder Schichten auf der Basis von Tariflöhnen und -gehältern und offiziellen oder offiziell geduldeten wissenschaftlichen Publikationen. Diejenigen aber, die behaupteten, eine neue Ausbeuterklasse herrsche über die UdSSR, sprachen von Privilegien – zugestandene oder nicht zugestandene – sowie von verdeckten materiellen Belohnungen. Mir scheint die Ansicht, dass es in den poststalinschen Dekaden einen starken Trend zum Egalitarismus gegeben hat, richtig, doch nur wenn man lediglich die Einkommen der Klassen und Schichten unterhalb dieser neuen Klasse betrachtet. Die Herrschenden betrieben eine egalitäre Politik hinsichtlich des Einkommens der ArbeiterInnen, IngenieurInnen, ÄrztInnen, BetriebsleiterInnen und dergleichen. Es gab aber keinen Egalitarismus in der Beziehung zwischen der neuen Klasse und dem Rest der Gesellschaft.

Diejenigen, die behaupteten, dass eine neue Klasse das Volk ausbeutete, hatten Schwierigkeiten, ihre These zu beweisen. Sie hatten kaum wissenschaftlich erhobene Daten. Über das Realeinkommen – nicht zu verwechseln mit dem offiziell angegebenen Einkommen – schrieb Nove:

> »Das richtige Maß der Realeinkommensgefälle in der UdSSR (und auch bei uns zu Hause) ist wegen verschiedener Nebenbezüge und sonstiger Vergünstigungen eine sehr komplizierte Sache. Hierzu gehören beispielsweise die Benutzung eines Autos, eine bessere Wohnung, üppige Reisekostenerstattung, mitunter die sogenannten ›Kuverts‹ mit zusätzlichen Geldscheinen. Hinzu kommt der Wert des privilegierten Zugangs zu Gütern und Dienstleistungen, die für einfache BürgerInnen unerreichbar sind: importierte Alkoholika, knappe Lebensmittel, gute Möbel, Hotelzimmer, die Chance, ins Ausland zu reisen. Es ist schwierig zu entscheiden, wie man diese Dinge mitberechnen sollte. ... Der Wert des privilegierten Zugangs zu knappen Gütern und Dienstleistungen ist gerade davon abhängig, dass sie knapp sind. ... In der UdSSR sind solche Knappheiten sehr viel üblicher als bei uns, und daher muss dieser Wert – unglücklicherweise nicht quantifizierbar – in Betracht gezogen werden.« (Nove 1982: 215)

Jiri Kosta, der über Insider-Wissen über die Tschechoslowakei, vielleicht auch über den gesamten europäischen »sozialistischen« Block, verfügte, schrieb 1973:

> »Dass besonders die effektiven Einkommen der Spitzenverdiener (leitende Funktionäre im Partei-, Staats- und Wirtschaftsapparat und einige erfolgreiche Künstler, Sportler, und so weiter) geheimgehalten werden und ihnen neben ihrem hohen Geldeinkommen materielle Privilegien gewährt werden (verbilligte Waren, Urlaubsreisen, unentgeltliche Dienstleistungen, und so weiter) lässt darauf schließen, dass die materielle Ungleichheit Ausmaße angenommen hat, die die privilegierten Gruppen gerne verschleiern möchten – offensichtlich in der Befürchtung, diese Unterschiede vor der großen Masse der Bevölkerung nicht rechtfertigen zu können.« (Kosta u.a. 1973: 175–176)

Rudolf Bahro, der Insider-Wissen über die DDR hatte, schrieb 1977:

»Die für den Reproduktionsprozess in seiner gegenwärtigen Form massenwirksame Einkommensdifferenzierung bewegt sich beispielsweise in der DDR zwischen 500 und 1500 Mark. Was darüber ist, fließt in die Taschen von Leuten, die ohnehin auf andere Weise verpflichtet sind und so nur zusätzlich für ihren bürokratischen Gehorsam beziehungsweise für spezielle Dienstleistungen an die Macht honoriert werden sollen. Gehälter beziehungsweise Einnahmen von 3000 Mark und mehr können bei unseren Durchschnittseinkommen nur auf Ausbeutung fremder Arbeit basieren.« (Bahro 1979: 460)

Milovan Djilas schrieb von Landsitzen, Möbeln, besten Wohnungen, Autos und ähnlichen Dingen. Er schrieb auch von den Privilegien und Geschenken vom Staat – wie zum Beispiel großzügige Wohnbauten –, welche »für die politische Bürokratie eine unerschöpflich fließende Quelle des Wohlstands« waren. Die »politische Bürokratie« war eine Schicht, zu der auch Menschen wie der örtliche Parteisekretär und die Chefin der örtlichen Geheimpolizei gehörten (Djilas 1963: 69–70). Er nannte eine konkrete Zahl und berief sich dabei auf einen gewissen Uralow, der sein Buch »Stalin au Pouvoir« (Stalin an der Macht) 1951 in Paris veröffentlichte. Uralow schrieb, dass 1935 der durchschnittliche Jahresverdienst eines sowjetischen Arbeiters 1800 Rubel betrug, wohingegen der Jahresverdienst des Sekretärs eines Bezirkskomitees der Partei bis zu 45 000 Rubel betrug, ein Verhältnis von 1 zu 25 (ebd.: 58).

Szymanski schrieb, dass es kein Geheimnis war, dass manche Leute in der UdSSR ein zehnfach höheres Einkommen hatten als ein durchschnittlicher Lohn in der Industrie – prominente KünstlerInnen, SchriftstellerInnen, leitende UniversitätsverwalterInnen, ProfessorInnen, WissenschaftlerInnen und so weiter (Szymanski 1979: 63–65). Aber Djilas schloss solche Leute nicht in die neue Klasse ein. Außerdem erregten sich die Massen wahrscheinlich nicht, wenn ein Schriftsteller oder eine Schriftstellerin dadurch viel verdiente, dass viele Millionen seiner/ihrer Bücher gekauft wurden, oder wenn bekannte Musikerinnen und Musiker dadurch reich wurden, dass sie oft in den westlichen kapitalistischen Ländern gastierten. Ihre Abneigung richtete sich gegen die effektiven Einkommen der hochrangigen FunktionärInnen des Partei-, Staats- und Wirtschaftsapparats.

Mit der neuen Klasse meinte Djilas »die Bürokratie, oder genauer gesagt, die politische Bürokratie« (Djilas 1963: 50). Er erläuterte: «Eine genauere Untersuchung wird aber zeigen, dass von den Bürokraten wieder nur eine besondere Schicht – nämlich die, die nichts mit der reinen Verwaltungsarbeit zu tun hat – den Kern der herrschenden Bürokratie oder, in meiner Terminologie, der neuen Klasse bildet. Und zwar ist dies die politische, die Parteibürokratie« (ebd.: 55). An einer anderen Stelle schrieb er: »Man kann sagen, die neue Klasse bestehe aus Leuten, die wegen des administrativen Monopols, das sie innehaben, Privilegien und materielle Vorteile genießen« (ebd.: 51). Die Neuheit der neuen Klasse bestand nach Djilas in der Tatsache, dass die Angehörigen dieser Klasse die Produktionsmittel nicht formell besaßen. Informell aber waren die Produktionsmittel das kollektive Eigentum dieser Klasse. Sie konnte dieses Eigentum gebrauchen, Nutzen daraus ziehen und darüber nach Belieben verfügen (ebd.: 66–68). Nach Djilas war die neue Klasse auch eine Ausbeuterklasse. Er hielt sie außerdem für parasitär. Das ist logisch, da diese Klasse ihm zufolge keinerlei reguläre (Verwaltungs-)Arbeit leistete. Er schrieb, dass die neue Klasse »gierig und unersättlich« war. Sie wusste, dass die Privilegien allein aus ihrer Macht herrührten. Djilas schrieb:

> »Natürlich müssen unter diesen Umständen skrupelloser Ehrgeiz, Doppelzüngigkeit, Anpassung an die jeweilige Mode und Neid grassieren. Karrierismus und überwuchernde Bürokratie sind die unheilbaren Krankheiten des Kommunismus. ... muß skrupelloser Ehrgeiz zur entscheidenden Lebenshaltung werden ...« (ebd.: 72–73)

Während der »Entspannungspolitik« der Siebzigerjahre – als viele AusländerInnen in Moskau lebten und die SowjetbürgerInnen wenig Angst hatten, mit ihnen zu sprechen – war erheblich mehr Information über die Privilegien dieser neuen Klasse erhältlich. Hedrick Smith, Moskauer Korrespondent der *New York Times* in der ersten Hälfte der Siebzigerjahre, lieferte zahlreiche Details, die hier aus Platzgründen nicht wiedergegeben werden können (siehe Smith 1976: Kapitel 1). Abgesehen von den ungerechtfertigten materiellen Privilegien ähnelte das Verhalten der Angehörigen der neuen Klasse gegenüber den BürgerInnen der unteren Ränge der typischen Haltung einer aristokratischen herrschenden Klasse in einer Feudalgesellschaft. Die Arroganz der VIPs und ihrer Chauffeure war berüchtigt. Smith erzählte von einem Armeeoffizier in Taschkent, der die in einer langen Schlange auf ein Taxi wartenden Menschen einfach ignorierte, sich an die Spitze stellte und den nächsten Wagen ergatterte. Es passierte sehr oft, dass Leuten, die Flüge hatten reservieren lassen, am Flughafen gesagt wurde, sie könnten erst mit der nächsten Maschine fliegen, da irgendwelche Parteibosse ihre reservierten Plätze für sich beansprucht hatten. Smith erzählte die Geschichte von Ludmila, der Tochter Kosygins (des damaligen Ministerpräsidenten der UdSSR), die sich bei einer Bahnreise mit ihrer Familie vom Zugpersonal Essen in ihr Abteil bringen ließ, obwohl es vorgeschrieben war, dass sich die Fahrgäste in den Speisewagen begeben müssten. Er erzählte die Geschichte von Breschnews Tochter Galija, die in einer Galerie ein vorher als unverkäuflich deklariertes Kunstwerk erstand (ebd.). Komarow erzählte von Armeegenerälen und anderen hochrangigen Personen, die sämtliche Regeln, Befehle und Gesetze übertraten und Jagdpartys in Naturreservaten veranstalteten, in denen jagen verboten war, beispielsweise an der Küste des Kaspischen Meeres, oder die geschützten Tiere wie Polarbären jagten (Komarow 1979: Kapitel 6).

DIE REAKTIONEN DER MASSEN

Wie reagierten die Massen auf diese Privilegien? Man könnte sagen, dass in der UdSSR die Kluft zwischen den obersten und den untersten Schichten im Vergleich zu der in westlichen kapitalistischen Gesellschaften nicht übermäßig groß war. Das stimmte womöglich. Doch in jeder Gesellschaft beurteilen die Menschen derlei Dinge nach den Werten der jeweiligen Gesellschaft. In der UdSSR und den anderen »sozialistischen« Ländern waren zumindest die gehegten Werte sozialistisch. Sonst hätte die neue Klasse sicher nicht versucht, ihre Luxusgüter im Geheimen zu konsumieren.

Es war riskant, die FührerInnen zu kritisieren. Dennoch kommentierten und kritisierten viele das Verhalten der neuen Klasse, manchmal gegenüber AusländerInnen. Smith zitiert viele solche Kommentare (die folgenden Details sind aus Smith 1976: Kapitel 1). Der durchschlagendste war der folgende Witz: Breschnew wollte seiner alten Mutter vorführen, wieviel er im Leben erreicht hatte. Er zeigte ihr seine Luxuswohnung in Moskau. Sie sagte nichts. Er zeigte ihr seine Zil-Limousine. Sie sagte nichts. Dann fuhr er mit ihr zu seiner Datscha. Sie sagte nichts. Er bestellte einen Hubschrauber und flog mit ihr zu seinem Landhaus, wo er ihr all seinen Prunk vorführte: den großen Speisesaal, den schönen Kamin, seine Sammlung von Gewehren und so weiter. Doch sie sagte nichts. Breschnew wurde sehr ungehalten. Er wollte irgendein Lob von seiner Mutter hören, und so fragte er sie schließlich: »Sag mal Mutter, wie findest du das alles?« Seine Mutter antwortete nach leichtem Zögern: »Nun Leonid, das ist alles sehr schön. Aber was machst du, wenn die Roten wiederkommen?«

Smith berichtete:

> »Die Russen selbst finden, ihre Oberschicht glaube offenbar immer mehr, im Rußland vor der Revolution zu leben. Ein Ingenieur erklärte mir, die Voraussagen, die Karl Marx für die kapitalistische Gesellschaft gemacht hätte, schienen sich in der heutigen Sowjetunion zu erfüllen: zunehmende Konzentration ökonomischer Macht in immer weniger Händen und eine immer größer werdende Kluft zwischen der Elite und den Massen.« (ebd.: 74)

Smith berichtete, dass viele SowjetbürgerInnen wütend über die Existenz von Läden waren, die nur ausländische Währung akzeptierten. Ein Russe sagte zornig: »Es ist so erniedrigend, so beleidigend, dass es in unserem eigenen Land Geschäfte gibt, in denen man unser eigenes Geld nicht annimmt« (ebd.: 47). Zwischen den jungen Männern des Dorfes Schukowka bei Moskau und den Söhnen der neuen Klasse, von denen viele mit ihren Eltern in den nahe gelegenen VIP-Datschas wohnten, kam es oft zu Auseinandersetzungen und Prügeleien, die einen klassenkämpferischen Beigeschmack hatten.

Er hatte den Eindruck, dass die meisten SowjetbürgerInnen die Privilegien der Elite hassten, ihren Lebensstandard für unziemlich und für eine Verhöhnung der »sozialistischen« Ideen hielten. Dies störte insbesondere die Intellektuellen. Smith erzählte die Geschichte von der Frau eines Dichters, die auf einer Party des Landwirtschaftsministers und Politbüromitglieds Dmitrij Poljanski zu Gast war. Sie ging ins Badezimmer, und plötzlich hörten die anderen einen fürchterlichen Lärm. Die resolute Dame zerschmetterte gerade die Flaschen mit Frau Poljanskis französischem Parfüm, und sie schimpfte dabei: »Diese Heuchelei! Und das soll ein Arbeiter- und Bauernstaat sein, alle gleich, und dann dieses französische Parfüm!« (ebd.: 78). Aber Smith war der Meinung, dass sich die meisten Menschen hilflos fühlten und dass sie zynisch oder fatalistisch wurden. Sie versuchten nicht, die Situation zu ändern. Sie wollten nur zu den Privilegierten gehören und für sich selbst ein Stück von dem Kuchen ergattern.

Moralische Degeneration

Die Entstehung einer neuen Klasse mit Macht und Privilegien war der sicherste Beweis für die moralische Degeneration in der »sozialistischen« Sowjetgesellschaft. Doch moralische Degeneration im engeren Sinne gab es auch im Volk als Ganzem, ArbeiterInnen und die große Masse der KommunistInnen eingeschlossen. Es ist allerdings wahrscheinlich, dass die Entstehung einer neuen privilegierten Klasse die verallgemeinerte moralische Degeneration verursachte.

DER IDEALISMUS DER FRÜHEN JAHRE

Die frühen Jahre des Regimes waren durch revolutionären Idealismus gekennzeichnet. 1919 inspirierte die revolutionäre Inbrunst mehrere hundert ArbeiterInnen, samstags freiwillig noch sechs Stunden nach Feierabend zu arbeiten. Diese Praxis, »kommunistischer Samstag« genannt, breitete sich aus. Es war eine Form unbezahlter, freiwilliger Massenarbeit zwecks schneller Vollendung wichtiger Aufgaben inklusive Reparaturen. Es gab eine weitere solche Institution, genannt »Stoßarbeit«. 1920 wurden für besonders schwierige oder dringende Aufgaben besonders aktive und hoch motivierte ArbeiterInnen ausgewählt. 1926 initiierten ArbeiterInnen – besonders junge ArbeiterInnen und ihre Organisation, der Komsomol – die »Sozialistische Wetteiferbewegung«, um das Wachstum der Industrieproduktion zu beschleunigen.

Sie nahm zwei Formen an: kommunistische Samstage und bindende Verpflichtungen, die Produktion zu steigern oder außerordentlich schwierige und dringliche Arbeiten auszuführen. Diese Verpflichtungen wurden von »Stoßbrigaden« genannten ArbeiterInnenteams eingegangen. Eine andere Form der Initiative seitens der ArbeiterInnen war »Gegenplanung«. Sie begann 1930. ArbeiterInnen kritisierten den Plan und machten Gegenvorschläge mit viel höheren Produktionszielen, wobei sie gleichzeitig Planübererfüllung versprachen. 1935 initiierten enthusiastische junge ArbeiterInnen die »Stachanowbewegung« zur Rationalisierung von Arbeitsabläufen, wodurch eine enorme Steigerung der Arbeitsproduktivität erreicht wurde.

In ihrem Buch über die Stalinära schrieb Anna Louise Strong, die die Sowjetunion mehrmals besuchte und eine Zeit lang dort lebte, Folgendes über die »neuen Menschen«:

> »Das Charakteristische an den ErbauerInnen der neuen Industrien und Farmen war ihre unbegrenzte Initiative. … nie habe ich in einem Land, bis zu meinen späteren Chinareisen, so viele dynamische Individuen angetroffen wie jene, die in den Fünfjahresplänen der UdSSR ihren Ausdruck fanden. …
> Dieser Schaffenseifer erfüllte nicht nur die Führungskräfte. Er wurde in Millionen von einfachen BürgerInnen zum Leben erweckt, als sie neue Wege ins Leben entdeckten. … vormals ungebildete Bauern und Bäuerinnen wurden zu AgrarwissenschaftlerInnen, AmateurschauspielerInnen, FallschirmspringerInnen und FliegerInnen.« (Strong 1956: 46)

Auch AusländerInnen, die dabei halfen, wurden von diesem Geist inspiriert. Strong zitierte einen Amerikaner, der sagte: »Die größte Sache im Leben ist Arbeit. Nein, nicht einfach Arbeit. Schaffung! Und in diesem Augenblick, in dem wir leben, gibt es die Gelegenheit, ohne Ende und ohne Grenze zu schaffen. Wie könnte ich mich für eine Stunde von diesem Schaffen zurückziehen, um nett zu meiner Frau zu sein oder rechtzeitig zum Abendessen zu kommen?« (ebd.).

Doch all dieser Enthusiasmus und Idealismus schwand allmählich. Die Gründe dafür waren unter anderem »die Entwicklung des administrativen Zentralismus, die Vervielfachung von Regeln, vom Staat auferlegte Beschränkungen (ungünstig für Initiativen von unten) und das Eindringen von bürgerlichen SpezialistInnen in den Staatsapparat, welches die Bürokratisierung nach sich zog (Bettelheim 1976: 201). 1927 wurde der Titel »Held der Arbeit« geschaffen, der nicht einfach nur ein Titel war. Er brachte mehrere materielle Vorteile mit sich. Die Sonderprämien, die höheren Löhne (wegen des Stücklohnsystems und der gestaffelten Prämien) und die gesellschaftlichen Ehrungen, die die Stachanowiten erhielten, beförderten sie später wirtschaftlich wie sozial auf eine wesentlich höhere Stufe als die Mehrheit der einfachen ArbeiterInnen. »Allmählich entfaltete der sozialistische Wetteifer die Wirkung, verschiedene Gruppen von ArbeiterInnen und sogar einzelne ArbeiterInnen gegeneinander zu hetzen; die besten Leistungen wurden von den BetriebsleiterInnen benutzt, um die Arbeitsnormen nach oben zu revidieren und die Arbeitsintensität zu steigern« (Bettelheim 1978: 253). Unter den AbeiterInnen machten sich Unzufriedenheit, Gleichgültigkeit und Feindseligkeit breit. »Der Enthusiasmus verpuffte zwar nicht völlig, aber er war immer mehr auf eine Minderheit beschränkt ...« (ebd.: 255). Kein Wunder, dass die Manager sich über mangelnde Arbeitsdisziplin beklagten.

Als die kommunistischen Samstage in den frühen Zwanzigerjahren nach und nach wegfielen, gab es objektive Gründe dafür. Während der NÖP-Periode, als kapitalistische Produktionsverhältnisse wiederbelebt wurden, war die objektive Situation wenig geeignet, den Idealismus aufrechtzuerhalten. Doch Lenin hatte in den kommunistischen Samstagen »die Keimzellen der neuen sozialistischen Gesellschaft« gesehen. In seinem Aufsatz *Die große Initiative* schrieb er:

> »Es ist der Anfang einer Umwälzung, die schwieriger, wesentlicher, radikaler, entscheidender ist als der Sturz der Bourgeoisie, denn das ist ein Sieg über die eigene Trägheit, über die eigene Undiszipliniertheit, über den kleinbürgerlichen Egoismus, über diese Gewohnheiten, die der fluchbeladene Kapitalismus dem Arbeiter und Bauern als Erbe hinterlassen hat. Erst wenn *dieser* Sieg verankert sein wird, dann und nur dann wird die neue gesellschaftliche Disziplin, die sozialistische Disziplin geschaffen sein, dann und nur dann wird eine Rückkehr zum Kapitalismus unmöglich, wird der Kommunismus unbesiegbar werden.« (Lenin 1966 b: 245)

DIE WIRKLICHKEIT IM ENTWICKELTEN »SOZIALISMUS«

Vom Idealismus und Enthusiasmus der ArbeiterInnen beim Aufbau des »Sozialismus« in den frühen Jahren nach der Revolution kommen wir nun zur geistig-seelischen Verfassung und Moral in der UdSSR gut eine Dekade vor ihrem Zusammenbruch. Beginnen wir mit den wirtschaftlich Verantwortlichen und den Arbeitskollektiven in den Betrieben.

Die Standardkritiker des »Sozialismus« – sowohl die prokapitalistischen Kritiker als auch die sozialistischen Reformer – haben die Wurzeln der unbestrittenen Ineffizienz und der Schwächen der »sozialistischen« Ökonomien im System selbst geortet. Mit »System« meinten sie sowohl das grundsätzliche System – das heißt staatliches oder kollektives Eigentum an Produktionsmitteln, Kooperation statt Konkurrenz und Planwirtschaft – als auch die *partikulären* Systeme, nämlich der Planung, des Managements und der Anreize. Nove schrieb:

> »... diese Entstellungen sind gewöhnlich unbeabsichtigt. Die PlanerInnen wünschen, dass Schuhwerke zum Geschmack und zu den Füßen der VerbraucherInnen passen. Ganz sicher wünschen sie, dass die Ausrüstung der Walzwerke modern und von hoher Qualität sind. Geschieht das Gegenteil, liegt das ... an ... einer Fehlfunktion des Systems. ... dies ist eine systemische Fehlfunktion, die nicht auf Irrtümer einzelner Planungsbeamter oder Manager zurückzuführen ist.« (Nove 1982: 119–120)

An anderer Stelle schrieb Nove: »... und es gibt im gesamten System eine unbeabsichtigte Entmutigung von sowohl Innovation als auch Qualität (ebd.: 175). Conert kam zu dem Schluß, dass die Probleme »weniger Mängel *innerhalb* als vielmehr *des* Systems der Wirtschaftsadministration in der UdSSR indizieren« (Conert 1990: 27), womit er sagen wollte, dass die Probleme nicht gelöst werden könnten, ohne das System zu beseitigen.

Die Kritiker lieferten unzählige Beispiele für Ineffizienz, Schwächen, Verschwendung von Material und Arbeitskraft und so weiter. Ich bin jedoch davon nicht überzeugt. Ich halte ihre Analyse für falsch, da sie meist Ursache und Wirkung verwechseln. (Die folgende Beschreibung der Probleme der Sowjetwirtschaft basiert, wenn nicht ausdrücklich etwas anderes erwähnt wird, auf Nove 1982, Conert 1990 und Aganbegyan 1988.)

Alle Kritiker haben die Schwierigkeiten des Planungs- und Produktionsprozesses ausführlich beschrieben; man kann sie wie folgt zusammenfassen: Detaillierte, zentralisierte Planung ist eine unmögliche Aufgabe, weil sie zu groß ist. Sie erfordert eine riesige Menge von Detailinformationen, welche die PlanerInnen weder selbst sammeln noch zuverlässig von unten besorgen können. Um zu kontrollieren, ob die Betriebe nach dem Plan arbeiteten, benötigten die PlanerInnen, die Wirtschaftszweigministerien und andere Regierungsstellen enorme Mengen an Informationen sowohl von den Betrieben selbst als auch von den InspektorInnen. Dieser Papierkram beanspruchte einen Großteil der kostbaren Zeit und Energie von ManagerInnen, IngenieurInnen, RechnungsführerInnen und so weiter, was dazu führte, dass dem eigentlichen Produktionsprozess weniger Aufmerksamkeit gewidmet wurde. Es war auch nutzlos. Den größeren Teil solcher Berichte konnte man ja nicht lesen, und nur ein sehr geringer Teil der Daten wurde tatsächlich verwertet. Weiter bedeuteten zentralisierte Planung und Führung, dass zu viele Eingriffe von oben in die täglichen Produktionsabläufe gemacht wurden. Die Pläne wurden zu oft geändert; es kamen Anordnungen von oben, die den vorherigen widersprachen und so weiter und so fort.

Aufgrund der ungeheuren Größe der Aufgabe erreichten die Pläne, insbesondere die betrieblichen Jahrespläne, die Betriebe in der Regel erst nach Beginn der Planperiode, und sie waren nicht ausreichend abgestimmt. Betriebe wussten daher oft nicht so genau, wie viel sie produzieren sollten. Die Folge davon war, dass sie Schwierigkeiten hatten, rechtzeitig die Inputs zu bekommen, und wenn sie nicht die richtigen Inputs bekamen, litt die Produktqualität darunter. Die Qualität litt auch, weil die PlanerInnen den größten Wert auf quantitatives Wachstum legten und weil es sowieso beinahe unmöglich war (und ist), von oben die Qualität der Produkte und der genaue Produktmix eines Betriebs zu planen, der mehrere Sachen herstellte. Die »sozialistischen« Wirtschaften waren einerseits als Mangelwirtschaft bekannt. Andererseits produzierten sie viel Unnötiges aufgrund von Fehlplanung. So wurden beispielsweise zu viele Traktoren gebaut und den Staats- und Kollektivfarmen aufgedrängt.

Die KritikerInnen sagten im Allgemeinen, dass ein sozialistisches Wirtschaftssystem unvermeidlich unter mangelnder Motivation zu harter und guter Arbeit leiden müsse. Da in einer Planwirtschaft alles Produzierte problemlos verkauft wird, da die Möglichkeit, hohe Profite zu machen oder pleite zu gehen, nicht existiert, da der Staat Vollbeschäftigung garantiert und da die Einkommensgefälle gering sind, kann niemand sehr motiviert sein, hart zu arbeiten. Das war den KritikerInnen zufolge auch der Grund für die Innovationsschwäche in den »sozialistischen« Wirtschaften. BetriebsleiterInnen hatten keine Motivation, eigene Innovationen zu machen oder die von anderen gemachten einzuführen.

Auf den ersten Blick scheint diese Analyse korrekt zu sein, besonders wenn zu ihrer Unterstützung zahlreiche Beispiele gegeben werden. Doch ein genauerer Blick auf diese enthüllt einige tiefer liegende Ursachen für die Ineffizienz und die Schwächen. SozialistInnen und »SozialistInnen« wollten eine ideale sozialistische Gesellschaft aufbauen, nicht bloß eine effiziente Wirtschaft. Dies bedeutete, dass die politisch Verantwortlichen und PlanerInnen sehr schnell den Unterschied im Lebensstandard zwischen Stadt und Land, zwischen entwickelten und unterentwickelten Regionen beheben wollten. In der UdSSR bedeutete das, dass sie einen unverhältnismäßig hohen Anteil der Investitionen der Entwicklung beispielsweise der rückständigen zentralasiatischen Republiken widmen mussten. Das bedeutete, dass sie in vielen Fällen absichtlich einigen objektiven ökonomischen Gesetzen zuwiderhandeln mussten. Zum Beispiel mussten sie auf die wirtschaftlichen Vorteile der räumlichen Konzentration verzichten. In seinem 1980 geschriebenen Werk bezeugte Nove, dass Ressourcen tatsächlich zugunsten der rückständigeren Regionen umverteilt worden waren, dass die Löhne in Zentralasien ähnlich hoch waren wie in Zentralrußland, dass die Zentralasiaten für ihre Produkte relativ gute Preise bekamen und dass die dortigen sozialen Dienstleistungen dem allgemeinen sowjetischen Standard entsprachen (Nove 1982: 69).

Nove weist auf die negativen Auswirkungen dieser Politik auf die wirtschaftliche Effizienz hin, wenn er von »einem Widerspruch zwischen wirtschaftlichem Vorteil und dem ›regionalen‹ Ziel« spricht (ebd.: 70).

> »Den zentralasiatischen Republiken fehlt (mit Ausnahme von Gas) Brennstoff, sie sind von den wichtigsten Konsumzentren weit entfernt, die Transportkosten sind hoch. Größendegression (economies of scale) und Komplementaritäten (complementarities) existieren eher in oder nahe bei Gebieten, in denen Industrien schon konzentriert sind. Auch die Standorte der natürlichen Ressourcen müssen die PlanerInnen in Betracht ziehen, und diese zeigen (zum Beispiel) eher auf Sibirien denn auf Tadschikistan als vorrangige Gebiete für umfangreiche Investitionen.« (ebd.)

Nimmt man ihr Ideal und die oben beschriebenen objektiven materiellen Umstände als gegeben an, war es den Sowjets unmöglich, die Zuteilung von knappen Gütern entweder den Kräften von Angebot und Nachfrage auf einem freien Markt zu überlassen oder sie nach den engen Prinzipien von purem wirtschaftlichem Vorteil zu planen. Sie musste politisch und per Anordnung geplant werden. Anderenfalls hätten entwickeltere Nationalitäten und Regionen und stärkere Betriebe den größten Teil der knappen Ressourcen und des wirtschaftlichen Nutzens erhalten. Die »sozialistischen« FührerInnen mussten optimale Zuteilung und wirtschaftliche Effizienz zu einem gewissen Grad der Verteilungsgerechtigkeit opfern. Dies bedeutete eigentlich Rationierung, eine in Krisenzeiten auch in kapitalistischen Ländern angewandte Methode.

Die positive Diskriminierung der unterentwickelten Republiken und die Tatsache, dass in den Post-Stalin-Jahrzehnten die Einkommensgefälle innerhalb der großen Mehrheit der Bevölkerung geringer wurden, zeigen, dass die sowjetische »sozialistische« Gesellschaft zumindest auf offizieller politischer Ebene ihrem Ideal gerecht zu werden versuchte. Doch viele Fakten aus dem wirtschaftlichen Bereich decken ein anderes Bild auf; und gleichzeitig führen sie uns zu der tieferen Ursache der Ineffizienz und der Schwächen der Wirtschaft.

KommunistInnen, die keine GenossInnen waren

Die StandardkritikerInnen hatten natürlich mit ihrer Behauptung Recht, dass die Informationen, die die PlanerInnen von Betrieben und Wirtschaftszweigministerien erhielten, unzuverlässig waren. Doch warum war das so? Die Antwort lautet: die Letzteren belieferten die Ersteren absichtlich mit falschen Informationen. Sie verheimlichten ihre wahren Produktionskapazitäten und forderten höhere Inputs, als wirklich nötig war. Sie horteten Inputs inklusive Arbeitskraft. Der Zweck dieser Manipulationen und unehrlichen Machenschaften war, die Pläne leicht erfüllen und übererfüllen zu können. Dies war für die Arbeitskollektive (vom Betriebsleiter bis zum niedrigsten Hilfsarbeiter) sehr wichtig, denn ein wesentlicher Teil ihres Einkommens bestand aus einem Bonus, der nur gezahlt wurde, wenn der Plan erfüllt oder übererfüllt wurde. Keine Planwirtschaft kann effizient funktionieren, wenn ihre Datenbasis falsch ist.

Die PlanerInnen wussten von den Manipulationen. Sie beschnitten die Inputforderungen der Betriebe und folgten, was die Planziele anging, dem sogenannten »Prinzip des sich arretierenden Zahnrads« (ratchet principle). Das heißt, sie nahmen die Produktionsleistung des Vorjahres als Grundlage, erhöhten die Zahl um einen gewissen Prozentsatz und setzten die sich ergebende Zahl als das Produktionsziel für das kommende Jahr fest. Dies erschwerte den Betrieben die Planerfüllung, und die Arbeitskollektive fürchteten, sie würden keinen Bonus erhalten. Das war der Grund dafür, dass ein Arbeitskollektiv, wenn es den Plan übererfüllte, ihn nie in dem Maß übererfüllte, wie es hätte tun können. Es war ein Teufelskreis, in dem sich beide Seiten gegenseitig misstrauten. Die meisten der daran Beteiligten waren Mitglieder der KP, sollten GenossInnen voneinander sein, aber sie trauten einander nicht.

Das Resultat dieser »unsozialistischen« Geisteshaltung war übel. Es gab eine sehr bekannte Karikatur, die einen einzigen riesigen Nagel in einer Fabrik zeigte; der Betriebsleiter wies auf ihn und sagte »Das Plansoll des Monats ist erfüllt«. Das Plansoll war erfüllt in Tonnen. In der Tat, sowjetisches Stahlblech war notorisch zu dick. Glasplatten waren zu schwer und Papier zu dick, wenn sie im Tonnenmaß geplant wurden. Selbst Kerzenständer waren unnötig schwer, weil das Planziel in Tonnen festgelegt wurde. Wenn ein Produktionsziel für Stoff in Metern festgelegt wurde (offensichtlich ein Versehen), wurde er allmählich zu schmal. Wenn es später in Quadratmetern vorgegeben wurde, verschlechterte sich die Qualität. Wurde bei Maschinen das Produktionsziel in Stückzahlen festgelegt, gab es Mangel bei Ersatzteilen. Wurden im Transportbereich die Planziele in Tonnenkilometern vorgegeben, wurden optimale und billige Transportmöglichkeiten vernachlässigt.

Wenn der monetäre Indikator »Brutto-Output« benutzt wurde, wurde auch der Wert unfertiger Produkte mitgezählt. Da nun bei diesem Indikator der Wert der Inputs eingerechnet wurde, bestellten die BetriebsleiterInnen teurere Inputs als notwendig, und dann versuchten sie zu erreichen, dass die Preise ihrer Produkte auf der Basis dieser teureren Inputs berechnet würden. Hier zwei Beispiele: Gastronomiebetriebe bevorzugten es, ihr Planziel für monetären Umsatz eher durch flaschenweisen Verkauf von Wodka zu erfüllen als durch Tee-Servieren, das sehr viel billiger und arbeitsintensiver war; Baubetriebe erreichten eine scheinbare Verbesserung ihrer Arbeitsproduktivität, indem sie teurere Materialien verwendeten, da die Arbeitsproduktivität nach dem Geldwert des pro Arbeitsstunde verarbeiteten Materials berechnet wurde. Über solche Phänomene schrieb Gorbatschow 1987:

> »Der Arbeiter oder der Betrieb, der am meisten Arbeitskraft, Material und Geld verbrauchte, galt einfach als der beste. ... Eine typische Haltung bei vielen unserer Verantwortlichen in der Wirtschaft war, dass sie nicht mehr darüber nachdachten, wie das nationale Vermögen vermehrt werden kann, sondern wie man mehr Material, Arbeitskräfte und Arbeitszeit für ein Produkt verbraucht, um es zu einem höheren Preis zu verkaufen.« (Gorbatschow 1987a: 5 und 1987b: 20)

Tatjana Saslawskaja wusste noch eine Erklärung dafür. Über den Preisbestimmungsprozess für neue Produkte schrieb sie 1989: »Außerdem entsteht bei den Betrieben Interesse daran, die Produktionskosten möglichst hoch zu halten, da die Gewinnspanne als Prozentsatz der Produktionskosten errechnet wird« (Saslawskaja 1989: 100). Der Profit eines Betriebs war einer der wichtigen bestimmenden Faktoren für das Einkommen (durch den Bonus) und die Karriere der BetriebsleiterInnen.

Diese Haltung war teilweise auch verantwortlich für die Innovationsschwäche der »sozialistischen« Wirtschaften. Sehr oft wollte ein Betrieb keine in einem anderen gemachte Innovation übernehmen. Hätte er das getan, wären nämlich seine wahre Produktivität und/oder Produktionskapazität, die er stets zu verheimlichen suchte, den PlanerInnen bekannt geworden – zumindest insoweit sie mit dem Gebrauch von Maschinen zusammenhingen, in denen die Innovation enthalten war (Lohmann 1985: 74–75).

Das Fehlen von Zusammenarbeit zwischen KommunistInnen zeigte sich auch am Phänomen des Verkäufermarktes. Der genaue Produktmix von Betrieben sollte zu einem Großteil das Ergebnis von Verhandlungen zwischen Anbietern und Abnehmern sein. Die Abnehmer sagten, was sie brauchten, und die Anbieter, was sie liefern konnten. In vielen Fällen nahmen die Anbieter eine Haltung an, als wollten sie sagen, «Nimm es oder lass es liegen«, da sie in einer Mangelwirtschaft eine stärkere Stellung hatten. Dies erklärt, warum eine Fabrik zwar die geplante Menge an Stahlblech erhielt, nicht aber im benötigten Profil.

Egoistisches, »unsozialistisches« Verhalten und Gleichgültigkeit gegenüber dem nationalen Interesse waren auch auf den höheren Ebenen der Wirtschaft sichtbar. Da es oft schwierig war, die benötigten Inputs zu bekommen, befahlen die Wirtschaftszweigministerien »ihren« Zulieferbetrieben, die Bestellungen »ihrer« Käuferbetriebe bevorzugt zu behandeln. Das führte oft dazu, dass Betriebe, die zu anderen Ministerien »gehörten«, oftmals nicht oder verspätet beliefert wurden. Die Wirtschaftszweigministerien waren berüchtigt für ihre partikularistische Haltung und ihre Tendenz, eigene »Imperien« aufbauen zu wollen. Sie versuchten stets, sich einen möglichst hohen Anteil am nationalen Haushalt zu sichern. Investitionsvorschläge machten sie vorzugsweise in solchen vorrangigen Investitionsbereichen, in denen sie damit rechnen konnten, dass die PlanerInnen die Vorschläge noch vor der Fertigstellung der Kosten-Nutzen-Analyse akzeptieren würden. Nach erfolgter Zustimmung der Planbehörde beeilten sich die Ministerien, mit den groß angelegten Bauarbeiten zu beginnen. Weckte die Kosten-Nutzen-Analyse nachher Zweifel an der Rationalität des Projekts, verwiesen die Ministerien auf die bereits ausgegebenen, großen Geldbeträge und plädierten mit dieser Begründung für die Fertigstellung des Projekts.

Die Situation verbesserte sich auch nicht, nachdem Chruschtschow die Wirtschaftszweigministerien abgeschafft und ihre Funktionen den Regionalräten übertragen hatte. Letztere bauten genauso an ihren eigenen Imperien, ignorierten das nationale Interesse, zweigten Ressourcen zugunsten lokaler und regionaler Betriebe ab und vernachlässigten ihre Lieferpflichten gegenüber Betrieben in anderen Regionen. Es gab auch Misstrauen und Mangel an Kooperation zwischen den Wirtschaftszweigministerien und ihren eigenen Betrieben. Jene versuchten, diese mit der Aussicht auf Sonderprämien zu ködern, Gegenpläne mit höheren Produktionszielen als denen vorzulegen, die ihnen ursprünglich im obligatorischen Plan vorgegeben worden waren. Doch die Ministerien betrachteten jeden solchen Gegenplan als Beweis für erfolgreiche Verheimlichung der wahren Kapazität des Betriebs. So revidierten sie oftmals den obligatorischen Plan nach oben. Sie legten ein neues, höheres obligatorisches Produktionsziel für den Betrieb fest, indem sie die Hälfte der Differenz zwischen dem ursprünglichen Ziel und dem des Gegenplans zu dem ursprünglichen Ziel hinzuaddierten, was dem Betrieb natürlich nicht gefiel.

Zusammenfassend kann man sagen, dass die Bonusfixiertheit der Arbeitskollektive und die Partikularinteressen der Ministerien in einem Circulus vitiosus von Misstrauen, Täuschung, Betrug und mangelnder Kooperation endeten. Solche Dinge gibt es auch in allen kapitalistischen Gesellschaften, in einem größeren Ausmaß. Doch von kommunistischen WirtschaftsmanagerInnen in einer »sozialistischen« Gesellschaft erwartete man ein anderes Verhaltensmuster. Da diese Erwartung über Jahrzehnte hinweg unerfüllt blieb, bestand für den »Sozialismus«, der eigentlich ein moralisches Projekt war, keine Chance auf Erfolg.

Eine Frage, die sich nun stellt, ist, warum in der Post-Stalinära niemand für das oben beschriebene unehrliche Verhalten bestraft wurde. Die Antwort scheint darin zu liegen, dass – erstens – ein solches Verhalten nahezu normal geworden war. Und zweitens liegt sie in purer Feigheit. Alle waren in ein Netz von Korruption und gegenseitiger Abhängigkeit verstrickt. Es entstand ein Geflecht von informellen Beziehungen mit dem Motto »Ich schütze dich und du schützt mich«. Eine weitere Frage, die sich hier stellt, ist, was die KP, ihre führenden Organe und Mitglieder taten. Die Partei organisierte vielerlei Kampagnen. Aber wir wissen, dass sie nichts bewirkten, außer durch Anwendung von irgendeiner Art von Zwang. Peter Strotmann kommentierte 1969: »... dass in einem hierarchisch aufgebauten System der Privilegien und bürokratischer Institutionen jede Propaganda, jede Kampagne, die die Aktivität der Massen *ohne* das Versprechen materieller Privilegien hervorzurufen versucht, als Heuchelei erscheinen muß und als solche von den Massen auch erkannt wird« (Strotmann 1969: 24).

»Sozialistische« ReformerInnen warfen zwei Fragen auf: Wäre es nicht besser gewesen, auch in einer »sozialistischen« Planwirtschaft dem Management auf Betriebsebene mehr Freiheit und Entscheidungskompetenz zu gewähren? Und wäre es nicht auch besser gewesen, mehr Gebrauch von Marktmechanismen zu machen, ohne die »sozialistische« Planung vollends aufzugeben? Diese eher technischen Fragen werde ich im Kapitel sechs diskutieren. Ich denke nicht, dass das Scheitern des »Sozialismus« in einem signifikanten Grad durch negative Antworten auf diese Fragen verursacht wurde. Die tatsächlich gegebenen, in der Hauptsache negativen Antworten auf diese Fragen hatten womöglich die Ineffizienz eines ohnehin ungesunden Systems, das unmögliche Ziele verfolgte, erhöht. Doch positive Antworten darauf hätten sein schließliches Scheitern nicht verhindern können. Was ich oben über die Moral und die geistige Verfassung in der Sowjetgesellschaft geschrieben habe und was ich unten in diesem Kapitel darüber noch schreiben werde, zeigt, dass dort der Geist des »Sozialismus« bereits gestorben war. Was davon übrig blieb, war nur eine juristische Hülle.

Korruption im Alltagsleben

In einem Kapitel über Korruption gibt uns Smith eine anschauliche Beschreibung der Situation, die im Wesentlichen auf sowjetischen Presseberichten und Gesprächen mit russischen FreundInnen und Bekannten basiert (wenn nicht anders angegeben, ist das Folgende eine Zusammenfassung von Smith 1976: Kapitel 3). Gegen Ende des Regimes, in den Siebzigerjahren, war die Situation tatsächlich sehr schlimm. Smith schrieb: »Die Russen behaupten, die Korruption habe seit den späten Sechzigerjahren parallel zum steigenden Wohlstand zugenommen« (Smith 1976: 125). Er gibt zahllose Beispiele für den Diebstahl von Staatseigentum. FahrerInnen von staatseigenen Fahrzeugen stahlen Benzin; FahrerInnen von Lastkraftwagen mit Zementmischern stahlen Zement; Verkaufspersonal stahl Fleisch und Gemüse; ArbeiterInnen stahlen Autoersatzteile und andere langlebige Gebrauchsgüter. Für all die gestohlenen Waren, die in der Regel knapp waren, fanden sich begierige AbnehmerInnen, die bereit waren, einen weit höheren Preis zu zahlen als im Laden. Oder sie schenkten diese Waren Leuten, von denen sie eine Gegenleistung erwarteten. Im September 1972 offenbarte die *Prawda*, dass in der Russischen Sowjetrepublik während einer relativ kurzen Zeitspanne über 200 groß angelegte Diebstähle von Staatseigentum entdeckt worden waren, von denen über die Hälfte Bestandteil längerfristiger Operationen organisierter Verbrechersyndikate waren. Am 1. Januar 1975 berichtete die *Iswestija*, dass in den Jahren 1972/1973 mehr als ein Drittel aller sowjetischen AutobesitzerInnen vom Staat gestohlenes Benzin benutzten. Andere berechneten auf Grundlage sowjetischer Statistiken, dass jährlich 560 Millionen Liter Benzin gestohlen würden. Die Diebe und die KäuferInnen von gestohlenen Gütern stammten keineswegs nur aus den unteren Schichen. Unter ihnen waren ein Chemiker in einem Forschungsinstitut, ein Ingenieur in einer Autofabrik und ein Zahnarzt.

Nicht nur Diebstahl, auch sonstige Korruption war weit verbreitet: StudentInnen verkauften ihre subventionierten Bahn- und Flugtickets zu einem höheren Preis. Die Direktorin eines großen Supermarkts verkaufte knappe, aber heiß begehrte Lebensmittel an ihre Freunde, die sich dafür beispielsweise mit zwei Karten für ein ausverkauftes Eishockeyspiel revanchierten. Sie nahm auch Bestechungsgelder an. In Baku forderte die Polizei eine Bestechungssumme von 500 Rubel für die Zuteilung eines Grundstücks für ein Privathaus; und ein Job als TaxifahrerIn kostete 400 Rubel. Ein Chirurg in einem staatlichen Krankenhaus musste für eine Operation mit 50 Rubel bestochen werden, ein guter Zahnarzt mit 150 Rubel für gute Kronen.

Diebstahl, alle Arten von Korruption und andere illegale wirtschaftliche Aktivitäten bildeten eine Schattenwirtschaft, welche von den Russen ironisch »schleichender Kapitalismus« genannt wurde. Dazu gehörte auch ein Zweitjob; der Hauptjob wurde derweil vernachlässigt oder schlecht getan. Ebenfalls gehörten dazu illegale Betriebe, die knappe Güter und Dienstleistungen für den Schwarzmarkt produzierten. Manche dieser Betriebe befanden sich innerhalb regulärer, staatlicher Fabriken. Andrej Sacharow schätzte das Ausmaß der Schattenwirtschaft auf mindestens zehn Prozent des Bruttosozialprodukts (ebd.: 123). Es existierten sowohl noch höhere als auch niedrigere Schätzungen. Tatsächlich war die formelle Sowjetwirtschaft in beträchtlichem Maße von der informellen (Schattenwirtschaft) abhängig. Die Presse berichtete häufig über Kollektivfarmen und andere staatseigene Betriebe, die auf (gestohlene) Materialien und illegale Dienstleistungen aus der Schattenwirtschaft angewiesen waren, um ihr Plansoll erfüllen zu können. Die Bemühungen des Staates, die Wirtschaftskriminalität einzudämmen, waren nicht besonders erfolgreich, da Polizeibeamte und Wirtschaftsinspektoren oftmals für die Kriminellen arbeiteten. Bereits in den Sechzigerjahren existierte eine Mafia in der Sowjetunion.

Wenn man all dies gelesen hat, muss man zu dem Schluss kommen, dass wohl die Mehrheit des Sowjetvolks jeden Sinn für Würde verloren hatte. Dies ging so weit, dass Individuen wie der oben erwähnte Chemiker in einem staatlichen Forschungsinstitut gegenüber einem Ausländer schamlos über ihre eigenen korrupten Machenschaften sprechen konnten. Man kann einwenden, dass ein guter Teil der Schattenwirtschaft nicht illegal und kriminell gewesen wäre, wenn der Staat mehr private Unternehmungen gestattet hätte. Dann wäre jedoch ein so großer Teil der Wirtschaft kapitalistisch gewesen, dass die UdSSR nicht länger ein »sozialistischer« Staat geblieben wäre. Die Bolschewiki hatten die Oktoberrevolution nicht deshalb gemacht, um nur eine Mischwirtschaft aufzubauen.

Die Partei und ihre Mitglieder

Was nun die KommunistInnen selbst betrifft, verfügte ein Dekret aus dem Jahre 1919, dass »politische ArbeiterInnen in verantwortungsvoller Stellung« wie die Volkskommissare 2000 Rubel pro Monat als Gehalt bekommen sollten, was die partielle Aufgabe des Partmax bedeutete (Bettelheim 1976: 165). Diese Summe war mehr als dreimal so hoch wie der Mindestlohn in der Kategorie ArbeiterIn. Dieses Dekret schaffte offensichtlich einen Präzedenzfall. 1926 verdienten TechnikerInnen und ManagerInnen, die Parteimitglieder waren, durchschnittlich mehr als vierzehnmal so viel, wie der Mindestlohn einer ArbeiterIn betrug (Bettelheim 1978: 249). Das wenige, was vom Partmax noch übrig geblieben war, schaffte Stalin 1931 ab (Nove 1972: 208). Dies bedeutete, dass hochrangige Parteimitglieder tatsächlich von der ArbeiterInnenklasse abgeschnitten waren, selbst wenn sie aus dieser Klasse stammten. Sie hatten oft die Neigung, Cliquen zu bilden, deren Mitglieder sich schützend voreinander stellten. In der UdSSR wurden diese Cliquen »Familienkreise« genannt (Bettelheim 1978: 336).

Der Verfall der innerparteilichen Demokratie und der zentralistische Stil der Parteiverwaltung »unterminierten die Qualität der Beziehungen zwischen den verschiedenen Ebenen der Partei, zwischen dem Gros der Parteimitglieder und der Führungsspitze und zwischen der politischen und der administrativen Führung (Bettelheim 1976: 425). Die Beziehung zwischen Parteimitgliedern wurde allgemein zerreibender. Es war jedoch Stalins Terrorherrschaft, die der geistig-seelischen Verfassung und der Moral der KommunistInnen sowie dem Ansehen des Sozialismus oder Kommunismus den größten Schaden zufügte. Das Schicksal der bekannten ParteiführerInnen von damals ist genau dokumentiert. Wir wissen beispielsweise, dass von den 26 auf dem 11. Parteitag (1922) gewählten Mitgliedern des Zentralkomitees zwölf exekutiert wurden, zwei verschwanden, zwei Selbstmord begingen und einer zu 20 Jahren Haft verurteilt wurde, alles zwischen 1936 und 1938. Ein weiterer – Trotzki – wurde 1940 im Exil ermordet. Von den 17 auf dem 15. Parteitag (1927) gewählten Mitgliedern des Politbüros erlitten neun ein ähnliches Schicksal (Ellenstein 1977: 114–115).

Für unsere Fragestellung bedeuten diese Fakten, dass dieses große Verbrechen endgültig und total den Geist und die Moral der Partei zerstörte. Alle ehrlichen, aufrechten, echten und mutigen KommunistInnen wurden exekutiert, eingekerkert oder deportiert. Diese Schlussfolgerung ist logisch zwingend, denn alle, die gegen diese Grausamkeiten nicht protestierten, waren nicht aufrecht, und alle, die protestierten, wurden exekutiert. Die übrig gebliebenen waren KomplizInnen, Feiglinge und KarrieristInnen, die sich dem großen Diktator zu Füßen warfen. Die große Mehrheit sowohl der Parteimitglieder als auch der Massen war gleichsam niedergeschmettert und lernte schnell, den Mund zu halten, sich anzupassen und die eigene Haut zu retten, indem man andere denunzierte. Auf diese Weise ging eine ganze Generation verloren. Niemand mehr war da zu protestieren, die Initiative zu ergreifen, zu kritisieren. Was blieb, war ein monolithischer Block von gehorsamen Untertanen, Dienern, Lakaien und Speichelleckern.

Der Sieg der UdSSR über die Nazis beweist lediglich, dass das Sowjetvolk – demoralisiert nach dem Scheitern beim Aufbau einer sozialistischen Gesellschaft – im Zweiten Weltkrieg eine weitere große Sache sah, für die man leben und sterben sollte: die Verteidigung von Mutter Russland. Niemand bezweifelte je die Größe dieses Sieges. Aber NationalistInnen in anderen Ländern und in anderen Zeiten haben ebenso heroisch gekämpft. In der Tat hatten, was die Rote Armee betrifft, ausländische BeobachterInnen schon 1928 gemerkt, dass kommunistische sowie nichtkommunistische Generale in einem ungehemmten Glauben an den russischen Nationalismus vereint waren (Carr 1971: 320). Nach dem Zweiten Weltkrieg, in den Jahren des Kalten Krieges, entwickelte sich ein »kranker Nationalismus«, ein gereizter, exzessiver Patriotismus, der jede Überzeugung, dass irgendein anderes Land als Russland jemals etwas Gutes erfunden habe, als »Kosmopolitanismus« und beinahe als Verrat denunzierte (Strong 1956: 109).

Amalrik schrieb 1969:

> »Der Bedarf nach irgendeiner ideologischen Grundlage zwingt das Regime, eine neue Ideologie zu suchen, und dabei kam man auf den großrussischen Nationalismus. ... Die Notwendigkeit einer lebendigen nationalistischen Ideologie wird nicht nur vom Regime selbst immer mehr empfunden, sondern eine solche Ideologie bildet sich in der Gesellschaft auch schon heran; das trifft vor allem auf die offiziellen Literaten- und Künstlerkreise zu ...« (Amalrik 1980: 46–47)

Echten SozialistInnen oder KommunistInnen muss nicht erst gesagt werden, dass der Nationalismus die Negation vom Sozialismus/Kommunismus ist und dass dieser undenkbar ist ohne den Internationalismus. »In Wirklichkeit«, schrieb Djilas, »ist der Nationalkommunismus bereits Kommunismus im Verfall« (Djilas 1963: 206).

Smith berichtete über die geistig-seelische Verfassung und die Moral der Parteimitglieder in der ersten Hälfte der Siebzigerjahre (wenn nicht anders angegeben, stammt das folgende Material aus Smith 1976: Kapitel 3 und 11). Er stellte einen offenen Zynismus unter den Parteimitgliedern fest, mit denen er sprechen konnte oder über die ihm etwas erzählt wurde. Zwei seiner Bekannten gaben zu, dass sie Parteimitglieder geworden waren, weil sie im Leben vorankommen und Auslandsreisen machen wollten. Ein Parteifunktionär sagte zu Smith: »Heutzutage treten die Leute [in die Partei] praktisch ohne Grund ein. ... Es ist wie im Westen mit dem Kirchenbesuch: Man tut es aus Gewohnheit, nicht aus Überzeugung« (ebd.: 363). Ein Lehrer, der an politischen Versammlungen teilnehmen musste, wusste, dass nicht einmal die KommunistInnen, die auf diesen Versammlungen Unterricht erteilten, an ihre Ideologie glaubten. Ein junger Parteifunktionär sagte: «An die Ideologie glaubt niemand mehr. Die braucht niemand mehr« (ebd.: 381). Auf die Frage, warum sich die Partei dann überhaupt noch für ihn interessierte, antwortete er: »Die Partei weiß, dass sie dich in der Tasche hat, wenn du beigetreten bist. Wer nicht Mitglied ist, kann manches ablehnen, was die Partei von ihm verlangt. Ist man einmal beigetreten, muß man tun, was die Partei sagt. Disziplin, Sie wissen schon« (ebd.: 381).

Blinde Loyalität gegenüber dem Führer oder der Abteilungsleiterin war in der Sowjetgesellschaft die Regel. Für die persönliche Karriere war es wichtig, die Wünsche der Vorgesetzten zu verstehen oder besser schon vorauszuahnen. Menschen mit originellen Ideen, Initiative oder höherem Wissen waren nicht gern gesehen. Ein Vorgesetzter oder eine Chefin hatte auch die Macht, seinen/ihren Untergebenen oder AnhängerInnen eine Auslandsreise oder eine größere Wohnung zu bewilligen oder für eine höhere Stelle eine Person auszuwählen, auch wenn sie nichts taugte.

Smith gab auch viele Beispiele für weitverbreitete Korruption unter KommunistInnen – nicht nur unter den einfachen Parteimitgliedern und Kadern der mittleren Ränge, sondern auch unter höchstrangigen KommunistInnen. Eine Ingenieurin, die auch Parteimitglied war, sagte: »Sie machen es so offen und schamlos! In unserer Stadt brauchen die

Parteibosse nur die Pelzfabrik anzurufen, und schon bekommen sie die schönsten Pelzmäntel gratis ins Haus geliefert« (ebd.: 141). Der Parteifunktionär, der für die dem Parteiapparat vorbehaltenen Sonderläden in Moskau zuständig war, war durch seine verdeckten Geschäfte Millionär geworden. Komarow schrieb, dass Wilderei im großen Maßstab in den Naturreservaten nur deswegen möglich war, weil sich hohe Partei- und Regierungsfunktionäre regelmäßig bestechen ließen (Komarow 1979: 103).

Ermittlungen und Prozesse, in die führende Parteimitglieder verwickelt waren, wurden grundsätzlich geheim gehalten, um das Ansehen der Partei zu schützen. Doch wie ein hoher Funktionär einmal sehr bekümmert sagte: »Wie kann denn die Kirche überdauern, wenn der Papst und die Kardinäle käufliche Philister sind?« (Smith 1976: 378). Dieser Zustand der geistig-seelischen Verfassung und der Moral in der Partei hatte natürlich entsprechende Auswirkungen auf die gesamte Bevölkerung.

Man könnte nun annehmen, dass die Menschen dieses System gerne losgeworden wären. Smith berichtete jedoch, dass die breiten Massen – anders als die Intellektuellen – ungeachtet all dieser Fakten weiterhin an das System glaubten. Ein Vorarbeiter in einer Fabrik erzählte Smith: »Die Werktätigen schimpfen und maulen, aber sie schimpfen nur auf einzelne Personen. Ich habe nie gehört, dass jemand die Partei oder das System angegriffen hätte« (ebd.: 375). Smith zitierte weiter einen Dolmetscher, der ihm erzählte, dass die Menschen sich die großen, zu Kampagnenzwecken aufgehängten Parteitransparente nicht einmal mehr anschauten. Doch später sagte er: »Unser Ideal, das Ideal des Sozialismus, des für das Gemeinwohl arbeitenden Volkes, ist Ihrer Profitorientiertheit doch weit überlegen, auch wenn wir selber sehen, dass dieses Ideal bisher noch nicht verwirklicht ist« (ebd.: 374).

Krisen und Transformation sozialer Formationen

Elmar Altvater (1992) differenziert bei seiner Erklärung für das Scheitern und den Zusammenbruch des »Sozialismus« zwischen kleinen und großen Krisen. Im Kapitalismus fungieren die kleinen Krisen als negative Rückkopplung, die Selbstkorrekturen ermöglicht. Sie sind banal, sie werden im Rahmen der gegebenen sozialen, politischen und ökonomischen Strukturen, deren Institutionen und Operationsformen gelöst, ohne all dies in Frage zu stellen. Doch eine Serie kleiner Krisen kann innerhalb der bestehenden Institutionen unkontrollierbar werden. Wenn das passiert, beginnen protrahierte, tief reichende soziale, politische und wirtschaftliche Transformationen. Die Institutionen selbst werden dann in Mitleidenschaft gezogen. So ein Prozess deutet das Ende einer Ära an. Eine solche Krisenserie kann man als eine Krise der sozialen Formation bezeichnen. Der Kapitalismus kann auch solche Krisen überwinden: so konnte er die große Weltwirtschaftskrise von 1929 bis 1933, den Faschismus und den Zweiten Weltkrieg überstehen. Er konnte sich in die derzeitige, »Fordismus« genannte, soziale Formation verwandeln.

Nun stellt sich die Frage, warum die soziale Formation »Sozialismus« ihre große Krise der Achtzigerjahre nicht überwinden konnte. Altvaters Antwort ist, dass es im »Sozialismus« keine kleinen Krisen gab. Es gab viele Unzulänglichkeiten, aber sie gelangten nicht an die Oberfläche oder konnten es nicht, zumindest nicht in der radikalen und effektiven Form einer kleinen Krise wie im Kapitalismus.

> »In dem trägen Fluss krisenfreier Entwicklung in real-sozialistischen, aber dennoch widersprüchlichen Gesellschaften sinken so viele destruktive Potenzen als Sedimente ab, dass der Fluss zum Stehen kommt. Die gesellschaftliche Stagnation wird zur sozialen Explosivkraft und treibt die Destrukturierung weit über die innersystemischen Transformationen im Verlauf einer ›großen Krise‹ hinaus. Nicht Mutation, nicht Transition und Transformation finden statt, sondern eine Revolution. Was danach kommt, ist ungewiß. Revolutionen aber sind nicht per se progressiv; in der Geschichte gibt es die regressive Involution.« (Altvater 1992: 63)

Als das System vor seinem Zusammenbruch in eine Legitimationskrise geriet, gab es keinen Transformationsmechanismus. Die soziale Formation war zu rigide. Sie hatte die Fähigkeit zur Weiterentwicklung verloren.

Viele Menschen in den »sozialistischen« Gesellschaften hatten die Anzeichen der aufkommenden großen Krise bemerkt. Man hatte Reformen versucht. Doch die kamen sämtlich von oben. Sie konnten nur scheitern, denn nach Altvater können Adaptation wie Transformation nur durch die Selbstorganisation der betreffenden Gesellschaft geschehen. Doch Selbstorganisation war in den »sozialistischen« Gesellschaften nicht möglich. Die Einzelnen waren demoralisiert und frustriert, kümmerten sich nur um das eigene Leben: In sozialen Belangen waren sie lethargisch geworden, und soziale Institutionen hatten ihre bindende Kraft verloren.

In der zweiten Hälfte der Achtzigerjahre hatte man in der UdSSR mit Glasnost und Perestroika eine derartige Transformation versucht. Die Massen machten den bestmöglichen Gebrauch von dieser Gelegenheit. Als sie bei Wahlen die Möglichkeit bekamen, einen unter mehreren Kandidaten zu wählen, votierten sie in großer Zahl gegen diejenigen der KP, von denen viele eine Niederlage einstecken mussten. Gleichzeitig widersetzten sie sich Bestrebungen, den »sozialistischen« Charakter ihrer Wirtschaft zu verwässern. Das war lobenswert, aber sie begriffen nicht, dass in Anbetracht der Grenzen des Wachstums *ihre* Form der »sozialistischen« Wirtschaft nicht länger lebensfähig war. Altvater meint, die Erklärung für die Fähigkeit des Kapitalismus, sich zu transformieren, liege in der Kombination der Marktwirtschaft mit der Demokratie. Doch kann diese Kombination der Menschheit helfen, die gegenwärtige große ökologische Krise zu überwinden? Kann sie uns helfen, die unvermeidlichen Konsequenzen der Grenzen des Wachstums zu akzeptieren? Welcher Transformation müssen sich die menschlichen Gesellschaften unserer Zeit unterziehen? Hin zum Öko-Kapitalismus oder hin zum Öko-Sozialismus? Ich werde diese Fragen in den folgenden Kapiteln diskutieren.

Die Tragik der Allmende

Ich habe der Suche nach einer Antwort auf die Frage, warum der »Sozialismus« scheiterte, zwei Kapitel gewidmet. Jedes befasst sich mit einem Teil der Suche und der Antwort. Das Ganze kann aber auch mit dem Begriff »die Tragik der Allmende«, der 1968 von Garrett Hardin geprägt wurde, zusammengefasst werden. Die Idee ist sehr alt. Aristoteles sagte: »Was Gemeineigentum der größten Anzahl von Menschen ist, erfährt die geringste Pflege« (zit. n. Hardin 1980: 115). Aber Hardin verwendete die Idee auf eine Weise, die sie für unsere Fragestellung und die Probleme, die damit zusammenhängen, sehr relevant macht. Wir können das Scheitern des »Sozialismus« begrifflich als die Degradation eines Gemeinguts fassen.

Es gibt wesentliche Parallelen zwischen den abstrakten Viehweiden und Viehhaltern in Hardins Essay und den konkreten Ressourcen und den im wirklichen Leben agierenden Wirtschaftsakteuren in der ehemaligen UdSSR. Die Bolschewiki verwandelten das alte russische Reich in ein riesiges Gemeingut, um eine »sozialistische« Gesellschaft zu erschaffen. Alle Ressourcen gehörten dem Staat und wurden von den Wirtschaftsakteuren benutzt, ohne dass sie dafür zahlen mussten. Die UdSSR wurde zu einem Gemeingut in beiden Hardin'schen Bedeutungen des Wortes: als eine Quelle von Rohstoffen, Land und Wasser (Hardin benutzte den Begriff »food basket«, Vorratskammer) sowie als Senke für alle Arten von umweltschädlichen Emissionen (»cesspool«, Abfallgrube). Das Volk – jeder Betrieb, jede Regierungsbehörde oder -abteilung und jedes Individuum – behandelte die Ressourcen des Landes, wie Hardins abstrakte Viehhalter ihre abstrakten Weidegründe behandelten. Nicht nur die Naturschätze, sondern auch der Staat mit seinen Geldmitteln, die gesamte Arbeitskraft des Landes, die Betriebe mit ihren Maschinen, Materialien und sonstigen Ausrüstungen, sämtliche Infrastrukturen und Versorgungseinrichtungen wurden als Gemeingut betrachtet. Und sie alle wurden für unnachhaltige und illegitime Zwecke geplündert und missbraucht.

Hardin schrieb: »Es kann vorausgesetzt werden, dass jeder Viehhalter versuchen wird, soviel Vieh als möglich auf der Allmende zu halten« (Hardin 1973a: 34). Wie die Viehhalter, versuchten die obersten politischen und WirtschaftsführerInnen der UdSSR so viel wie möglich zu produzieren; und die ganze Bevölkerung wollte so viel wie möglich konsumieren. Hardin schrieb:

»Als rational denkendes Wesen strebt jeder Viehhalter danach, seinen Gewinn zu erhöhen. Explizit oder implizit, mehr oder weniger bewußt, stellt er sich die Frage: was nützt es *mir*, wenn ich meiner Herde ein weiteres Stück Vieh hinzufüge. Diese Nutzung hat eine positive und eine negative Komponente.

1. ... Da der Viehhalter den ganzen Erlös vom Verkauf eines zusätzlichen Tieres erhält, beträgt der positive Nutzwert fast plus 1.

2. ... Da nun die Auswirkungen des Abgrasens alle Viehalter betreffen, beträgt der negative Nutzwert für den einzelnen Viehhalter nur einen Bruchteil von minus 1.

Wenn er die anteiligen Nutzwerte addiert, wird der rational denkende Viehhalter zu dem Schluss kommen, es sei für ihn das einzige Vernünftige, seiner Herde ein weiteres Tier hinzuzufügen, und noch eins; und noch eins ...« (ebd.)

Anders als Hardins Viehhalter kamen die ManagerInnen und ArbeiterInnen eines sowjetischen Betriebs nicht in den Genuss des gesamten Profits aus ihren wirtschaftlichen Aktivitäten, sondern erhielten nur einen Teil davon in Form eines Bonus zusätzlich zu ihrem Gehalt beziehungsweise Lohn. Dieser Teil war jedoch so groß, dass fast alle ihre Aktionen und Reaktionen von der Frage beeinflusst waren: wie maximieren wir *unseren* Bonus?

Über das Endergebnis des oben beschriebenen Verhaltens der Viehhalter schrieb Hardin: »Ein solches Übereinkommen kann jahrhundertelang durchaus befriedigend funktionieren, weil Stammeskriege, Raubzüge und Krankheiten die Anzahl der Menschen und Tiere unterhalb der Erhaltungskapazität des Landes halten. Aber einmal kommt der Tag der Abrechnung, dann nämlich, wenn das langerwünschte Ziel sozialer Stabilität Wirklichkeit wird. Von diesem Punkt an beginnt die allem Gemeingut innewohnende Logik: ihre tragische Entwicklung« (ebd.). Für die UdSSR kam der Tag der Abrechnung zu einer Zeit, als die Gesellschaft einen beträchtlichen Grad sozialer Stabilität erreicht zu haben schien. In der zweiten Hälfte der Breschnewära, in den Siebzigerjahren, kam es zu einer Entspannung in ihrem Verhältnis zu den früheren Feinden, ja sogar zu wirtschaftlicher Zusammenarbeit. Die UdSSR erreichte enorme Macht und großes Ansehen auf der internationalen Arena. Der Lebensstandard der Bevölkerung hatte sich beträchtlich erhöht. DissidentInnen wurden nur milde bestraft; niemand wurde hingerichtet. Die große Mehrheit der Bevölkerung akzeptierte das System. Doch dies war ungefähr auch die Zeit, in der der wirtschaftliche Niedergang begann, der sich in sinkenden Wachstumsraten und einer rapiden Verschlechterung des Zustands der Umwelt manifestierte. Trotzdem wollten die große Mehrheit der Bevölkerung und all ihre FührerInnen – wie Hardins Viehhalter – mehr und einen noch höheren Lebensstandard, um die USA einzuholen, bis schließlich weniger als ein Jahrzehnt nach Breschnews Tod der Kollaps kam.

Hardins Viehhalter, die ihre Allmende ruinierten, waren von der bloßen Logik des privaten Unternehmertums getrieben, welche jeden von ihnen als rational denkenden Homo oeconomicus zwang zu versuchen, seine Profite zu maximieren. Aber die SowjetbürgerInnen – nicht bloß die WirtschaftsakteurInnen – taten mehr, als zu versuchen, ihren Bonus zu maximieren. Sie schufen, aktiv oder passiv, eine riesige, illegale Schattenwirtschaft und nahmen an der weitverbreiteten Korruption teil. Sowohl im Kapitalismus als auch im »Sozialismus« ist/war die Plünderung des Gemeinguts übliche Wirtschaftspraxis, aber in der UdSSR geschah das in einem weit größeren Ausmaß. ArbeiterInnen, Bauern und Bäuerinnen – die der kommunistischen Theorie zufolge die Ausgebeuteten im Kapitalismus, jedoch die EigentümerInnen von allem im »Sozialismus« sind/waren – beteiligten sich auch an dieser Plünderung.

Ungeachtet dieser Parallelen gab es jedoch auch einen Unterschied, der betont werden muss. Hardins Viehhalter waren Privatunternehmer; die WirtschaftsakteurInnen in der UdSSR nicht. Das Motiv der Profitmaximierung ist ein logisch notwendiges und folglich zwingendes Moment im kapitalistischen System. Das Motiv der Bonusmaximierung war jedoch kein logisch notwendiger Bestandteil des »sozialistischen« Systems. Die Arbeitskollektive im Letzteren hätten auch ohne dieses Motiv ehrlich und fleißig arbeiten können. Die »Kommunistischen Samstage« waren ein Beispiel dafür. In der Tat war das Motiv der Bonusmaximierung die Ursache vieler Übel in der »sozialistischen« Wirtschaft. In Hardins Essay benutzen Privatunternehmer ein Gemeingut. In der UdSSR benutzten »sozialistische« ArbeiterInnen und ManagerInnen, die in gesellschaftseigenen Betrieben arbeiteten, die

Gemeingüter planmäßig. Warum machte das in der Haltung zum Gemeingut keinen Unterschied?

Doch bevor wir die Antwort darauf diskutieren, möchte ich einen strittigen Punkt aufzeigen. Hardins Viehweide und Viehhalter sind abstrakte Figuren. Seine Allmende existiert(e) wohl nicht in der realen Welt. Eine real existierende Allmende war/ist höchstwahrscheinlich kein allgemein zugängliches Ding. Es ist vielmehr anzunehmen, dass ihre Benutzung durch ungeschriebene Gesetze und Abmachungen geregelt wurde/wird; es herrscht(e) wohl eine moralische und ökologische Ordnung. Kurz, es gab/gibt da wohl ein Allmenderegime (commons regime), das durch ein Gleichgewicht von Macht und gegenseitige Rücksichtnahme charakterisiert war/ist. Hardins Allmende ist dagegen ein allgemein zugängliches Ding ohne jegliche Autorität, wie ungefähr die Weltmeere (vgl. *The Ecologist* 1992: 123–130). Sein gröbster theoretischer Fehler ist aber, dass er einen puren kapitalistischen Unternehmer aus den heutigen Theorielehrbüchern der Volkswirtschaftslehre auf eine vorindustrielle/vorkapitalistische Gesellschaft überträgt, deren Wirtschaft größtenteils Subsistenzwirtschaft war. Gleichwohl gibt es auch Beispiele für Überweidung in vorindustriellen Gesellschaften. Das Allmenderegime der Dorfältesten funktionierte offensichtlich nicht immer gut. Sie konnten ja nicht immer die langfristigen Folgen ihrer Entscheidungen voraussehen. Oder sie waren nicht immer weise Leute. Dieser strittige Punkt ist jedoch ohne Belang für unsere Frage. Die UdSSR war eine Art riesige Allmende, allerdings mit einem Allmenderegime. Sie hatte geschriebene Gesetze und ein funktionierendes Machtzentrum mit Autorität. Sie hatte die Möglichkeit, mit Hilfe der modernen Wissenschaften, die langfristigen Folgen ihrer Wirtschaftspolitik vorauszusehen. Warum machte das keinen Unterschied?

Die Antwort darauf, die einem sofort einfällt, ist folgende: weil die SowjetkommunistInnen bei der Schaffung einer neuen moralischen Ordnung versagten, weil es ihnen nicht gelang, en masse neue Frauen und Männer zu schaffen und zu werden, was, wie sie wussten, eine unabdingbare Voraussetzung für den Aufbau einer »sozialistischen« Gesellschaft war. Der Egoismus der PrivatunternehmerInnen und der

DurchschnittsbürgerInnen der kapitalistischen Gesellschaften wurde offenbar in der Psyche der DurchschnittsbürgerInnen der »sozialistischen« Gesellschaften nicht ausreichend überwunden. In der Endphase waren die Konsumwünsche und die Gier der Letzteren genauso groß wie die der Ersteren, obwohl aus objektiven, im vorigen Kapitel erläuterten Gründen die Möglichkeit, diese Wünsche zu erfüllen, in den »sozialistischen« Ländern weitaus begrenzter war als in den westlichen kapitalistischen.

Nach einigen BeobachterInnen war dies ein unmögliches Unterfangen. Harry Nick, ein führender Wirtschaftsfunktionär der ehemaligen DDR, sprach rückblickend vom menschlichen Faktor, von der angeborenen Natur des Menschen, von der »Überstrapazierung moralisch-ethischer Motivation«. »Die Geschichte des realen Sozialismus«[18], schrieb Nick, »ist wesentlich auch eine Geschichte immer neuer Enttäuschungen über das ausgebliebene Auftauchen eines ›neuen Menschen‹« (Nick 1994: 41). Auch in Bezug auf führende KommunistInnen hielt er dies für ein unmögliches Projekt.

> »Das kurzschlüssige Verständnis des Zusammenhangs von gesellschaftlichem Eigentum [der Produktionsmittel] und den Verhaltensweisen der Menschen, von Führung und Volk, ließ keinen Raum für kritische oder selbstkritische Reflexionen über die Eigeninteressen der Führungsschicht, denn es konnten objektive Grundlagen für Machtinteressen dort, wo objektive Ursachen für menschliche Verhaltensweisen fast ausschließlich gesucht wurden – in den sozial-ökonomischen Verhältnissen – nicht gefunden werden. Die dem Menschen eingeborene Natur, vornehmlich an sich selbst und das Nächstliegende zu denken, war für den ›Marxismus-Leninismus‹ kein Thema.« (ebd.)

Was ist dann die Lösung? Wie kann die Allmende vor dem Ruin geschützt werden? Was die Allmende als Vorratskammer betrifft, hielt Hardin das Privateigentum für die Lösung. Goldmann war auch der Meinung, dass der UdSSR die erste Verteidigungslinie fehlte, weil alle Ressourcen Kollektiveigentum waren (siehe Kapitel 2). Dieses Argument für Privateigentum ist gewichtig. Doch keine sozialistische oder »sozialistische« Gesellschaft hätte ihre Naturschätze in Privateigentum umwandeln und dennoch weiter in irgendeinem Sinne sozialistisch bleiben können. Das ist ein Argument für den Kapitalismus, kein Weg, den »Sozialismus« oder Sozialismus zu bewahren. Die UdSSR hatte sogar mit dem eingeschränkten Privatunternehmen der ansonsten in Kollektivfarmen organisierten Bauern und BäuerInnen große Probleme.

Überdies ist das Privateigentum keine Lösung für das Problem der Allmende als Abfallgrube. Hardin schrieb selbst:

> »Die Tragik der Allmende als Vorratskammer kann durch Privateigentum oder ähnliche Formen verhindert werden. Aber Luft und Wasser kann man nicht so leicht einzäunen, und deshalb muss die Tragik der Allmende als Abfallgrube mit anderen Mitteln abgewendet werden: durch Zwangsmaßnahmen oder steuerliche Instrumente, die es dem Verschmutzer billiger machen, seine Abfälle zu behandeln als sie unbehandelt abzuschieben. Mit der Lösung dieses letzten Problems sind wir nicht so weit gekommen wie bei der des ersten. Im Gegenteil, unsere spezielle Konzeption des Privateigentums, die uns daran hindert, die positiven Ressourcen der Erde zu erschöpfen, fördert die Verschmutzung. Dem Fabrikbesitzer am Ufer eines Flusses, dessen Besitz sich bis zur Flussmitte erstreckt, ist nur schwer verständlich zu machen, dass es nicht sein natürliches Recht sei, das Wasser, das an seiner Tür vorbeifließt, zu beschmutzen.« (Hardin 1973a: 36 und 1973b: 139)

Hardin räumte auch ein, dass seine Lösung nicht gerecht war:

> »Bei Immobilien und anderen materiellen Gütern haben wir uns für die Alternative des Privateigentums, gekoppelt mit gesetzlicher Erbfolge, entschieden. Ist dieses System absolut gerecht? ... Wir müssen zugeben, dass unser System von Privatbesitz plus Erbrecht ungerecht ist, dennoch finden wir uns damit ab, weil wir zur Zeit nicht überzeugt sind, dass irgend jemand ein besseres System erfunden habe. Die Alternative des Gemeingutes ist zu schrecklich, als dass man sie in Erwägung ziehen könnte. Lieber Ungerechtigkeit als der totale Ruin.« (Hardin 1973a: 43–44)

Was die Umweltverschmutzung angeht, wusste Hardin keine andere Lösung als »durch Gesetze Mäßigung erzwingen«. Aber er stellte die Frage: »Wer bewacht die Wächter?« Er wußte, dass »Verwaltungsbeamte ... besonders anfällig sind für Korruption«. Doch da keine andere Lösung in Sicht war, dachte er: »Die große Herausforderung, die wir annehmen müssen, ist, ein korrektives Rückkoppelungssystem zu erfinden, das notwendig ist, die Wächter ehrlich zu halten. Wir müssen Wege finden, die notwendige Autorität zu legitimieren – sowohl die der Wächter als auch die des korrektiven Rückkoppelungssystems« (Hardin 1973b: 140–141 und 1973a: 37–38). Also ist das Problem auch für einen starken Protagonisten des Privateigentums nicht gelöst. Das praktische Problempaar Umweltverschmutzung und Korruption sowie das grundsätzliche moralische Problem von Gerechtigkeit und Ungerechtigkeit bleiben.

Es bleibt noch ein anderes Problem, das Problem der den zukünftigen Generationen zur Verfügung stehenden nichterneuerbaren Ressourcen. Diese werden auch in einem hundertprozentigen System von Privateigentum über kurz oder lang erschöpft sein. Hardin hat dieses Problem überhaupt nicht angesprochen. Unsere Konzeption und unser gegenwärtiges System des Privateigentums halten uns nicht davon ab, die Ansprüche der zukünftigen Generationen auf die Ressourcen der Erde zu ignorieren. Selbst bei erneuerbaren Ressourcen, zum Beispiel bei Ackerland, können PrivateigentümerInnen die Interessen ihrer eigenen EnkelInnen ignorieren. Beispiele davon gibt es zuhauf, insbesondere in den USA, dem Musterland des Privatunternehmertums, wo Ackerland der Erosion, Versalzung und so weiter ausgesetzt wird.

Zwar mag es im Moment so erscheinen, als gäbe es keine andere Lösung. Aber auch wenn wir Hardins Ansicht akzeptieren, dass bisher niemand ein besseres System erfunden hat, bedeutet das nicht zwangsläufig, dass ein besseres System nicht in der Zukunft erfunden werden kann. Hardin selbst sprach von der »großen Herausforderung« – nämlich »ein korrektives Rückkopplungssystem zu erfinden«. Doch die große Herausforderung besteht eher darin, ein *System* zu erfinden und zu verwirklichen, in dem die Allmende nicht ruiniert werden wird und in dem Gerechtigkeit und Ehrlichkeit in den zwischenmenschlichen Beziehungen herrschen werden. Damit werde ich mich in den folgenden Kapiteln beschäftigen.

Kapitel 4

Die natürliche Ressourcenbasis einer Wirtschaft – Illusionen und die Wirklichkeit

Freiheit ist die Einsicht in die Notwendigkeit. (Hegel)

Jede Konzeption einer annehmbar guten Gesellschaft sollte sich auf ausreichendes Wissen über die grundlegenden materiellen Bedingungen unserer Existenz stützen – sowohl diejenigen, die uns gegeben sind, wie auch diejenigen, die wir geschaffen haben. Von denen, die uns gegeben sind, sind einige nützlich für uns, und wir können vielleicht ihren Nutzwert erhöhen. Einige sind Zwänge, deren negative Auswirkungen wir vielleicht mildern, wenn wir sie auch nicht wegwünschen können. Eine Konzeption einer guten Gesellschaft sollte nicht bloß aus Wunschdenken bestehen. Die gegebenen materiellen Bedingungen, die unsere Ressourcenbasis einschließen, sind dreierlei:

- die geografischen Gegebenheiten wie die Bodenfruchtbarkeit, die Niederschlagsmenge, die durchschnittliche Temperatur, die Sonneneinstrahlung und so weiter;
- die Verfügbarkeit von Rohstoffen wie Eisenerz, Kohle, Erdöl, Holz und so weiter und
- die Fähigkeit der Natur, die negativen Auswirkungen unserer wirtschaftlichen Aktivitäten zu absorbieren, auch ihre »Senkefunktion« (engl.: sink function) genannt.

Viele haben gemerkt, dass wir ein Problem mit unserer Ressourcenbasis haben. Aber bei der Frage der daraus zu ziehenden Konsequenzen gibt es Meinungsunterschiede. Es gibt auch einige Diskussionsteilnehmer, die überhaupt kein Problem sehen.

In diesem Kapitel diskutiere ich einige Konfusionen, die beseitigt werden müssen, und einige problematische und kontroverse Punkte, bei denen Klarheit geschaffen werden muss. Ich gehe davon aus, dass die LeserInnen über ein allgemeines Wissen über die zugrunde liegenden Fakten verfügen.

Nichterneuerbare Ressourcen

ROHSTOFFE

In der konventionellen ökonomischen Theorie ist Knappheit immer als relative Knappheit verstanden worden. Mit der Ausnahme einiger frei verfügbarer Güter wie der Luft gelten alle Güter inklusive der Rohstoffe als knapp im Verhältnis zum Verlangen der Menschen nach ihnen. Deshalb haben sie einen Preis. Doch man ging stets davon aus, dass diese Knappheit mit der Akkumulation des Kapitals sowie der Weiterentwicklung von Technologie und Ersatzprodukten stetig abnehmen würde. So konnte sich Marx eine Gesellschaft vorstellen, in der jeder einheitlich Güter und Dienstleistungen nach seinen Bedürfnissen erhält. Und Keynes konnte 1931 schreiben, dass er

> »... tief davon überzeugt ist, dass das Ökonomische Problem, ... das Problem von Not und Armut und ökonomischem Kampf unter den Klassen und Nationen, nichts anderes als eine schreckliche Verwirrung ist, eine vergängliche und unnötige. Die westliche Welt [hat] schon die Ressourcen und Technologien, die – wenn wir die Organisation schaffen können, sie zu benutzen – in der Lage sind, das Ökonomische Problem, das zur Zeit unsere moralischen und materiellen Energien absorbiert, zu einem Stellenwert sekundärer Wichtigkeit zu reduzieren. ... Der Tag ist nicht weit entfernt, an dem das Ökonomische Problem in den Hintergrund tritt, wohin es eigentlich gehört.« (Keynes 1931: vii)

Seit den frühen Siebzigerjahren hören wir jedoch von absoluter Ressourcenknappheit. Man sollte annehmen dürfen, dass zumindest bei Mineralien – die nicht erneuerbar sind – kein Zweifel bestehen könnte, dass sie früher oder später aufgebraucht sein werden. Aber unverbesserliche OptimistInnen verneinten sogar die Existenz eines diesbezüglichen Problems. Kurz nach der Veröffentlichung von *Die Grenzen des Wachstums* 1972 (Meadows et al. 1973) sagte Prof. Wilfred Beckerman, damals Leiter des Fachbereichs Wirtschaftswissenschaften an der Universität von Oxford: »... obwohl das Leben auf dieser Erde sehr weit davon entfernt ist, perfekt zu sein, gibt es keinen Grund anzunehmen, dass kontinuierliches Wirtschaftswachstum es irgendwie verschlechtern würde« (zit. n. Georgescu-Roegen 1976: 3). Und er war der

Meinung, dass die in der obersten Meile der Erdkruste enthaltenen Mineralien für das kontinuierliche Wirtschaftswachstum in den nächsten 100 Millionen Jahren ausreichen würden (Beckerman 1972: 338). Und hier ein zweites Beispiel: In ihrer Erwiderung auf *Global 2000 – Der Bericht an den Präsidenten* (Kaiser 1980) schrieben Simon und Kahn: »Mineralische Ressourcen werden eher weniger knapp als immer knapper, obwohl es ein Affront gegen den gesunden Menschenverstand sein mag« (Simon und Kahn 1984: 3). Und sie sagten voraus: »Wenn sich die gegenwärtigen Trends fortsetzen, wird die Welt im Jahre 2000 weniger verwundbar sein gegen Störungen in der Ressourcenversorgung als die Welt, in der wir heute leben. ... Die Weltbevölkerung wird in den meisten Hinsichten reicher sein als heute« (ebd.: 1–2).

Einige historische Untersuchungen über Rohstoffpreise schienen Beckermans Optimismus zu rechtfertigen. So stellten Barnett und Morse 1963 fest, dass in den USA von 1870 bis 1957 bei Stückkosten im extraktiven Sektor im Allgemeinen und im Bereich mineralischer Rohstoffe im Besonderen ein fallender Trend herrschte. Dies wurde als Beweis für abnehmende statt zunehmende Knappheit interpretiert (vgl. Schneiders 1984: 81–82). Ähnlich begründeten auch Simon und Kahn (1984) ihren Optimismus.

In den vergangenen 30 Jahren – außer in den Jahren unmittelbar nach den Ölpreisschocks – haben die Weltmarktpreise für Rohstoffe inklusive Mineralien den Industriellen und ProtagonistInnen des ständigen Wirtschaftswachstums keine Kopfschmerzen bereitet. So konnte Beckerman 1995 seine Ansichten von 1972 wiederholen (vgl. Beckerman 1995: 56). Er zeigte, dass seit 1972 die »bekannten Reserven« an Öl, Gas und verschiedenen Metallen trotz des hohen Verbrauchs in den dazwischen liegenden Jahren zugenommen hatten (ebd.: 53).

Dieser scheinbare Widerspruch zwischen dem logisch Selbstverständlichen – dass nichterneuerbare Ressourcen nach und nach erschöpft werden – und den von Barnett und Morse, Simon und Kahn sowie Beckerman präsentierten Fakten muss erklärt werden. Beckerman hat zwei interessante Feststellungen gemacht. Erstens schreibt er:

> »Es macht wenig Sinn zu sagen, dass der steigende Verbrauch von Ressourcen *eines Tages* an die Begrenztheit der Vorräte stoßen wird,

> wenn wir nicht in etwa wissen, wann das geschehen wird. Wie nützlich ist eine Vorhersage, dass es *eines Tages* regnen wird? ... Wenn die Grenze in 100 Millionen Jahren erreicht sein wird, fühlen wir wohl nicht, dass wir persönlich mit den Problemen der dann lebenden Menschen etwas zu tun haben. ... Tautologien über endliche Ressourcen sind daher ... wirklich nicht sehr hilfreich für den Entscheidungsfindungsprozess.« (ebd.: 50; Hervorhebung im Original)

Zweitens stellt er fest:

> »Die üblichen Schätzungen der bekannten Reserven von Rohstoffen sind vorsichtige, ungewisse Voraussagen von Explorationsfirmen, und sie sind auf einen bestimmten Preis bezogen. Wenn der Preis höher ist, können mehr Ressourcen wirtschaftlich ausgebeutet werden. Mit anderen Worten, die bekannten Reserven sind solche, die zu finden es sich lohnte – bei den gegebenen Preisen, Aussichten auf Nachfrage und Explorationskosten. ... Neue Reserven werden im allgemeinen gefunden, wenn sie gebraucht werden.« (ebd.: 55–56)

Ist an Beckermans Argumentation irgendetwas falsch? In Kapitel 2 (Seiten 52 und 54) zitierte ich eine Schlüsselpassage aus Aganbegyans 1988 erschienenem Buch. Dort sagt er nicht, dass die Ressourcen der UdSSR erschöpft waren, sondern er unterscheidet zwischen den leichter zugänglichen und den schwerer zugänglichen Ressourcen und weist auf die höheren Ausbeutungskosten für Letztere hin. Nach dem Erhaltungsgesetz kann keine Materie verschwinden. Wenn wir den Terminus »erschöpft« benutzen, meinen wir damit lediglich, dass eine Ressource unzugänglich oder unerschwinglich teuer geworden ist.

Beckermans Behauptung zum Vorkommen von Metallen in der Erdkruste ist sowohl wahr als auch nutzlos. Die Metalle sind natürlich da – selbst in gewöhnlichem Gestein. Doch in welcher Konzentration? Und wie zugänglich sind sie? In ihrem Buch *Die neuen Grenzen des Wachstums* zitieren Meadows et al. (1992a) den Geologen Earl Cook, um den Unterschied zwischen der Grenzkonzentration (cutoff grade) von Erzen – dem geringsten wirtschaftlich nutzbaren Konzentrationsgrad eines Erzes – und ihrer mittleren Konzentration, das heißt ihrer durchschnittlichen Menge in der Erdkruste, zu erläutern. Cooks Tabelle zeigt, dass für die meisten Erze die Grenzkonzentration mehrere hundert- bis tausendfach sinken müsste, wenn normales Gestein unsere Quelle für Metalle sein sollte. (Für Beispiele siehe Tabelle 4.1.)

Die Grenzkonzentration ist kein fester Wert. Sie hängt vom Marktpreis des betreffenden Minerals und den Kosten für seine Gewinnung ab; beide hängen in der Regel miteinander zusammen. Wenn der Marktpreis steigt, können auch die Lagerstätten ausgebeutet werden, die vormals aufgrund zu geringen Metallgehalts oder aufgrund anderer Schwierigkeiten für unwirtschaftlich befunden wurden. Aber – und hier liegt der Fehler von Prof. Beckerman – steigende Preise bedeuten im Allgemeinen, dass immer weniger der fraglichen Ressource im Produktionsprozess genutzt werden kann. Und dies muss, solange kein billigerer Ersatz gefunden ist, negative Auswirkungen auf das Wirtschaftswachstum haben. Das genau fürchteten in der Tat die WirtschaftsführerInnen der Welt im September 2000, als der Rohölpreis auf dem Weltmarkt auf 36 US-Dollar pro Barrel stieg.

Tabelle 4.1: Verhältnis Grenzkonzentration zur mittleren Konzentration in der Erdrinde

	Mittlere Konzentration (%)	Grenzkonzentration (%)	Verhältnis
Quecksilber	0,0000089	0,1	11200
Blei	0,0012	4,0	3300
Zink	0,0094	3,5	370
Kupfer	0,0063	0,35	56
Eisen	5,820	20	3,4
Aluminium	8,3	18,5	2,2

Quelle: Meadows et al. 1992a: 114

Es ist logisch einleuchtend, dass im Laufe der Zeit schwerer und schwerer zugängliche Ressourcen und Mineralien von immer geringerem Konzentrationsgrad genutzt werden müssen und dass dies normalerweise zu einem Anstieg der Ausbeutungskosten und damit der Preise führen müsste. Aganbegyans Erklärung für die Ressourcenprobleme der ehemaligen UdSSR ist daher überzeugend. Aber diese Logik gilt überall. Warum hat es dann kaum ein Ressourcenproblem im Westen gegeben?

Einige Gründe dafür wurden bereits im Kapitel zwei genannt, nämlich die Kontrolle des Westens über die Ressourcen der gesamten Dritten Welt und sein leichterer Zugang zu denselben (ein Vorteil, den die UdSSR entbehren musste), die sich stetig verschlechternden Realaustauschverhältnisse der Dritten Welt zur Ersten Welt, das sich stetig verschärfende Verschuldungsproblem der Dritten Welt und schließlich ihre Niedrigstlöhne.

Was die in den westlichen Industrieländern selbst ausgebeuteten Ressourcen betrifft, steigen die Stückkosten seit 1957, dem letzten Jahr der Datenbasis der Studie von Barnett und Morse. Zum Beispiel steigen in Westdeutschland die Kosten für Steinkohlebergbau seit langem, weil man dort immer tiefer schürfen muss. 1997 kostete die Tonne 280 DM, Importkohle lag im Vergleich dazu bei 80 DM (*Frankfurter Rundschau*, 12.03.1997). F. E. Trainer sammelte über den Zeitraum der Sechziger- bis Ende der Siebzigerjahre genügend Beweise, um 1985 schreiben zu können, dass in den USA »die Beweislage zeigt, dass Investitionen in den Bergbau stark abnehmende Erträge erzielen« (Trainer 1985: 51). Das war auch die Erkenntnis von Dennis L. Meadows 1998: »Wir müssen ... bereits immer mehr Kapital aufwenden, um an die Rohstoffe zu kommen« (Interview in *Die Zeit*, 19.02.1998). Eigentlich entspricht das dem gesunden Menschenverstand. In der Volkswirtschaftslehre nennt man das Phänomen das »Gesetz vom abnehmenden Ertragszuwachs«.

Allerdings – trotz allgemein abnehmender Erträge und allgemein niedriger Extraktionskosten in der Dritten Welt – sind die Extraktionsindustrien in den industrialisierten westlichen Ländern nicht zum Stillstand gekommen. Zum Beispiel wurde in den USA vor 1910 nur Kupfererz mit mehr als zwei Prozent Metallgehalt abgebaut. Seitdem wird Kupfererz mit immer geringerem Metallgehalt verhüttet. Der Abbau von Kupfererz in den USA ist nicht beendet (Meadows et al. 1992a: 115). Dies muss erklärt werden.

Erstens besteht ein Unterschied zwischen Aganbegyans Bericht und dem von Barnett und Morse. Während Aganbegyan nicht nur von Extraktionskosten, sondern auch von Lagerstätten und verfügbaren Erzmengen spricht, sprechen Barnett und Morse nur von Stückkosten. Volker Schneider bemerkt: »Theoretisch können – überspitzt ausgedrückt – die Stückkosten heute geringer sein als gestern, während morgen eine Mine erschöpft ist« (Schneiders 1984: 83). Zweitens hängen Stückkosten von verschiedenen Faktoren ab: Zugänglichkeit, Arbeitsintensität, Löhne, Technologie, Energiepreise, Preise von Maschinen und so weiter. Billige Energie spielt seit langem eine wichtige Rolle in allen Industrien und ersetzt in rasantem Tempo teure Arbeitskraft.

Nun kommen wir also zu dem anderen Grund dafür, dass der Westen bisher kein Ressourcenproblem gehabt hat. Im Allgemeinen hemmen in den extraktiven Industrien zunehmend schwierige geologische und andere natürliche Bedingungen die Extraktion. Doch im Einflussbereich (in den Neokolonien) des Westens kam es bei Energie, insbesondere bei Öl – einem zentralen und universellen Produktionsmittel in den extraktiven Industrien –, in den letzten Jahrzehnten zu einer genau entgegengesetzten Entwicklung (ebd.: 84–85). Leicht erschließbares, billiges und im Überfluss sprudelndes Öl um den Persischen Golf, den Golf von Mexiko und das Karibische Meer herum ermöglichte es, dass im Westen die Stückkosten der anderen Rohstoffe nicht (zu sehr) angestiegen oder gar gefallen sind. In der UdSSR konnte offensichtlich die durchschnittliche natürliche Produktivität im Energiesektor die zunehmenden Schwierigkeiten in den anderen Bereichen des extraktiven Sektors nicht aufwiegen – das Fehlen billiger Arbeitskräfte, das Fehlen von Neokolonien und Misswirtschaft.

Daraus ergibt sich die folgende Schlussfolgerung: Wenn Energie sehr billig und im Überfluss vorhanden ist, könnte es wirtschaftlich sein, eine Meile tief in die Erdkruste vorzudringen und auch Lagerstätten von sehr geringwertigem Erz auszubeuten. In diesem Fall gäbe es keine Knappheit. Dies wurde als ein allgemeiner Glaubenssatz, von Georgescu-Roegen »das energetische Dogma« genannt, formuliert: »Alles, was wir zu tun brauchen, ist, dem System genügend Energie zuzuführen; dann können wir jedes und soviel Material, wie wir uns wünschen, gewinnen« (Brown et al., zit. n. Georgescu-Roegen 1978: 17).

Mit der Frage, ob nun diese billige und im Überfluss fließende Energie auch in Zukunft zur Verfügung stehen wird, werde ich mich in Kürze befassen. Lasst uns um des Argumentes willen zunächst annehmen, dass Energie weiterhin zum selben Preis und in derselben Menge

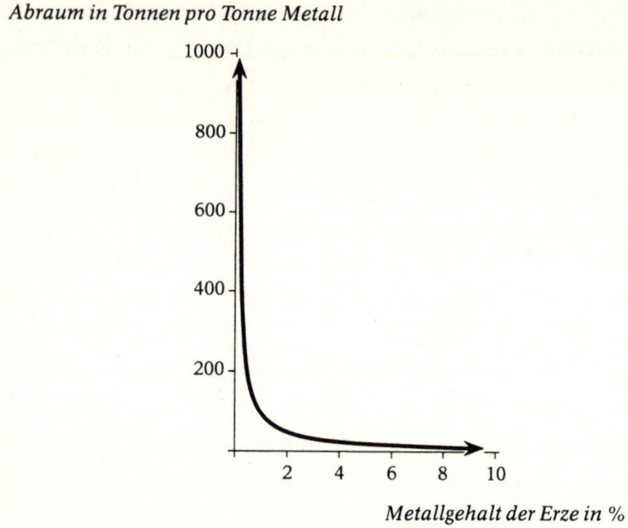

Grafik 4.1: Zunahme von Abraum bei fallendem Metallgehalt
»Wenn der Erzgehalt von etwa 8 Prozent auf rund 3 Prozent fällt, steigen die bei der Aufbereitung anfallenden Abfallmassen (z.B. taube Gesteine) nur unbedeutend. Aber bei Gehalten unter 3 Prozent nehmen die Abfallmengen so gewaltig zu, dass bald die Kosten zu deren Behandlung und Beseitigung höher werden als der Wert der gewonnenen Metalle« (Meadows et al. 1992a: 116).

wie heute erhältlich sein wird. Doch auch dann werden wir Probleme haben. Wie wir wissen, werden zwecks Metallgewinnung Erze mit zunehmend geringem Metallgehalt verarbeitet. Die Konsequenzen dieser Tatsache kann man einschätzen, indem man an die exponentiell wachsende Gesteinsmenge denkt, die zerkleinert, transportiert, verarbeitet, eingeschmolzen und auf Abraumhalden geschafft werden muss. F. Bender berechnete: »Für die Gewinnung von einer Tonne Kupfer (0,6 Prozent Kupfer im Erz) sind heute bei einer Ausbringungsrate von 80 Prozent etwa 200 Tonnen Erz ... abzubauen. ... Will man Gesteine mittlerer Krustenzusammensetzung als Kupfererz nutzen, so sind für die Gewinnung von einer Tonne Kupfer 25 000 Tonnen Gestein ... abzubauen« (zit. n. Schneiders 1984: 86).

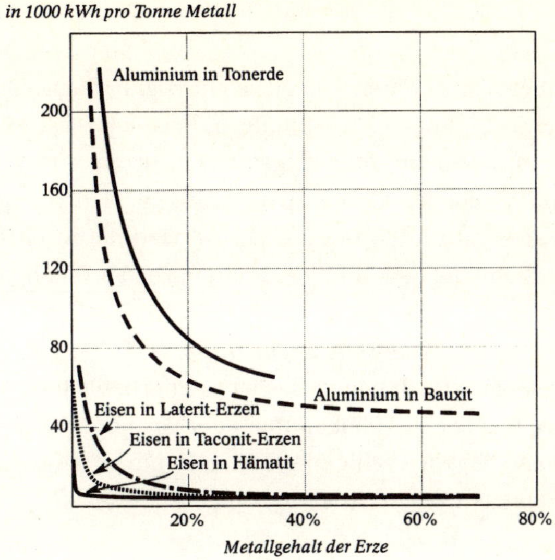

Grafik 4.2: Energiebedarf zur Metallherstellung
»Die Gewinnung von Metallen aus Erzen benötigt immer größere Energiemengen, wenn der Metallgehalt der Erze geringer wird« (Quelle: N. J. Page et al., Meadows et al. 1992a: 149).

> »Um zum Beispiel eine Tonne Kupfer aus Erzen mit einem Kupfergehalt von 0,5 Prozent zu extrahieren, bedarf es einer Energiemenge für Abbau, Aufbereitung, Transport und Verhüttung von knapp $0{,}72 \times 10^{11}$ Joule (J). Dieser Energieaufwand nimmt hyperbolisch mit der arithmetischen Abnahme des Erzgehalts zu. So beläuft sich die theoretisch erforderliche Energiemenge zur Gewinnung von Kupfermetall aus normalem Krustengestein mit einem durchschnittlichen Kupferanteil von 50 ppm [parts per million] auf $2{,}16 \times 10^{12}$ Joule pro Tonne. (Bender, zit. n. Schneiders 1984: 85–86)

Die Grafiken 4.1 und 4.2 verdeutlichen diese Schätzungen.

Ich denke, diese Fakten und Berechnungen erlauben uns zu sagen, dass Beckermans Optimismus lediglich Illusion ist.

Das »energetische Dogma« ist theoretisch recht plausibel. Mit billiger Energie im Überfluss könnten wir vielleicht sogar im großen Ausmaß die geografischen Bedingungen verändern, beispielsweise Meerwasser in Süßwasser umwandeln und selbiges dazu nutzen, die Wüste erblühen zu lassen. Womöglich können wir dann künstlichen Regen erzeugen. Es stellt sich jedoch die Frage: Wie gut sind die Aussichten, dass uns auch in Zukunft genügend billige Energie zur Verfügung steht?

Fossile Brennstoffe

Für ein theoretisches Buch wie dieses ist es unerheblich zu wissen, für wie viele Jahre uns noch die bekannten oder vermuteten Reserven von fossilen Brennstoffen zur Verfügung stehen. Dennoch gebe ich in Tabelle 4.2 die geschätzten Zahlen an.

Tabelle 4.2: Jahresproduktion von Kohle, Erdöl und Erdgas sowie das Verhältnis Reserve/Produktion (R/P) in den Jahren 1970 und 1989

	Produktion 1970	R/P 1970 (Jahre)	Produktion 1989	R/P 1989 (Jahre)
Erdöl	16,7 Mrd. Barrel	31	21,4 Mrd. Barrel	41
Kohle	2,2 Mrd. Tonnen	2300	5,2 Mrd. Tonnen	760
Erdgas	0,8 Billionen m^3	38	1,9 Billionen m^3	60

»Die geschätzten Kohlereserven 1970 und 1989 sind nicht exakt miteinander vergleichbar; der scheinbare Rückgang des Kohle-R/P ist nicht signifikant« (Meadows et al. 1992a: 94). Im englischen Original des Buches (Meadows et al. 1992b: 68) steht für das Kohle-R/P 1989 die Angabe: »326 hard coal, 434 soft coal«, das heißt in der Summe 760 Jahre. Die Angabe 660 Jahre in der deutschen Übersetzung ist offensichtlich ein Fehler.

Prof. Beckermans Hoffnung basiert auf solchen R/P-Zahlen, die für 1989 höher waren als für 1970. Meadows et al. aber korrigierten diese unbegründete Hoffnung schon 1992:

> »Bedeuten diese steigenden Reserve/Produktion-Verhältnisse, dass es 1990 mehr fossile Brennstoffe zum Antreiben der menschlichen Ökonomie gab als 1970?

Selbstverständlich nicht. Es gab 450 Milliarden Barrel *weniger* Öl, 90 Milliarden Tonnen *weniger* Kohle und 1100 Billionen Kubikmeter weniger Erdgas. Fossile Brennstoffe sind nichterneuerbare Ressourcen. Wenn sie verbrannt werden, ... finden sie sich niemals wieder zu fossilen Brennstoffen zusammen, jedenfalls nicht in Zeitspannen, die für die Menschen noch von Bedeutung sind. ...

Diejenigen, die die Neuentdeckungen von Lagerstätten in den letzten zwanzig Jahren als Beweis dafür werten, dass es keine Begrenzungen für fossile Brennstoffe gäbe, blicken nur auf einen Teil des Energiesystems.« (Meadows et al. 1992b: 68. Die deutsche Übersetzung dieser Passage – in Meadows et al. 1992a: 96 – ist fehlerhaft.)

Und diese Vorkommen werden immer weniger zugänglich; folglich werden sie – und das ist der springende Punkt – immer teurer.

Die aktuellen Prognosen verschiedener ExpertInnen und Institute hinsichtlich der weltweiten Aussichten auf Öl sind von Eva Müller folgendermaßen zusammengefasst worden:

»Zwar können heute noch fast 90 Prozent der weltweiten Ölreserven zu Kosten unter 8 Dollar gefördert werden. Doch die Reserven der USA reichen nur noch für 8 Jahre, die in der Nordsee noch für 17 Jahre. Danach wird neue Exploration teuer, in den USA 15 bis 20 Dollar pro Barrel, in Europa 12 bis 15 Dollar pro Fass [Fass = Barrel]. Die gesamten Gewinnungskosten in den Nicht-OPEC-Staaten steigen laut dem Prognos-Institut bis 2010 auf 20 bis 30 Dollar pro Barrel.

Langfristig kann nur die OPEC ihr Angebot problemlos und zu günstigen Kosten steigern. ... Auch unter der Annahme einer weiterhin zerstrittenen OPEC werden spätestens nach 2000 wieder steigende Ölpreise die Szene beherrschen. ... Ein Wert von 26 Dollar erscheint für 2010 durchaus realistisch.« (Müller 1993: 67–68)

Das wurde 1993 geschrieben. Im September 2000 stieg der Rohölpreis bis 38 Dollar pro Barrel.

Trainer bezieht sich auf den 1995 veröffentlichten Bericht von Petroconsultants mit dem Titel *World Oil Supply 1930 – 2050*, der zu dem Schluss kommt, dass der Höchststand der Weltproduktion (und des Weltangebots) wahrscheinlich bereits im Jahr 2000 erreicht sein wird und dass sie bis zum Jahre 2025 auf nur die Hälfte des Spitzenwerts zurückgehen wird. Der Bericht sagt starke und permanente Ölpreissteigerungen kurz nach Erreichen des Höchststands voraus (Trainer 1996: 8). Im September 2000 scheint diese Voraussage wahr geworden zu sein.

Was Ölgewinnung in den USA betrifft, wurden ab 1940 bei Prospektionen immer weniger Ölquellen entdeckt, was ein Zeichen dafür war, dass die Reserven zur Neige gingen. Nach dem um 1970 herum erreichten Maximum ging die Ölförderung in den USA (Alaska ausgenommen) um 40 Prozent zurück. Der Fund in Alaska ließ die Gesamtproduktionszahl wieder steigen, doch der Stand von 1970 wurde nicht wieder erreicht (Meadows et al. 1992a: 99). Zudem sind die Gesamtförderkosten (inklusive Energiekosten) in Alaska höher als überall sonst in den USA – teils wegen der Entfernung von besiedelten Gebieten, teils wegen des arktischen Klimas.

Wir verbrauchen weltweit 23 Milliarden Barrel Öl pro Jahr, aber wir entdecken nur 7 Milliarden Barrel jährlich (Trainer 1996: 8). Die in jüngster Vergangenheit vorgenommenen Korrekturen der »bekannten Reserven« nach oben gingen nicht alle auf Neuentdeckungen zurück. Einige bereits existierende Ölfelder wurden für größer erklärt als ursprünglich angenommen. Doch schreibt Trainer:

> »wenn ein Ölfeld älter und langsam leerer wird, wird zunehmend mehr Energie benötigt, das Öl herauszupumpen ... Druckwasser und dergleichen müssen nach unten geleitet werden. ... Diese Methoden erfordern eine Menge Energie, die von der im geförderten Öl enthaltenen Energiemenge abgezogen werden muss. ... einschlägige Daten weisen darauf hin, dass sich die beiden Kurven [die Energieinput- und -outputkurven] für die USA um das Jahr 2005 herum kreuzen werden. ... Das heißt, ab dem Punkt wird es sich nicht mehr lohnen, Öl zu produzieren, da es mehr Energie erfordern wird, einen Barrel zu finden und zu fördern, als in diesem Barrel enthalten sein wird. ... Irgendwann werden wir die Produktion stoppen müssen, auch wenn noch eine Menge Energie in den Lagerstätten vorhanden ist.« (ebd.)

Die Ölindustrie ist sich anscheinend dieser Situation sehr bewusst. Seit 20 Jahren sind keine neuen Supertanker mehr gebaut worden.

Normalerweise berechnet man die Zahl der Jahre, für die eine nichterneuerbare Ressource reichen wird, indem man die bekannten

Reserven durch die *aktuelle* Produktion oder Nachfrage teilt. Doch heute verbraucht eine durchschnittliche Person im größeren Teil der Welt nicht so viel solcher Ressourcen wie ein durchschnittlicher US-Amerikaner oder eine Mitteleuropäerin. Es ist keineswegs so, dass der durchschnittliche Dritte-Welt-Bürger nicht so viel (z. B.) Öl braucht wie die durchschnittliche Deutsche. Was ihn davon abhält, mehr nachzufragen, ist, dass diese Ressourcen bereits zu teuer sind. Beckermans Optimismus – »neue Reserven werden im allgemeinen gefunden, wenn sie gebraucht werden« – ist also Unsinn. Es hilft den Armen der Welt gar nicht, wenn Saudi-Arabien noch eine Menge Öl hat und Sibirien eine Menge Erdgas, da beides für sie zu teuer ist. Indien braucht dringend seine eigenen Ölquellen. Doch bis jetzt ist in seinem großen Territorium trotz intensiver Suche wenig gefunden worden.

Kernenergie

Kern(spaltungs)energie ist ebenfalls nicht unerschöpflich, da ja auch die Brennstoffe für Kernreaktoren nicht erneuerbar sind. Aber darum geht es mir hier nicht. Es geht mir hier auch nicht darum, dass Kernenergie, insbesondere die schnellen Brüter und Plutonium, sehr gefährlich sind. Was ich hier sagen will, ist, dass Kernenergie niemals sehr billig werden wird. Schon in den frühen Achtzigerjahren mussten zahlreiche Stromversorgungsunternehmen in den USA ihre Pläne für den Bau neuer Atomkraftwerke auf Eis legen, da unter anderem die Stromerzeugung aus Kernenergie zu teuer geworden war (Sanides-Kilian 1982: 11–13). Außerdem hat das Prognos-Institut berechnet, dass Kernenergie, wenn die Kraftwerke voll gegen alle möglichen Schäden versichert werden müssten, um die 6 DM pro Kilowattstunde kosten würde (Alt 1993: 7).

Thermonukleare Energie aus Fusionsreaktoren wird seit den letzten dreißig bis vierzig Jahren von vielen als die endgültige Lösung der Energieprobleme der Menschheit betrachtet. Theoretisch ist das überzeugend. Der Rohstoff Deuterium ist in nahezu unerschöpflicher Menge in den Weltmeeren vorhanden. Die Fusionsreaktoren sollen viel sicherer sein als die Kernspaltungsreaktoren. Es wird auch erwartet, dass die Emission radioaktiver Substanzen viel geringer sein wird. Kurzum, wenn diese Erwartungen Wirklichkeit würden, könnten uns enorme Energiemengen für alle Zeit zur Verfügung stehen.

Doch zu welchem Preis? Es gibt viele widersprüchliche Berichte zu dieser Frage. Den aktuellsten zufolge werden weitere 50 Jahre Forschung und Experimentierung notwendig sein, bevor die thermonukleare Energie für wirtschaftliche Zwecke einsetzbar wird. Und viele weitere Milliarden Dollar müssten in die Forschung und Entwicklung investiert werden. Die Kosten hierfür sind bereits so hoch gestiegen, dass selbst so reiche Länder wie Deutschland und Frankreich erklärt haben, sie hätten kein Interesse daran, das geplante Joint Venture International Thermonuclear Experimental Reactor (ITER) auf ihrem Territorium errichten zu lassen. Der Vereinbarung gemäß muss nämlich das Gastland 70 Prozent der Kosten tragen. Mittlerweile haben die USA ihr Fusionsforschungsprogramm um ein Drittel gekürzt (*Frankfurter Rundschau*, 18.03.1993 und 23.09.1996).

Es gibt ein weiteres Problem. Ein Fusionsreaktor, der ausschließlich mit Deuterium als Brennstoff arbeiten würde, wäre sehr viel weniger effektiv als einer, der mit einem Gemisch aus gleichen Teilen von Deuterium und Tritium arbeitet. Tritium kann jedoch nicht aus natürlichen Quellen gewonnen werden. Es wird durch nukleare Reaktion zwischen Lithium-6 und Neutronen gebildet. Lithium-6 ist ein seltenes Metall – und damit erschöpflich.

All diese Informationen weisen darauf hin, dass thermonukleare Energie, falls sie denn Wirklichkeit wird, nicht billig sein wird. Professor Heindler von der Universität Graz warnt vor überzogenen Hoffnungen. Seiner Meinung nach wird diese Art Energie nur ein kleines Extra im Energiemix der Zukunft sein (*Frankfurter Rundschau*, 23.09.1996).

Zusammengefasst, würden die bislang diskutierten Energiequellen weder billig noch im Überfluss erhältlich sein. Im Gegenteil, sie würden immer knapper und damit immer teurer. Sie würden daher nicht so reichlich verfügbar sein, dass wir aus geringwertigen Vorkommen in großer Tiefe genug Ressourcen gewinnen könnten, um sie dann für alle Menschen erschwinglich zu machen.

Erneuerbare Ressourcen

AktivistInnen der Ökologiebewegung machen oft euphorische Aussagen über erneuerbare Ressourcen. Man behauptet, dass wir durch sie, wenn genug Geld in relevante Forschung, Entwicklung und Anwendungsförderung investiert wird, sowohl alle unsere Ressourcenprobleme als auch das Problem der Umweltverschmutzung lösen können. Franz Alt, ein populärer deutscher Fernsehjournalist, schreibt:

> »Allein die Strahlenenergie der Sonne enthält etwa das 10 000fache des gegenwärtigen Weltenergieverbrauchs; die Windströme enthalten die 35fache Menge; an Biomasse wächst das 10fache; und die Wasserkraft bietet noch die Hälfte der Energie an, die zur Zeit weltweit verbraucht wird.
> Schilfgras auf den heute brachliegenden Feldern in Deutschland angebaut, gibt so viel Energie wie alle 21 Atomkraftwerke der Bundesrepublik zusammen.
> Die Arbeitsgruppe ›Sonnenenergie für Umwelt und Entwicklung‹ der Vereinten Nationen hat auf ihrer Tagung in Rom im März 1991 festgestellt: ›Es gilt als gesichert, dass das Gesamtpotenzial erneuerbarer Energien in der Größenordnung des Zehntausendfachen des gegenwärtigen gesamten Energieverbrauchs der Menschheit liegt‹.« (Alt 1993: 6–8)

Alt behauptet auch, dass wir aus Biomasse Rohstoffe für nahezu alles gewinnen können: für Häuser, Autos, jegliche Art von Chemikalien und so weiter. Und nach dem Gebrauch kann schließlich alles kompostiert werden (ebd.)

Hermann Scheer, Präsident von Eurosolar und ein berühmter Apostel einer »solaren Weltwirtschaft«, schreibt:

> »Unvorstellbare Zeiträume sind es also, in denen die Sonne Menschen, Tieren und Pflanzen ihre Energie spenden wird. Und das in derart verschwenderischer Weise, dass sie die üppigsten Energiebedürfnisse sogar einer sich noch drastisch vermehrenden Menschen-, Tier- und Pflanzenwelt befriedigen könnte: Jährlich liefert die Sonne 15 000mal mehr Energie, als die Weltbevölkerung kommerziell verbraucht ...« (Scheer 1999: 66)

Nun, wenn die Fakten so sind – und sie sind ja seit Jahrzehnten bekannt –, warum haben wir es bis jetzt nicht geschafft, alle Ressourcen-

und Umweltschutzprobleme der Menschheit zu lösen? Die Argumente der euphorischen ProtagonistInnen können die LeserInnen in zahlreichen Büchern ausführlich dargestellt bekommen. Hier möchte ich in erster Linie die Argumente der SkeptikerInnen, zu denen ich auch gehöre, präsentieren.

SOLARENERGIE – DIE FRAGE DER ENERGIEBILANZ

Die großen Vorteile der Solarenergie sind augenfällig und gut bekannt. Warum hat sie also nicht längst alle problematischen Arten von Energie ersetzt? Das zentrale Problem hier ist nicht die Menge. Es besteht darin, dass der moderne Mensch Energie hauptsächlich in Form von Elektrizität und flüssigen (zum Teil auch gasförmigen) Brennstoffen haben will, denn so ist sie am nützlichsten. Die Wärme des Sonnenscheins, die wir ohne irgendwelchen zusätzlichen Aufwand genießen, ist ebenfalls Energie. Sie ist sehr nützlich für die Landwirtschaft, zum Trocknen nasser Wäsche und für unsere Behaglichkeit im Winter. Für industrielle Prozesse jedoch brauchen wir hochintensive Hitze und Elektrizität. Diese können nicht ohne zusätzlichen Aufwand von der Sonne bezogen werden – nicht einmal das Warmwasser fürs Bad. Dieser zusätzliche Aufwand (in Form von Industrieanlagen und -produkten), der notwendig ist, Solarenergie in die gewünschten Formen zu bringen, macht sie sehr teuer und auch problematisch für die Umwelt.

Die begehrteste Form ist Elektrizität. Aussagen über die Produktionskosten von Solarelektrizität mit der Photovoltaik (PV)-Technologie in Mitteleuropa liegen zwischen 1,50 und 2,00 DM pro Kilowattstunde – je nach dem Zweck der Aussage. Wer vom Staat Subventionen für idealistische, individuelle Anstrengungen fordert, nennt die höhere Zahl; diejenigen, die Hoffnung verbreiten wollen, nennen die niedrigere. Die Produktionskosten von Elektrizität aus Kohlekraftwerken in Mitteleuropa werden allgemein als 0,08 bis 0,10 DM angegeben. Das heißt, PV-Elektrizität in Mitteleuropa ist etwa 20-mal so teuer wie konventionelle Elektrizität. In den tropischen Wüsten, wo die Sonne täglich und viel intensiver scheint, oder im sonnigen Südkalifornien sind die Kosten weit niedriger. Christopher Flavin vom Worldwatch Institute behauptete 1995, dass 1993 die Produktion einer Kilowattstunde Solarstrom 25 bis 40 Cent kostete (Flavin 1995a: 66). Er lieferte keine Information darüber, wo und wie dieser Wert errechnet wurde. Er meinte allerdings PV-Zellen seien »noch ... zu teuer, um mit herkömmlichen Stromerzeugungstechniken konkurrieren zu können ...« (Flavin 1995b: 122), und »die Kosten müssen um einen Faktor von 3 bis 5 gesenkt werden, bevor sich umfangreiche, ans Netz angeschlossene Anlagen wirtschaftlich bezahlt machen« (ebd.: 126). Enthusiastische AnhängerInnen der Solarelektrizität sagen, dass diese bald genauso billig sein könnte wie konventionelle Elektrizität; sie brauche nur in großem Ausmaß genutzt zu werden, damit Kollektorenhersteller[19] in den Genuss der Größendegression (economies of scale) kämen.

Meadows et al. glauben, dass die Solarenergie eines Tages die fossilen Brennstoffe ersetzen wird. Mit Hinweis auf eine von Herman Daly aufgestellte »einfache Regel« schreiben sie:

> »Für eine nicht erneuerbare Ressource – fossile Brennstoffe, hochwertige Erze, fossiles Grundwasser – darf die nachhaltige Verbrauchsrate nicht höher sein als die Rate, mit der eine erneuerbare Ressource – nachhaltig verbraucht – sie ersetzen kann. (Zum Beispiel würde ein Öllager nachhaltig ausgebeutet, wenn ein Teil der durch seine Ausbeutung gemachten Profite systematisch in Solarkollektoren oder ins Bäume-Pflanzen investiert würde. Wenn wir so vorgehen, wird uns, wenn das Öl weg ist, ein gleich großer Fluss von erneuerbarer Energie zur Verfügung stehen.)« (Meadows et al. 1992b: 46)

Wenn diese Vision Wirklichkeit würde, wäre das wunderbar. Dann würden wir all unsere Energieprobleme, einen Großteil unserer Umweltverschmutzungsprobleme und das Problem der Erderwärmung gelöst haben. Doch bei keiner anderen Ressource ist die Diskrepanz zwischen Hoffnung und Wirklichkeit so groß wie bei der Solarenergie. Barry Commoner schrieb 1976: »Wenn ... die Fakten bekannt werden, erweist sich ..., dass die Sonnenenergie nicht nur einen großen Teil und vielleicht sogar sämtlichen derzeitigen Verbrauch konventioneller Brennstoffe ersetzen und damit Umweltschäden weitgehend ausschalten, sondern auch den Trend in Richtung eskalierender Energiekosten umkehren kann, die das Wirtschaftssystem ernstlich bedrohen« (Commoner 1977: 108). Er stellte sich flüssigen Wasserstoff – gewonnen aus

Wasser mit Hilfe des Solarstroms – als das Speichermedium für Solarenergie vor.

24 Jahre später liegen die Produktionskosten für eine Kilowattstunde Solarstrom zwischen 1,50 und 2,00 DM. Würde dieser Strom in flüssigen Wasserstoff umgewandelt – nach manchen Visionären die zukünftige Antriebskraft für Autos und Flugzeuge –, wäre der Brennstoff dem Informationszentrum der (deutschen) Stromindustrie zufolge fünfzigmal so teuer wie konventionelle Energiequellen (*Frankfurter Rundschau*, 23.03.1990). Man könnte denken, dies sei eine Übertreibung seitens einer der neuen Energie gegenüber feindlich gesinnten Interessengruppe. Doch nach Trainer, keinem Gegner der alternativen Energiequellen, würden 50 Prozent der Energie bei dem Umwandlungsprozess verloren gehen. Würde der Solarstrom in der Sahara, wo die Sonne täglich scheint, gewonnen, in flüssigen Wasserstoff umgewandelt, nach Europa transportiert und dort wieder in Strom umgewandelt, gingen 95 Prozent der ursprünglich gesammelten Sonnenenergie verloren (Trainer 1996: 9).

Das Problem ist letztlich nicht eines der Kosten und Preise. Wäre es so, könnte der Staat mittels einer Steuer die Energie aus fossilen Brennstoffen oder Uran genauso teuer machen wie Solarenergie, so dass Letztere wettbewerbsfähig würde. Um die Umwelt zu schützen, würden wir das vielleicht auch akzeptieren. Aber das Problem ist schwerwiegender. Die Lebensdauer eines Solarkraftwerks liegt bei maximal 20 Jahren. Was würde passieren, wenn nach 20 Jahren die Kollektoren und die übrige Ausstattung ersetzt werden müssen? Die Sonne würde natürlich weiterhin scheinen. Doch die zum Bau von Solarkraftwerken notwendige Energie und Materialien sind größtenteils erschöpflich. Und wenn die Idee von Meadows et al. angewandt würde, wären die Ölfelder, welche den Bau der ersten Generation der Solarkraftwerke finanzierten (siehe Zitat oben!), zum fraglichen Zeitpunkt bereits leer.

Kann die zweite Generation von Solarkraftwerken mit Hilfe eines Teils der von der ersten Generation produzierten Energie gebaut werden? (Den größeren Teil davon werden wir ja für viele andere Zwecke brauchen.) Die Antwort von Georgescu-Roegen, der als Erster die Frage untersuchte, lautet: Nein, zumindest noch nicht. Er unterscheidet zwischen »machbaren« und »lebensfähigen« Technologien (engl.: »feasible« und »viable«). Eine lebensfähige Technologie ist eine, die in der Lage ist, *sich selbst zu reproduzieren*, nachdem sie mittels einer älteren Technologie ins Leben gerufen wurde. Zur Verdeutlichung des Punktes schreibt er: »Der erste Bronzehammer ... wurde mit Hilfe von irgendwelchen Steinhämmern hergestellt. Doch von diesem Moment an wurden alle Bronzehämmer nur noch mit Bronzehämmern zurechtgehämmert« (Georgescu-Roegen 1978: 18). Um ein anderes Beispiel zu nehmen: Das erste Stück Kohle wurde mittels menschlicher und tierischer Muskelkraft gefördert. Doch schon bald produzierten mit Kohlenenergie betriebene Maschinen die Produktionsmittel, die zur Kohleförderung eingesetzt wurden, und diese Produktionsmittel wurden wiederum durch Kohle angetrieben. Bei der Solarenergie ist das nicht so. Die gesamte dafür benötigte Ausstattung einschließlich der Kollektoren wird durch Prozesse produziert, die auf anderen Energiequellen basieren als die Sonne (Kohle, Öl, Uran usw.). Die von uns gewünschten Formen der Solarenergie sind daher nur machbar, solange andere Energiequellen zur Verfügung stehen. Das heißt, sie ist nicht lebensfähig.

Der Grund für diese Sachlage liegt nach Georgescu-Roegen darin, dass alle bekannten Rezepte zur direkten Nutzung der Solarenergie ein Defizit in der allgemeinen Energiebilanz aufweisen. Das heißt, sie verbrauchen indirekt mehr von einer anderen Form von Energie, als sie direkt produzieren. Eine Lösung des Problems ist wohl unmöglich, denn die *Intensität* (im Gegensatz zur *Menge*) der Sonneneinstrahlung auf der Erdoberfläche ist sehr gering. Außerdem scheint die Sonne ja nachts nicht. Diese beiden Fakten sind kosmologische Konstanten jenseits unserer Kontrolle (ebd.: passim). Für Georgescu-Roegen wäre es ein Beweis für die Lebensfähigkeit der direkten Nutzung von Solarenergie, wenn es möglich wäre, mit Hilfe eines Teils der Energieproduktion eines Solarkraftwerks die Fabrikanlagen zu betreiben, die die gesamte Ausrüstung eines Solarkraftwerks gleicher Kapazität sowie den Ersatz für die eigenen verschlissenen Produktionsmittel herstellen sollen. Aber, so schreibt er, »die Tatsache, dass trotz des derzeitigen

Getöses über die Solarenergie noch nicht einmal versuchsweise [solche] Pilotfabrikanlagen von einer der in dieser Richtung tätigen Forschungs- und Entwicklungseinrichtungen errichtet wurden, ist ein ausreichender Beweis dafür, dass eine auf Kollektoren basierende Technologie [zur Produktion von Energie] nicht lebensfähig ist« (ebd.: 19).

Georgescu-Roegen sah das Gegenargument voraus, dass nur die vorherrschenden Marktpreise der Grund dafür seien, dass die Kollektoren und die mit dieser Technologie zusammenhängenden Produktionsmittel nicht mit Hilfe von Sonnenenergie produziert würden, sondern mit Hilfe von fossiler und nuklearer Energie (ebd.). Das ist überzeugend. Es wäre unsinnig, irgendetwas mit Hilfe von Sonnenenergie herzustellen, solange ihr Preis höher ist als der von konventioneller Energie. Dies bedeutet aber auch, dass, wenn die zweite Generation von Solarkraftwerken mit Hilfe von Solarstrom zum Preis von 2,00 DM pro Kilowattstunde gebaut würde (statt mit Hilfe von konventionellem Strom zu 0,08 bis 0,10 DM pro Kilowattstunde), der damit produzierte Strom mehr als 2,00 DM pro Kilowattstunde kosten würde und das Produkt der dritten Generation dann noch mehr und so weiter.

Ein Beispiel davon, zu welchen falschen Gedanken man kommen kann, wenn man diese einfachste Logik nicht versteht, ist eine Hoffnung, die Prof. Fritz Vahrenholt, bei der Deutschen Shell das zuständige Vorstandsmitglied für erneuerbare Energien, 1999 in einem Zeitungsinterview äußerte: Er stellte fest, dass die fossilen Energieträger bald teurer würden. Gleichzeitig meinte er, dass bald dank vollautomatisierter Fertigung von Solarzellen die Kosten von Solarstrom auch in Europa auf 20 oder 30 Pfennig fallen würden (*Frankfurter Rundschau*, 02.11.1999). Als Ergebnis dieser zwei Entwicklungen erwartete er, dass Solarstrom bald wettbewerbsfähig sein würde. Wie aber würde die Energiebilanz von Solarzellen sein, die in vollautomatischen Fabriken, die ja mehr Energie verbrauchen als sonstige, produziert würden? Und würden die Produktionskosten von Solarstrom dann so weit sinken, wenn die vollautomatischen Solarzellen-Fabriken viel höhere Preise für Energie zahlen müssten als heute? Sie würden doch in seiner Konzeption weiterhin mit Hilfe von konventioneller Energie, das heißt größtenteils mit Hilfe von fossilen Energieträgern, produzieren?

Es ist leicht verständlich, dass kein Geschäft funktionieren kann, wenn der Output geringer ist als der Input. Wenn wir mit Hilfe von Elektrizität etwas anderes produzieren, beispielsweise Licht oder Mobilität, ist eine Person, die Licht oder Mobilität ersehnt, vielleicht bereit, jeden Preis für Elektrizität zu zahlen. Aber wenn wir mit Hilfe von Elektrizität nur Elektrizität produzieren, macht das nur Sinn, wenn der Output den Input übersteigt. Das Ganze ist schwer zu verstehen, weil Solarenergiebegeisterte die Öffentlichkeit mit ihren unterschiedlichen Behauptungen zur Energiebilanz von Solarstrom verwirrt haben. So konnte man 1982 in einem von alternativen EnergieexpertInnen verfassten Buch lesen:

> »Zwar lieferten beispielsweise bis vor kurzem monokristalline Silizium-Solarzellen tatsächlich erst in 13 Jahren soviel Energie, wie ihre Produktion erfordert hatte, aber schon heute haben polykristalline Solarzellen energetische Amortisationszeiten unter 5 Jahren. Da sie aber heute noch zu teuer sind, haben wir in unserem Szenario ganz auf Solarzellen verzichtet ...« (Arbeitskreis Alternativenergie Tübingen 1982: 178)

In einem viel zitierten Papier aus dem Jahre 1991 behaupten Wolfgang Palz und Henri Zibetta – die auch Herman Scheer (1995) in einem seiner frühen Werke als Kronzeugen zitiert –, dass in europäischen Klimaverhältnissen die durchschnittliche Energierücklaufzeit (»energy payback time« oder energetische Amortisationszeit) für photovoltaische (PV) amorphe und kristalline Siliziummodule (untersucht wurden polykristalline Module) 1,2 beziehungsweise 2,1 Jahre betrage (Palz und Zibetta 1991: 211–216). Sie schrieben: »Die Energierücklaufzeiten der gegenwärtigen Photovoltaik-Technologie sind im Großen und Ganzen vergleichbar mit denen der groß angelegten Energieproduktion in fossilen oder nuklearen Kraftwerken« (ebd.: 215). Doch im selben Jahr gab es eine andere Fachpublikation, in der eine Zeit von sieben Jahren angegeben wurde (zit. in Friedl 1995: 34). Vier Jahre später, also 1995, informierte uns Christian Friedl in einem gut recherchierten Artikel, dass die Energierücklaufzeit für ein PV-Modul in Düsseldorf neun Jahre betrage. Außerdem schrieb er, dass polykristalline Solarmodule eine bessere Umweltbilanz aufweisen, da der energieintensive Ziehprozess der Monokristalle entfällt (ebd.). Im selben Jahr errechnete Alfred Körblein (vom Wissenschaftsladen München) auf der Basis der von Hagedorn ermittelten Zahlen die Energierücklaufzeit von zehn Jahren für Deutschland und bezeichnete sie als »recht optimistisch« (Körblein 1995). Flavin befasst sich in seinem ansonsten gut recherchierten Papier mit dieser Frage überhaupt nicht.

Liest man diese Behauptungen, kommen unweigerlich einige Fragen auf – Fragen, auf die die Solarenergiebegeisterten meines Wissens bisher keine Antwort gegeben haben. (Ich habe das Gefühl, dass sie solchen Fragen aus dem Weg gehen.) Außerdem machen sie auch widersprüchliche Behauptungen:

- Die große Differenz zwischen den angegebenen Energierücklaufzeiten – 1,2 bis 10 Jahre – muss erklärt werden. Es ist erstaunlich, dass trotz kontinuierlicher Forschung und Entwicklung die 1995 angegebene Zahl fast neunmal höher lag als eine der 1991 angegebenen.
- Wenn polykristalline PV-Zellen schon seit 1982 den monokristallinen überlegen sind, warum werden Letztere dann überhaupt noch produziert?
- Wenn polykristalline Zellen für ihre Herstellung sehr viel weniger Energie benötigen als monokristalline (Friedl), warum sind sie dann zu teuer, wie der Tübinger Arbeitskreis schreibt?
- Wenn die Energierücklaufzeit der PV-Technologie schon 1991 ähnlich niedrig lag wie die von konventionellen Kraftwerken (Palz und Zibetta), warum sind die Produktionskosten von PV-Strom in Deutschland immer noch etwa zwanzigmal so hoch wie die von konventionellem Strom? Warum ist der Erstere dann immer noch nicht wettbewerbsfähig?

Die Solarenergiebegeisterten bemerken wohl die Widersprüche zwischen ihren eigenen Aussagen nicht. Darum müssen andere sie aufzeigen. Einerseits schrieben sie schon 1994: »Es ist möglich, die atomaren und fossilen Energieträger durch erneuerbare Energien mit *bereits erprobten* Technologien *vollständig* abzulösen ...« (Eurosolar – Sektion Deutschland et al. 1994). Andererseits schrieben sie in demselben Text: »Wir müssen Energie sparen ...« Und 1999 schrieb Scheer,

Präsident von Eurosolar, Solarenergie könne »die *üppigsten Energiebedürfnisse* sogar einer sich noch drastisch vermehrenden Menschenwelt« befriedigen (Scheer 1999: 66). Warum müssen wir dann überhaupt Energie sparen, was all diese Leute immer noch fordern? Und wenn schon 1994 all die tollen Verheißungen mit bereits erprobten Technologien möglich waren, warum schreibt Scheer 1999, für all das »bedarf es allerdings noch technischer Entwicklungssprünge«? (Scheer 1999: 36).

Das Argument der Solarstrombegeisterten, PV-Zellen müssten nur in entsprechend großen Stückzahlen produziert werden, um wettbewerbsfähig zu werden, ist unverständlich. Schließlich werden PV-Zellen serienweise in Fabriken mit modernen Maschinen hergestellt, wohingegen Kohle- und Kernkraftwerke sowie Staudämme samt Wasserkraftwerken immer als Einzelstücke gebaut werden. Die Konstruktion dieser Anlagen ist sicherlich ein sehr viel arbeitsintensiverer Prozess als die Produktion von Solarzellen und anderen Kollektoren in einer Fabrik.

Mir scheinen die Antworten auf diese Fragen und die Erklärungen für die Widersprüche und Ungereimtheiten in erster Linie in der offensichtlich unkorrekten Methode der Berechnung der Energierücklaufzeiten zu liegen. Wie Philippe Welter, ein PV-Enthusiast, berichtet, ist »es ... gar nicht so einfach, herauszufinden, wieviel Energie für die Herstellung eines bestimmten Produkts verwendet wurde« (Welter 1996: 24). Die großen Unterschiede zwischen den Ergebnissen erklären sich vielleicht dadurch, dass nicht *alle* Energieaufwendungen zusammengezählt wurden.

Die Lektüre des Papiers von Palz und Zibetta lässt vermuten, dass sie ihre Berechnung erst im Stadium der Verhüttung von Siliziumdioxid zu Silizium begonnen haben. Sie haben zudem angenommen, dass der Energiegehalt des verwendeten Siliziums bei 20 Kilowattstunden pro Kilogramm liegt – das ist der Energiegehalt von gewöhnlichem, in der Metallverarbeitung verwendetem (metallurgischem) Silizium. Erstens kann man bei den Schwierigkeiten, die Welter beschreibt, bezweifeln, dass dieser Wert zuverlässig ist. Zweitens schreiben Palz und Zibetta selbst, das in der PV-Industrie verwendete Silizium stamme aus den

Ausschüssen der Elektronikindustrie, wo der Energiegehalt von Silizium 200 Kilowattstunden pro Kilogramm beträgt. Sie begründen ihre Annahme mit dem Satz: »der Energiegehalt eines Ausschussprodukts ... ist ... umstritten«. Doch sie schreiben selbst, dass die PV-Industrie dieses »Ausschuss-Silizium« (und kein gewöhnliches Silizium von metallurgischer Qualität) benötigt, denn sein Reinheitsgrad, obwohl er wesentlich niedriger ist als der von Silizium für die Elektronikindustrie, »ist hoch genug für die PV-Technologie« (Palz und Zibetta 1991: 212).

Die Hauptkritik an ihrer Methode ist jedoch, dass man eine solche Berechnung nicht einfach irgendwo in der Mitte beginnen darf. Georgescu-Roegen fordert überzeugend, dass man beispielsweise bei Aluminium-Spiegelkollektoren den anteiligen Energieaufwand für »den Abbau von Bauxit, seinen Transport und die Reproduktion der gesamten Anlagen für den Abbau und die Verwandlung von Aluminiumoxid einbeziehen muss« (Georgescu-Roegen 1978: 19). Im Falle der PV-Zellen muss in ähnlicher Weise der anteilige Energieaufwand für den Abbau von Siliziumdioxid, seinen Transport und die Reproduktion der gesamten Anlagen und so weiter mitberechnet werden. Das heißt, man muss mit dem Energieaufwand beginnen, der für den Bau der Fabrik benötigt wurde, die die Bagger herstellten, die gebraucht wurden, um den Sand zu schürfen, aus dem Silizium gewonnen wurde. Dies haben die Solarenergieforscher offensichtlich nicht getan. Sie haben nach Welters Bericht in ihre Berechnungen nur den »allgemein bekannten« kumulierten Energieverbrauch (KEV) [wie zuverlässig sind diese KEV-Werte?] »für die wichtigsten Grundstoffe einer Solarstromanlage« wie »Glas, bestimmte Kunststoffe, Kupfer und Silber in kleinen Mengen sowie Silizium« einbezogen (ebd.: 25). Von dem in den Fabriken, Baggern und so weiter benutzten Stahl zum Beispiel ist keine Rede. Wenn man die Forderung von Georgescu-Roegen akzeptiert und anwendet, würde man sicherlich zu dem Ergebnis kommen, dass die Energiebilanz von Solarstrom negativ ist. Das heißt, er ist machbar, aber nicht lebensfähig.

So ähnlich, wie die von Georgescu-Roegen geforderte Methode für die Berechnung der energetischen Produktionskosten der PV-Technologie ist auch die Methode für die Berechnung der *monetären* Produktionskosten irgendeines Gutes. Alle entferntesten monetären Kosten, die im

Zusammenhang mit der Produktion dieses Gutes angefallen sind, also die monetären Kosten von allen erdenklichen Vorprodukten und -arbeiten, bilden durch den Mechanismus des Kaufen-Müssens quasi automatisch einen Teil seines Preises. So ein automatischer Mechanismus für die Feststellung der *energetischen* Produktionskosten existiert nicht. Darum kann man bei deren Berechnung leicht Fehler machen, einige Kostenposten vergessen oder Willkür walten lassen und absichtlich niedrigere Kosten angeben. Das erklärt wohl, warum die monetären Kosten des Solarstroms *faktisch* so hoch sind, seine energetischen Kosten aber sehr niedrig *veranschlagt* werden. Das erklärt, warum in der Regel Betriebswirte zu einer negativen, Ingenieure, Techniker und Naturwissenschaftler aber in der Regel zu einer positiven Einschätzung des Solarstroms kommen. Prof. Friedrich Schmidt-Bleek, ein Naturwissenschaftler, scheint da mit seiner Skepsis eine Ausnahme zu sein: »... es heißt ... nicht, dass die Sonnenenergie stets den Vorrang haben muss vor dem Öl oder der Kohle.« Ich denke, er musste zu dieser Skepsis kommen, weil er, ungefähr wie Georgescu-Roegen, nicht nur an Energie (Strom), sondern auch an Materie (Material- oder Stoffstrom) dachte. Er fährt fort: »Es sei an dieser Stelle die Behauptung gewagt, dass wir uns manchmal wundern werden, welche Produkte bei der Stoffstromanalyse ›von der Wiege bis zur Wiege‹ [an anderer Stelle schreibt er: ›von der Wiege bis zur Bahre‹] auf den Index geraten ...« (Schmidt-Bleek 1993: 114).

Ähnliche Verwirrung herrscht hinsichtlich der thermonuklearen Energie. 1988 wurde berichtet, dass in den Livermore-Laboratorien (USA) eine kontrollierte Kernfusion mehr Energie freigesetzt habe, als für die Initialzündung benötigt worden sei (*Frankfurter Rundschau*, 26.08.1988). Fünf Jahre später aber stand in einem anderen Bericht, dass der Fusionsprozess immer noch achtmal so viel Energie benötige, wie er freisetze (*Frankfurter Rundschau*, 18.12.1993). In beiden Fällen wurden anscheinend die Energie, die man benötigt, um Deuterium aus (Meer-)Wasser und Tritium aus Lithium-6 zu gewinnen, sowie die energetischen Reproduktionskosten der gesamten Anlagen nicht mitberechnet. Doch diese Kosten fallen an. Wenn in 50 Jahren thermonukleare Energie für wirtschaftliche Zwecke machbar wird, wird sie wohl nicht lebensfähig sein.

Ein ähnlicher Zweifel besteht auch hinsichtlich der Energiebilanz der Kernspaltungstechnologie zur Stromproduktion. Hardin B.C. Tibbs, kein Gegner der Industriegesellschaft, schreibt: »Selbst Kernspaltung krankt auf lange Sicht womöglich an einem niedrigen oder gar negativen Nettoenergieertrag, wenn die gesamten Kosten des ›Lebenszyklus‹ – die Kosten der Konstruktion, Brennstoffproduktion, Dekontaminierung, Außerdienststellung (Abriss) und Endlagerung – abgezogen werden« (Tibbs 1992: 16). Das ist aber nur auf lange Sicht so. Auf kurze Sicht ist Atomstrom billig und meist profitabel. Und kein Politiker oder Industrieller denkt an die Kosten, die noch nicht geborene Generationen tragen müssen. Auf lange Sicht sind sie ja alle tot.

Ein theoretischer Punkt könnte bei dieser Diskussion von Interesse sein. Es ist klar, dass es einen Unterschied zwischen Energiebilanz und finanzieller Bilanz gibt. Beim Berechnen der Energiebilanz einer Technologie zur Energieproduktion addiert man alle Energieaufwendungen zusammen, schließt aber die menschliche Arbeitskraft[20] aus, die jedoch finanzielle Kosten verursacht. Wenn also eine Technologie Energieaufwand durch menschliche Arbeitskraft ersetzt, verbessert sich ihre Energiebilanz, während sich ihre finanzielle Bilanz eventuell, insbesondere in Hochlohnländern, verschlechtert. Was nun Solarstrom betrifft, könnten seine derzeitigen hohen monetären Kosten etwas gesenkt werden, wenn es gelänge, die Arbeitsintensität des Produktionsprozesses durch die Verwendung von mehr automatischen Maschinen zu reduzieren. Das würde allerdings den Energieaufwand erhöhen und die Energiebilanz verschlechtern. Man kann kaum die beiden Bilanzen verbessern.

Groß angelegte Produktion könnte bis zu einem gewissen Grade zur Senkung sowohl der Lohn- als auch der Energiekosten pro Einheit beitragen. Doch es gibt Grenzen der Größendegression (economies of scale). Es gibt sogar »diseconomies of scale«. Außerdem gibt es – wie oben in diesem Kapitel und in Kapitel zwei gezeigt wurde – weitere Faktoren, die langfristig einen *allgemeinen* und *kontinuierlichen* Anstieg der Kosten verursachen. Da der Preis für konventionelle Energie, die zur Herstellung der Kollektoren und der diesbezüglichen Produktionsmittel gebraucht wird, in Zukunft steigen wird, wird es auch beim Preis für Solarenergie einen Druck nach oben geben. Erhöhung der

Stückzahlen allein kann die Wirkung dieser Faktoren nicht abfangen. Autos werden in immer größeren Stückzahlen und in hoch automatisierten Fabriken hergestellt, doch sie werden nicht immer billiger.

Oft ist das Argument zu hören, dass groß angelegte Produktion die Preise für PV-Zellen purzeln lassen würde, wie das bei den Computerchips der Fall war. Doch hoher Preis und niedriger Preis sind relative Begriffe. Tatsächlich ist der Preis für PV-Zellen seit ihrer Erfindung im Jahre 1954 gepurzelt. Die Gründe dafür, dass Computer mittlerweile ausgesprochen wirtschaftlich sind, PV-Zellen jedoch im Allgemeinen nicht, sind folgende:

Während Computer und Chips immer kleiner geworden sind, muss man immer noch 2,5 Quadratkilometer Fläche mit PV-Modulen bedecken, um 200 Megawatt Solarstrom zu erzeugen.

Während Computer eine Dienstleistung, nämlich Datenverarbeitung, liefern, für die die Wirtschaft früher sehr hohe Summen bezahlen musste (hohe Löhne für viele Leute), liefern PV-Zellen nur Strom, ein banales Produkt, für das wir sehr viel weniger bezahlen als die Produktionskosten des Solarstroms. Ein ziemlich ähnlicher Unterschied besteht zwischen Autos und Computern: Während ein Auto fünf Personen und ihr Gepäck transportieren können muss, verarbeitet ein Computer nur unkörperliche Dinge – Elektronen, die Information tragen, die schließlich mit Bildsymbolen ausgedrückt werden.

Das Argument, starke wirtschaftliche Interessengruppen behinderten die Solartechnologie, ist nicht überzeugend. Die Produzenten von Rasierklingen waren nicht in der Lage, den Erfolg des elektrischen Rasierapparats zu verhindern, und die mächtige britische Steinkohleindustrie konnte weder die Kernenergie stoppen noch die Einfuhr von billiger Importkohle verhindern. Außerdem können dieselben Industriellen Solarstrom ebenso gut wie Kohlen- oder Atomstrom produzieren. Das Einzige, was sie interessiert, ist ja Rentabilität. Kein wirtschaftliches Unternehmen kann auf Dauer mit Verlust arbeiten. Und kein Staat kann endlos eine Technologie subventionieren, die für die Produktion einer Energieeinheit etwa deren zwei verbraucht.

Wenden wir uns nun der tieferen theoretischen Erklärung der Sachlage zu. Die direkte Produktion von Energie aus Sonnenschein hat gegenüber deren Produktion aus fossilen Brennstoffen einen besonderen Nachteil. Letztere stehen uns in einem Niedrig-Entropie-(Syntropie-)Zustand zur Verfügung – ein Ergebnis der Konzentration und Speicherung von Sonnenenergie *durch die Natur über Millionen von Jahren.* Aber der Sonnenschein erreicht die Erdoberfläche in einem relativ zu den Bedürfnissen einer Industriegesellschaft Hoch-Entropie-Zustand. Der zweite Hauptsatz der Thermodynamik (Entropiegesetz) zwingt uns, andere, niedrig-entropische, Energiequellen (Kohle, Öl, fallendes Wasser) zu benutzen, um die hoch-entropische Energie des Sonnenscheins direkt in niedrig-entropische Energie (Elektrizität, Wasserstoff, Hochtemperaturhitze) umzuwandeln. Mit anderen Worten: Wir müssen *selbst* den zerstreuten (diffusen) Sonnenschein mittels Kollektoren *sammeln*, in Elektrizität oder Hochtemperaturhitze umwandeln und durch ausgeklügelte, aufwendige künstliche Verfahren speichern (Wasserstoff). Natürlich müssen auch Kohle und Öl gesammelt werden, aber das ist kein *so* aufwendiges Verfahren wie das Sammeln von Sonnenschein. Darum konnte Kohle schon vor der industriellen Revolution als Energiequelle benutzt werden und Öl schon vor hundert Jahren. Doch der wichtigere Faktor bei dieser Frage ist die *Energiedichte*, die bei den fossilen Energiequellen so hoch ist, dass sie im oben erörterten Sinne lebensfähig sind.

Die meisten Menschen finden diesen Punkt leider noch schwer verständlich. Selbst Barry Commoner, ein hochrangiger Wissenschaftler, machte den Fehler, Sonneschein mit Regenfall zu vergleichen. Er schrieb:

> »Wie das Sonnenlicht wird die Energie des fallenden Regens weit über die Erde verbreitet, und ihre sanfte Gewalt erweckt zunächst nicht den Anschein, als enthielte sie irgendein Versprechen, genügend Kraft zur Erfüllung einer der energiehungrigen Aufgaben der modernen Gesellschaft liefern zu können. … Was die diffuse ›unpraktische‹ Energie des Regens in die außerordentlich nützliche Kraft der Wasserkraftwerke verwandelt, ist der Vorgang der Konzentration. … Hier wird wie durch einen riesigen Trichter das Wasser in der Sperre gesammelt …« (Commoner 1977: 116).

Erstaunlicherweise entging Commoner der Unterschied, dass zerstreut fallender Regen *sich*, geleitet durch die *natürliche* Topographie, *selbst* hinter einer Sperre sammelt, während zerstreute Sonnenstrahlen *von uns* gesammelt werden müssen, was wir nur dadurch tun können, dass wir eine große Fläche mit teuren PV-Zellen oder Spiegeln bedecken. Allerdings muss man Commoner, der sich bei dieser Äußerung irrtümlicherweise auf Georgescu-Roegen als seinen Hinweisgeber bezog, den Fehler nachsehen, da er diese Sätze 1976 schrieb, zwei Jahre bevor der Letztere seine Arbeit zu dieser Frage veröffentlichte.

Georgescu-Roegen fasst zusammen:

> »Der wahre Sachverhalt ist, dass jedes gegenwärtige Rezept zur direkten Nutzung der Solarenergie gleichsam ein ›Parasit‹ der aktuell angewandten Technologie ist, die hauptsächlich auf fossilen Brennstoffen basiert. ... Und es braucht wohl nicht gesagt zu werden, dass, wie alle Parasiten, jede auf gegenwärtig machbaren Rezepten basierte solare Technologie nur so lange existieren würde, wie der ›Wirt‹ überlebt.« (Georgescu-Roegen 1978: 19)

Dies wurde 1978 geschrieben. Auch 14 Jahre später, ungeachtet aller Fortschritte in der PV- und anderen solaren Technologien, sah Georgescu-Roegen keinen Anlass, seine Meinung zu ändern (Georgescu-Roegen 1992: 16–18).

Solarstrom ist vor allem in abgelegenen sonnigen Regionen, die nicht ans nationale Stromversorgungsnetz angeschlossen sind, zum Erfolg geworden, da dort die Kosten für einen Netzanschluss etwa genau so hoch wären wie die für die Einrichtung eines für den gegebenen Zweck ausreichenden PV-Moduls (Flavin erwähnt Ferienhäuser in den USA). Aber Flavins Hoffnung, dass »letztendlich ... durch Sonnen- und Windenergie erzeugter Wasserstoff zum Grundstein einer neuen globalen Energiewirtschaft werden« könnte (Flavin 1995 b: 132), ist illusorisch. Vielleicht wird eines Tages eine effizientere Technologie entstehen (z. B. PV-Zellen, die eine Lebensdauer von 100 Jahren haben). Doch jegliche Energietechnologie, die die gegenwärtigen ablösen will, muss zunächst Georgescu-Roegens Lebensfähigkeitstest bestehen.

BIOMASSE

Es ist natürlich Unsinn zu sagen, dass uns durch die Profite aus einer Öllagerstätte finanzierte Sonnenkollektoren dann, wenn das Öl aufgebraucht ist, einen gleich großen Fluss erneuerbarer Energie liefern würden. Aber Meadows et al. erwähnten auch Baumpflanzungen als eine Alternative (Meadows et al. 1992b: 46). (In der deutschen Übersetzung des Buches – 1992a: 70 – fehlt die Erwähnung.) Tatsächlich erwähnt das Papier von Herman Daly, auf das sie sich beziehen, Sonnenkollektoren überhaupt nicht. Daly sprach nur von »Baumpflanzungen zur Gewinnung von Holzalkohol« (Daly 1990: 4). Dies ist überzeugender. Holz könnte die fossilen Brennstoffe ersetzen. Immerhin dient Holz der Menschheit seit erdenklichen Zeiten als Energiequelle, und es ist erneuerbar.

Eigentlich sollten wir nicht nur Holz, sondern Biomasse allgemein als Quelle erneuerbarer Energie in Betracht ziehen. In jüngster Vergangenheit sind verschiedene andere Pflanzen und pflanzliche Produkte als alternative Energie- und Rohstoffquellen vorgeschlagen worden. Man kann hier fragen, warum es notwendig ist, sie zu untersuchen, wenn sie ihre Qualitäten als erneuerbare Ressourcen bereits unter Beweis gestellt haben. Die Notwendigkeit entsteht aus der Tatsache, dass moderne industrielle Wirtschaften Energie vor allem in zwei Formen haben wollen: als Strom und als flüssigen Brennstoff, und zu einem geringeren Teil auch als brennbares Gas. Vor der industriellen Revolution war das nicht so.

Erneuerbare Energieträger sind im Prinzip unerschöpflich, aber Energie aus ihnen ist nicht notwendigerweise billig und im Überfluss vorhanden. In der Vergangenheit war der Bau von Wind- und Wassermühlen kostspielig. Pferde mussten mit Hafer gefüttert werden, der mit viel Aufwand an menschlicher Arbeitskraft angebaut werden musste. Bäume mussten gefällt werden, um Holz zu bekommen. Aber Bäume und andere Pflanzen sind Sonnenkollektoren überlegen. Sie konzentrieren und speichern Sonnenenergie über einen langen Zeitraum in einem natürlichen Prozess. Wenn wir sie allerdings als unsere Hauptenergiequelle nutzen wollen, müssen wir ihr von Natur aus langsames Wachstum akzeptieren und ihnen viel Land widmen.

Über Holzalkohol liegen mir keine Daten vor, aber genug über einige andere biologische Energie- und Rohstoffquellen. Bioäthanol kann im Prinzip aus jedem pflanzlichen Produkt, welches Zucker oder Stärke enthält, gewonnen werden und kann sowohl als kompletter Ersatz für Benzin verwendet wie auch diesem beigemischt werden. In Europa wird ein sogenannter Biodiesel (Rapsmethylester) aus Raps von der EU gefördert. Beide Brennstoffe können für Kraftfahrzeuge verwendet werden.

Man darf aber nicht denken, dass mit diesen erneuerbaren Ressourcen alle Umwelt- und Rohstoffprobleme der Industriegesellschaften gelöst werden könnten. Wie bei der direkten Nutzung der Solarenergie herrscht auch bei Biobrennstoffen einige Verwirrung über ihre Energiebilanz. Während ein EU-Kommissar verallgemeinernd behauptete, dass Untersuchungen eine positive Energiebilanz für Biobrennstoffe ergeben hätten, widersprachen dieser Aussage sowohl Regierungs- als auch Nichtregierungsstellen (*Frankfurter Rundschau*, 20.02.1992).

Dem deutschen Umweltbundesamt zufolge ist die Energiebilanz von Bioäthanol aus Zuckerrüben, Weizen und Kartoffeln negativ (*Die Tageszeitung*, 01.04.1992). Das Europäische Umweltbüro (das von einigen Umweltschutzverbänden eingerichtet wurde) konstatierte, dass die Energiebilanz von Bioäthanol gerade noch positiv ausfalle, wenn man das Nebenprodukt Stroh in die Rechnung einbezieht (*Frankfurter Rundschau*, 20.02.1992). Obwohl die Energiebilanz von Rapsöl allgemein positiv gewertet wird, bestehen Zweifel hinsichtlich des Biodiesels, für dessen Produktion aus Rapsöl zusätzliche Energie benötigt wird. Der Grund für das Energiedefizit dieser Biobrennstoffe ist, dass zum Anbau dieser Pflanzen chemische Dünger und Pestizide erforderlich sind. Der Energiegehalt dieser Chemikalien macht beispielsweise 40 bis 60 Prozent des Energiegehalts von Raps aus (Schmitz-Schlang 1995: 14).

Die Produktionskosten pro Liter Bioäthanol betrugen 1992 1,20 bis 1,60 DM, während sie für Benzin nur 0,30 DM betrugen (*Die Tageszeitung*, 01.04.1992). Im deutschen Bundesministerium für Landwirtschaft schätzte man, dass die Produktion dieses Brennstoffs aus Zuckerrüben, wenn man sie fördern wolle, einer jährlichen Subvention von 4519 DM pro Hektar bedürfe, die Produktion aus Weizen 2406 DM (Schmitz-Schlang 1995: 23). Für Biodiesel, der bereits gefördert wird, betrugen die jährlichen Subventionen 1995 1333 DM pro Hektar – zusätzlich zu der indirekten Subvention in Form einer Befreiung von der Mineralölsteuer (ebd.). Das deutsche Umweltbundesamt empfiehlt auch im Jahre 2000 Biodiesel nicht als alternativen Kraftstoff – erstens, weil aus in Deutschland angebautem Raps produzierter Biodiesel höchstens 3 bis 5 Prozent des in Deutschland verbrauchten Diesels ersetzen könnte und, zweitens, weil der Rapsanbau mit Hilfe von Kunstdünger und Pflanzenschutzmitteln die Umwelt schwer belastet (*Frankfurter Rundschau*, 26.09.2000).

Auch in Brasilien hat der Staat die Produktion von Bioäthanol aus Zuckerrohr mit steuerlichen und anderen finanziellen Zugeständnissen gefördert (Göricke und Reimann 1982: 330–331). Sichere Daten über die Energiebilanz dieser Technologie habe ich nicht gefunden. Der Hauptzweck dieser Förderung war, die Abhängigkeit von teurem Erdölimport zu reduzieren. So müsste man eine positive Energiebilanz annehmen. Dennoch wurde die Frage nach dem energetischen Sinn der Unternehmung gestellt. »Offenbar stellt sich die Frage, ob nicht das Programm bedeutet, dass Öl in Äthylalkohol [Äthanol] umgewandelt wird, wobei wenig Zugewinn an verfügbarer Energie stattfindet. Es wird behauptet, dass für jede als Input eingesetzte Kalorie ungefähr vier Kalorien Output in der Form von Äthanol erlangt würden. Die Erklärung für diese positive Energiebilanz sei, dass Zuckerrohr energetisch eine sehr produktive Pflanze sei und dass der Pflanzenabfall (Bagasse) beim Destilationsprozess als Brennstoff benutzt werde« (Martinez-Alier 1994: 21). Es muss auch berücksichtigt werden, dass Brasilien ein riesiges Land mit einer verhältnismäßig niedrigen Bevölkerungszahl ist und dass beim Zuckerrohranbau wahrscheinlich arbeitsintensive Methoden angewandt werden.

Jede Art von Biomasse kann verbrannt werden, um Wärme zu erzeugen. Geeignet für diesen Zweck ist indessen nur trockene, holzige Biomasse. Feuchte Biomasse eignet sich besser zur Biogasproduktion. Stroh ist eine bekannte Energiequelle, die leicht direkt auf dem Bauernhof verbrannt werden kann. Wenn es aber an entferntere Orte transportiert werden soll, muss es zu Briketts oder Kügelchen gepresst werden; und das ist ein kostspieliger Prozess. Ein Strohbrikett ist annähernd so teuer wie ein Braunkohlebrikett (Michelsen und Ökoinstitut 1991: 257). Stroh ist in der Landwirtschaft selbst sehr viel nützlicher. Wenn in der Zukunft ökologischer Landbau zur Regel wird, muss ein Großteil davon wieder aufs Feld ausgebracht werden, um den Humusgehalt des Bodens zu erhalten.

Einige schnellwachsende Gräser – insbesondere Elefantengras, Riedgras (Schilf- oder Chinagras) und Ramie – werden ebenso diskutiert und erprobt. Ihre Energiebilanz kann positiv ausfallen, wenn sie in trockenem Zustand geerntet werden. Aber in gemäßigten Klimazonen, wo es das ganze Jahr über regnet, ist das nicht zu gewährleisten. Es handelt sich um tropische Pflanzen, die im Winter der gemäßigten Zonen nicht wachsen. In Deutschland hat sich die Diskussion aus diesem Grunde totgelaufen.

Derzeit scheint es, dass – außer Verbrennen von und Gasgewinnung aus Holz – Biogas aus allen Arten von organischen Abfällen, tierische und menschliche Exkremente eingeschlossen, die einzige Form von Energie aus Biomasse ist, die ohne Zweifel Sinn macht. In unterentwickelten Ländern wie Indien und China wird Biogas seit langem extensiv produziert, so dass man annehmen muss, dass seine Energiebilanz und Produktionskosten günstig sind. Selbst in Deutschland funktionierte in den Fünfzigerjahren eine Reihe von Biogasanlagen zufriedenstellend (IRB 1985: 17). Die Rückstände ergeben außerdem hochwertigen Dünger. Doch Biogas ist wohl kein geeigneter Brennstoff für Kraftfahrzeuge, wie viele Ökobegeisterte denken. Der Energie- und der finanzielle Aufwand für die Verflüssigung sind sehr hoch. Eine Verbrennung scheint praktischer, um Wärme und eventuell Strom daraus zu gewinnen. Die Produktionskosten von Strom aus Biogas betragen in Deutschland zurzeit 0,20 DM.

Aber der Anbau von Gras und anderen Pflanzen auf Ackerland, um daraus Energie in Form von Biogas oder in irgendeiner anderen Form zu produzieren, ist problematisch. Ob das sinnvoll ist, hängt davon ab, ob nach der Befriedigung der Nahrungsbedürfnisse von Menschen und Haustieren zusätzliches Land verfügbar ist. Das wiederum hängt von der Bevölkerungszahl und von der Art der Nahrungsbedürfnisse ab. Wenn in der Zukunft extensiv-ökologische Landwirtschaft praktiziert wird und das Futtermittel nicht zum Großteil importiert werden soll, dann wird viel mehr Land zur Nahrungsmittelproduktion benötigt werden als heute. Die niederländische Sektion von Friends of the Earth hat solche Vorschläge aus ihrem Szenario für das Jahr 2010 – *Sustainable Netherlands* – ausgeschlossen, da »es viel zuviel Ackerland beanspruchen würde« (Brakel und Zagema 1994: 25). Außerdem müssen wir auch die Landbedürfnisse anderer Arten dieses Planeten respektieren. Wichtig ist hier zu differenzieren zwischen Verwertung von Abfällen und Exkrementen, die sowieso anfallen und die sonst – finanziell und ökologisch – kostspielig entsorgt werden müssten, und Anbau von Energiepflanzen auf Acker- oder Weideland. Dabei sollte man auch bedenken, dass die enormen Mengen von Gülle, die bei gegenwärtig praktizierter Massentierhaltung auf der Basis von aus entfernten Ländern importiertem Futtermittel anfallen, keine Basis für ökologische Energieproduktion sein kann.

Biomasse kann auch eine Rohstoffquelle für alle möglichen Zwecke sein; sie ist es in der Tat schon. Abgesehen von den wohlbekannten Rohstoffen organischer Herkunft, unternimmt die chemische Industrie Forschungen, um Erdöl als Rohstoffbasis für Produkte wie Kunststoffe und Farben durch Biomasse zu ersetzen. Stärke, Öle, Fette, Äthanol, Phenol, Glukose, Glyzerin und so weiter sind als mögliche Produkte genannt worden. Doch deren Produktionskosten sind noch zu hoch. Wenn aber in der Zukunft Erdöl zu teuer wird, müssen wir wohl diese Substanzen aus Biomasse herstellen.

Umweltprobleme

Viele Ökobegeisterte stellen sich die Energie- und Rohstoffgewinnung aus Biomasse als frei von Umweltproblemen vor, denn was die Natur aufbaut, baut sie auch naturverträglich ab. Doch so einfach ist die Sache nicht.

Eines ist sicher: Die CO_2-Konzentration in der Atmosphäre kann nicht durch den Verbrauch von Biomasse selbst ansteigen. Jede Form von Biomasse setzt bei ihrer Verbrennung nur so viel CO_2 frei, wie sie während ihres Wachstums neutralisiert hat. In manch anderer Hinsicht ist die Produktion von Energie und Rohstoffen aus Biomasse keineswegs umweltfreundlich. Da für Feldfrüchte, aus denen Biodiesel und Bioäthanol gewonnen werden, nur intensive Anbaumethoden praktiziert und in Betracht gezogen werden, müssen große Mengen von chemischen Düngern und Pflanzenschutzmitteln benutzt werden. Das hat wohlbekannte negative Auswirkungen auf die Umwelt: Nitrate und Pestizide im Grundwasser und Emission des Spurengases N_2O (Lachgas), das 300-mal stärker zum Treibhauseffekt beiträgt als Kohlendioxid. Intensive Landwirtschaft trägt auch zur Bodenerosion und Verringerung der Artenvielfalt bei (Schmitz-Schlang 1995: 26; *Die Tageszeitung*, 01.04.1992).

Es gibt auch Probleme mit dem Abwasser aus solcher Produktion. Bei der Bioäthanolproduktion aus Zuckerrohr fließen große Mengen von so genannter Vinasse (Abwasser und Rückstände aus den Destillationsprozessen) in die Flüsse und töten dort Fische. In Brasilien verursachte dieser Prozess Anfang der Achtzigerjahre den biologischen Tod einiger Flüsse und Meeresküsten (Göricke und Reimann 1982: 334). Bei den schnell wachsenden Gräsern und Bäumen kann man die Umweltbelastung vernachlässigen, da sie nicht mit Hilfe chemischer Dünger und Pestizide angebaut werden – was auch niemand empfiehlt. Das ist auch der Grund, warum man ohne Zweifel behaupten kann, dass ihre Energiebilanz positiv ist. Eukalyptus ist allerdings problematisch, aber aus anderen Gründen. Eukalyptus-Bäume saugen aus der Erde zu viel Wasser auf, und ihre fallenden Blätter haben eine negative chemische Auswirkung auf den Boden, so dass in ihrer Nähe keine andere Pflanze gedeihen kann.

WASSERKRAFT

Strom aus Wasserkraftwerken ist billig, doch eignet sich nicht jede Stelle an einem Fluss dafür. Experten sind der Ansicht, dass in Deutschland der Raum für große und mittlere Wasserkraftwerke erschöpft ist, obwohl nur etwa fünf Prozent der Elektrizität des Landes aus dieser Quelle stammt. Würde das Potenzial für kleine Wasserkraftwerke voll ausgeschöpft, könnte sich diese Zahl verdoppeln (Michelsen und Öko-Institut 1991: 256).

Das schwierigste Problem bei Wasserkraft ist die Verschlammung der Staubecken. In gemäßigten Zonen geht die Gesteinsverwitterung, der erste Schritt zur Verschlammung, langsam vonstatten. Aber in den Tropen ist der Prozess aufgrund hoher Temperaturen und starker Regenfälle sehr viel schneller. Auch die chemische Verwitterung des Gesteins läuft in den Tropen 20- bis 50-mal schneller ab als in den gemäßigten Zonen (Pearce 1992: 228).

Der Anchicaya-Stausee am kolumbischen Amazonas verschlammte innerhalb von zwölf Jahren nach seiner Inbetriebnahme. Das Staubecken des Tarbeladamms, der den Indus in Pakistan staut, verschlammt in einem Tempo von etwa zwei Prozent pro Jahr. Das Nizamsagar-Staubecken in Mittelindien hat innerhalb von 30 Jahren zwei Drittel seiner Kapazität eingebüßt. Die Lebensdauer von Staudämmen wie dem Tarbeladamm schätzt man mittlerweile auf 30 bis 40 Jahre oder weniger. Dutzende von wichtigen Staudämmen werden voraussichtlich Anfang des 21. Jahrhunderts nutzlos werden (ebd.: 228–229). Zusammenfassend schreibt Fred Pearce:

> »Viele der größten Wasserkraftstaudämme der heutigen Welt, die die günstigsten Stellen zur Stromerzeugung besetzen, werden eine kürzere Lebensdauer haben als die durchschnittliche Kohlenzeche. Und wenn sie geschlossen werden, werden ihre grandiosen Schluchten für die Energieerzeugung genauso nutzlos sein wie leere Ölquellen.« (ebd.: 226)

Für das Verschlammungsproblem sind verschiedene Lösungen ausprobiert oder erwägt worden. Eine ist der Bau eines neuen Staudamms, um ein neues Staubecken an Stelle des alten verschlammten zu schaffen. Doch wie Khalid Mahmood, ein pakistanischer Experte, schreibt, »sind in vielen Becken ... weitere Stellen für Stauseen schwer zu finden, und im allgemeinen ist ein Dammbau an den verbliebenen Stellen schwieriger und damit kostspieliger« (zit n. ebd.: 230). Außerdem überfluten sie normalerweise mehr Land und produzieren weniger Strom als ihre Vorgänger.

Andere Lösungen sind die Durchspülung des Beckens mit Flusswasser, das Ausbaggern des Schlamms, der Bau kleinerer, stromaufwärts gelegener Dämme, um den Schlamm (das Sediment) aufzufangen, bevor es den Hauptdamm erreicht, und die Sprengung des alten Dammes mit Dynamit, um dann einen neuen an der gleichen Stelle zu bauen. All diese Methoden sind sehr kostspielig. Einem Experten zufolge können Sedimentauffangdämme teurer werden als der Hauptdamm. Das Ausbaggern des Schlamms kostet etwa 20-mal so viel wie der Bau eines Staubeckens gleicher Kapazität (ebd.: 232).

Bodenschutzmaßnahmen wie Baumpflanzungen mögen zur Reduzierung der Verschlammung hilfreich sein, wenn das Einzugsgebiet klein ist, nicht aber, wenn es groß ist. Mahmood schreibt: »Hohe Sedimentkonzentrationen [in Staubecken] sind zum Großteil mit klimatischen, tektonischen und geologischen Faktoren verbunden«, und »die Sedimentmengen bleiben weitgehend unbeeinflusst durch kluge Handhabung des Einzugsgebiets« (ebd.: 231). So sollte niemand vereinfachend denken, dass die Dämme uns mit Energie versorgen werden, solange die Flüsse fließen. Pearce kommt zu dem Schluss: »Die Wahrheit ist, dass Wasserkraft kaum billig sein wird, wenn sie wirklich erneuerbar sein soll, und dass sie nicht erneuerbar ist, wenn sie wirklich billig sein soll« (ebd.: 232).

Zu diesen Bedenken bezüglich der Wirtschaftlichkeit und Erneuerbarkeit der Wasserkraft (siehe hierzu auch Kapitel zwei) kommen Zweifel an der sozialen und ökologischen Verträglichkeit dieser Art von Energieproduktion hinzu. Es ist bekannt, dass es weltweit starken Widerstand gegen große Staudammprojekte gibt – insbesondere seitens der Menschen, die ihren angestammten Lebensraum verlassen müssen, um für den Stausee Platz zu machen. Da in den schon überbevölkerten Ländern des Südens, besonders in Asien, kein brachliegendes fruchtbares Land mehr existiert, wohin die entwurzelten Bauern evakuiert werden könnten, und da solche Menschen auch keine Arbeit in der Industrie finden könnten, stellen solche Wasserkraftprojekte (z. B. das Narmada-Tal-Projekt in Indien) für die betroffenen Menschen eine große Gefahr dar.

Auch die angeblichen ökologischen Vorzüge der Wasserkraft werden seit langem in Zweifel gezogen. Diesbezügliche Zweifel sind inzwischen von den Wissenschaftlern der von der Weltbank und anderen Organisationen gebildeten Weltstaudamm-Kommission (WCD) bestätigt worden. In ihrem im November 2000 vorgelegten Bericht schreibt die WCD: »Nach dem derzeitigen Kenntnisstand haben große Stauseen viele und in den meisten Fällen negative Auswirkungen auf das ökologische System« – selbst in Gebieten hunderte von Kilometern unterhalb der Staumauern (zit. n. *Frankfurter Rundschau*, 16.11.2000). Sie argumentiert unter anderem, dass große Wasserflächen natürliche Treibhausgase abgeben: Kohlendioxid und – vor allem – das als noch 20-mal klimaschädlicher geltende Methan. Nach Meinung der WCD könnten Staudämme, verglichen mit anderen Technologien, unter Umständen – zum Beispiel in gemäßigten Zonen wie Kanada und Skandinavien – das kleinere Übel sein (ebd.). Sie sollten also doch nicht pauschal verteufelt werden.

WINDENERGIE

Windenergie hat ihre Lebensfähigkeit schon vor Beginn des Industriezeitalters unter Beweis gestellt. Aber mit Hilfe von Windenergie *Strom* zu erzeugen, ist schwieriger. Erstens ist eine Windturbine ein hochtechnologisches (high-tech) Produkt und kostet daher eine Menge Geld. Zweitens kann Windstrom, außer in stark windigen Regionen, (noch) nicht mit Strom aus fossilen Brennstoffen konkurrieren. Drittens verursacht die Transformation der kinetischen Energie des Windes in Elektrizität Verschleiß; eine Windturbine hat eine durchschnittliche Lebensdauer von nur zehn Jahren (Melиß et al. 1995: 59). Viertens weht der Wind weder immer noch dann, wenn wir es wollen. Diese Unregelmäßigkeit bedeutet, dass nukleare oder Kohlekraftwerke stets betriebsbereit gehalten werden müssen, um die Stromversorgung zu gewährleisten, wenn der Wind nicht weht. Einige KritikerInnen sagen auch, dass es nicht möglich sei, sie schnell vorübergehend zu schließen oder ihre Produktion schnell herunterzufahren, wenn der Wind wehe. Dies bedeute eine große Verschwendung und dass Windkraftanlagen weder ein konventionelles Kraftwerk ersetzen noch eine Minderung des CO_2-Ausstoßes bewirken könnten (Sünkens 1995: 113; dies gilt auch für Solarenergie an bewölkten Tagen). Solch ein Einwand kann entkräftet werden, wenn Windenergiefarmen mit Gas- oder Wasserkraftwerken gekoppelt werden, aber dies bedeutet natürlich auch doppelte Kapitalinvestition. Um marktfähig zu sein, benötigt Windenergie Subventionen. In Deutschland zwingt ein Gesetz die Energiekonzerne, sämtlichen durch Windkraft produzierten Strom für über 0,17 DM pro Kilowattstunde abzunehmen. Außerdem gibt es Investitionszuschüsse und steuerliche Vorteile. All das macht eine Investition in Windkraftanlagen recht attraktiv.

In den USA betrugen Anfang der Neunzigerjahre die Produktionskosten für eine Kilowattstunde – bei einer durchschnittlichen Windgeschwindigkeit von 6 Metern pro Sekunde – 7 bis 9 Cent. Zum Vergleich kostete Strom aus Kohle- oder Gaskraftwerken 4 bis 6 Cent pro Kilowattstunde (Flavin 1995b: 110). Hinsichtlich des Preisunterschieds ist Windstrom damit in einer wesentlich besseren Lage als Solarstrom. In den Regionen Deutschlands, wo die Windbedingungen sehr gut sind, insbesondere in den Küstenregionen, ist Stromerzeugung mit Windturbinen ein einträgliches Geschäft geworden. Dort liegen die Produktionskosten wahrscheinlich weit unter dem garantierten Mindestpreis.

Ich habe keine Zahlen über die Energiebilanz von Windkraftanlagen gefunden. Aber die oben dargelegten Fakten lassen eine positive Bilanz erkennen, zumindest in windstarken Gebieten. Windstrom wird aber wohl niemals so billig werden wie Strom aus fossilen Brennstoffen, da die Versorgung unregelmäßig ist und mithin Standby-Generatoren erforderlich sind. Diese sind auch für Kohle- und Atomstrom erforderlich. Doch hier wird die Energieversorgung nicht so regelmäßig unterbrochen. Windstromanlagen werden, wie Photovoltaikmodule, gegenwärtig mit Hilfe von konventioneller Energie hergestellt. Müssten sie in Zukunft mit Hilfe von Windenergie produziert werden, würde eine Kilowattstunde Windstrom sicherlich viel mehr kosten als 0,17 DM.

Recycling

Da in Zukunft Energie nicht länger billig und im Überfluss zur Verfügung stehen wird, muss der Traum von annehmbar teurer Rohstoffgewinnung aus gewöhnlichem Gestein und/oder geringwertigen Erzen aufgegeben werden. Aber die Nützlichkeit von Recycling ist seit langem bekannt. Energie kann nicht direkt recycelt werden. Aber durch das Recyceln von Materialien kann die für deren Herstellung aufgewendete

Energie quasi recycelt werden. Man darf jedoch nicht denken, Erfolg beim Recyceln sei nur eine Frage von Veränderung unserer Gewohnheiten. In der Ökologiebewegung besteht in dieser Hinsicht eine Menge Illusionen. In den Siebzigerjahren hoffte André Gorz auf »Wiederaufbereitung und erneute Verwendung *sämtlicher* Rohstoffe« (Gorz 1977: 77). In der Ökologiebewegung sagt man, Müll in Deponien sei eine Ressource am falschen Ort. Aber es gibt auch Grenzen des Recyclings. Ein Bericht an den Club of Rome zitiert aus einem *Report of a NATO Science Committee Study Group* mit dem Titel *Rational Use of Potentially Scarce Metals* (1976):

> »Während viele Verwendungsarten ... die Metalle in so konzentrierter Form belassen, dass ... ihrer Wiederverwendung nichts im Wege steht, werden bei einer großen Zahl von Metallen diese so eingesetzt (etwa Zink als Farbzusatz), dass jegliche Wiedergewinnung praktisch ausgeschlossen ist (dissipative Verwendung). Zwischen diesen Extremen gibt es zahlreiche Verwendungen von Metallen, bei denen die Wiedergewinnung zwar nicht unmöglich, dennoch recht schwierig ist (zum Beispiel Wolfram in Glühbirnen ...), so dass gegenwärtig zumeist aus wirtschaftlichen Gründen auf ihre Wiedergewinnung verzichtet wird. ...
> Die Tabelle zeigt ferner, dass von diesen immer knapper werdenden Metallen im Durchschnitt gegenwärtig noch etwa 70 Prozent der jährlich geförderten Mengen verloren geht. Auch wenn der Rest von 30 Prozent früher oder später wiedergewonnen wird, bleibt davon nach Durchlaufen von 10 ›Lebenszyklen‹ nur 0,1 Prozent übrig.« (Gabor et al. 1976: 144–145)

Recycling ist aus zwei Gründen schwierig. Erstens ist Dissipation das unvermeidliche Resultat dessen, was Georgescu-Roegen den »vierten Hauptsatz der Thermodynamik« nennt. Dieser besagt, dass im Wirtschaftsprozess das Entropiegesetz auch für Materie gilt (Georgescu-Roegen 1987: 8–9). Dies bedeutet, dass zu Anfang eines Wirtschaftsprozesses konzentrierte Materialien sich zerstreuen und mit anderen Materialien vermengen. Sie wieder zwecks Recycling voneinander zu trennen und zu sammeln, erfordert einen Aufwand von Energie, Arbeit und Materialien. All das – und das ist der zweite Grund – kostet Geld. Da in Zukunft Energie immer teurer werden wird, wird auch Recycling immer schwieriger werden.

Vieles kann durch stärkere Nutzung von menschlicher (und tierischer) Arbeitskraft getan werden. Wenn die menschliche Arbeitskraft nicht zu teuer ist, kann die Recyclingrate hoch sein – was in den meisten Dritte-Welt-Ländern der Fall ist. In Ländern wie Deutschland ist die Recyclingrate von gebrauchtem Papier und Glas ebenfalls recht hoch, weil viele Bürger diese Materialien kostenlos zum Container bringen.

Die Recyclingrate von jedem Material hängt von mehreren Faktoren ab: von seinem Preis, vom Preis der möglichen Ersatzmaterialien, der Energie und der notwendigen Ausrüstung, vom vorherrschenden Lohnniveau, dem technischen Fortschritt und vielem mehr. Die von Gabor et al. zitierten Zahlen stammen aus der Mitte der Siebzigerjahre. Doch auch in den frühen Neunzigerjahren betrug in Deutschland die Recyclingrate von Aluminium annähernd null, von Plastik nur 8,6 Prozent, von gebrauchtem Papier (bezogen auf den Papierverbrauch) nicht mehr als 37 Prozent und von gebrauchtem Glas (bezogen auf den Verkauf von Glasbehältern) lediglich 30,6 Prozent (Michelsen und Öko-Institut 1991: 286). Wenn der technische Fortschritt nicht wundersame Ausmaße erreicht und das Recycling viel billiger wird als heute, wird sich die Lage so lange nicht verbessern, wie die Angelegenheit den Marktkräften im Kapitalismus überlassen bleibt.

Aber Recycling ist notwendig, nicht nur, weil die Ressourcen immer knapper werden, sondern auch, weil es zum Umweltschutz beiträgt, indem die Menge der für jegliche Produktion zu verarbeitenden Materialien vermindert wird. Bevor ich mich diesem Punkt zuwende, prüfe ich den technologischen Umweltschutz, der schon seit langem die vorherrschende Politikrichtung darstellt.

Technologischer Umweltschutz

Es gibt immer noch viele UmweltschützerInnen, die glauben, wir brauchten, um die Umwelt zu schützen, nur einen größeren Teil des erwartungsgemäß und normalerweise wachsenden Bruttosozialprodukts in die Umweltschutztechnologie zu investieren.

Zwar könnten uns Investitionen in relevanten technologischen

Fortschritt – das heißt sowohl in weitere Forschung und Entwicklung als auch in vermehrten Gebrauch bekannter Technologien – ermöglichen, die Umweltverschmutzung *direkt* zu reduzieren. Aber im Allgemeinen *löst* eine solche Politik die Probleme nicht, sondern erreicht nur ihre mediale, lokale und temporale Verschiebung. Schadstoffe werden durch technische Prozesse abgefangen, bevor sie in die Atmosphäre entweichen, und dann am Boden deponiert. Oder umgekehrt, Abfälle werden verbrannt und Restschadstoffe in die Atmosphäre entlassen. Oder um die Verschmutzung von Flüssen und Festland zu verhindern, werden Schadstoffe in die Tiefsee geworfen. Mittels hoher Schornsteine können Schadstoffe über ein großes Gebiet verteilt werden, wodurch sie dünn werden. Sie können auch durch die Zufuhr von Frischwasser oder Luft verdünnt werden. Und sie können in armen Dritte-Welt-Ländern deponiert werden. Helmut Weidner kommt zu dem Schluss:

> »Die Grenzen einer nicht am ökologischen Gesamtkontext orientierten Umweltpolitik sind darin zu sehen, dass sie mit ihren Mitteln des *selektiven* und *peripheren* Eingriffs zwar eine kurz- bis mittelfristige Entlastung erreichen kann, dass langfristig jedoch die erreichten Erfolge gefährdet werden oder gar die alten Sorgen auf einem höheren Niveau wiederauftauchen. Die Erklärung hierfür liegt in dem Prozess der wachstumsbedingten Akkumulation der Restschadstoffe und vor allem in dem Phänomen der Problemverschiebung.« (Weidner 1985: 184)

1976 sagte der damalige Präsident des Umweltbundesamts, Heinrich von Lersner, über seine »reine Sisyphus-Arbeit«: »Haben wir den einen Schadstoff unter Kontrolle, ist der andere zum Problem geworden« (zit. n. *Der Spiegel* Nr. 40, 1976: 62).

Heutzutage schaffen die reichen Länder einen Großteil ihres Giftmülls und sogar des gewöhnlichen Mülls in die Länder der Dritten Welt oder nach Osteuropa, und sie verlagern umweltschädliche Industriebetriebe in solche Länder. So mögen die reichen Länder heute weniger Umweltprobleme haben als 1976; doch global betrachtet, kann der technologische Umweltschutz nicht als Erfolg gewertet werden.

Beim technologischen Umweltschutz wird die Reduktion des Schadstoffausstoßes an bestimmten Stellen im Produktionsprozess in der Regel durch den Gebrauch von Filtern und ähnlichen Ausrüstungen erreicht. Das sind alles Industrieprodukte. Ihre Herstellung und ihr Betrieb erfordern, wie alle Industrieprodukte, einen beträchtlichen Aufwand an Energie und anderen Materialien. Das verursacht wiederum Umweltverschmutzung, nur anderswo und von anderer Art. Beispielsweise kann der SO_2-Ausstoß aus Kraftwerken weitgehend eliminiert werden, aber das erfordert eine Chemieanlage, die drei Prozent der produzierten Energie verbraucht (Hayes 1979: 6; Trainer 1985: 108). Dies bedeutet unter anderem, dass mehr Kohle verbrannt werden muss, was wiederum den CO_2-Ausstoß ansteigen lässt. Außerdem haben solche Chemieanlagen, Filter und dergleichen eine beschränkte Lebensdauer und müssen alle 10, 15 oder 20 Jahre ersetzt werden. So wird der Umweltschutz zu einer regelrechten Industrie, die zusätzlichen Rohstoffverbrauch und zusätzliche Umweltverschmutzung verursacht. Wer dies begriffen hat, wird leicht erkennen, dass das gegenwärtige modische Gerede von »emissionsfreien« Autos, die mit Brennstoffzellen angetrieben werden, ein reiner Bluff ist. Denn sowohl die Produktion von Wasserstoff als auch die von Brennstoffzellen verursachen eine Menge Schadstoffemission, nur anderswo.

Es ist vorstellbar, dass in der Anfangsphase einer Technologie die Umweltverschmutzung pro Produktionseinheit durch die Fortentwicklung dieser Technologie reduziert werden kann – durch neue Ideen und ohne zusätzliche Filter. Irgendwann wird aber das Optimum erreicht und die Technologie ausgereift sein. Danach wird eine Steigerung der Produktion eine zumindest proportionale (wahrscheinlich eine überproportionale) Steigerung der Umweltverschmutzung mit sich bringen, was den Einsatz von weiteren Filtern und so weiter notwendig machen wird.

Natürlich könnte es gelingen, viele Schadstoffe durch chemische Methoden in harmlose Substanzen umzuwandeln. Erstens jedoch ist es unmöglich, alle Arten oder die gesamte Menge von Schadstoffen abzufangen, und zweitens erfordern nach Klaus Meyer-Abich (1973: 177) solche chemischen Umwandlungsprozesse den Verbrauch unter anderem von annähernd der gleichen Energiemenge wie der vorhergegangene ursprüngliche Produktionsprozess. Dadurch wird die Idee sowohl zu teuer als auch ökologisch sinnlos, da die Produktion von mehr Energie mehr Umweltverschmutzung verursacht. Die Behauptung von Meyer-Abich kommt mir übertrieben vor. Wir müssten ja nicht den gesamten Abfall umwandeln, sondern nur die Schadstoffe. Dennoch würden die Kosten sehr hoch sein. Außerdem kommt es darauf an, was und wie viel man umwandeln will. Sollten wir versuchen, nicht nur den SO_2-, sondern auch den CO_2-Ausstoß eines Kraftwerks umzuwandeln, dürfte Meyer-Abich Recht haben.

»Ökologischer« Industrialismus

In den letzten Jahren haben zahlreiche Ideologen der Industriegesellschaft eingesehen, dass es tatsächlich Grenzen der Ressourcen und Grenzen der Fähigkeit der Natur, Umweltverschmutzung zu neutralisieren, gibt. Sie haben auch die Grenzen des technologischen Umweltschutzes wahrgenommen. Nichtsdestoweniger beharren sie weiterhin auf dem Glauben, industrielle Ökonomien müssten nur an die neuen Beschränkungen angepasst werden. Für Hardin B.C. Tibbs ist das Ziel dessen, was er »industrielle Ökologie« nennt,

> »das Natursystem neu zu interpretieren, zu einem neuen Verständnis davon zu kommen, und es auf das Design des von Menschen gemachten Systems anzuwenden, um ein Industrialisierungsmodell zu entwickeln, welches nicht nur effizienter, sondern auch von innen her an die Toleranzen und Charakteristika des Natursystems angepasst ist. Der Schwerpunkt liegt auf Formen von Technologie, die mit den Systemen der Natur arbeiten und nicht *gegen* diese. …
> Die Herausforderung für uns besteht nun darin, industrielle Infrastrukturen zu entwickeln, die gut in die Ökologie hineinpassen, so dass der Umfang der industriellen Aktivitäten weiterhin ansteigen kann – um der internationalen Nachfrage entsprechen zu können, ohne durch Umweltzwänge gebremst zu sein«. (Tibbs 1992: 6; Hervorhebungen im Original)

Im Folgenden werde ich einige ausgewählte Aspekte dieser neuen Ideologie darstellen und diskutieren.

INDUSTRIELLE BÜNDELUNG (INDUSTRIAL CLUSTERING)

In einem Statement, das eigentlich nur eine Weiterentwicklung des Recyclinggedankens ist, ruft Fritjof Capra, wie viele andere, die Menschheit dazu auf, die Organisationsmuster von Ökosystemen nachzuahmen:

> »Wir müssen unsere Industrien so aufbauen, dass der Abfall einer Industrie Rohstoff für eine andere wird. Abfall und Ressourcen müssen im ganzen System immer kreisläufig weitergegeben werden. ... Eine Bierbrauerei beispielsweise erzeugt organische Reststoffe, die als Nahrungsmittel für Pilze und Würmer dienen, wobei die Würmer dann zur Hühnerfütterung weiterverwendet werden. Die Pilzzucht schließlich bringt Abfall hervor, der als Rinderfutter dient. Das stellt einen echten Kreislauf in der Industrie dar.« (Capra 1996)

Er gibt auch das Beispiel von kleinen Stahlwerken in den USA, die das Alteisen nahe gelegener Städte als Rohstoff verwenden (ebd.).

In Kalundborg (Dänemark) liefert ein Wärmekraftwerk den für manche Produktionsvorgänge benötigten Dampf an eine Ölraffinerie und eine pharmazeutische Fabrik, überschüssige Wärme an die Haushalte in der Umgebung und an die eigene Fischfarm, um das Meerwasser zu heizen, Flugasche an Zementfabriken und Straßenbauunternehmen, und es entschwefelt seine Abgase durch ein Verfahren, das als Nebenprodukt Kalziumsulphat erzeugt, welches an eine Wandplattenfabrik (wallboard factory) verkauft wird. Die Ölraffinerie liefert dem Wärmekraftwerk Kühlwasser und das gereinigte Abwasser, ihr überschüssiges Gas (nach Entschwefelung) an die Wandplattenfabrik und das Wärmekraftwerk als Brennstoff. Der Schwefel wird an eine Schwefelsäurefabrik verkauft. Schlamm von der Fischfarm geht als Düngemittel an Bauern. Die pharmazeutische Fabrik behandelt ihren Klärschlamm chemisch und erhitzt ihn eine Stunde lang bei 90 Grad Celsius, um Flüssigdünger frei von Mikroorganismen zu gewinnen, der ebenfalls an Bauern geliefert wird (Tibbs 1992: 9).

Dieses »multidimensionale« Recycling muss unterstützt werden. Es ist aber nur Recycling, kein Wunderding. Niemand aus der Dritten

Welt fände etwas Neues an kleinen Stahlwerken, die Alteisen aus nahe gelegenen Städten als Rohmaterial verwerten. Alle älteren EuropäerInnen, die in ihrer Jugend auf dem Land gelebt haben, wissen, dass die Kartoffelschalen aus der Küche den Schweinen als Futter gegeben wurden und dass Schrotthändler in die Dörfer kamen, um alle Arten von Schrott zu sammeln. Hier stellt sich die Frage, warum diese Praxis in Europa verschwunden ist und warum sie in Indien weiterhin existiert. Die Antwort ist einfach. Das Sammeln, Trennen und Verarbeiten von Schrott ist arbeitsintensiv. Wenn die Löhne hoch sind, könnte es unökonomisch sein, Schrott in weit verstreuten Orten zu sammeln. In Indien sind die Löhne dafür niedrig genug; oft stellt diese Arbeit den einzigen Lebensunterhalt von LumpensammlerInnen dar.

In Kalundborg beruhen die genannten Recyclingtransaktionen streng auf Preisen. Sie werden durch obligatorische Reinhaltungsstandards und Abgaben für die Entsorgung von Giftmüll angeregt (ebd.: 9–10). Das ist sehr gut, aber keine Überraschung. KapitalistInnen suchen überall ihren wirtschaftlichen Vorteil. Es gibt also keinen Grund, solche Recyclingtransaktionen mit so hochtrabenden Namen wie »industrielles Ökosystem« zu versehen, wie Tibbs es tut. Man kann sie auch nicht als »Kreislauf« oder »sich schließende Schleifen« bezeichnen, wie Capra, Tibbs und Friends of the Earth Netherlands es tun (ebd.: 8–9, Brakel und Zagema 1994: 15). Die vom Kraftwerk in Kalundborg gelieferte Energie kann nicht dorthin zurückfließen. Sie wird lediglich ein zweites Mal auf niedrigerem Niveau ausgenutzt, bevor sie dem Entropiegesetz folgend unwiederbringlich dissipiert. Und der in der Form von Kohlendioxid in die Atmosphäre emittierte Kohlenstoff kann zu keinen vernünftigen Kosten zurückgewonnen werden, um daraus wieder Kohle, Öl, Kunststoff oder andere Chemikalien herzustellen, obwohl einige blauäugige WissenschaftlerInnen wie Peter Daublebsky (1973) und Prof. Jero Kondo (vgl. Schmidt-Bleek 1993: 80) daran glauben mögen. Dasselbe trifft auf den Dünger-Klärschlamm der Fischfarm zu.

DEMATERIALISIERUNG – DIE FRAGE NACH DER MATERIALBILANZ

Ich habe oben zwei höchst optimistische Ansichten zur Ressourcenfrage diskutiert – die von Beckerman, Simon, Kahn und anderen sowie die von Scheer, Alt und anderen. Es gibt inzwischen eine dritte Ansicht zu dieser Frage, die meint:

> »Nicht die Verfügbarkeit von Rohstoffen begrenzt das ökonomische Wachstum; diese Sorge, die in den Siebzigerjahren aufkam, als der Club of Rome seine aufsehenerregende Studie ›die Grenzen des Wachstums‹ veröffentlichte, ist aus heutiger Sicht in den Hintergrund beziehungsweise die langfristige Zukunft gerückt. Gefahr für Mensch, Natur und nicht zuletzt auch für das ökonomische Wachstum droht lange vorher durch die Summe der ökologischen Folgen von Stoffströmen, die die Menschheit in Bewegung gesetzt hat und immer noch setzt.« (Schmidt-Bleek 1993: 48)

Der zweite Teil des Zitats ist hundertprozentig richtig. Aber der erste Teil muss relativiert werden, denn er drückt nur die halbe Wahrheit aus. Diese Sicht der Dinge ist verursacht durch eine gewisse Betriebsblindheit der Menschen in Westeuropa und Nordamerika, wo zurzeit keine Ressourcenknappheit zu spüren ist (eine Ausnahme ist Öl, das seit September 2000 sehr teuer geworden ist). Wer aber die Lage in den übrigen Ländern der Welt kennt, weiß, dass Ressourcenknappheit schon jetzt ein Problem ist. Im Kapitel zwei habe ich die Lage in der ehemaligen Sowjetunion erörtert, wo nach sowjetischen WissenschaftlerInnen nicht nur eine Umweltkrise, sondern auch eine Ressourcenkrise das Wirtschaftswachstum begrenzte. Anbaufähiges Land und Süßwasser – die zwei wichtigsten Ressourcen – sind in vielen Ländern der Dritten Welt schon jetzt äußerst knapp. Und Benzin ist knapp sogar in Nigeria, einem der Öllieferanten der Welt. Dort bohren viele Einheimische Löcher in die Pipelines, um ein bisschen Brennstoff stehlen zu können, wobei sie ihr Leben riskieren. Da die übrigen Völker nicht das nötige Geld haben, für mehr Ressourcen auf den Weltmarkt zu gehen, merken die reichen WesteuropäerInnen und NordamerikanerInnen die tatsächlich existierende Ressourcenknappheit nicht. Dennoch begreifen dieselben Leute, sobald sie für einen Augenblick ihre Betriebsblindheit überwinden können, die Realität auch. Schmidt-Bleek schreibt in demselben Buch, aber 200 Seiten später: »Die Menschheit steht vor einem unbarmherzigen Kampf um die Ressourcen dieser Erde« (ebd.: 260).

Wie dem auch sei, unter Ökologen wie Schmidt-Bleek, die keine KritikerInnen der Industriegesellschaft und des Kapitalismus sind, besteht schon der Konsens, dass sich, im Allgemeinen, die negativen Auswirkungen einer Wirtschaft auf die Umwelt in etwa proportional zu ihrem Ressourcenverbrauch verhalten. Anschaulich wird dies anhand der Tatsache, dass in den USA im ganz normalen Verlauf des Wirtschaftsprozesses – das heißt auch ohne einen größeren Unfall – jährlich 42 Milliarden Liter Öl durch Lecks an den Pumpeinrichtungen, Pipelines und Tanks in die Umwelt auslaufen. Dieses Ergebnis einer von Friends of the Earth angefertigten Studie wurde natürlich von der Ölindustrie zurückgewiesen, von der staatlichen Umweltschutzbehörde (EPA) jedoch wurde es bestätigt (*Frankfurter Rundschau*, 18.05.1993). Es liegt auf der Hand, dass, wenn der Ölverbrauch in einer Wirtschaft sinkt, die Verschmutzung durch ausgeflossenes Öl ebenfalls sinkt. Letztlich sollte also nach Ansicht dieser Ökologen die allgemeine politische Linie für Umweltschutz dahin gehen, die Ressourcenproduktivität zu erhöhen und den Ressourcenverbrauch zu senken; man nennt dies auch Dematerialisierung.

Schmidt-Bleek schlägt ein »universelles und richtungssicheres Maß« – MIPS[21] – vor, um

> »die Umweltbelastung von Infrastrukturen, Produkten und Dienstleistungen auf der Basis ihrer lebenszyklusweiten Materialintensität pro Dienstleistungseinheit – MIPS – pro Einheit Gut, oder pro Gewichtseinheit Gut, zu vergleichen. Hierbei wird MIPS als gesamter Material- und Energiedurchsatz in Kilogramm (oder Tonnen) ›von der Wiege bis zur Bahre‹ veranschlagt. Lebenszyklusweit berechnen bedeutet, alle zur Produktion, zum Gebrauch und zur Entsorgung notwendigen Anlagen, Transportanteile sowie Verpackungen mit zu berücksichtigen.« (Schmidt-Bleek 1994: 94, 98)

Die gesamten Dienstleistungseinheiten zum Beispiel eines Autos sind die gesamten Personenkilometer, die es während seiner Lebensdauer leisten kann. Der Durchschnitt in Deutschland wäre 180000 Personenkilometer (150000 Kilometer mal 1,2 Personen) (ebd.: 98).

Energie in Kilogramm und Tonnen zu messen, erscheint seltsam. Doch Energie stammt von Öl, Kohle, Holz, Uran – von Materialien also (Sonnenschein ist eine Ausnahme), deren Gewicht gemessen werden kann. Darum können wir hier auch schlicht von Materialdurchsatz sprechen. Dieser meint nicht nur die bei der Produktion einer Dienstleistungseinheit verbrauchten Materialien, sondern auch – beispielsweise im Bergbau – den Abraum, der bewegt werden muss, um an das wertvolle Mineral zu kommen, und den in Deponien entsorgten Abfall.

Schmidt-Bleek weiß, dass MIPS nicht alle Arten von Umweltbelastung zufrieden stellend ausdrücken kann. So schließt er mögliche Ergänzungen nicht aus, wie zum Beispiel die Flächenintensität pro Dienstleistungseinheit (FIPS) oder ein Maß für Ökotoxizität. Mit diesem Ansatz akzeptiert Schmidt-Bleek meines Erachtens Georgescu-Roegens methodologische Forderung bei der Berechnung der Energiebilanz jeder energieerzeugenden Technologie und geht darüber hinaus. Allerdings gibt es einen Unterschied zwischen Energiebilanz und Materialbilanz. Bei der Ersteren kann man eine klare, wenn auch ungenaue, Aussage darüber machen, ob sie positiv oder negativ ist, denn sowohl auf der Input- als auch auf der Outputseite steht das gleiche Produkt, nämlich Energie – mitunter sogar in der gleichen Form, nämlich Elektrizität. Bei der Materialbilanz aber haben wir auf der Inputseite beispielsweise Eisenerz und auf der Outputseite ein Auto – qualitativ doch sehr unterschiedliche Dinge. Man kann aber die MIPS eines Autos mit der eines Ochsenkarrens vergleichen. Auch das ist sehr wichtig.

Recycling als eine Methode zur MIPS-Reduzierung wurde bereits besprochen. Moderne VerteidigerInnen der Industriegesellschaft jedoch legen größeren Wert auf den technologischen Fortschritt. Sie sprechen von einer technologischen »Effizienzrevolution«, die uns in die Lage versetzen soll, größeren Wohlstand aus weniger Materialdurchsatz zu erlangen als heute üblich, das heißt, die Ressourcenproduktivität zu steigern. Das war auch die große Hoffnung der AutorInnen des Brundtland-Berichts. Mitte der Achtzigerjahre bemerkten sie »einige günstige Trends«, aus denen sie folgerten: »Künftige Strukturen land- und forstwirtschaftlicher Entwicklung, des Energieverbrauchs, der Industrialisierung und menschlicher Siedlungen könnten weit weniger materialintensiv werden … und daher leistungsfähiger für Wirtschaft und Umwelt« (Hauff 1987: 92–93). Das achte Kapitel des Berichts trägt den Titel »Industrie: Mit weniger Aufwand mehr produzieren«.

Erstaunlicherweise kam Trainer fast zur selben Zeit auf der Basis seiner *makroökonomischen Daten* zu dem Schluss, dass der Ertrag in der Form von Ressourcenproduktivität aus Investitionen in Technologie im Allgemeinen zurückgeht (Trainer 1985: 211).

In ihrem Bericht an den Club of Rome lieferten Ernst Ulrich von Weizsäcker, Amory Lovins und Hunter Lovins zahlreiche *Einzelbeispiele* für erfolgreiche MIPS-Reduktion *bei bestimmten Produkten* um einen Faktor 4 (Weizsäcker et al. 1995: erster Teil). Man sollte sich ihre Behauptung merken, dass es in keinem Fall zu einem Verlust an Komfort, Zweckdienlichkeit oder Qualität der betreffenden Dienstleistung gekommen sei. Im Gegenteil, angeblich habe all das in den meisten Fällen sogar zugenommen. Und, was noch wichtiger ist, es wird dort behauptet, dass all das weniger koste als vorher und dass alle, die die meist hochtechnologischen Innovationen angewandt hätten, davon sogar finanziell profitiert hätten.

Prinzipiell sollten wir jede Methode zur MIPS-Reduktion begrüßen. Doch insbesondere bei hochtechnologischen Methoden sollten wir darauf achten, dass wir nicht vor Euphorie blind für den Umstand werden, dass eine Reduzierung des Ressourcenverbrauchs an einem viel beachteten Punkt oft nur auf Kosten der Steigerung des Ressourcenverbrauchs an einem anderen, unbemerkten Punkt erreicht werden kann. Nehmen wir so einen konkreten, viel besprochenen Fall, der uns klar demonstriert, dass bei vielen Behauptungen Vorsicht angebracht ist: Heutzutage wird sehr viel über so genannte energieeffiziente Autos gesprochen. VW hat ein Auto entwickelt, das nur drei Liter Benzin pro 100 Kilometer verbraucht. Schmidt-Bleek sagt dazu: »Wenn man den niedrigen Spritverbrauch nur schafft, indem man die Autos aus Aluminium und Magnesium statt Stahl baut, geht es genau in die falsche Richtung« (zit. n. Wille 1999). Er hat den Ressourcenverbrauch für dieses Modell durchrechnen lassen und festgestellt, dass das – verglichen mit seinen Stahl-Pendants um 200 Kilogramm leichtere – Auto einen viel größeren »ökologischen Rucksack« trägt (ebd.). Der Grund dafür ist leicht zu erkennen: Für die Produktion von Aluminium muss man viel mehr Energie aufwenden und viel mehr Erde umgraben als bei Stahl. Schmidt-Bleek bemerkt: »Alle stieren nur auf den Spritverbrauch und merken gar nicht, wie sie das gigantische Rohstoffkarussell noch schneller drehen lassen ... das funktioniert einfach nicht« (zit. n. ebd.).

Alle merken aber die Autopreise, die unter anderem auch vom Energie- und Rohstoffverbrauch im Produktionsprozess bestimmt werden. Allen hoch energieeffizienten Automodellen gemeinsam ist, dass sie sehr viel teurer sind als vergleichbare gewöhnliche Modelle (Geißler 1999). Zum Hyperauto-Modell von Amory Lovins – Weizsäcker et al. (1995: 32 ff.) führen es als ein Beispiel für gelungene technologische Effizienzrevolution an – schreibt Geißler: »Noch wie eine Fata Morgana erscheint das revolutionäre Hypercar-Konzept von US-Forscher Amory Lovins: ein Ultra-leicht-Auto mit vier kleinen Elektromotoren an den Rädern, das nur einen Liter Benzin pro 100 Kilometer verbrauchen soll« (Geissler 1999). Und Greenpeace erklärt, warum es solche Konzepte für völlig illusorisch hält. Über einen ähnlichen Traum von VW-Chef Piëch schreibt Günter Hubmann, der Verkehrsexperte von Greenpeace: »Solch ein Vorzeigeauto würde beim jetzigen Stand der Technologie mehr als 100000 Mark kosten« (*Kölnische Rundschau*, 22.09.2000). (Greenpeace hat auch ein kleines 3-Liter-Automodell präsentiert, für das auch mehr Aluminium benutzt worden ist als sonst üblich. Ich weiß aber nicht, ob es einer MIPS-Analyse durch Fachleute wie Schmidt-Bleek unterzogen wurde.)

Preise und Finanzbilanzen können, wie ich oben in diesem Kapitel erklärt habe, nicht immer als Indikatoren für die Energie- und Materialbilanz dienen, da sie von vielen anderen Faktoren abhängen – von Lohnkosten, Marktlagen, Steuern und so weiter. Ob eine Investition in Energiesparen unter dem Gesichtspunkt der Energie- und Materialbilanz sinnvoll ist, hängt außerdem von der Lebensdauer des Produkts ab, in das investiert wird. Bei einem 3-Liter-Auto mit einer Lebensdauer von 10 bis 12 Jahren (150000 Kilometer) ist es nach Schmidt-Bleek nicht sinnvoll. Aber eine hohe Investition in Wärmedämmung ist offensichtlich sinnvoll, da Häuser ja langlebige Produkte sind.

MIPS ist so rigoros definiert worden, dass eine solche Warnung eigentlich nicht notwendig sein sollte. Doch auch Energiebilanz ist ein genau definierter Begriff. Wie wir am Beispiel von Solarstrom gesehen haben, haben trotzdem sogar Fachleute Schwierigkeiten damit. Wir haben gesehen, wie unterschiedlich und zweifelhaft die Ergebnisse der Berechnungen der Energierücklaufzeit von Photovoltaik-Technologie in der Praxis sind.

Ein anderer Aspekt der Problematik, den Anhänger einer technologischen Effizienzrevolution, wie zum Beispiel die Autoren des Brundtland-Berichts, nicht zu berücksichtigen scheinen, ist, dass bei fortgesetztem gesamtwirtschaftlichem Wachstum punktuelle Effizienzgewinne weder Entlastung für die Umwelt noch Ressourcenschonung bewirken können. Nichterneuerbare Ressourcen werden außerdem auch bei Null-Wachstum früher oder später erschöpft sein.

Auch wenn man an einzelne Unternehmen denkt, kann es sein, dass es einer Firma gelingt, an gewissen strategisch wichtigen Stellen ihres Geschäfts MIPS zu reduzieren und so insgesamt effizienter und produktiver zu werden. Damit können aber ihre Produktion und ihr Umsatz stärker steigen als vorher. Die Gesamtbelastung der Umwelt durch diese Firma ist dann nicht geringer, sondern womöglich höher geworden. Das gilt auch für den Gesamtressourcenverbrauch dieser Firma.

Konkrete Zahlen über MIPS und MIPS-Reduktion anzugeben, ist sehr schwierig, sogar für Wissenschaftler. Darum kann ich all die von Weizsäcker et al. gegebenen Beispiele nicht überprüfen. Ich möchte hier aber doch noch einige von diesen anführen, um Zweifel bezüglich der Qualität der aufgestellten Behauptungen auszudrücken.

Weizsäcker et al. geben die Beispiele zweier Flugzeughersteller – Boeing und Lockheed – , die viel Geld investierten, um die Effizienz des Beleuchtungssystems in den Konstruktionsbüros und Produktionsstätten zu erhöhen. Erfreut berichten sie, dass bei Boeing die ArbeiterInnen seitdem die Mängel und Fehler im Konstruktionsprozess viel besser sehen konnten und dass daher Verzögerungen bei der Produktion vermieden werden konnten. Bei Lockheed verringerten sich infolge dieser Maßnahme die Arbeitsversäumnisse, die Arbeitsproduktivität stieg, und die Betriebskosten konnten reduziert werden, so dass die Firma gegen harte Konkurrenz einen großen Auftrag gewinnen konnte (Weizsäcker et al. 1995: 76–77). Für die Firmen war das alles sehr gut, aber was hatte die Umwelt davon? Die Verbesserungen trugen zu einer Steigerung der Flugzeugproduktion bei und damit zu einer Steigerung des Materialdurchsatzes.

Die AutorInnen nennen das Beispiel einer niederländischen Bank, der International Netherlands Group (ING), früher Nederlandse Middenstandsbank (NMB). Diese Bank erzielte in den vorangegangenen 15 Jahren eine hohe Wachstumsrate, was den AutorInnen zufolge viel mit effizienterer Ressourcennutzung zu tun hatte. Das Management bekam für die Zentrale ein neues Bürogebäude, das Naturstoffe, Pflanzen, Sonnenschein, Kunst, Ruhe und Wasser in organischer Weise kombinierte. Es war in puncto Energieverbrauch zehnmal effizienter als das alte Gebäude. So bekam die Bank ein neues Image. Das Geschäftsvolumen stieg dramatisch an, und sie wurde zur zweitgrößten Bank Hollands (ebd.: 57–60). Für die Bank ist das sicherlich sehr gut. Aber ist es auch gut für die Umwelt, wenn das Geschäftsvolumen einer Bank wächst? Verlangt man etwa von uns, dass wir glauben, die zweitgrößte Bank der Niederlande finanziere keine umweltschädlichen und rohstoffverschwendenden Geschäfte?

Die AutorInnen führen das Beispiel der US-amerikanischen Stadt Davis an, bekannt für ihr Umweltbewusstsein und ihr »Village Homes Project« mit 200 Häusern auf 28 Hektar Land. In diesem »Dorf« in einer Stadt finden sich zahlreiche lobenswerte ökologische Besonderheiten: schmale Straßen, Parks mit Obstbäumen, eine biologische Kläranlage und so weiter. Die DorfbewohnerInnen legen die meisten Wege mit dem Fahrrad oder zu Fuß zurück. Aber sie benutzen »natürlich« Solarstrom, der – wie wir gesehen haben – eine negative Energiebilanz aufweist. Die Häuser haben zwei Eingänge: einen für Fußgänger auf der Vorderseite und einen auf der Rückseite für Autos – einer der schlimmsten Feinde der Umwelt. Es war nicht möglich, normale Arbeitsplätze ins Dorf anzuziehen (ebd.: 169). Warum? Weil die DörflerInnen natürlich die hohen Durchschnittseinkommen der USA verdienen wollten, aber Arbeitsplätze mit solchen Einkommensmöglichkeiten bieten Industrie und Kommerz, wo man nicht denkt, klein sei fein. Die DorfbewohnerInnen fahren zu ihren Arbeitsplätzen, statt da zu wohnen, wo sie arbeiten. Der größte wirtschaftliche Gewinn besteht darin, dass die Preise für die Häuser des Dorfes die höchste Wachstumsrate in der ganzen Stadt aufweisen. Doch was ist daran so besonders? Häuser im Grünen mit weniger Verkehr als üblich haben schon immer die Reichen angezogen, die oft mehr als ein Haus besitzen wollten – eines in der großen Stadt und ein weiteres im Grünen. Wo ist hier die Verminderung von Materialdurchsatz?

Ich habe auch Zweifel an der Rechenmethode der AutorInnen. Beispielsweise sprechen sie von einem Auto, welches einen Verbrennungs- und einen Elektromotor kombiniert. Letzterer kann 70 Prozent der »Bremskraft« sammeln und als zusätzliche Kraft für Bergauffahrten oder für Beschleunigung liefern (ebd.: 36). Auf diese Weise kann zwar die Energieeffizienz gesteigert werden. Doch zwei Motoren in einem Auto? Wird das die MIPS reduzieren?

Ein anderes Beispiel: Die Autoren sprechen von einem Haus in England, welches mit »traditionellen arbeitsintensiven Baumethoden« erbaut worden sei. Die Baukosten seien aber »für heutige Verhältnisse niedrig« (ebd.: 54–55). Wenn das stimmt, frage ich mich, warum die Baufirmen in Europa Arbeitskräfte entlassen und Maschinen einsetzen, um die Lohnkosten zu senken.

Die AutorInnen geben ein Beispiel für »biointensive Mini-Landwirtschaft« mit traditionellen Techniken. Das ist alles sehr gut. Die zerstörerischen Aspekte der modernen, groß angelegten Landwirtschaft sind ja mittlerweile wohlbekannt. Die AutorInnen schreiben, dass der Bauer Jeavons und seine KollegInnen nur 180 bis 360 Quadratmeter Land benötigen, um den gesamten Nahrungsbedarf eines Vegetariers zu produzieren. Sie benötigen keine Maschinen, keine chemischen Dünger oder Pestizide und weit weniger Wasser als in der herkömmlichen Landwirtschaft. Das ist eine Menge Dematerialisierung. Auch die erforderliche Quantität an Arbeit ist überraschend niedrig. Da nur Land von verhältnismäßig schlechter Qualität und ein paar landwirtschaftliche Geräte angeschafft werden mussten, ist das Einkommen pro Hektar doppelt so hoch wie bei herkömmlicher Landwirtschaft. Die AutorInnen räumen allerdings selbst ein, dass das nicht viel ist, denn in der herkömmlichen Landwirtschaft werden die Berechnungen auf Grundlage der Löhne für Vollzeitarbeitskräfte gemacht (ebd.: 131–133).

Die AutorInnen bewundern einige traditionelle biointensive Acker- und Gartenbautechniken, die in China und warmen asiatischen Ländern angewandt werden, wo der Pro-Hektar-Ertrag sehr viel höher liegt. Doch gleichzeitig schreiben sie: »Allerdings muss man der Wahrheit zuliebe einräumen, dass eine Umstellung auf die Jeavonsschen Prinzipien nicht ohne deutliche Änderungen unseres heutigen Lebensstils in den reichen Industrieländern zustande kommt« (ebd.: 133). In der Tat – und die LandarbeiterInnen in diesen Ländern müssten dann auch chinesische Löhne akzeptieren. »Aber«, so schreiben die AutorInnen, »wer sagt denn, dass die heutige Agrarökonomie noch gilt, wenn es in einer übervölkerten Welt mit Milliarden von Arbeitlosen nur auf die Hektarerträge ankommen wird?« (ebd.: 132). Das ist völlig richtig. Aber dann können die AutorInnen logischerweise nicht gleichzeitig den Individuen, Firmen und Ländern, die ihrem Rat folgen, versprechen, dass sie keinerlei Verlust an Bequemlichkeit erleiden und sogar noch reicher würden.

So landen wir also letztlich, trotz aller Technikeuphorie, bei der Frage nach dem Lebensstil. Nicht nur hinsichtlich Nahrung und Ackerbau, sondern auch hinsichtlich anderer Ressourcen müssen die AutorInnen für eine Änderung des Lebensstils eintreten. Sie geben das Beispiel eines Hotels, in dem Handtücher und Bettlaken täglich gewechselt wurden. Die Leitung fragte die Gäste, ob sie dies wünschten, und eine große Mehrheit sagte Nein. Das Hotel änderte diese Praxis, und die jährlichen Wasser- und Stromkosten sanken um 70 000 US-Dollar (ebd.: 121). Die AutorInnen selbst empfehlen jetzt – zusätzlich zur Installierung von supereffizienten, hochtechnologischen Ausstattungen – so einfache Lösungen wie das Abschalten nicht benötigter Lichter, die Verwendung von Dampfdruckkochtöpfen, das Tragen warmer Kleidung auch zu Hause und so weiter; das heißt, eine Verminderung des Energiekomforts um drei Prozent (ebd.: 97–98).

Die meisten von Weizsäcker et al. angeführten Beispiele stammen aus den USA oder aus reichen europäischen Ländern. Bei der notorischen Verschwendung in diesen Ländern wäre es vielleicht im Prinzip nicht so schwierig, eine Verringerung des Ressourcenverbrauchs um einen Faktor 4 dadurch zu erreichen, dass man technische Verbesserungen, Verminderung der Verschwendung und etwas Verzicht auf Bequemlichkeit kombiniert. Aber Schmidt-Bleek und andere verlangen eine Reduktion um einen Faktor 10 in den reichen Industrieländern, damit die unterprivilegierten 80 Prozent der Menschheit einen etwas höheren Lebensstandard genießen können und der globale Materialdurchsatz gleichzeitig um die Hälfte geringer wird (Schmidt-Bleek 1993, 1994, Loske 1996). Wolfram Ziegler ist der Meinung, dass eine Reduzierung von gleicher Größenordnung notwendig sei, um allein das exponentielle Ansteigen des Artensterbens zu stoppen (vgl. Bahro 1987: 30). Wird eine solch starke Reduzierung nur durch technologische Effizienzsteigerung und geringfügige Verringerung von Verschwendung und Komfort möglich sein? Zu dieser Frage schreibt Schmidt-Bleek:

> »Die Dematerialisierung allein reicht also nicht aus, die Wirtschaft nachhaltig zu machen. Die Öko-Effizienzrevolution bleibt unzureichend und einäugig, wenn sie nicht von einer Suffizienzrevolution begleitet wird. Die Nulloptionen müssen uns geläufig werden. Wir müssen Nutzen besser definieren.« (Schmidt-Bleek 1993: 191)

Postindustrialismus, die Informationsgesellschaft und der Computer

Im Zusammenhang mit dem Thema Dematerialisierung hört man oft Schlagwörter wie »Informationsgesellschaft«, »Postindustrialismus«, »post-maturity economy« (postreife Wirtschaft), »Dienstleistungsgesellschaft« und so weiter. Es wird darauf hingewiesen, dass beispielsweise in den USA 60 Prozent der Berufstätigen in der einen oder anderen Form Informationen verarbeiten (Naisbitt 1986: 28). Darauf Bezug nehmend, sprechen einige von Dematerialisierung in entwickelten Gesellschaften so, als wäre diese schon weitgehend verwirklicht oder zumindest im Gange. Andere reden von schon geschehener Abkopplung des Wirtschaftswachstums vom Wachstum des Ressourcenverbrauchs. Dass dies blanker Unsinn ist, haben die AutorInnen des Brundtland-Berichts erkannt: Bezug nehmend auf angebliche »Anzeichen dafür ... dass die Gesellschaft und die Weltwirtschaft sich zunehmend entmaterialisieren«, schreiben sie: »Doch auch die industriell am fortgeschrittensten Wirtschaften brauchen nach wie vor eine kontinuierliche Versorgung mit Grundfertigwaren. Ob diese im Inland hergestellt oder importiert werden, ihre Produktion wird weiterhin große Mengen Rohstoffe und Energie erfordern...« (WCED 1987: 217, Hauff 1987: 216). Zudem ist weder das Verarbeiten von Informationen noch das Verkaufen von Dienstleistungen möglich, ohne materielle Güter zu gebrauchen.

Hier ist der gesunde Menschenverstand nützlich. Erstens ist der Begriff Bruttosozialprodukt (BSP), dessen Wachstum gemeint ist, wenn vom Wirtschaftswachstum die Rede ist, aus verschiedenen Gründen höchst problematisch und darum ein unzuverlässiger Indikator. Sogar fiktive Transaktionen sowie Aufwände zur Reparatur von Zerstörungen werden in das BSP einbezogen. Zweitens, wenn energie- und rohstoffintensive Industriebranchen in die Entwicklungsländer verlegt werden, sieht natürlich die Energie- und Materialbilanz (das Verhältnis des Energie- und Materialinputs zum BSP) der hoch entwickelten Länder besser aus. Aber diejenige der Weltwirtschaft bleibt unverändert. (Das Gleiche gilt für das Ausmaß der Umweltdegradation.) Das ist ein Nullsummenspiel. Drittens, wenn man nicht nur die Produktion, sondern auch den Konsum in Betracht zieht, wird klar, wie schlecht die Bilanz der hoch entwickelten Länder ist. Für eine Einheit Bedürfnisbefriedigung, beispielsweise Durstlöschen, verbrauchen informationsverarbeitende US-BürgerInnen ein Vielfaches mehr an Rohstoffen – zum Beispiel Cola in einer Dose – als durchschnittliche InderInnen, die ein Glas Wasser aus der Leitung trinken. Datenverarbeitende US-BürgerInnen konsumieren Autos, Fleisch, Kühlschränke, Strandurlaub und dergleichen. Man kann keine Daten essen und auch nicht in einem Computer wohnen.

Selbst wenn sie die obige Kritik konzedieren, glauben die Ideologen des »ökologischen« Industrialismus und große Teile der Ökologiebewegung, dass der Computer und, allgemeiner ausgedrückt, die Informations- und Kommunikationstechnologie (IuK-Technologie) nicht nur selbst sehr viel weniger Ressourcen-Input benötigen als frühere vergleichbare Technologien, sondern darüber hinaus zu einer massiven Verringerung des Ressourcenverbrauchs in vielen anderen Bereichen der Wirtschaft beitragen. Man hält sie auch für eine ökologisch saubere Technologie. Stimmt das alles?

Der Computer, das wichtigste Element der IuK-Technologie, ist klein, und seine *Benutzung* erfordert nur wenig Energie. Doch das ist nicht entscheidend. Eine Studie von Jürgen Malley (vom Wuppertal Institut) zeigt, dass es sehr große Energie- und Materialmengen erfordert, einen Computer herzustellen. Man braucht dazu eine große Anzahl von reinen und zum Teil edlen Materialien, zu deren Gewinnung große Mengen an Energie und Material benötigt werden. Alles zusammen genommen – Produktion, vierjähriger Gebrauch (seine durchschnittliche Lebensdauer)[22] und Recycling (sofern unternommen) –, erfordert ein Personalcomputer in seinem Lebenszyklus, das heißt von der ersten Baggerschaufel bis zur endgültigen Entsorgung, den Verbrauch von 15 bis 19 Tonnen Material, je nach der Art der Nutzung. Zusätzlich werden, nur um seine einzelnen Teile zu produzieren, 33 000 Liter Wasser benötigt. Ein Auto zu bauen, erfordert nur wenig mehr Material – 25 Tonnen (Malley 1996: 48).

Die Zahl 15 bis 19 Tonnen gibt einen Gesamtwert an. Um die MIPS eines Computers zu ermitteln, muss diese Zahl durch den durchschnittlichen Gesamtdienst geteilt werden, den man von einem Computer bekommen kann. Dieser ist allerdings sehr schwer zu berechnen, da – anders als bei einem Auto oder einem Kühlschrank – ein Computer viele verschiedene Arten von Diensten leistet. Auf jeden Fall sollte die Tatsache, dass ein Computer mit einer durchschnittlichen Lebensdauer von nur vier Jahren so viel Materialeinsatz erfordert, die Vorstellung widerlegen, er sei ein ressourceneffizientes Gerät. Was will man über die Ressourceneffizienz eines Kommunikationssatelliten sagen, eines weiteren sehr wichtigen Elements der IuK-Technologie? Wer kennt den gesamten zur Herstellung einer Photovoltaikzelle erforderlichen Materialeinsatz, eines sehr wichtigen Elements eines Satelliten?

Je intensiver Computer und Satelliten benutzt werden, desto niedriger ist ihre MIPS – wie bei jeder Maschine. Beispielsweise ist die MIPS eines Jumbojets niedriger, wenn er 400 UrlauberInnen befördert, als wenn er nur 200 befördert. Aber an anderen Stellen verbrauchen 400 UrlauberInnen mehr Ressourcen als 200. ÖkologInnen sollten daher ihr Hauptaugenmerk auf den gesamten Materialdurchsatz in der (Welt-)Wirtschaft als Ganzem richten, denn es ist in erster Linie dieser Wert, der die gesamte Belastung der Umwelt durch die Wirtschaft und damit die allgemeine Gesundheit der Umwelt bestimmt. Trägt die IuK-Technologie dazu bei, den Gesamtmaterialdurchsatz zu reduzieren?

Die Antwort ist eindeutig Nein, solange andere Dinge gleich bleiben. Allgemein gesprochen, führt eine schnellere und effizientere Datenverarbeitung durch Computer nicht nur zu effizienterem, sondern – unter sonst gleichen Umständen – auch zu beschleunigtem und größerem Materialverbrauch. Mit Hilfe der IuK-Technologie können große Konzerne ihre Produktion und Verkäufe an verschiedenen Orten der Welt koordinieren. Dies fördert die Globalisierung der Produktion und der Märkte und beschleunigt den Absatz. Mehr und mehr neue Produkte können schneller und schneller entwickelt werden. Bisher nicht ausgebeutete billige Arbeitskräfte können ausgebeutet werden, die Arbeitsproduktivität kann steigen und, obwohl die Ressourcenerschöpfung weitergeht, kann der Preis für viele Produkte sinken. Darüber hinaus vereinfacht die Computertechnologie immer häufigere Veränderungen in der Mode und (angebliche) Verbesserungen alter Produkte. Neue Generationen von Produkten ersetzen ähnliche ältere Produkte sehr schnell, so dass Letztere vorzeitig ausrangiert werden. Die Lebensdauer der Produkte wird immer kürzer. All dies führt zu mehr Konsum und größerem Materialdurchsatz.

Wenn die IuK-Technologie wirklich einige wirtschaftliche Aktivitäten überflüssig machen könnte, dann würde sie vielleicht zu einer Reduzierung des Gesamtmaterialdurchsatzes beitragen. Aber nach Rainer Grießhammer vom Freiburger Öko-Institut werden »nur wenige Produkte und Anwendungen … durch Telekommunikation substituiert.

Hauptsächlich führt sie zu neuen Produkten und Anwendungen und damit zwangsläufig zu zusätzlichen Umweltauswirkungen. Neue Technologien wirken meist additiv…« (Grießhammer 1996: 53). Das ist richtig. Das Fernsehen hat das Radio nicht ersetzt, und der Computer nicht Bücher und Papier. Ein Großteil des Wachstums der Nachfrage nach Büropapier ist durch Desktop-Computer und Fotokopierer verursacht worden. »Das papierlose Büro ist ausgeblieben« (Tibbs 1992: 14).

Die an die so genannte Telematik geknüpften Erwartungen waren groß. Eine Kombination aus Telekommunikation und Information hilft Reisenden Beförderungsmittel und Reisewege optimal wählen. Sie erhalten sämtliche Informationen über öffentliche Verkehrsmittel, ebenso über Staus und Umleitungen, so dass der Autoverkehr ungehindert fließen kann. Doch, wie Heinz Klewe, Raumplaner und Verkehrsexperte, schreibt, »warum sollte sich ein potenzieller Verkehrsteilnehmer, dessen Pkw vor dem Haus steht, für Bus und Bahn entscheiden, wenn doch sein gekaufter Boardcomputer verspricht, ihn ›individuell‹ um Baustellen, Staus oder Unfälle herumzuführen?« (Klewe 1996: 36). In der Tat kann mittels Telematik mehr Straßenverkehr optimal gelenkt werden, was wiederum mehr Straßenverkehr zur Folge hat.

Eine deutliche Verminderung des Verkehrsaufkommens und des Materialdurchsatzes wurde von der Teleheimarbeit erwartet. Aber erstens ist das Potenzial für solche Arbeit überschätzt worden. In Deutschland gab es 1996 nur circa 3000 derartige Arbeitsplätze (vgl. Schütte 1996: 27). Zweitens haben die meisten TelearbeiterInnen zwei Arbeitszimmer – eines zu Hause und ein anderes im Büro. Zwar fahren sie nicht täglich zum Büro, aber Büroraum, entsprechende Möblierung und ein Computer werden an beiden Orten benötigt. Dies bedeutet doppelten Materialaufwand. Außerdem: »Wer nur einmal in der Woche ins (externe) Büro fahren muss, der wird tendenziell dafür eher einen weiteren Weg in Kauf nehmen« (ebd.: 28). Weitere Suburbanisierung und weitere Motorisierung – beides Landschaftsverderber – sind unvermeidbare Folgen.

Die Tatsache, dass Computer und die meisten elektronischen Geräte immer kleiner werden, bedeutet auch einen Nachteil für die Umwelt. Solche Produkte sind hochkomplex und enthalten Mischungen von verschiedenen Materialien. Die Verkleinerung macht es immer schwieriger, mitunter auch unmöglich, diese Materialien zu trennen, was das Recycling behindert. Deutschland erzeugt jährlich 1,5 Millionen Tonnen Elektronikschrott, 120000 Tonnen davon sind Computerschrott (vgl. Malley 1996: 49). Und all dieser Schrott enthält hochtoxische Substanzen.

Land, Wasser und Bevölkerungszahl

Anbaufähiges Land und Süßwasser sind lebenswichtige Ressourcen. Wasser ist erneuerbar. Aber wir können die Gesamtmenge von Niederschlägen, die eigentliche Quelle von allem natürlichem Süßwasser, nicht erhöhen. Nur ein Teil der Gesamtlandfläche der Erde ist fruchtbar, und seine Fruchtbarkeit kann abnehmen oder gar erschöpft sein. Zwar kann Meerwasser in Süßwasser umgewandelt werden, aber das ist ein sehr energieintensiver und folglich kostspieliger Prozess. Da die Energiepreise in Zukunft steigen werden, wird dieser Prozess immer kostspieliger werden. Was Bewässerungsmöglichkeiten angeht, sind, wie schon im Zusammenhang mit Wasserkraft ausgeführt, geeignete Standorte für Staudämme rar. Was Ackerland betrifft, wird Bodenerosion nicht nur durch menschliche Aktivitäten verursacht. Sie ist auch ein natürlicher Prozess. Die Verhinderung von Erosion und anderen Arten von Bodenverschlechterung erfordert eine Menge Energie. Das Gleiche gilt für die Urbarmachung von Land.

Bei diesen Gegebenheiten ist es nicht leicht, die Nahrungsmittelproduktion zu steigern. Im ökoalternativen Diskurs zitiert man oft den folgenden Satz von Mahatma Gandhi: »Die Erde gibt uns genug für jedermanns Bedürfnisse, aber nicht für jedermanns Gier« (Gandhi 1997: 306). Das ist ein schöner Satz, aber zu simpel. Er ignoriert die Frage nach der Anzahl der Menschen, deren Bedürfnisse befriedigt werden müssen, eine Frage, die nicht ignoriert werden darf. Denn während die Weltbevölkerungszahl stetig weiterwächst, sinkt die Wachstumsrate der Weltnahrungsmittelproduktion. Während zwischen 1950 und 1984 die Weltgetreideproduktion um drei Prozent pro Jahr zunahm – was chemischen Düngern, Pestiziden, Bewässerung und ertragreichen Pflanzensorten zu verdanken war –, fiel zwischen 1984 und 1993 die jährliche Wachstumsrate auf weniger als ein Prozent, was die Pro-Kopf-Verfügbarkeit um elf Prozent verringerte (Brown 1994: 249). Brown zitiert weiter ExpertInnen der FAO (Food and Agriculture Organization, Sonderorganisation der UNO: Ernährungs- und Landwirtschaftsorganisation), die der Ansicht sind, dass der Fischfang in den Weltmeeren sowie die Fleischproduktion kaum noch gesteigert werden könnten, so dass die Pro-Kopf-Verfügbarkeit von tierischem Eiweiß abnehmen wird (ebd.: 248–249).

Angesichts dieser Fakten sollte es selbstverständlich sein, dass wir eher versuchen sollten, das Bevölkerungswachstum zu stoppen, als zu versuchen, noch mehr Nahrungsmittel zu produzieren. Denn bei der heutigen Lage der Welt haben sowohl das Bevölkerungswachstum als auch das Wachstum der Nahrungsmittelproduktion negative Auswirkungen auf die Umwelt. Dennoch widersetzen sich leider verschiedene politische Kräfte, mit denen ich in anderen Punkten durchaus sympathisiere, jeglicher aktiver Politik zur Bremsung des Bevölkerungswachstums: Linke, Feministinnen, Dritte-Welt-Solidaritätsgruppen, NROs aus der Dritten Welt. Aus Platzgründen gebe ich hier nur ein Beispiel. Ursula Pattberg, eine deutsche Dritte-Welt-Sympathisantin, schrieb 1992:

> »Ich bin gegen Bevölkerungspolitik, weil sie nicht das Gebot der Stunde ist. Erforderlich ist vielmehr eine andere Ressourcenpolitik. Es geht um eine Kulturrevolution: um die Verteilung von Land, Luft, Wasser, Nahrungsmitteln und anderen Dingen. Wenn wir diese Ressourcen gerechter verteilen können, dann ist die bevölkerungspolitische Debatte gegenstandslos.«

Zur ökologischen Krise schrieb sie: »… die Ursachen der Umweltzerstörung in Thailand … sind ganz eindeutig die Interessen des Kapitals. Es geht um Gewinnmaximierung und Naturausbeutung für kurzfristige Profite.« Dann berichtete sie: »In Thailand gibt es ein People's Forum, in dem sich verschiedene Nichtregierungsorganisationen zusammengeschlossen haben. In ihrem Programm kommt das Wort ›Geburtenplanung‹ überhaupt nicht vor; ›Überbevölkerung‹ ist für sie kein Thema.« Sie zitierte aus dem Programm von People's Forum:

> »Die ökonomisch starken Länder werden ihre Anstrengungen zur Kontrolle der Ressourcen verstärken. Sie werden dazu alle Mittel und Wege nutzen [und dazu gehört auch die Bevölkerungsplanung; U.P.], einschließlich der internationalen Organisationen wie die Weltbank, um ihre günstige Ausgangsposition zu halten und ihre Interessen zu vertreten. Die Länder der Dritten Welt sind in diesem Prozess instrumentalisiert worden, ungeachtet der Tatsache, dass sie das Recht auf eine eigene Entwicklung haben.«

Pattberg fasst zusammen: »Was die Gruppen fordern, ist ein Verfügungsrecht über ihre Ressourcen« (Pattberg 1992: 5–6).

Diese Ablehnung einer aktiven Bevölkerungspolitik ist das Resultat einiger Konfusionen, die beseitigt werden müssen.

MALTHUS – DER UNTERSCHIED ZWISCHEN PROBLEM UND POLITIK

Wir müssen mit Malthus beginnen. Wir müssen zwischen Problem und Politik differenzieren. Eine Bevölkerungs*politik* kann man kontrovers diskutieren, formulieren und akzeptieren oder ablehnen. Aber das Bevölkerungs*problem* ist ein objektiv vorhandener Zustand, der nicht weggezaubert werden kann. Alle guten ÖkologInnen wissen, dass in der Natur die Population einer in einem bestimmten Ökosystem lebenden Art unterhalb einer gewissen Grenze bleiben muss, um das empfindliche ökologische Gleichgewicht nicht umzukippen. Das Durcheinandermischen von Problem und Politik in Diskussionen schafft nur Konfusion. Die Empörung über die Politik von Malthus ist gerechtfertigt. Er, ein Interessenvertreter der herrschenden Klasse, meinte, die Armen seien selbst schuld an ihrer Armut. Die Frage ist jedoch, ob deshalb seine Darstellung des Problems falsch sein muss.

Die heftigste Kritik an Malthus ist immer von links gekommen. Marx hielt das Essay von Malthus für eine Verleumdung der menschlichen Rasse. Engels schrieb 1865: »Für uns sind die sogenannten ökonomischen Gesetze keine ewigen Naturgesetze, sondern historische, entstehende und verschwindende Gesetze …«. Er glaubte, »was an der sogenannten Malthusschen Theorie Haltbares ist«, gelte nur für die auf »Klassenherrschaft und Klassenausbeutung beruhenden Gesellschaftszustände ...« (Marx und Engels 1965: 466). Das war keine richtige Widerlegung. Doch es wurde auch ernsthaft versucht, eines der beiden Gesetze von Malthus zu widerlegen. Engels und Lenin waren richtigerweise der Ansicht, dass sein Gesetz über das Wachstum der Nahrungsmittelproduktion – welches besagt, dass diese nur in arithmetischer Progression wächst – auf dem Gesetz vom abnehmenden Ertragszuwachs basiert. Sie erklärten jedoch, dass der grenzenlose Fortschritt von Wissenschaft und Technik dieses ansonsten überzeugende Gesetz (das vom abnehmenden Ertragszuwachs) außer Kraft setze. (Diese Zusammenfassung der Ansichten von Marx, Engels und Lenin beruht auf Zitaten, die Meek [1971] gesammelt hat.)

Aber Wissenschaft und Technik haben mittlerweile die in sie gesetzten Erwartungen enttäuscht. Brown weist nach, dass zwischen 1950 und 1984 jede zusätzliche Tonne Dünger den Getreideertrag um 9 Tonnen wachsen ließ. Doch 1984 begann sich dieses Verhältnis zu verschlechtern. Bis 1989 fiel es auf 1,8 Tonnen zusätzliches Getreide pro zusätzliche Tonne Dünger (Brown 1994: 259). Die Pflanzen reagieren einfach nicht mehr gut auf mehr und mehr Dünger. Das Gesetz vom abnehmenden Ertragszuwachs ist also nicht außer Kraft gesetzt.

Das andere Gesetz von Malthus – dass die Bevölkerung, *falls sie nicht kontrolliert wird*, in geometrischer Progression anwächst – ist noch schwieriger zu widerlegen. Das Einzige, was seine GegnerInnen in dieser Hinsicht tun können, ist, auf die Tatsache hinzuweisen, dass die Bevölkerung in den Industriegesellschaften aufgehört hat zu wachsen oder nur noch sehr langsam wächst. Aber auch das ist keine richtige Widerlegung, denn in diesen Gesellschaften benutzen die meisten Paare verschiedene Verhütungsmittel. Ein durchschnittliches gesundes Paar in einer Industriegesellschaft *könnte*, wenn es keine Kontrazeptiva verwenden würde, in rund 30 Jahren zehn oder mehr Kinder produzieren. Es ist also klar: die beiden Gesetze von Malthus sind so gut wie Naturgesetze. Zumindest gelten sie immer noch.

Die wissenschaftliche und technologische Forschung hat nicht aufgehört. So kann man immer noch hoffen, dass beispielsweise die Biotechnologie helfen könnte, das Problem zu lösen, oder dass es beim Prozess der Photosynthese zu einem Durchbruch kommen könnte, der Pflanzen befähigt, Solarenergie effizienter in essbare Energie umzuwandeln. Gail Omvedt und Govind Kelkar, zwei indische Feministinnen, berichten, dass S. A. Dabholkar, ein experimentierender Bauer aus Westindien, Methoden entwickelt habe, die es ermöglichten, dass eine fünfköpfige Familie durch Landwirtschaft mit Hilfe »nur geringfügiger externer Inputs« auf einem nur ein Viertel Acre großen Feld (1 Acre = 0,4046 ha) einen Lebensstandard der Mittelklasse führen könne. Folglich gebe es »auf technologischer Ebene kein reales Bevölkerungsproblem«. Sie schreiben: »Es ist eine Tatsache, dass die Fähigkeit von Sonnenschein und Boden (der selbst regeneriert, ja sogar aus Bioabfall ›gemacht‹ werden kann), hohe Produktivitäten zu erreichen, kaum begonnen hat, ausgenutzt zu werden. ... die ›Tragfähigkeit‹ der verschiedenen Regionen der Erde kann nahezu *unbegrenzt* erweitert werden« (Omvedt und Kelkar 1995: 30; Hervorhebung durch den Autor). Aber Dabholkars Behauptung und Omvedts und Kelkars Vertrauen in die Technik sind nicht überzeugend; sie klingen eher wie der Glaube an Wunder. Die Autorinnen berichten auch, dass Dabholkars Behauptungen in Indien »im allgemeinen für übertrieben und sogar phantastisch gehalten werden« (ebd.). Und Brown berichtet, dass führende WissenschaftlerInnen keine Hoffnung machen, dass ihnen in absehbarer Zukunft weitreichende Durchbrüche in diesen Bereichen gelingen (Brown 1994: 263).

WIE AKUT IST DIE KRISE? WIE VIEL SPIELRAUM BLEIBT UNS NOCH?

Prüfen wir nun einige andere wohlbekannte Argumente gegen die Notwendigkeit einer aktiven Politik zur Begrenzung des Bevölkerungswachstums. »Entwicklung ist die beste Empfängnisverhütung« lautet die Parole vieler Linker seit der Weltbevölkerungskonferenz von Bukarest 1974. Dieses Argument wird durch die Theorie des demographischen Übergangs gestützt. Sie besagt – sich auf die demographische Geschichte der europäischen Industrieländer stützend –, dass in einer Gesellschaft mit zunehmender Bevölkerung die Geburtenrate mit zunehmendem Wohlstand quasi automatisch fällt und schließlich dieselbe Rate erreicht wie die Sterblichkeitsrate. Das vollendet den Übergang zu einer stabilen Bevölkerungszahl. Diese Theorie wurde aber formuliert, bevor die Menschheit der Grenzen des Wachstums gewahr wurde. Die meisten Länder der Dritten Welt können es nie schaffen, beispielsweise das Wohlstandsniveau Westdeutschlands im Jahre 1972 zu erreichen – dem Jahr, in dem dieses Land die letzte Phase seines demographischen Übergangs abschloss. Außerdem genügt Wohlstand alleine vielleicht nicht. In Saudi-Arabien – in den vergangenen drei Jahrzehnten eines der reichsten Länder der Welt – lag die Geburtenrate 1989 bei mehr als 40 pro tausend Einwohner pro Jahr, während sie zum Beispiel in Sri Lanka bei knapp über 20 pro tausend Einwohner pro Jahr lag (Meadows et al. 1992a: 54).

Als eine Art unterstützendes Argument dafür, dass sie sich auf den demographischen Übergang verlassen, sagen Linke, dass das Problem des Hungers in der heutigen Welt eigentlich keines sei, dass es in der Welt genug Nahrungsmittel gebe, die nur richtig verteilt werden müssten. Das mag theoretisch völlig richtig sein, es bleiben jedoch einige Fragen:

- Was uns bei solchen Diskussionen beschäftigt, ist nicht nur die heutige Situation. Wir müssen auch fragen: Wie lange kann die Weltnahrungsmittelproduktion mit der wachsenden Weltbevölkerung Schritt halten? Die von Brown präsentierten Zahlen und Fakten geben in dieser Hinsicht keinerlei Anlass zum Optimismus. Dürfen wir, wie Gläubige einer Religion, einfach hoffen, dass Wissenschaft und Technik irgendwie alle zukünftigen Probleme lösen werden?
- Die negativen ökologischen Auswirkungen intensiver Landwirtschaft sind hinreichend bekannt. Ist es politisch verantwortbar, sie weiter zu intensivieren, um mehr Nahrungsmittel für eine wachsende Bevölkerung zu produzieren?
- Können wir erwarten, dass die Menschen in Ländern mit Nahrungsmittelüberschuss hart arbeiten und ihr Geld in die Landwirtschaft investieren werden, um schließlich ihren Überschuss an die Armen der Dritten Welt zu verschenken? Die Welt ist doch noch keine kommunistische Eine-Welt geworden!

- Die Landwirte der Länder mit Nahrungsmittelüberschuss möchten sicherlich ihren Überschuss verkaufen. Doch woher sollen die armen Länder der Dritten Welt die Devisen nehmen, die kontinuierlich wachsenden Lebensmittelimporte zu bezahlen?

Ein alternativer Argumentationsstrang der VerharmloserInnen des Bevölkerungswachstums basiert auf Berechnungen bezüglich der maximalen Tragfähigkeit der Erde. 1982 wurde in einer Studie der zwei UNO-Organisationen FAO und UNFPA (United Nations Fund for Population Activities; UN-Bevölkerungsfonds) behauptet, dass in der Dritten Welt (ohne China) genug anbaufähiges Land verfügbar sei, um 33 Milliarden Menschen zu ernähren – aber nur dann, wenn jeder Quadratmeter kultivierbaren Bodens genutzt und große Mengen Dünger und andere Chemikalien verwendet würden. Es wäre so möglich, gerade mal die ausreichende Menge vegetarische Nahrung zu produzieren (Sadik 1990: 7). Es gibt ein weiteres Modell für die Produktion ausreichender Nahrungsmittel für 15 Milliarden Menschen bei mäßigem Einsatz von Chemikalien. Es wird behauptet, dieses Modell erlaube einen ökologisch sorgsamen Umgang mit der Natur (vgl. Simon 1991: 30). Man nimmt allgemein an, dass sich die Weltbevölkerung irgendwann zwischen 2050 und 2100 bei 11 bis 14 Milliarden stabilisieren wird. Diesen Modellen zufolge gibt es also nicht nur genug Zeit und Spielraum für den demographischen Übergang, sondern auch keinerlei Grund zur Panik.

Gegen diese Argumentationslinie habe ich einige Einwände:

1. Wenn wir in der Dritten Welt (ohne China) genügend Nahrungsmittel für 15 Milliarden Menschen produzieren wollen, wobei wir nur mäßig Kunstdünger und andere Chemikalien verwenden (weil wir der Umwelt nicht schaden wollen), muss die Landwirtschaft eine extensive werden. Wir brauchten dann mehr urbares Land und auch mehr Land für Häuser, Schulen, Krankenhäuser Straßen, Büros, Fabriken und dergleichen. Aber, so schreibt Brown, »... es ist eine Tatsache, dass es einfach nicht mehr soviel fruchtbares Land gibt, das nur darauf wartet, umgepflügt zu werden« (Brown 1994: 263).

Zwischen Land und fruchtbarem Land ist ein Unterschied. Im Gefolge der Verdoppelung der Weltgetreidepreise 1972 dehnten die Bauern und Bäuerinnen der Welt die Getreideanbaufläche um 11 Prozent aus. Aber es folgte bald ein massiver Rückzug. Ein sehr großer Teil dieser Ausdehnung hatte auf Land stattgefunden, welches sehr anfällig für Bodenerosion war und für nachhaltige Bebauung völlig ungeeignet. Infolge des Rückzugs ging in der ehemaligen Sowjetunion die Getreideanbaufläche von 123 Millionen Hektar im Jahr 1977 auf 99 Millionen Hektar im Jahr 1993 zurück. In den USA wurden zwischen 1985 und 1992 14 Millionen Hektar wieder zu Wald oder Weideland umfunktioniert (ebd.: 254).

Brown liefert keine vergleichbaren Zahlen für die Dritte Welt. Wir wissen aber, dass in Brasilien Ackerbau auf zuvor von Regenwald bewachsenem Land höchstens für drei oder vier Jahre möglich ist. Solches Land erodiert schnell. Es mag ja sein, dass es in der Welt noch eine Menge derartiges Land gibt, welches bestellt werden kann. Allerdings gehen nach einer Schätzung aus dem Jahre 1991 jährlich etwa 6 Millionen Hektar Ackerland durch Erosion, Versalzung und dergleichen verloren (Stiftung Entwicklung und Frieden 1991: 237–238). Den Friends of the Earth Netherlands zufolge »werden die gegenwärtigen Produktionsmethoden zu einer Abnahme der potenziell bestellbaren Landfläche um annähernd 16 Millionen Hektar pro Jahr führen« (Brakel und Zagema 1994: 16). Was die Dritte Welt anbelangt, schreibt Sandra Postel, dass in Asien, Afrika und Südamerika seit 1945 von Menschen verursachte Landschäden 20, 22 und 14 Prozent des bewachsenen Landes erreicht hätten (Postel 1994: 23).

Nehmen wir einmal an, dass dieser Trend durch große Anstrengungen und eine gute Mischung vernünftiger Politikansätze gestoppt werden kann. Auch dann würde die Nahrungsmittelproduktion für 15 Milliarden Menschen mit extensiver Landwirtschaft bedeuten, dass ein Großteil der verbliebenen Wälder verloren geht. Die Ressourcenforderungen der Luxusindustrien könnten zwar zurückgewiesen werden. Aber auch die Erfüllung der anderen Grundbedürfnisse von 15 Milliarden Menschen – Fasern für

Kleidung, Feuerholz, Bauholz, Papier und so weiter – würde zur kontinuierlichen Zerstörung von immer mehr Wäldern führen. Außerdem – abgesehen davon, dass in unserem eigenen Interesse ein gewisser Prozentsatz des Landes mit Wald bedeckt sein sollte – sind die Wälder Lebensraum für viele andere Arten (die wir übrigens ebenfalls brauchen). Hat die Gattung Mensch das Recht, weiteren Lebensraum zu erobern?

2. Würde die Frage mit Ja beantwortet, müssten Millionen von Menschen aus den dicht bevölkerten Ländern in derzeit nur dünn besiedelte Regionen auswandern. Diese Regionen sind aber die Heimat von anderen Menschengruppen – amerikanischen Indianern, Maoris, Aborigines und anderen Urbevölkerungen. Sollen sie erneut aus ihrem Land vertrieben werden? Sollen wir Krieg gegen sie führen?
3. Was sollen die Menschen aus den heute schon dicht besiedelten Ländern – Indien, Bangladesh, Ägypten und so weiter – tun, wenn ihnen die Völker und Regierungen der dünn besiedelten Länder die Einwanderung nicht erlauben? Was nützen dann die Modelle der FAO und der UNFPA?
4. Land ist nicht das einzige Problem. Mit von Regenfällen abhängiger Landwirtschaft allein kann die Nahrungsmittelproduktion nicht wesentlich gesteigert werden. Bewässerungssysteme wären notwendig. Doch vom Worldwatch Institute bis zur Weltbank wissen alle, dass Süßwasser in vielen Regionen der Erde schon zu einer knappen Ressource geworden ist. Es besteht die Befürchtung, dass Landwirtschaft und Industrie sowie Menschen und Nationen gegeneinander um das Wasser kämpfen würden. Es würde zu großen sozialen Konflikten kommen. Das ist zum Teil schon Realität. Die Weltbank befürchtet, dass im 21. Jahrhundert aus diesem Grund Kriege zwischen benachbarten Ländern ausbrechen könnten (*Frankfurter Rundschau*, 31.12.1996.) Es ist unvorstellbar, Wasser zur Bewässerung beispielweise von Kanada nach Indien zu transportieren.
5. Mein letzter Einwand: Die GegnerInnen jeglicher aktiven Geburtenkontrollpolitik meinen, genug Nahrungmittel für 15 Milliarden

Menschen auf dem Gebiet der Dritten Welt (ohne China) produzieren zu können, setze einiges voraus, nämlich eine vernünftige Landwirtschaftspolitik, eine egalitäre wirtschaftliche Entwicklung, eine andere Entwicklungsstrategie und so weiter. Diese seien die minimalen gesellschaftlichen Voraussetzungen, unter denen das Bevölkerungswachstum allmählich nachlassen könnte.

Es ist erstens unsicher, ob die Erfüllung dieser sozialen Voraussetzungen allein ausreichen würde, das Bevölkerungswachstum zu stoppen. Zweitens kann egalitäre wirtschaftliche Entwicklung keine Voraussetzung für etwas anderes sein, denn sie ist selbst ein wichtiges Teilziel eines Ideals, welches nur durch einen *langwierigen* Kampf für gesellschaftlichen Wandel erreicht werden kann. Auch die anderen Voraussetzungen werden wohl *nicht bald* erfüllt werden können. Wenn die Bevölkerung in der Zwischenzeit weiter wächst, wird das zerstörte ökologische Gleichgewicht durch die Natur selbst wiederhergestellt werden – durch Hunger, Krieg, Bürgerkrieg, soziales Chaos, Krankheiten und Epidemien –, und das kann wohl niemand einfach geschehen lassen! Deshalb ist eine effektive und aktive Politik zur Geburtenkontrolle dringend notwendig.

Nachhaltigkeit

Bevor ich dieses Kapitel zu Ende bringe, möchte ich noch einige abschließende Bemerkungen zur Nachhaltigkeit machen. Wie schon ausgeführt, verlangen zahlreiche ProtagonistInnen des ökologischen Industrialismus eine drastische Reduzierung des Ressourcenverbrauchs in den Industrieländern. Ihr Ziel dabei ist die Nachhaltigkeit, und sie wollen auch der Dritten Welt die Möglichkeit geben, sich zu entwickeln. Was mich aber stutzig macht, ist, dass sie gleichzeitig den BürgerInnen der hoch entwickelten Industrieländer versprechen, dass diese im Ergebnis keine wesentliche Einschränkung ihres Lebensstandards hinnehmen müssten.

Hier sind einige Beispiele: Friends of The Earth Netherlands gehen von dem moralischen Standpunkt aus, dass jedes Land Recht auf die gleiche Menge Umweltraum (environmental space[23]) pro Kopf hat, und akzeptieren die Konsequenz, dass der Verbrauch von natürlichen Ressourcen in den Industrieländern um mindestens 70 Prozent reduziert werden muss (Brakel und Zagema 1994: 6). Sie schreiben: »Die Frage ›kann der reiche Norden als Ergebnis einer Effizienzrevolution einen *angemessenen* Lebensstandard haben ...?‹ kann ... positiv beantwortet werden« (ebd.: 26; Hervorhebung durch den Autor). Das Wort »angemessen« (reasonable) lässt Spielraum für Interpretationen. Wenige Seiten später schreiben sie: »Das Endergebnis einer Effizienzrevolution wird ein *höheres Produktions- und Konsumniveau* sein« (ebd.: 31; Hervorhebung durch den Autor). Dann zitieren sie stolz einen Führer der größten niederländischen Gewerkschaft, der sein Szenario dafür lobte, dass »es auf dem Solidarprinzip basiert und auch ein *kontinuierliches hohes Konsumniveau* garantiert« (ebd.: 30; Hervorhebung durch den Autor). Aber dann, seltsamerweise, fordern sie ebenfalls: »Es ist natürlich Aufgabe der Regierung, eine *Suffizienzrevolution* durchzuführen (ebd.: 32; Hervorhebung durch den Autor). Könnte ihre Konfusion schlimmer sein? Weizsäcker et al. sowie der Präsident des Club of Rome behaupten, dass der Wohlstand verdoppelt werden könne, während gleichzeitig der Ressourcenverbrauch halbiert werde (Weizsäcker et al. 1995). Schmidt-Bleek, trotz seiner Forderung nach Reduzierung des Ressourcenverbrauchs um einen Faktor 10, sagt: »Wir haben Lust auf Wachstum. ... Ökologie muss nicht wachstumsfeindlich sein« (zit. n. Wille 1999). Und Herman Daly, der aus ökologischen und ressourcenbezogenen Gründen schon in den Siebzigerjahren für eine »steady-state economy« (Wirtschaft im stationären Zustand) eintrat (Daly 1977), ließ 1989 keinen Spielraum für wohlwollende Interpretationsverrenkungen von etwas vagen Begriffen wie »Wohlstand«, »Nutzen« oder »Service-Einheit«, indem er ganz klar von »*Quantität von Gütern*« redete. Er schreibt: »... ohne die Quantität der dem [US-]Konsumenten zur Verfügung gestellten Güter zu verringern, kann eine beachtliche Reduzierung der wirtschaftlichen Aktivität erreicht werden« (Daly und Cobb 1990: 296).

ÖkologInnen hören auf, ÖkologInnen zu sein, wenn sie anfangen, wie BerufspolitikerInnen zu denken und zu reden, die ihren WählerInnen schöne Dinge versprechen müssen. Weizsäcker schreibt in einem anderen Buch mit dem Untertitel *Ökologische Realpolitik an der Schwelle zum Jahrhundert der Umwelt*: »Europäern, Amerikanern und Japanern zu empfehlen, sich in Sack und Asche zu kleiden und auf Wohlstand und Fortschritt zu verzichten, ist eine zum Scheitern verurteilte Strategie.« Er schlägt daher »eine neue Wirtschaftsweise« und »ein neues Wohlstandsmodell« vor, »welche man, ohne die Erde zu ruinieren, auf 5 oder 10 Milliarden Menschen ausdehnen könnte« (Weizsäcker 1989: 14). Er konkretisiert dieses Modell anhand eines Beispiels: kleine »Citycars« und Fahrräder könnten zusammen mit den Fahrgästen von zweistöckigen Eisenbahnwagen transportiert werden (ebd.: 233–234). Friends of the Earth Netherlands versuchen, ihr Szenario als »selbst für die Geschäftswelt attraktiver als das gegenwärtig Übliche« darzustellen (Brakel und Zagema 1994: 36). Man muss es allerdings Daly und Cobb zugute halten, dass sie nach der Schilderung ihres Utopia auch schreiben: »Vielleicht ist dieses Szenario zu optimistisch« (Daly und Cobb 1990: 297).

Ich bezweifle sehr, dass diese Versprechen auf einer plausiblen Basis beruhen. Die zitierten AutorInnen scheinen zu glauben, dass das Potenzial technologischen Fortschritts unbegrenzt sei und dass darum die Ressourcenproduktivität stark gesteigert und parallel dazu die Arbeitsproduktivität auf hohem Niveau gehalten werden könne. Das ist illusorisch. Das gegenwärtige hohe Niveau der Arbeitsproduktivität in den hoch industrialisierten Ländern ist hauptsächlich dadurch zustande gekommen, dass Arbeit durch Kapital (Maschinen), das heißt durch hohen Ressourcenverbrauch, ersetzt werden konnte. Es ist noch illusorischer zu glauben, dass beide Produktivitäten gleichzeitig erhöht werden könnten. Nachdem die optimale Kombination von Arbeits- und Ressourcenintensität erreicht worden ist, kann die eine Produktivität nur noch auf Kosten der anderen erhöht werden. Nehmen wir ein Beispiel: Natürlich erreichen ArbeiterInnen, die mit Presslufthämmern arbeiten, eine höhere Arbeitsproduktivität als ArbeiterInnen, die mit einfachen Hämmern arbeiten. Presslufthämmer haben jedoch eine niedrigere Ressourcenproduktivität als einfache Hämmer, weil Erstere sowohl bei der Herstellung als auch beim Betrieb einen hohen Material- und Energieeinsatz erfordern. Trainer zitierte aus mehreren bis 1980 veröffentlichten Studien, um nachzuweisen, dass »technologiebedingter Ertrag im allgemeinen zurückgeht«, und er sah bis 1985 kein Anzeichen dafür, dass sich dieser Trend in Zukunft ändern würde (Trainer 1985: 211). Den Unterschied zwischen Trainer und Weizsäcker et al. (1995) sollte man sich merken: Während Ersterer seinen Blick auf *makroökonomische Daten* richtete, was methodisch richtig ist, erzählen Letztere von *einzelnen Produkten*, bei denen Dematerialisierung angeblich gelungen ist. Auf jeden Fall scheint mir ein Wohlstandsmodell, welches »Citycars« in zweistöckigen Eisenbahnwagen für 5 bis 10 Milliarden Menschen *und* eine drastische Reduzierung des Rohstoffverbrauchs beinhaltet, eurozentrisches Wunschdenken zu sein, kein realisierbares Szenario für eine nachhaltige Weltwirtschaft.

Man kann nicht vorhersagen, welcher Lebensstandard für wie viele Menschen möglich wäre, wenn der Materialdurchsatz in den Industrieländern um einen Faktor zehn oder vier oder drei reduziert wäre. (Weizsäcker hat nicht vorhergesagt, wie viele Menschen sich in seinem Szenario ein »Citycar« leisten könnten.) Doch die Vorhersage ist auch unnötig. Wir müssen die absolute ökologische Notwendigkeit dieser Reduzierung akzeptieren und dann schauen, wie viel Wohlstand für wie viele Menschen mit dem übrig bleibenden Materialdurchsatz noch möglich ist.

Wenn als Resultat einer Effizienzrevolution der Wohlstand erhöht und auf weitere Bevölkerungsteile ausgedehnt werden kann, schön und gut. Wenn er sinkt, müssen wir das akzeptieren. Wir wollen ja schließlich die Umwelt nicht ruinieren. Eine Sache ist dabei sehr wichtig: Wir sollten keine Illusionen verbreiten. Jede Technologie hat ihr Effizienzoptimum. Die Gesetze der Physik, Chemie, Biologie und Thermodynamik können nicht außer Kraft gesetzt werden. Wunder geschehen nur in Märchenbüchern. Ein Auto, welches keine Energie verbraucht, können wir uns nicht vorstellen. Und Öltanker werden auch nicht kleiner und kleiner, während sie immer größere Mengen Öl transportieren.

Wir hören oft den Ausdruck »Lebensqualität« statt »Lebensstandard« oder »Wohlstand«. Beispielsweise definierte 1991 die International Union for Conservation of Nature nachhaltige Entwicklung als »Verbesserung der Qualität menschlichen Lebens, während wir innerhalb der Tragfähigkeitsgrenze des unterstützenden Ökosystems leben« (zit. n. Irvine 1995b: 5). Wenn wir so leben, werden wir automatisch, dank der verbesserten Umweltqualität, eine bessere Lebensqualität genießen. Einige weitere Dinge – Liebe, Freundschaft, Gerechtigkeit, Solidarität, sozialer Frieden – verbessern unsere Lebensqualität ohne erhöhten Materialverbrauch. Aber wir müssen vorsichtig sein: »Lebensqualität« kann auch als materieller Komfort, Luxus und Aktivitäten wie Tourismus und Urlaub verstanden werden, die den Materialverbrauch erhöhen.

Was die nichterneuerbaren Ressourcen anbelangt, ist nicht einmal Nullwachstum eine Lösung. Wenn wir sie in geringerem Umfang verbrauchen, werden sie etwas länger zur Verfügung stehen; das ist alles. Wir können der nächsten Generation nicht genauso viel davon vererben, wie wir geerbt haben, wenn wir nicht vollständig auf ihren Verbrauch verzichten. Wir können sie aber sparsam verbrauchen, um genug Zeit für den Übergang zu einer nachhaltigen Wirtschaft zu gewinnen und um diesen so schmerzlos wie möglich zu gestalten.

Da der Definition nach »eine Gesellschaft [nur] dann nachhaltig ist, wenn sie so strukturiert ist und sich so verhält, dass sie über alle Generationen existenzfähig bleibt« (Meadows et al. 1992a: 250), kann eine Wirtschaft *letzten Endes* und *theoretisch* wirklich nur nachhaltig sein, wenn sie vollständig auf erneuerbaren Ressourcen basiert. Eine weitere Bedingung ist, dass wir diese in einem Tempo verbrauchen, das nicht die Rate übersteigt, in der sie sich regenerieren beziehungsweise von der Natur wieder produziert werden (Süßwasser). Logischerweise kann also eine nachhaltige Wirtschaftsweise keine industrielle sein, wie sie heute ist oder in einer früheren Epoche war. Denn eine Industriegesellschaft basiert ganz wesentlich auf nichterneuerbaren Ressourcen. Mit etwas weniger Rigorosität könnten wir sagen, dass eine nachhaltige Wirtschaft *hauptsächlich* auf erneuerbaren Ressourcen basiert und nichterneuerbare nur dann verbraucht, wenn es absolut notwendig ist. Ausnahmen können wir bei Kohle, Eisen und Aluminium machen. Kohlereserven werden noch für einige Jahrhunderte reichen; und Eisen und Aluminium kommen in der Erdkruste reichlich vor. Diese beiden Metalle sind außerdem gut recycelbar.

Man kann nicht einfach sagen, dass die erneuerbaren Ressourcen die nichterneuerbaren ersetzen werden, wenn Letztere nicht mehr verfügbar sind. Wir haben gesehen, dass Solarstrom nicht lebensfähig ist. Und die brauchbaren erneuerbaren Ressourcen werden sicherlich nicht in den gleichen enormen Mengen zur Verfügung stehen wie heute nichterneuerbare und erneuerbare zusammengenommen. Wenn die Bevölkerungszahl nicht sinkt, wird die Pro-Kopf-Verfügbarkeit von Ressourcen sehr viel geringer sein als heute. Wir sehen aber, dass die Weltbevölkerung kontinuierlich wächst. Der wichtigste Beitrag der Dritte-Welt-Länder zur globalen Nachhaltigkeit sollte daher ein rasches Ende des Bevölkerungswachstums sein, während der Beitrag der Industrieländer in einer drastischen Verminderung des Ressourcenverbrauchs bestehen müsste.

Die AnhängerInnen einer technologischen Effizienzrevolution bemühen sich sehr, durch Forschung und Entwicklung die Ressourcenproduktivität zu steigern oder, mit anderen Worten, die MIPS von allem zu senken, was einen Service leistet. Aber es gibt viele einfache Wege dorthin. Alle, die einmal gesehen haben, wie in Indien ein Haus gebaut wird, werden mir zustimmen, dass die MIPS eines solchen Hauses wesentlich niedriger ist als die eines deutschen. Das Geheimnis dieses indischen Erfolgs liegt in der hohen Arbeitsintensität. Tatsächlich ist es ein doppelter Erfolg, denn diese Bauweise trägt auch zur Verringerung der Arbeitslosigkeit bei. Es gibt noch viele andere einfache Wege, die MIPS zu reduzieren. Man kann seinen Körper gegen die Kälte mit drei Pullovern isolieren, anstatt das ganze Haus mit hochtechnologischen Supermaterialien und Superglasfenstern zu isolieren. Noch besser ist es, wenn die Pullover, wie in Indien, handgestrickt sind. Fünfzehn Familien können gemeinsam einen Pool von drei Autos besitzen, die sie nur bei Bedarf benutzen, statt dass jede Familie ein Hyperauto von Amory Lovins besitzt. In Deutschland wird dies in gewissem Umfang praktiziert. Weizsäcker et al. (1995: 163–165) empfehlen dies auch. Wir können ein Hemd so lange benutzen wie möglich, anstatt zu versuchen, eine Technik zu erfinden, die uns ermöglicht, mit weniger Baumwolle mehr Hemden zu produzieren.

Bei Diskussionen über Nachhaltigkeit sollten wir »nachhaltige

Wirtschaft« und »nachhaltige Gesellschaft« nicht als auswechselbare Begriffe benutzen. Erstere ist eine unabdingbare Voraussetzung für Letztere, aber eine Gesellschaft ist mehr als nur die Wirtschaft. Eine Gesellschaft kann zusammenbrechen oder zu sehr leiden, schon bevor ihre Wirtschaft die Grenzen der ökologischen und ressourcenbezogenen Nachhaltigkeit überschritten hat. Dies kann durch Aggression von außen geschehen, aber auch durch Bürgerkrieg, Aufruhr, Revolten, Zunahme der Kriminalität, Chaos, Unruhen und so weiter, was alles durch große Armut, Arbeitslosigkeit, Ausbeutung und Unterdrückung verursacht werden kann. In vielen Ländern der Welt sind diese Erscheinungen schon zu beobachten. Unser Ziel sollte daher eine nachhaltige *Gesellschaft* sein. Dieses allgemeine Ziel besteht aus sechs konkreteren Zielen:

1. Die Wirtschaft muss nachhaltig gemacht werden.
2. Akute Armut muss überwunden beziehungsweise verhindert werden.
3. Alle arbeitsfähigen Menschen müssen sinnvolle Arbeit finden.
4. Soziale Sicherheit muss für diejenigen garantiert werden, die zu alt, zu jung oder zu krank zum Arbeiten sind.
5. Soziale und politische Gleichheit muss garantiert werden.
6. Wirtschaftliche Ungleichheit muss auf ein erträgliches Maß reduziert werden.

Wie viel und welche Arten von Freiheit und Demokratie im Rahmen der Versuche, diese Ziele zu erreichen, möglich sein würden, hinge davon ab, wie einfach oder wie schwierig die ganze Aufgabe wäre. Wir müssen Hegels Diktum »Freiheit ist die Einsicht in die Notwendigkeit« akzeptieren.

Die Arbeit, die genannten Ziele zu erreichen, muss in allen Gesellschaften, weltweit, gleichzeitig aufgenommen werden. Denn Unruhen und dergleichen in einer Gesellschaft können Krieg zwischen Nachbargesellschaften verursachen. Erreichte Nachhaltigkeit und/oder sozialer Friede in einer Gesellschaft können durch den Zustrom von Problemen aus anderen Gesellschaften zunichte gemacht werden. Dies bedeutet selbstverständlich, dass Ausbeutung und/oder Unterdrückung einer Gesellschaft durch eine andere überwunden werden muss. Diese Arbeit ist sehr dringend. Wir können damit nicht mehr lange warten. Gesellschaften brechen vor unseren Augen zusammen – in der ehemaligen Sowjetunion, dem ehemaligen Jugoslawien, in Somalia, Afghanistan, Ruanda, Burundi, Liberia, Algerien und so weiter –, und das verursacht unermessliches Leid für die Menschen.

Kapitel 5

Öko-Kapitalismus – Kann das funktionieren?

Ungeachtet all der im Kapitel vier präsentierten Fakten und Argumente glauben die meisten ÖkonomInnen weiterhin an Wirtschaftswachstum. Sie sagen, es müsse keinen zwangsläufigen Konflikt zwischen Ökologie und industrieller Ökonomie geben. Manche glauben sogar, dass Maßnahmen zugunsten der Ökologie *ökonomische* Nettogewinne für Industrie und Handel erbringen können. Im Namen der nachhaltigen Entwicklung ruft der Brundtland-Bericht zu einem »schnelleren wirtschaftlichen Wachstum sowohl in den Industrie- wie in den Entwicklungsländern« auf (WCED 1987: 92). Was mich erstaunt, ist, dass einige anerkannte UmweltschützerInnen das Gleiche glauben. Beispielsweise schreiben Friends of the Earth Netherlands, dass in ihrem Szenario für nachhaltige Niederlande »wirtschaftliches Wachstum weiterhin möglich sein wird ...« (Brakel und Zagema 1994: 8). Auch der Tiefenökologe Arne Naess soll persönlich nachhaltige Entwicklung befürwortet haben (vgl. Orton 1994: 13). Sie liegen alle falsch. Es lohnt sich dennoch zu untersuchen, was sie vorschlagen, um ihr(e) Ziel(e) zu erreichen. Vielleicht sind einige ihrer Ideen nützlich zur Erreichung der sechs am Ende von Kapitel vier formulierten Ziele.

Ich habe weiter oben argumentiert, dass man sich eine sozialistische Gesellschaft nicht so sehr deshalb wünschen sollte, weil sie ökonomisch effizienter als eine kapitalistische ist oder sein könnte, sondern weil die sozialistischen Werte menschlich den kapitalistischen überlegen sind. Allein aus diesem Grund könnte man jegliche kapitalistische Politik ablehnen. Wenn aber das Bündel von Vorschlägen für politische Maßnahmen, welches gewöhnlich Öko-Kapitalismus genannt wird, zumindest einige unserer sechs Ziele erreichen helfen kann, und sonst kein anderes, dann müssen wir den Öko-Kapitalismus akzeptieren.

Ich werde nun zuerst die Theorie und die groben Konturen des Öko-Kapitalismus kurz zusammenfassen. Meine Kritik und Kommentare kommen danach.

Ökologisierung der Marktkräfte

Für die ProtagonistInnen des Öko-Kapitalismus besteht »die Eleganz und der große Vorzug des freien Marktes« darin, dass der Preismechanismus »den KonsumentInnen signalisiert, wie hoch die Produktionskosten eines bestimmten Produkts sind, und den Produzenten, wie die relativen Wertschätzungen der Konsumenten sind« (Pearce et al. 1989: 154). Sie räumen ein, dass der Markt nicht alles regeln kann. Sie sprechen auch von Fällen, wo der Markt versagt(e). Sie konzedieren, dass der freie Markt, insbesondere das ihm zugrunde liegende Prinzip Eigennutz, wesentlich für die ökologische Krise verantwortlich ist. Denn das Prinzip Eigennutz treibt Unternehmen sowie Individuen an, Kosten zu externalisieren. Sie glauben aber, dass die wirtschaftlichen Instrumente und Mechanismen, die in der kapitalistischen Marktwirtschaft zur Verfügung stehen, insbesondere der Preismechanismus, die besten Mittel zur Lösung des ökologischen Problems sind. Der Kapitalismus hat noch andere Mechanismen, um dieses Ziel zu erreichen. Doch die meisten TheoretikerInnen des Öko-Kapitalismus sagen, dass der bisher vorrangig verwendete Mechanismus, nämlich Vorschriften (Gebote und Verbote) zur Lenkung des ökologischen Verhaltens, sich als unzureichend erwiesen habe.

Es ist nicht gelungen, durch Vorschreiben zufrieden stellende Ergebnisse zu erreichen, und zwar aus folgenden Gründen:

Erstens sind Umweltschutzmaßnahmen ein Kostenfaktor. Für ein Unternehmen ist es daher rationales Verhalten zu versuchen, sie möglichst zu vermeiden. Dies gilt auch für Individuen als Konsumenten, von denen solche Maßnahmen nicht nur Geld, sondern auch Opfer an Komfort, Bequemlichkeit und Flexibilität fordern. Angesichts dieser starken sowie »rationalen« negativen Motivation sind die Chancen gering, dass man sich aufrichtig an die Vorschriften hält. Die Regierung müsste aus diesem Grunde Millionensummen in ein Instrumentarium zu ihrer Durchsetzung investieren.

Zweitens würde das Ergebnis auch bei aufrichtiger Einhaltung der Vorschriften womöglich geringer ausfallen als das optimal Erreichbare. Lutz Wicke gibt folgendes Beispiel aus dem deutschen Kontext: Wenn ein Unternehmen die Erlaubnis zur Emission von beispielsweise 20000 Tonnen Stickoxiden erhält, kann es während der gesamten Lebensdauer seiner Fabrik diese Menge ausstoßen. Ist die Technik in der Zwischenzeit weiter fortgeschritten, können die Behörden zwar versuchen, das Unternehmen zu zwingen, seinen Ausstoß auf beispielsweise 10000 Tonnen zu verringern. Das Unternehmen kann jedoch dagegenhalten, dass die zusätzlichen Kosten eine unzumutbare finanzielle Belastung seien oder dass die Neuentwicklung aus technischen Gründen nicht angewandt werden könne. Beide Behauptungen sind nicht leicht zu widerlegen. Auf jeden Fall würde das Unternehmen versuchen, die Ausführung der Anordnung zu verzögern (Wicke 1988: 158).

Drittens kann es wirkungslos bleiben, Vorschriften mit moralischen Appellen zu kombinieren. In Deutschland können AutobesitzerInnen, die auf Autofahrten verzichten, täglich bis zu zwei Stunden Freizeit verlieren, während sie die durch Autos verursachte Umweltverschmutzung nur um ein Zwanzigmillionstel pro Auto reduzieren (ebd.: 155). Dieses Missverhältnis zwischen privatem Verlust und öffentlichem Gewinn wirkt demotivierend.

Viertens gibt es das »Trittbrettfahrer-Problem«. Dies bedeutet, dass diejenigen, die ihr Auto weiterhin benutzen, vom selbstlosen Handeln derjenigen, die darauf verzichten, profitieren. Das demotiviert Menschen, die ansonsten auf moralische Appelle ansprächen.

Aus diesen Gründen empfehlen die ProtagonistInnen des Öko-Kapitalismus hauptsächlich die wirtschaftlichen Instrumente. Es muss, sagen sie, im eigenen ökonomischen Interesse der Wirtschaftsakteure liegen, Umweltschutzmaßnahmen zu ergreifen. Wenn das Unternehmen in Wickes Beispiel sieht, dass es durch Reduzierung seiner Emissionen auf weniger als die erlaubten 20000 Tonnen auch Kosten reduzieren kann, »dann ist es auch nicht mehr interessant, der Behörde zu erzählen, weshalb eine Umweltschutzmaßnahme angeblich oder tatsächlich aus technischen oder wirtschaftlichen Gründen nicht ›geht‹, sondern die Unternehmensleitung wird die Ingenieure geradezu anspornen, nach kostengünstigen Umweltschutzlösungen zu suchen!« (ebd.: 160).

Der Ansatz der Protagonisten des Öko-Kapitalismus für die Herbeiführung dieses erwünschten Wandels ist in drei verschiedenen Formulierungen eines identischen Ziels ausgedrückt worden:

- Die bisher stets externalisierten ökologischen Kosten müssen internalisiert werden.
- Die VerursacherInnen von Umweltverschmutzung müssen für die Verschmutzung zahlen.
- Die Preise müssen die ganze Wahrheit über die Kosten sagen. Dieses Ziel soll hauptsächlich durch den Preismechanismus in einem freien Markt erreicht werden; Regierungen und Gesetzgeber müssen jedoch eine wichtige Rolle übernehmen.

Von den zahlreichen wirtschaftlichen Instrumenten, die zur Erreichung dieses Zieles zur Verfügung stehen, werde ich nur die wichtigsten beschreiben. Man kann die Logik des Öko-Kapitalismus am besten anhand einer sehr radikalen Version desselben verstehen. Hermann Laistner (1989: 132 ff.) fordert, dass alle Abgaben beziehungsweise Steuern auf Arbeit und Einkommen aus Arbeit (außer Einkommen, d.h. Profite, aus der Arbeit von anderen), die letztendlich von Arbeitgebern bezahlt werden, abgeschafft werden sollen. Ersetzt werden sollen sie durch ökologische Steuern und Abgaben auf alle Produkte, auf jeglichen Gebrauch natürlicher Ressourcen und auf sämtliche Inanspruchnahme der Dienste der Umwelt – beispielsweise der Fähigkeit der Natur, Schadstoffe zu absorbieren (ihrer Senkefunktion), der Schönheit einer Landschaft oder der gesundheitsfördernden Eigenschaften eines Ortes.

Gleichzeitig sollen alle Subventionen und Zulagen abgeschafft werden. Die Logik ist klar: Da alle Produkte sowohl durch den Produktionsprozess als auch durch die Abfallbeseitigung nach Gebrauch der Umwelt schaden, sollten ihre Preise die Kosten für die Verhinderung beziehungsweise Behebung des Schadens internalisieren, das heißt voll enthalten. Da es letztendlich die VerbraucherInnen sind, die die

Umwelt verschmutzen – ihre Nachfrage ist ja der Grund für sämtliche Produktion – sollen sie auch sämtliche Kosten tragen.

Beispiele für Ökosteuern und -abgaben könnten sein: eine Steuer auf sämtliches bebaute Land; eine Abgabe auch auf kleine Mengen benutztes Wasser (Regenwasser ausgenommen) – für die Industrie würde die Höhe der Wasserabgabe durch die Art und den Grad der verursachten Umweltveränderungen bestimmt; Steuern auf den Verbrauch von Mineralien, die hoch genug sein müssen, um sämtliche Folgekosten der Förderung und des Recyclings bestreiten zu können; Steuern auf das Verbrennen fossiler Brennstoffe; eine Abgabe zur Bestreitung der Sicherheits- und Entsorgungskosten von Nuklearenergie; Abgaben auf alle Arten von schädlichen Emissionen; besondere Einfuhrzölle auf Güter aus Ländern, von denen Immissionen (Emissionen von jenseits einer Grenze) ausgehen.

Die Konsequenzen einer solchen Steuerreform wären zweierlei. Erstens würden die Preise für natürliche Ressourcen, Umweltgüter (environmental services) und alle Produkte steigen. Dies wäre für die Produzenten ein Anreiz, weniger davon zu verwenden, um Kosten zu senken. Individuelle KonsumentInnen sähen sich zu einem sparsamen Verbrauch davon gezwungen. Dies würde zur Erhaltung der natürlichen Ressourcen und zum effektiven Umweltschutz führen. Zweitens, da ja die Arbeit billiger werden würde, wären die Unternehmer eher geneigt, Arbeitskräfte anzustellen als Maschinen einzusetzen. Dies würde zur Lösung des Problems der Arbeitslosigkeit beitragen.

Nicht alle ProtagonistInnen des Öko-Kapitalismus sind derart fundamentalistisch. Ernst Ulrich von Weizsäcker beispielsweise nimmt die Kritik ernst, dass solche Ökosteuern die Entstehung eines neuen Steuerdschungels verursachen würde. Im deutschen Zusammenhang schlägt er nur zehn neue Steuern vor und möchte dafür 200 alte abschaffen (Weizsäcker 1989: 172).

Einige ProtagonistInnen des Öko-Kapitalismus haben auf einen Nachteil von Ökosteuern und -abgaben aufmerksam gemacht: Während es zu einer gewissen Abnahme im Verbrauch natürlicher Ressourcen (beziehungsweise in seiner Wachstumsrate), in der Nachfrage nach Umweltgütern und in der Produktion von Gütern und Dienstleistungen kommen würde, hätte der Staat doch keine Kontrolle über das Ausmaß dieser Abnahmen. Als Alternative, welche dem Staat die Festlegung und Kontrolle der Mengen ermöglichen würde, schlagen sie handelbare Zertifikate beziehungsweise Lizenzen vor. Bei Schadstoffen könnte der Staat für jedes Jahr die zulässige Höchstmenge für die gesamte Wirtschaft festlegen.

Verschmutzungszertifikate könnten dann an diejenigen, die sie brauchen, vergeben oder verkauft werden. Sie könnten auch versteigert werden. Unternehmen, die weniger Schadstoffe ausstießen, als ihnen nach den erworbenen Zertifikaten erlaubt wäre, könnten ihre überschüssigen Zertifikate mit Gewinn verkaufen – an die Unternehmen, die ihre Emissionen nicht weit genug senken könnten. Selbst wenn bei derlei Transaktionen kein Gewinn erzielt werden könnte, ermöglichten sie den Unternehmen größere Flexibilität, wovon die nationale Wirtschaft als Ganzes profitieren würde. Wenn der Staat im Laufe der Jahre die erlaubten Mengen für die Gesamtwirtschaft allmählich auf sehr niedrige Niveaus senkte, würden die Verschmutzungszertifikate sehr kostspielig und der Anreiz zur Reduzierung von Emissionen entsprechend stark. Technologien und Produkte, die große Mengen Schadstoffe entstehen lassen, würden nach und nach vom Markt verdrängt.

Was bei Schadstoffemissionen möglich ist, ist auch bei festem Abfall und bei erneuerbaren wie nichterneuerbaren Ressourcen möglich; im Falle der nichterneuerbaren Ressourcen sollte man von Abbauzertifikaten beziehungsweise -quoten sprechen. Dieses Prinzip ist auch auf die Bevölkerungszahl anwendbar: Daly spricht in der Tat von einem »Plan für handelbare Geburtenlizenzen« (Daly 1977: 72).

Die ProtagonistInnen des Öko-Kapitalismus behaupten, dass sie nicht wollen, dass der Staat Ökosteuern zur Erhöhung der Staatseinnahmen benutzt. Sie wollen, dass die hierdurch erzielten zusätzlichen Einnahmen auf irgendeine Weise der Wirtschaft zurückgegeben werden. Das Gleiche gilt für etwaige Einnahmen, die der Staat durch den Verkauf oder die Versteigerung von handelbaren Lizenzen und Zertifikaten erzielt.

Ein anderes wirtschaftliches Instrument, das für Unternehmen ein starker Anreiz wäre, Maßnahmen gegen Umweltverschmutzung zu ergreifen, ist, ihre Haftpflicht für alle von ihnen verursachten Umweltschäden zu erhöhen. Sie würden sich zwar gegen aus derartigen Schäden entstehende Forderungen versichern, aber die zu zahlenden Versicherungsprämien betrügen weniger als im Normalfall, wenn Unternehmen nachweisen könnten, dass ihre Fabrik, ihre Produkte und Produktionsprozesse geringere Risiken für die Umwelt bergen als üblich.

Eines muss klargestellt werden. Wenn der Staat oder Unternehmen handelbare Verschmutzungszertifikate verkaufen oder versteigern oder wenn BesucherInnen für den Genuss einer schönen Landschaft (zum Beispiel eines Naturschutzparks) Tickets kaufen müssen, dann bekämen auch jene Umweltgüter, die bisher freie Güter gewesen sind, ein Preisschild verpasst und würden damit zur Ware. Anhänger dieser Instrumente sagen ohne Zögern, es solle auch so sein. Eigentlich verwandeln auch Abgaben Umweltgüter in Waren, denn ein Unternehmen darf die Umwelt ganz legal stärker verschmutzen, wenn es bereit ist, höhere Abgaben zu zahlen.

Öko-Keynesianismus

Eine andere Denkrichtung innerhalb des Öko-Kapitalismus kann man als Öko-Keynesiansmus bezeichnen. Seine ProtagonistInnen wollen sowohl das Umweltproblem als auch das Problem der Arbeitslosigkeit lösen. Sie glauben jedoch nicht, dass es zum erwünschten Ergebnis führen würde, wenn man sich hauptsächlich auf die Marktkräfte verlässt. Rudolf Hickel (1986) zum Beispiel weist darauf hin, dass das Verursacherprinzip – sei es in der Form handelbarer Verschmutzungszertifikate oder in der Form von Ökosteuern – keine Lösung für das Problem der alten, ungeregelten Giftmülldeponien, die ein großes Problem in allen entwickelten Industriegesellschaften darstellen, bieten kann. Um es zu lösen, ist nach Ansicht der Öko-Keynesianer ein groß angelegtes und arbeitsintensives staatliches Maßnahmenpaket vonnöten. Sie plädieren auch für die Weiterentwicklung der Ökotechnologien und einer Ökoindustrie, die Hunderttausende arbeitsloser Menschen beschäftigen könnte. Der Staat müsse diese Entwicklung aktiv fördern, indem er mit seinen eigenen Projekten eine Nachfrage schafft.

Hinsichtlich der aktuellen Umweltprobleme hält Hickel die Politik einer stärkeren Rolle für den Markt für ineffizient. So führe im Falle der handelbaren Verschmutzungszertifikate die Maßnahme erstens nicht von selbst zu einer Verminderung der Gesamtumweltverschmutzung; der Staat müsse von Zeit zu Zeit die Werte für die insgesamt zulässige Emissionsmenge senken. Zweitens könnten ein paar ökologisch bewusste Unternehmer oder Umweltschutzgruppen viele Zertifikate aufkaufen und horten, damit andere sie nicht bekämen. Eine große Firma könnte sie aufkaufen, um die Konkurrenten zur Verminderung ihrer Produktion zu zwingen. Auch ohne diese Motive könne das normale Wirken der Marktkräfte zur Konzentration der Verschmutzungszertifikate in den Händen weniger großer Firmen führen. Um dies zu verhindern und kleinen Unternehmen zu ermöglichen, die für ihre Produktion benötigte Menge an Zertifikaten zu bekommen, wäre ein detailliertes System von Vorschriften, Strafen und Geldbußen notwendig, welches nur der Staat schaffen und wirksam halten könne. Ein großer Apparat müsste geschaffen werden, der die Einhaltung der Vorschriften und der zugelassenen Höchstmengen überwacht. Es gäbe schließlich Mengengrenzen für eine große Anzahl von Schadstoffen. Drittens wären für bestimmte, durch sehr hohe Konzentration von Schadstoffen belastete Regionen Sonderregelungen notwendig. So würden die Verschmutzungszertifikate während eines Smogalarms außer Kraft gesetzt. Viertens konzentriere sich das Instrument der Verschmutzungszertifikate nur auf Produktionsprozesse. Es biete keinerlei Anreiz für Innovationen auf dem Gebiet von umweltfreundlichen Verbrauchsgütern (Endprodukten) wie Kosmetika oder Möbel, die frei von schädlichen Substanzen seien. Zu diesem Zweck seien Gebote und Verbote notwendig. Aus all diesen Gründen, so argumentiert Hickel, sei es besser, den Umweltschutz direkt und politisch zu organisieren statt indirekt über die Marktkräfte. Das würde den Regierungen auch erlauben, zwischen alten und neuen Fabriken zu differenzieren und unterschiedliche Höchstwerte für verschiedene Werke derselben Branche festzulegen.

Die Öko-Keynesianer fordern massive staatliche Aufwendungen im Bereich des Umweltschutzes sowie einen allgemeinen ökologischen

Umbau der Industriegesellschaft, bei dem der Staat die Rolle des Architekten übernehmen solle. Die erste Idee ist klar. Beispielsweise würden Investitionen in Abwasserkläranlagen sowohl Arbeitsplätze schaffen als auch die Gewässer sauberer machen. Dies wurde 1985 vom Deutschen Gewerkschaftsbund (DGB) als eine Forderung formuliert. Er forderte, dass der Staat bis zum Jahre 1989 50 Milliarden DM in 54 ökologisch relevante Projekte investieren solle. Man erwartete davon die Schaffung mehrerer hunderttausend neuer Arbeitsplätze (DGB 1985). Was die zweite Idee betrifft, sollten neue, ökologisch effiziente Technologien die alten ersetzen. Der Bedarf an derartigen Modernisierungen sei in allen Industriezweigen groß. Auch viele kurzlebige Endprodukte sollten durch langlebige und umweltverträgliche Endprodukte ersetzt werden. Potenziell bestehe demnach eine große Nachfrage nach umweltfreundlichen Produkten und Prozessen. Die Umweltschutzindustrie wäre nicht bloß eine Branche unter vielen, sondern ein Teil aller anderen Branchen. In einigen Fällen würden ganze Fabriken einer so genannten Produktkonversion unterzogen. Im Verkehrsbereich sollte sich der Schwerpunkt von privater Motorisierung hin zum öffentlichen Verkehrsmittel verlagern, beim Güterverkehr von der Straße auf die Schiene. Der Staat sollte diesen Prozess fördern.

Die von den Öko-Keynesianern bevorzugten Instrumente sind ökologische Gebote wie die Festlegung von Grenzwerten, flexible Abgaben und Verbote. Gefordert werden auch Anreize durch Subventionszahlungen an Haushalte (beispielsweise für bessere Wärmedämmung) sowie an kleine und mittlere Unternehmen für umweltverträgliche Technologien. Zur Finanzierung staatlicher Projekte empfehlen sie neue Steuern, erhöhte Sätze bei bestehenden Steuern und eine Neuverteilung der Haushaltssummen zugunsten ökologischer Projekte.

Kritik des Öko-Kapitalismus

Nun wollen wir prüfen, ob der Öko-Kapitalismus zur Erreichung unserer sechs Ziele hilfreich ist.

INNERE WIDERSPRÜCHE: DER ZEIT- UND RAUMHORIZONT

Das schwierigste Problem mit dem Öko-Kapitalismus ist, dass er ausschließlich auf der motivierenden Kraft des Eigennutzes basiert. Seine Protagonisten bevorzugen die Bezeichnung »öko-soziale Marktwirtschaft«. Das Attribut »sozial« bedeutet aber nur, dass die gegenwärtigen Generationen von Arbeitslosen und Armen des eigenen Landes ein gewisses Minimum an Sozialhilfe erhalten. Nachhaltigkeit hat jedoch eine sehr stark futuristische und globale Dimension. Es wird von uns verlangt, dass wir den künftigen Generationen eine ökologisch intakte Welt mit genügend Ressourcen hinterlassen, und das global. Aber wie kann es in meinem Interesse sein, etwas zu tun, wovon Menschen profitieren, die hundert oder zweihundert Jahre nach meinem Tod leben werden? »Was hat die Nachkommenschaft für mich getan, dass ich etwas für sie tun sollte?« Das ist kein Witz, sondern eine logische rhetorische Frage, die sich aus dem Glaubensartikel ergibt, es sei eine wirtschaftliche Tugend, stets nur im eigenen Interesse zu handeln – gut für die eigene Person und auch gut für die heutige Wirtschaft und Gesellschaft als Ganzes (Adam Smith). Bei diesem Glaubensartikel wird kein Gedanke an die Wohlfahrt der zukünftigen Generationen verschwendet.

Dieses logische Problem ist auch dem festen Glauben der ProtagonistInnen des Öko-Kapitalismus an die Wirksamkeit des Markt-und-Preis-Mechanismus innewohnend. In einer freien Marktwirtschaft können Preise nur die derzeitige relative Wertschätzung der Waren durch gegenwärtig lebende KonsumentInnen signalisieren, nicht die durch erst in der Zukunft Geborene. Für eine korrekte Preisbildung im ökologischen Sinne aber ist es notwendig, dass alle potenziellen AnbieterInnen und KäuferInnen Zugang zum Markt haben. Im Falle von für unsere Diskussion relevanten Gütern und Dienstleistungen wie gutem Land, mineralischen Ressourcen und der Senkefunktion der Natur hätten künftige Generationen bestimmt Interesse daran, sie zu »erwerben« oder aber Verschmutzungszertifikate und Abbauquoten zu »kaufen«. Sie können aber keinen Zugang zu den heutigen Märkten haben.

Allgemein gesprochen ist der Zeithorizont in einer Marktwirtschaft logischerweise beschränkt. »Dieser kann für den Markt ... nicht weiterreichen als die Abschreibungszeit von Kapitalgütern, da sich das Rentabilitätskalkül als Bedingung formaler Rentabilität genau darauf beschränkt« (Altvater 1986: 100). Zwar sind die großen transnationalen Konzerne sehr an langfristigen Prognosen interessiert, die viel längere Fristen als die Abschreibungszeit von Kapitalgütern betreffen. Für Investitionsentscheidungen aber sind sie »nur relevant, wenn sie mit den jeweils gegenwärtigen Bedingungen der Konkurrenz auf dem Markt konform sind« (ebd.: 101). Das bedeutet, dass der Markt-und-Preis-Mechanismus die Gegenwart höher schätzt als die Zukunft. Ein Spitzenmanager eines großen deutschen Konzerns sagte klipp und klar: »Ein Industrieunternehmen kann nicht für die nächste Generation arbeiten. ... Wir müssen jetzt für Märkte produzieren und Geld verdienen« (*Der Spiegel*, 09.06.1986: 100f., zit. n. Altvater 1986: 101).

Der Markt-und-Preis-Mechanismus ist also unbrauchbar, wenn wir den künftigen Generationen eine ökologisch intakte Welt hinterlassen wollen. Der Staat, die Gesellschaft oder die Gemeinschaft muss sich auf Grundlage ethischer Überlegungen um dieses Anliegen kümmern. Nichts anderes kann funktionieren. Die ProtagonistInnen des Öko-Kapitalismus sprechen mitunter selbst von der Notwendigkeit einer ethischen Motivation (vgl. z.B. Wicke et al. 1990: 149 ff.). Aber Eigennutz und der Wille, sich um die Interessen der anderen zu kümmern, können sich widersprechen. Im Kapitalismus kann die Ethik nur eine unbedeutende Rolle spielen, deren Obergrenze mit der Einhaltung der Spielregeln und der Gesetze erreicht ist.

INEFFIZIENZ UND VERSCHWENDUNG IM KAPITALISMUS

Nun wollen wir uns einem konkreten Problem zuwenden. Eine nachhaltige Wirtschaft, die Übergangsphase zu einer solchen eingeschlossen, muss effizient sein. Es darf keine Verschwendung geben. Die Bewunderer des Kapitalismus gestehen mittlerweile ein, dass in diesem System hinsichtlich der ökologischen und ressourcenbezogenen Effizienz ein Defizit besteht, das behoben werden müsse. Davon abgesehen sei aber, behaupten sie, der Kapitalismus das effizienteste System, wenn man ihn frei funktionieren lässt. In der Tat ist das stärkste Argument für den Öko-Kapitalismus die angebliche Effizienz des Markt-und-Preis-Mechanismus. Aber ist dieses Argument stichhaltig?

An dieser Stelle wollen wir Fragen nach Armut und Reichtum, nach Verteilungsgerechtigkeit, nach Ausbeutung, Klassenkämpfen und dergleichen beiseite lassen, obwohl sie auch etwas mit der Effizienzfrage zu tun haben (Streiks beispielsweise sind, wirtschaftlich gesehen, nicht effizient). Vergleichen wir die bisher beobachtete Leistung des Kapitalismus lediglich mit den gängigsten Effizienzerwartungen von einem modernen Wirtschaftssystem.

Der offensichtlichste Beweis für die Ineffizienz des Kapitalismus ist die hohe Arbeitslosigkeit, die ihn seit Anbeginn begleitet – einige Hochkonjunkturphasen ausgenommen –, obwohl in jeder kapitalistischen Gesellschaft genug gesellschaftlich sinnvolle Aufgaben ihrer Erledigung harren. Dass in einer *entwickelten* kapitalistischen Gesellschaft kein arbeitsloser Mensch hungern muss, widerlegt diese Behauptung nicht. Solche Menschen beziehen nämlich ihren Lebensunterhalt von anderer Hände Arbeit, ohne etwas als Gegenleistung zu geben, während ihre eigene Arbeitskraft ungenutzt bleibt – ein irrationales und ineffizientes System: Das ist, makroökonomisch gesprochen, nicht die effizienteste Zuteilung der Ressource Arbeitskraft.

Auch andere Ressourcen werden verschwendet: unverkäufliche Produkte; Waren, die vernichtet werden müssen, damit der Marktpreis nicht fällt; eingeplantes Veralten; unreparierbare Geräte; riesige Werbeetats, um ansonsten unverkäufliche Dinge verkaufen zu können; halbleere Züge, während Millionen mit jeweils nur einer Person besetzte Autos Tausende von Menschen bei Unfällen töten und verletzen; überflüssige Verpackungen; milliardenschwere Investitionen, die durch Bankrotte verschwendet werden; portugiesische Arbeiter, die nach Berlin kommen, um dort Häuser zu bauen, während deutsche Bauarbeiter arbeitslos bleiben; der riesige wirtschaftliche Schaden durch Kriminalität und Vandalismus sowie die enormen Kosten ihrer Bekämpfung – all das sind Beispiele für Verschwendung, Ineffizienz und schlechte Zuteilung von Ressourcen in einem System, das angeblich effizient und rational ist. All das kann nicht durch ein paar ökologische Reformen innerhalb des Kapitalismus behoben werden.

Man könnte einwenden, dass Ineffizienz und Verschwendung – besonders in einer freien Gesellschaft – nicht völlig zu vermeiden sind und dass es darauf ankommt, ob sie, wie im Kapitalismus, bestraft oder, wie im »Sozialismus«, belohnt werden. Man kann einwenden, dass im Kapitalismus ein ineffizientes Unternehmen ganz sicher durch Verluste und Pleite bestraft würde. Das stimmt. Aber wenn wir Systeme vergleichen, müssen wir die Effizienz- und Ineffizienzniveaus der gesamten Wirtschaften vergleichen und nicht die einzelner Firmen. Eine deutsche Firma, die in Berlin mit billigen portugiesischen Arbeitsmigranten betrieben wird, ist natürlich sehr effizient. Erwerbslose deutsche ArbeiterInnen sind aber ein Beweis für Verschwendung und Ineffizienz in der deutschen Wirtschaft. Das ist der Unterschied zwischen Mikro- und Makroökonomik. Für ÖkologInnen ist Letztere relevanter.

Man könnte einwenden, dass die *Logik* eines Systems nicht einfach durch das Aufzeigen einiger Ineffizienzen und Verschwendungen von der Hand zu weisen ist und dass das fast kontinuierliche Wachstum der Makroprosperität in westlichen kapitalistischen Gesellschaften ohne eine gewisse Effizienz des Systems nicht möglich gewesen wäre. So wollen wir uns nun der Logik des kapitalistischen Wirtschaftssystems zuwenden.

DIE LOGIK DES SYSTEMS

Verschwendung durch Überproduktion wird nicht nur durch Fehlkalkulation und sonstige menschliche Fehlleistungen verursacht. Unternehmer planen ihre Produktion auf der Grundlage von Preissignalen aus dem vorausgegangenen Zyklus von Produktion und Konsumption. Aber sie produzieren für die nächste Runde der Konsumption. Vergangene Fehler können korrigiert und die Situation verbessert werden, wenn alles andere unverändert bleibt. Aber in einer kapitalistischen Marktwirtschaft ist alles im Fluss, alles ist ungewiss. Fehlkalkulationen und daraus resultierende Verschwendung sind daher unvermeidbar. Die Erfahrung mit früheren Produkten ist von begrenztem Nutzen, da neue Produkte sie verdrängen können.

Was die Beseitigung von Arbeitslosigkeit anbelangt, krankt der Kapitalismus zweifelsfrei an einer Systemschwäche, denn eine Reservearmee von Arbeitslosen ist den Unternehmern außerordentlich nützlich. Sie bewirkt einen Abwärtsdruck auf die Reallöhne, macht es leichter, Arbeitskräfte zu finden, und versetzt die Unternehmer in die Lage, ArbeiterInnen nach Gutdünken anzuheuern und zu entlassen (wenn dieser Bereich nicht durch Gesetze oder Gewerkschaften kontrolliert wird).

Eine Situation willkommen zu heißen und sie auszunutzen, ist natürlich nicht dasselbe, wie sie zu verursachen. Ein wichtiger Faktor beim Problem der Arbeitslosigkeit ist und bleibt schließlich das Bevölkerungswachstum, welches auch ohne den Kapitalismus weitergehen kann. Das »sozialistische« Jugoslawien hatte in den Sechziger- und Siebzigerjahren eine Reservearmee von Arbeitslosen. Ein anderer wichtiger Faktor ist aber der kapitalistischen Logik inhärent. Das Motiv der Profitmaximierung und das Vorhandensein von Konkurrenz zwingen die Unternehmer bei Strafe des Bankrotts, sich stets um die Erfindung und/oder Einführung »besserer« Technologien (und sonstiger Automatisierungs- und Rationalisierungsmaßnahmen) zu bemühen, was die säkulare Tendenz verursacht, Arbeitskräfte durch automatisierte Maschinen und Computer zu ersetzen. Das verschafft nicht nur einzelnen Unternehmern einen Wettbewerbsvorteil gegenüber den Konkurrenten, sondern ist im Grunde auch *die* allgemeine Ursache der bisher kontinuierlich steigenden Arbeitsproduktivität und damit des wachsenden Reichtums der kapitalistischen Gesellschaften. »Sozialistische« Gesellschaften haben aus dem gleichen Grund Arbeitskräfte durch Maschinen ersetzt. Allerdings spielte bei ihren Bemühungen kein Systemzwang eine maßgebliche Rolle; sie waren kein Bestandteil der *Logik* des »Sozialismus«. »Sozialistische« Betriebe, die ihre Produktion nicht automatisierten oder nicht automatisieren konnten, funktionierten dennoch und erfüllten weiterhin ihr Plansoll.

In Anbetracht dieser Logik des Kapitalismus überrascht es nicht, dass moderne Technologien, wie die Mikroelektronik, die meisten Unternehmen in die Lage versetzen, ihre Stückkosten zu senken und ihre Profite zu steigern, während Millionen von ArbeiterInnen arbeitslos sind. Die Kosten der Versorgung von Arbeitslosen und Armen sind größtenteils gesellschaftliche Kosten, wohingegen die Vorteile der Ersetzung von Arbeit durch Maschinen voll den einzelnen Unternehmen zugute kommen. Die Vorteile dieses Handelns sind so groß, dass keine öko-kapitalistische Maßnahme, wie etwa die von Laistner vorgeschlagenen, attraktiv genug sein kann, die Kapitalisten zum gegenteiligen Vorgehen zu bewegen, das heißt, Maschinen wieder durch menschliche Arbeitskraft zu ersetzen.

Es heißt, solche Arbeitslosigkeit sei auf hohe Löhne zurückzuführen. Aber es ist nicht einfach eine Frage der Höhe der Löhne. Im Gegensatz zu einem Arbeiter bekommt eine Maschine nicht weiter den vollen Lohn, wenn sie krank ist, fordert keinen bezahlten Urlaub, keine Prämien und keine Rente, muss keine Familie ernähren, weigert sich nicht, Befehlen Folge zu leisten, streikt nicht und braucht nachts keinen Schlaf. Im Kapitalismus ist Arbeit nicht nur teuer, sondern auch ein lästiger Produktionsfaktor, denn Arbeiter sind Menschen. Die Hoffnung, dass eine ökologische Steuerreform das Arbeitslosigkeitsproblem innerhalb des Kapitalismus lösen würde, ist daher unbegründet. Außerdem wird ein hohes Lohnniveau in entwickelten kapitalistischen Ländern stets als ein Beleg für die Überlegenheit des modernen Kapitalismus angeführt. Müssten nun die Löhne gesenkt werden, um Arbeit für alle zu schaffen, wäre dieser Beleg nicht länger gegeben.

Alle diese Punkte gehören eigentlich zur traditionellen linken Kritik am traditionellen Kapitalismus. Sie müssen hier jedoch angeführt werden, weil sie erstens nach dem Scheitern des »Sozialismus« nicht ungültig geworden sind und zweitens weil Öko-Kapitalismus auch Kapitalismus ist.

Aber was ist mit dem wichtigsten der sechs Ziele? Ist es möglich, eine Wirtschaft im Rahmen des Kapitalismus nachhaltig zu gestalten?

Mit dem im ersten Kapitel dargelegten Paradigmenwechsel hat sich ein Aspekt der Kapitalismuskritik fundamental verändert. Die Kritik lautet nicht länger, dass der Kapitalismus schließlich die Produktivkräfte fessele. Im Gegenteil, heute lautet die Kritik, dass er sie so sehr entwickelt habe und weiterentwickele, dass sie zu massiver Degradation der natürlichen Lebensgrundlage vieler Lebewesen, darunter auch des Menschen, führe. Aufgrund dieses Wechsels ist die traditionelle linke Kritik am Kapitalismus in der Tat obsolet geworden, doch nicht vollkommen. Der Kapitalismus degradiert die Menschen weiterhin physisch wie psychisch, neigt dazu, sie zu bloßen Geldverdiener-Maschinen zu reduzieren. Eben seine Logik fesselt die höheren Potenziale von Menschen und Gesellschaft – Potenziale, die zum Profitmachen nicht taugen. Seine Grundprinzipien – Eigennutz, Gier und Konkurrenz – fördern die Kriminalität.[24] Aus diesem Grund und so weit bleibt die linke Kritik am Kapitalismus gültig und relevant. Sie ist auch sehr relevant für die Aufgabe, die heutigen Wirtschaften in nachhaltige Wirtschaften umzuwandeln. Diese Umwandlung kann nicht ohne einen ethischen Ansatz, ohne die Bereitschaft, das Eigeninteresse zu opfern, zustande gebracht werden, was selbst zahlreiche ProtagonistInnen des Öko-Kapitalismus zugeben. Aber degradierte Menschen sind zu diesem ethischen Ansatz und zu diesem Opfer nicht fähig, wie man an der verweigernden Reaktion des Großteils der Bevölkerung der Industrieländer auf die Herausforderung dieser Umwandlung sehen kann.

Es gibt allerdings weitere Gründe, warum weder eine nachhaltige Wirtschaft noch der Übergang dazu im Rahmen des Kapitalismus funktionieren kann.

DIE WACHSTUMSDYNAMIK IM KAPITALISMUS

Zwischen der Logik des Kapitalismus und jener einer nachhaltigen Wirtschaft besteht ein grundsätzlicher Widerspruch. Aus dem im Kapitel vier präsentierten Material geht hervor, dass zumindest in den entwickelten industriellen Wirtschaften ein Schrumpfungsprozess notwendig ist, wenn sie langfristig nachhaltig werden sollen. In einer kapitalistischen Wirtschaft aber herrscht eine eingebaute Wachstumsdynamik. Für diese gibt es drei Ursachen: Erstens sind Unternehmer nicht damit zufrieden, nur genug zum Leben zu verdienen. Sie wollen viel mehr verdienen. Darum sind sie bereit, Risiken einzugehen, ihr Geld zu investieren und hart zu arbeiten. Zweitens können oder wollen sie nicht ihren ganzen Gewinn verbrauchen; auf jeden Fall tun sie es nicht. Dennoch wollen sie im nächsten Jahr noch mehr Gewinn erwirtschaften (Gier). Deshalb investieren sie den größeren Teil ihres Gewinns in die Expansion des Unternehmens. Drittens gibt es einen von außen kommenden Zwang zur Expansion. KapitalistInnen können nicht einfach sagen: »Genug«. Wenn ein Kapitalist aus der Möglichkeit der Größendegression (den Vorteilen der groß angelegten Produktion) keinen Nutzen zieht, tun es seine Konkurrenten und werfen ihn damit aus dem Geschäft. In der kapitalistischen Welt der brutalen Konkurrenz gilt das Gesetz »Expandiere oder geh unter!«. Alle versuchen zu expandieren, investieren immer mehr, suchen und schaffen durch Werbung immer größere Märkte. Und das Nettoergebnis davon ist, dass die gesamte Wirtschaft wächst. Im Kapitalismus können alle Unternehmen nur dann Profite machen, wenn die gesamte Wirtschaft wächst.

Und das gilt als normal und gut. Man braucht keine negative Wachstumsrate, um von einer Krise zu sprechen. Bereits eine Wachstumsrate von weniger als zwei Prozent ist eine Krise, die Tausende Firmen in die Pleite treibt.

Nahezu alle ProtagonistInnen des Öko-Kapitalismus glauben trotz des oben genannten Widerspruchs, dass die ökologische Modernisierung der industriellen Wirtschaften das Wachstum fördern würde und dass dieses Wachstum nachhaltig wäre. Wenn aber Wachstum in bereits industrialisierten Ökonomien aus konkreten wissenschaftlichen Gründen nicht nachhaltig sein kann, kann es nicht einfach durch die Verfolgung einer öko-kapitalistischen Politik nachhaltig werden.

Bei näherer Betrachtung wird deutlich, dass diese Überzeugung für einige auf einer logisch unzulässigen Reduzierung des Begriffs Nachhaltigkeit auf die bloße Verbesserung aktueller Umweltqualität beruht. So schreiben Pearce et al., dass die Umweltqualität oft das Wirtschaftswachstum fördere, indem sie zu einer besseren Gesundheit der Arbeitskräfte beitrage und Arbeitsplätze in den Bereichen Erholung, Tourismus und so weiter schaffe (Pearce et al. 1989: 21). Kurzfristig trifft das zu. Das langfristige Problem der Begrenztheit der Ressourcen bleibt jedoch bestehen. Gute Gesundheit der Arbeitskräfte ist ein Wert an sich. Wenn sie aber das Wirtschaftswachstum fördern soll, müssen die ArbeiterInnen Ressourcen verarbeiten, die größtenteils – zumindest in den industriellen Wirtschaften – nicht erneuerbar sind. Das Gleiche gilt für Erholung und Tourismus. Pearce et al. nennen als Beispiele Treibmittel (in Spraydosen), welche die Ozonschicht nicht schädigen, und bleifreies Benzin (ebd.: 22). Auch hier würde der Gesamtressourcenverbrauch ansteigen, wenn diese Verbesserungen im Namen des nachhaltigen Wachstums »in Kapitalinvestitionen integriert werden«. Per saldo kann eine erhöhte Umweltbelastung nicht ausgeschlossen werden.

Natürlich gibt es auch ProtagonistInnen des Öko-Kapitalismus, die Nachhaltigkeit beziehungsweise ökologische Modernisierung mittels Dematerialisierung durch eine Effizienzrevolution erreichen wollen. Aber, wie Fred Luks nachweist, wenn der Ressourcenverbrauch in den Industriegesellschaften in den nächsten 50 Jahren um einen Faktor 10 sinken soll und wenn gleichzeitig die Wirtschaft weiter um zwei Prozent pro Jahr wachsen soll, dann muss die Ressourcenproduktivität um einen Faktor 27 ansteigen (Luks 1997). Ist das eine realistische Hoffnung?

WACHSTUM DES NUTZENS ODER WIRTSCHAFTSWACHSTUM?

Eine andere Ursache des oben erwähnten populären Irrglaubens ist eine Verwechslung des Wachstums des Gesamtnutzens mit Wirtschaftswachstum. Wicke et al. berechneten, dass gegen Ende der Achtzigerjahre in Westdeutschland die durch Umweltverschmutzung verursachten, monetär berechenbaren wirtschaftlichen Schäden jährlich 120 Milliarden DM betrugen (Wicke et al. 1990: 68). Da ihrer Meinung nach die Kosten der Investitionen zur Vermeidung solcher Schäden weit niedriger als diese Summe lägen, ist offensichtlich, »dass zusätzliche sinnvolle Umweltschutzmaßnahmen einen wesentlich höheren *Nutzen* stiften als sie kosten« (ebd.: 70; Hervorhebung durch den Autor).

Das ist in der Tat gesunder Menschenverstand: Vorbeugen ist besser als heilen. Das Problem ist jedoch, dass sich im Kapitalismus die Unternehmer als Unternehmer nicht für den Nutzen für das Volk interessieren, sondern nur für ihren eigenen Profit – genauso, wie sie sich nicht für die sozialen Kosten interessieren, sondern nur für die Kosten, die ihnen selbst entstehen. Ihr Gewinn resultiert aus ihrem Umsatz, und normalerweise steigt der Umsatz, wenn die Wirtschaft im herkömmlichen Sinne wächst, nämlich wenn das Bruttosozialprodukt wächst. Aber saubere Luft, Flüsse, Seen und Meere, die unbeschädigte Schönheit eines Denkmals und so weiter – die zu erwartenden Ergebnisse der Investitionen, zu denen sie direkt oder indirekt gezwungen werden könnten – sind keine Produkte, die sie verkaufen können. Darum muss man im Kapitalismus ganz sicher mit Widerstand seitens der Unternehmer gegen Forderungen nach solchen Investitionen rechnen. Die einzigen Ausnahmen werden diejenigen Unternehmer sein, die im Rahmen einer Politik des technologischen Umweltschutzes Filteranlagen, Kläranlagen, Katalysatoren und so weiter produzieren. Unternehmer verhalten sich nicht dumm, wenn sie Geld für Werbekampagnen ausgeben, welche die Leute motivieren sollen, mehr und mehr nützliche oder nutzlose oder gar schädliche Dinge zu kaufen.

Wicke et al. schätzen, dass die durch Luftverschmutzung verursachten, monetär berechenbaren Gesundheitsschäden in Westdeutschland Mitte der Achtzigerjahre bei jährlich 2,3 bis 5,8 Milliarden DM lagen (ebd.: 67). Wird die Luftverschmutzung drastisch reduziert, verbessert sich die Gesundheit der gesamten Bevölkerung. Investitionen zur Verhinderung von Luftverschmutzung würden natürlich das Wachstum derjenigen Industriezweige fördern, welche die erforderliche Ausrüstung herstellen. Da aber Heilen im Allgemeinen mehr kostet als Vorbeugen, würde die verbesserte Gesundheit der BürgerInnen bei den medizinischen und pharmazeutischen Unternehmen, Dienstleistern und Berufen zu einem vergleichsweise stärkeren Konjunkturrückgang führen. Die Nettoauswirkung auf den Konjunkturzyklus der Wirtschaft wäre dann negativ.

Man kann einwenden, dass das Geld, das die Bürger aufgrund geringerer Kosten für die Gesundheitsfürsorge zusätzlich zur Verfügung hätten, für andere Dinge ausgegeben würde. Aber erstens könnte es auch sein, dass das zusätzliche Geld einfach gespart wird, da in den entwickelten Industriegesellschaften in fast allen Branchen der Industrie Überkapazität herrscht und die *meisten* Menschen saturiert mit Konsum sind. Dies könnte zum so genannten Sparparadoxon führen, was den Konjunkturabschwung verstärken würde.[25] Zweitens gäbe es keinen Nettogewinn für die Umwelt, wenn das zusätzliche Geld für andere Dinge ausgegeben würde. Die Luft wäre dann auf Kosten anderer

Arten von Umweltbelastungen sauberer geworden, die durch die gestiegene Produktion von anderen Gütern verursacht würden. Herman Daly veranschaulicht den Punkt folgendermaßen:

> »Nehmen wir einmal an, die Regierung besteuert Automobile hoch, und dass die Menschen daher Fahrrad statt Auto fahren. Sie werden sowohl Geld als auch Ressourcen sparen. Aber wofür wird das eingesparte Geld dann ausgegeben? Wenn es für Flugtickets ausgegeben würde, stiege der Ressourcenverbrauch höher als er war, als das Geld noch für Autos ausgegeben wurde. Würde das Geld für Theaterkarten ausgegeben, sänke womöglich der Ressourcenverbrauch. Doch das ist nicht sicher, denn die Theateraufführung könnte den Transport von SchauspielerInnen, Bühnenausstattung und dergleichen auf dem Luftweg nach sich ziehen, und verbrauchte so indirekt genauso viel Ressourcen, wie wenn die Menschen das Geld für Automobile ausgäben.« (Daly 1977: 62)

Natürlich ist es möglich, den Nutzen zu steigern, ohne erhöhten Ressourcenverbrauch zu verursachen. Wenn mir ein Freund beim Kochen hilft, habe ich einen gewissen *Nutzen* davon und er auch, denn er erfreut sich meiner Gesellschaft. Ich habe aber nicht mehr Essen auf dem Tisch, als wenn ich allein für zwei Personen kochen würde. Wenn ich mein altes Hemd ausbessere, reproduziere ich die Nützlichkeit des Hemdes. Außer etwas Faden werden in dem Prozess keine Ressourcen verbraucht. Der Nutzen steigt noch, wenn mein Freund und ich gelegentlich die Hemden voneinander – mit anderen Farben oder Mustern – tragen.

Aber im Kapitalismus haben die Unternehmer kein Interesse an dieser Art von Nutzensteigerung, die ihren Umsatz nicht steigen lässt. Interessanter wird es für sie, wenn ich einen Schneider mit der Reparatur meines Hemdes beauftrage und ihm dafür 20 DM zahle. Ein Schneider ist schließlich ein Kleinunternehmer. Vom Standpunkt der Unternehmer im Allgemeinen ist es jedoch am besten, wenn ich das Hemd wegwerfe und mir ein neues kaufe. Langlebige und leicht reparierbare Produkte sind aus diesem Grund zumeist uninteressant für die Unternehmer, die sie produzieren, obwohl auch hier wiederum diejenigen Unternehmen, die ein Produkt benutzen, um eine Dienstleistung verkaufen zu können, daran interessiert sein könnten (z.B. ein Taxiunternehmer). In Produkte »Veralten« einzubauen, ist demnach rationales Verhalten im Kapitalismus.

Es sollte also eigentlich niemanden überraschen, dass im Kapitalismus das Bruttosozialprodukt (BSP) kein Maß des Gesamtnutzens ist, sondern lediglich des Gesamtgeldwertes der produzierten *und* verkauften Güter und Dienstleistungen. Insofern ist mancherlei Kritik an dem Begriff sinnlos, wenn man nicht zugleich den Kapitalismus kritisiert. Das BSP wächst, wenn die Menschen mehr Ressourcen und mehr bezahlte Arbeit verbrauchen und dabei Güter, die noch brauchbar sind, wegwerfen. Nur das ist Wirtschaftswachstum, und nur das interessiert Unternehmer. Aus diesem Prozess kann sowohl Nutzen wie auch Schaden entstehen.

DER WELTMARKT

Die meisten ProtagonistInnen des Öko-Kapitalismus schreiben natürlich auch über Import und Export; in der Regel gehen sie aber davon aus, dass ihre Ideen problemlos verwirklicht werden könnten, wenn nur ihr jeweiliger Nationalstaat den politischen Willen dazu hätte. Sie scheinen die Tatsache zu ignorieren, dass der heutige Markt ein Weltmarkt ist. Die Macht des Nationalstaates reicht nur bis an seine Grenzen – selbst das stimmt nicht länger ganz –, aber das Kapital ist sehr beweglich geworden und kennt keinen Patriotismus. So ähnlich beachten manche Umweltgebilde – wie die Luft, Abgase, Flüsse und Meere – keine nationalen Territorien.

Die Zwänge des Marktes tendieren dazu, die Wirtschaftsprozesse zu globalisieren. Das ist eine zwingende Entwicklung. Drei Faktoren spielen dabei eine bestimmende Rolle:

1. Die Entwicklung neuer Technologien und Produkte, die nur dann effizienter, produktiver und profitabler als die alten sind, wenn sie in größeren Stückzahlen und großräumiger verkauft beziehungsweise benutzt werden.
2. Die stets fortschreitende Arbeitsteilung.
3. Die Tatsache, dass den unterschiedlichen, Profite steigernden komparativen Kostenvorteilen der Weltregionen eine immer größere Rolle zugebilligt wird, ja aufgrund der Existenz von Konkur-

renz zugebilligt werden muss. Zum Beispiel muss die Firma Nike ihre Schuhe in Billiglohnländern wie Indonesien produzieren lassen.

Diese drei Essentials für das Wachstum der Profite und des Reichtums der herrschenden Klassen einschließlich Teile der Mittelschicht und der organisierten Arbeiterklasse (auch in der Dritten Welt) führen notwendigerweise zum Wachstum des Weltmarktes.

Es gibt zwei strittige Punkte *innerhalb* dieses Verständnisses der Lage: erstens die Frage nach der gerechten Verteilung des Reichtums und zweitens, ob die Globalisierung eine neoliberale Prägung bekommen soll/muss oder ob sie (international-)politisch kontrolliert beziehungsweise gelenkt werden soll/kann. Mit diesen Fragen will ich mich in diesem Buch nicht beschäftigen.

Die Frage, die ich hier erörtere, ist, ob der Kapitalismus »ökologisiert« werden kann. Wenn der Öko-Kapitalismus von Nationalstaaten verwirklicht werden muss, dann muss diese globalisierende Dynamik gezügelt werden – entgegen der Logik des Marktes. Der freie Kapitalfluss über Grenzen hinweg muss ebenfalls gezügelt werden. Sonst wird keine nationale Maßnahme zur Erlangung der Nachhaltigkeit möglich sein. Abgesehen davon, dass jede echte ökologische Politik Wirtschaftswachstum gefährdet, wird zusätzlich auch diese notwendige Zügelung der Globalisierung und Beschränkung des Weltmarktes in Konflikt geraten mit der Wachstumsdynamik des Kapitalismus. Wir können nicht beides haben. Dieser Widerspruch zwischen dem globalen Charakter des kapitalistischen Marktes und dem sehr begrenzten Machtbereich des Nationalstaates war der Hauptgrund dafür, dass die keynesianischen Interventionen (die ja den Kapitalismus nicht in Frage gestellt haben) in den Siebzigerjahren nicht die erwarteten Resultate erbrachten. Und aus diesem Grund wird heute auch der Öko-Keynesianismus scheitern.

Auch den heutigen allmählichen Abbau des Sozialstaates, durch den sie seit den Fünfzigerjahren eine relative soziale Nachhaltigkeit in den entwickelten Industriestaaten geschaffen hatten, können die Keynesianer nicht einmal kritisieren, geschweige denn verhindern, ohne die wirtschaftliche Globalisierung abzulehnen, was letztlich (und logischerweise) zu einer Ablehnung des Kapitalismus führen muss. Auf dem Weltmarkt konkurrieren heute nationale Wirtschaftsstandorte um die Gunst des global gewordenen Kapitals. Der Abbau des Sozialstaates ist zum großen Teil ein Resultat dieser Entwicklung.

Viele Grüne und UmweltaktivistInnen treten für eine Politik ein, die mit den Parolen »klein, aber fein (small is beautiful)«, »Regionalisierung der Wirtschaft«, »Binnenmarktorientierung«, »lokal statt global« und so weiter umrissen werden kann. All das ist gut für die Umwelt, aber man kann dann nicht zulassen, dass die Wirtschaft von den Marktkräften, die logischerweise zur Globalisierung tendieren, gelenkt wird.

Natürlich kann auch das Wachstum des Weltmarktes in einer bestimmten Weise nützlich sein, um einen Kurs in Richtung hin zur nachhaltigen Entwicklung zu sichern. Pearce et al. legen dies mit einem extremen theoretischen Beispiel dar,

> »in dem eine Wirtschaft ihren gesamten Rohstoffbedarf importiert, ihre eigenen Technologien und menschlichen Fertigkeiten zur Herstellung von Endprodukten benutzt und diese dann exportiert. Da sie in dem Prozess sehr viel Mehrwert generiert, kann sie zusätzlich auch ihren gesamten Nahrungsmittelbedarf importieren. Der nationale Vorrat an natürlichen Ressourcen bleibt intakt, aber die Nationen, aus denen sie Rohstoffe und Nahrungsmittel importiert, können sehr wohl einen Rückgang ihres Vorrats an natürlichem Kapital erleiden, da dieses ja exportiert wird.« (Pearce et al. 1989: 45)

Man nennt dies »Nachhaltigkeit importieren« auf Kosten der Nicht-Nachhaltigkeit in anderen Ländern (ebd.).

Aus dem realen Weltmarkt führen sie das Beispiel des Handels mit tropischen Harthölzern an. Japan und die Europäische Gemeinschaft importieren zusammen 90 Prozent des Weltangebots; 80 Prozent davon kommen aus nur fünf Ländern: Malaysia, Indonesien, den Philippinen, der Elfenbeinküste und Gabun (ebd.). Es ist hinreichend bekannt, dass tropische Wälder unnachhaltig abgeholzt werden.

Zwar denken Pearce et al., dass es für die Länder, welche »Nachhaltigkeit importieren«, möglich ist, die »Nachhaltigkeit exportierenden« Länder dadurch zu entschädigen, dass sie ihnen »Hilfe zur nachhaltigen Entwicklung« leisten (ebd.: 47). Wir wissen aber, dass trotz oder gerade wegen ausländischer »Hilfe« – die ja größtenteils aus Krediten besteht, die mit Zinsen zurückgezahlt werden müssen, nicht aus Geschenken – die Auslandsverschuldung der meisten Dritte-Welt-Länder immer weiter steigt und zunehmend untragbar wird. Wir wissen auch, dass ihre Wirtschaften unter anderem aus diesem Grund immer unnachhaltiger werden.

Es ist zu einfach zu behaupten – wie es die meisten Linken tun –, dass ungleicher Tausch im Welthandel einer der Hauptgründe für die zunehmende Unnachhaltigkeit in der Dritten Welt sei. Man kann leicht nachweisen, dass selbst wohlmeinende Entwicklungshilfe und gleicher Tausch unter Handelspartnern den wachsenden Welthandel nicht für alle Länder nachhaltig machen würde. Eigentlich ist das ein grundlegendes Problem und sehr leicht zu begreifen. In einer endlichen Welt mit begrenzten Ressourcen und einer begrenzten Kapazität der Natur, Schadstoffe zu absorbieren, können nur wenige Länder mittels der von Pearce et al. im obigen Zitat aufgezeigten Strategie nachhaltiges Wirtschaftswachstum verwirklichen (das auch nur für eine begrenzte Zeit). Alle Länder der Welt können es nicht; sie können nicht einmal die bisher übliche, unnachhaltige Entwicklung bis zum Niveau von sagen wir zum Beispiel Spanien verwirklichen. Denn es ist ein Nullsummenspiel. »In der globalen Konkurrenz können nur im Positivsummenspiel alle gewinnen ... Im Nullsummen- oder gar Negativsummenspiel müssen zwangsläufig einige auf der Strecke bleiben. Von ›Ausgleich‹ im [heutigen] globalen System zu reden ist dann nur Ausbund von Zynismus oder Dummheit« (Altvater 1992: 243). Echte ausländische Hilfe und gleicher Tausch könnten vielleicht die Nachhaltigkeit fördern, insbesondere in der Dritten Welt, aber nur dann, wenn gleichzeitig die Weltproduktion sinkt. Sie steigt aber kontinuierlich, angetrieben unter anderem durch die Weltmarktkräfte. Gleicher Tausch auf dem heutigen Weltmarkt würde den Reichtum umverteilen. Er würde auch die Unnachhaltigkeit umverteilen, sie aber in globaler Summe nicht reduzieren.

ÖKOLOGISCHE STEUERREFORM

Nun wollen wir uns das beliebteste wirtschaftliche Instrument der ProtagonistInnen des Öko-Kapitalismus anschauen: die ökologische Steuerreform.

Je arbeitsintensiver eine Technologie ist, desto kleiner ist die Ressourcenmenge, die sie benötigt. Solche Technologien verursachen daher, unter sonst gleichen Umständen, weniger Umweltverschmutzung. Warum hat man sie also überhaupt aufgegeben? Die Antwort ist einfach. Um ein Beispiel zu nehmen, produzierte Westdeutschland in den Sechzigerjahren trotz Vollbeschäftigung weniger Güter und Dienstleistungen als heute, wo es im gleichen Teil Deutschlands etwa vier Millionen Arbeitslose gibt. Steigende Arbeitsproduktivität führte zu steigender Produktion, höheren Löhnen und höherem Lebensstandard. Im Gegensatz dazu würde steigende Ressourcenproduktivität zu mehr Personenstunden pro Produktionseinheit führen, mithin zu höheren Lohnkosten für Unternehmen und niedrigeren Löhnen und bescheidenerem Lebensstandard für ArbeitnehmerInnen. Zur Verdeutlichung: Ein altes Haus zu renovieren oder eine Uhr zu reparieren, bedeutet Vermeidung von Ressourcenverschwendung; aber beides ist arbeitsintensiv. Man kann nicht beides haben: eine hohe Ressourcenproduktivität und eine hohe Arbeitsproduktivität.

Die VerfechterInnen des Öko-Kapitalismus wollen aber beides haben. Laistner beispielsweise unterscheidet völlig richtig zwischen Bruttosozialprodukt und gesellschaftlichem Nutzen. Er sagt, dass Ersteres fallen solle, während Letzteres steigen solle (Laistner 1989: 131). Er sagt jedoch auch, dass zwar, wenn seine Ideen umgesetzt würden, das Bruttosozialprodukt fiele, die Nettolöhne, die Kaufkraft und der Lebensstandard aber unverändert bleiben würden (ebd.: 134). Laistner spricht von allen Bürgern und Bürgerinnen. Aber wie kann die *Kaufkraft* von *allen* unverändert bleiben, wenn das BSP sinkt?

Alle VerfechterInnen von Ökosteuern sagen, dass das zusätzliche Steueraufkommen der Wirtschaft zurückgegeben werden solle – um, unter anderem, Arbeit erschwinglicher zu machen. Ist das möglich? Wir wollen zu dieser Frage eine vereinfachte arithmetische Übung durchführen. Nehmen wir an, dass in Deutschland Öl die einzig verfügbare Energiequelle ist. Nehmen wir weiter an, dass zurzeit die deutsche Industrie und Privatleute 1000 Liter Öl pro Jahr verbrauchen und dass es pro Liter 1 DM kostet, wovon 30 Pfennig Steuern sind. Wir haben zurzeit das folgende Ergebnis (Fall 1):

Verbrauchte Menge	Preis pro Liter	davon Steuer	Staatliche Einnahme
1000 Liter	1 DM	0,30 DM	300 DM

Die 300 DM werden bereits für verschiedene Zwecke ausgegeben.

Nehmen wir jetzt an, dass der Gesamtölverbrauch auf 500 Liter reduziert werden muss. Nehmen wir auch an, dass die Regierung zu diesem Zweck die Steuer um weitere 0,30 DM erhöht und ihr Ziel erreicht. Wir haben dann folgendes Ergebnis (Fall 2):

Verbrauchte Menge	Preis pro Liter	davon Steuer	Staatliche Einnahme
500 Liter	1,30 DM	0,60 DM	300 DM

Nehmen wir nun an, dass die Deutschen ihren Ölverbrauch auf insgesamt 400 Liter reduzieren. Wir haben dann folgendes Ergebnis (Fall 3):

Verbrauchte Menge	Preis pro Liter	davon Steuer	Staatliche Einnahme
400 Liter	1,30 DM	0,60 DM	240 DM

Im Fall 2 ist das Ziel erreicht, aber es gibt keine zusätzliche staatliche Einnahme, welche der Wirtschaft zurückgegeben werden kann. Im Fall 3 ist es zu einem Einnahmeverlust gekommen.

Das Ergebnis von Fall 3 ist zumindest durch einen konkreten Fall bestätigt worden. 1993 machten die Stadtwerke von Frankfurt am Main einen Rekordverlust von 195,7 Millionen DM. Sie hatten zwar einen Verlust erwartet, aber nur von 90,1 Millionen DM. Die Regierungskoalition aus der SPD und den Grünen führte diesen Verlust im Wesentlichen auf den gesunkenen Wasserverbrauch zurück – einen Effekt, den sie selbst durch ihre Doppelmaßnahme (eine Anhebung der Wasserpreise und eine Kampagne gegen Verschwendung) angestrebt hatten (*Frankfurter Rundschau*, 24.01.1994). Man kann den Kuchen nicht sowohl essen als auch behalten.

Wenn der Ölverbrauch auf nur 600 Liter fiele, hätten wir folgendes Ergebnis (Fall 4):

Verbrauchte Menge	Preis pro Liter	davon Steuer	Staatliche Einnahme
600 Liter	1,30 DM	0,60 DM	360 DM

Die staatlichen Einnahmen sind um 60 DM gestiegen. Aber das Ziel ist nicht erreicht worden.

In unserer arithmetischen Übung ist ein Ansteigen des Steueraufkommens durch die Ökosteuer nur eine von drei Möglichkeiten. Michael Jacobs behauptet aber, dass der Staat auf jeden Fall eine Einnahme aus solchen Steuern hätte, welche er der Wirtschaft zurückgeben könnte. Ich zitiere sein Argument:

> »Man könnte denken, dass überhaupt keine [Einnahmen] entstünden, da der Zweck der Steuer die Senkung der Umweltverschmutzung oder des Ressourcenverbrauchs auf ein vertretbares Niveau ist, und dass auf diesem Niveau keine Steuer zu entrichten sei. Aber ... auch wenn das vertretbare Niveau erreicht ist, wird eine Einnahme erzielt, da die Steuer auf die gesamte umweltschädliche Aktivität zu entrichten ist und nicht nur auf den Teil davon, der über dieses Niveau hinausgeht.« (Jacobs 1991: 146)

Der Unterschied zwischen den Fällen 2 und 3 in meiner Übung einerseits und Jacobs Behauptung, die richtig ist, andererseits ist leicht zu erklären. Wir stellen unterschiedliche Fragen. Jacobs fragt, ob es *überhaupt eine* Einnahme gäbe. Ich frage, ob es *zusätzliche* Einnahmen gäbe, wenn die Steuer erhöht würde. Wenn man davon ausgehen kann, dass die Steuer, an die Jacobs denkt, vorher nicht existierte, dann würde natürlich diese Steuer dem Staat auf jeden Fall eine Einnahme bescheren, denn es ist ganz unwahrscheinlich, dass irgendeine bestimmte Art von Umweltverschmutzung oder Ressourcenverbrauch aufgrund dieser Steuer auf null sinken würde.

Die Annahme von Jacobs ist aber nicht plausibel. In modernen Industrieländern gibt es kaum noch etwas, worauf die VerbraucherInnen nicht schon eine direkte oder indirekte Steuer oder Abgabe zahlen müssen. Aber akzeptieren wir, um der Argumentation willen, was Jacobs sagt. Es ähnelt in gewisser Weise dem Fall 4 in meiner arithmetischen Übung. Wir wollen ihn einmal aus verschiedenen Blickwinkeln durchdenken.

Bekanntlich erhebt der Staat viele andere Steuern von der Wirtschaft: Mehrwertsteuer, Warenumsatzsteuer, Einkommenssteuer, Körperschaftssteuer, Gewerbesteuer und so weiter. In der Ölindustrie ist die Produktion auf 60 Prozent des vorherigen Niveaus zurückgegangen. Also sind auch die Einnahmen aus Steuern von dieser Industrie entsprechend zurückgegangen. Ungefähr das Gleiche wird wahrscheinlich in den Industriezweigen passieren, welche Maschinen und andere Güter an die Ölindustrie liefern. Der gesamte Einnahmeverlust für den Staat in diesen zwei Bereichen kann weit über 60 DM liegen.

Hier sehen wir wieder den Unterschied zwischen Mikro- und Makroökonomik. Obwohl die Einnahme durch eine bestimmte Steuer steigt, kann die Gesamteinnahme durch alle Steuern sinken. Das Gesamtsteueraufkommen ist immer nur ein Anteil am BSP. Wenn das BSP aufgrund eines drastischen Rückgangs des Ressourcenverbrauchs sinkt (man denke an den Multiplikatoreneffekt), ist es sehr unwahrscheinlich, dass es zu einer insgesamt höheren Steuereinnahme kommen würde, so dass der Staat der Wirtschaft die Mehreinnahme zurückgeben könnte.

Insbesondere eine neue – oder die drastische Erhöhung einer existierenden – Energiesteuer könnte einen sehr negativen Effekt auf die Wirtschaft haben, wenn die eventuelle Mehreinnahme des Staates nicht der Wirtschaft des Landes zurückgegeben würde, sondern, wie Pearce et al. vorschlagen, den Ländern, aus denen die Rohstoffe sehr billig importiert werden. Seit der industriellen Revolution ist der Gebrauch von Energie statt tierischer oder menschlicher Arbeitskraft der wichtigste Faktor bei der Steigerung der Arbeitsproduktivität gewesen. Wenn nun der Energieverbrauch stark reduziert werden muss, kann natürlich die Arbeitslosigkeit zurückgehen, wenn nämlich mehr Arbeitskräfte als Ersatz für Energie und Maschinen eingestellt werden. Aber aufgrund der deutlich zurückgegangenen Arbeitsproduktivität (während die Ressourcenproduktivität ansteigt) würde der Wohlstand ganz sicher abnehmen.

Aber Argumente und Logik haben keine Wirkung auf die ProtagonistInnen des Öko-Kapitalismus mit ihrem quasi religiösen Glauben an die wundersame Wirksamkeit einer ökologischen Steuerreform. So glauben Loske et al., dass ein Land »durch eine klug dimensionierte ökologische Steuerreform auch ökonomisch, also monetär, reicher« werden kann (Loske et al. 1996: 186). Der ehemalige Chef der EU-Kommission Jacques Delors, sein Nachfolger Jacques Santer und sogar ein konservativer britischer Politiker sind der Ansicht, dass sie durch eine ökologische Steuerreform Wirtschaftswachstum und Beschäftigung fördern können; und Weizsäcker et al. (1995: 226) zitieren diese Politiker zur Unterstützung ihrer Thesen.

Nehmen wir einmal an, dass, ungeachtet der Mindereinnahmen in anderen Bereichen, der Staat die 60 DM (von Fall 4) an die Wirtschaft zurückgibt. Ein Teil davon geht an Privatpersonen. Wenn aber beispielsweise die AutobesitzerInnen das Geld, welches sie wegen einer erhöhten Mineralölsteuer an den Staat zahlen mussten, etwa durch eine Herabsetzung der Beiträge für die Sozialversicherung und/oder der Einkommenssteuersätze zurückbekommen, brauchen sie das Autofahren überhaupt nicht einzuschränken. Das genau war der Fall im Jahre 2000 in Deutschland. Wird ein Teil des Geldes, wie vielfach vorgeschlagen, den Nicht-AutobesitzerInnen als Bonus gegeben, können sich diese Leute mit dem zusätzlichen Geld öfter ein Taxi leisten. Wenn wir den Staat überreden könnten, dieses Geld zur Förderung öffentlicher Verkehrsmittel zu verwenden, würde die Umwelt zweifellos entlastet. Da aber auch alle öffentlichen Betriebe die erhöhte Mineralölsteuer zahlen müssen und da sie ihre Dienstleistungen nicht zu sehr einschränken dürfen, wäre ihr monetärer Nettogewinn (und der ihrer Kunden) bestenfalls gleich null. Nur die Umwelt würde davon profitieren.

Zumindest in Deutschland ist der Staat überredet worden, den Unternehmen einen Teil dieser 60 DM zu geben – in der Form, wie es die meisten ProtagonistInnen der Ökosteuer fordern, nämlich durch Herabsetzung ihrer Beiträge zur Sozialversicherung. Wäre das ausreichend, die Industrie dazu zu bewegen, an Stelle von Maschinen mehr Arbeitskräfte einzustellen? Diese Erwartung war ja das Hauptargument der deutschen Grünen (nicht so sehr der Umweltschutzgedanke), als sie die Ökosteuer auf Energie durchsetzten. Ich glaube nicht, dass das ausreicht. Bisher ist meines Wissens keine einzige Maschine durch Arbeitskräfte ersetzt worden. In den entwickelten Industrieländern sind die Lohnkosten sehr hoch. Das war von Anfang an einer der Hauptgründe, Arbeitskräfte durch Maschinen zu ersetzen. Eine geringfügige Reduzierung der Lohnnebenkosten würde nicht genügen, diesen Trend umzukehren.

Wenn die Reallöhne hinreichend gesenkt werden könnten und wenn die Verbraucher, weltweit und in Deutschland, weiterhin immer mehr kaufen, dann würden die Unternehmer wohl mehr Arbeitskräfte einstellen (müssen). Ihre Produktionskosten würden dadurch nicht steigen. Das ist aber kein Bestandteil der Argumente für eine *ökologische* Steuerreform.

Die wichtigste Frage in dieser Diskussion ist, was die Regierung erreichen möchte. Bisher sind sämtliche (Anhebungen von) Ökosteuern, die irgendwo eingeführt wurden, so geringfügig gewesen, dass sie dem Staat in der Tat Mehreinnahmen ermöglicht haben, ohne eine Minderung des Bruttosozialprodukts zu verursachen. In einigen Fällen haben sie möglicherweise die Intensität bestimmter Arten von Umweltverschmutzung leicht reduziert. Aber eine echte Verbesserung der Gesamtlage der Umwelt ist nicht möglich ohne eine Reduzierung des Gesamtmaterialdurchsatzes. Hier ein konkretes Beispiel: 1979 führte die schwedische Regierung eine Kohlendioxidsteuer auf Benzin ein. Aber der anfängliche positive Effekt, nämlich eine Reduzierung des Kohlendioxidausstoßes, wurde durch eine Zunahme des Verkehrsaufkommens zunichte gemacht (Dudde 1996: 27).

Das dänische Umweltamt kam in einer Zusammenfassung einer ähnlichen Erfahrung mit einer solchen Steuer zu dem Schluss, dass für einen wirkungsvollen Schlag gegen den motorisierten Verkehr ein Benzinpreis von mindestens 20 Kronen (5 DM) erforderlich sei statt der derzeitigen 6,50 Kronen (1,70 DM) (*Frankfurter Rundschau*, 16.10.1998).

Nun wollen wir uns einer Studie zuwenden, die in Deutschland im Auftrag von Greenpeace erstellt wurde. Das Deutsche Institut für Wirtschaftsforschung (DIW) schätzte 1994 die wahrscheinlichen Folgen einer nur in Deutschland erhobenen ökologischen Energiesteuer für die deutsche Wirtschaft ein. Der Steuersatz sollte bis zum Jahre 2010 allmählich ansteigen. Das DIW kam zu dem Schluss, dass von einer solchen ökologischen Steuerreform im nationalen Alleingang kein nachteiliger Effekt für die Volkswirtschaft ausgehe, »dass der notwendige ökologische Strukturwandel ohne Beeinträchtigung von wirtschaftlichem Wachstum und Wohlfahrt herbeigeführt werden kann« (DIW 1994: 18). Das DIW prognostizierte, dass der Energieverbrauch, im Vergleich zum Jahre 1990, allein aufgrund des technischen Fortschritts bis 2005 um 7 Prozent und bis 2010 um 8 Prozent fallen werde; unter dem Einfluss der ökologischen Energiesteuer ginge er bis 2005 um weitere 11,6 Prozent und bis 2010 um weitere 14 Prozent zurück (ebd.: 14).

Dass ansteigende Energiepreise und der darauf folgende sinkende Energieverbrauch keinen nachteiligen Effekt auf Wirtschaftswachstum und Wohlstand haben würden, ist schwer zu glauben. Seit etwa Mitte des Jahres 2000, als der Rohölpreis auf dem Weltmarkt allmählich auf circa 37 US-Dollar pro Barrel anstieg, fürchten alle europäischen und US-amerikanischen Politiker, dass diese Entwicklung schädlich für das Wirtschaftswachstum sein würde. In Frankreich, Großbritannien und Deutschland hat es Demonstrationen und Straßenblockaden gegen hohe Kraftstoffpreise gegeben, in Deutschland insbesondere gegen die Ökosteuer auf Energie. Von Volkszorn ist die Rede.

Bei näherer Betrachtung sieht man, dass diese Hoffnung des DIW auf der unbegründeten Annahme beruht, energieintensive Industrien verblieben in Deutschland, auch wenn die Energiepreise nur in diesem Land ansteigen würden. Die diesbezüglichen Entscheidungen der Unternehmen würden natürlich davon abhängen, ob die Energiepreisanstiege als mild oder stark, als erträglich oder unerträglich empfunden würden, eine Frage, die heute nicht beantwortet werden kann. Es ist allerdings bemerkenswert, dass eine andere, 1996 vom Rheinisch-Westfälischen Institut für Wirtschaftsforschung (RWI) erstellte Studie von der realistischeren Annahme ausging, dass energieintensive Industrien – wie Stahl und Grundchemikalien – in andere Länder verlagert würden. Das würde nach dem RWI einen Verlust von 413000 Arbeitsplätzen zur Folge haben – ein Verlust, der nicht durch die Schaffung neuer Arbeitsplätze in anderen Bereichen zu kompensieren wäre (RWI 1996: 25).

Das DIW hoffte, auf der Grundlage seiner Annahmen, dass die zusätzliche Einnahme durch die vorgeschlagene Energiesteuer im ersten

Jahr (1995) 9 Milliarden DM, zehn Jahre später (2005) 120 Milliarden DM und im Jahre 2010 205 Milliarden DM betragen würde (DIW 1994: 14). Diese Summen würden der Wirtschaft zurückgegeben werden. Natürlich könnten aus der Steuer große zusätzliche Einnahmen entstehen, wenn die energieintensiven Industrien in Deutschland verblieben und das Wirtschaftswachstum anhielte. Viele VerfechterInnen einer ökologischen Steuerreform haben aber begriffen, dass die Annahme des RWI realistischer ist. Weizsäcker sagte schon 1996, dass die Energiemenge, die die Industrie für die Produktion brauche – die Prozessenergie – von der vorgeschlagenen ökologischen Energiesteuer ausgenommen werden müsse (Weizsäcker 1996). (Die dänische Regierung hatte solche Zugeständnisse an die Industrie machen müssen.) Inzwischen soll Weizsäcker als Reaktion auf den Volkszorn sein Ökosteuerkonzept ganz aufgegeben haben (*Frankfurter Rundschau*, 31.05./01.06.2000).

Folgte man der Empfehlung, die Prozessenergie auszunehmen (in Deutschland sind tatsächlich viele Industrien ausgenommen worden), wäre die zusätzliche Einnahme durch die Energiesteuer wesentlich geringer. Dann wäre es falsch, anzunehmen, dass den Unternehmern viel zurückerstattet werden könnte, nämlich in der Form von verminderten Lohnnebenkosten. Genau diese Annahme ist aber die Grundlage der Hoffnung des DIW, dass gesenkte Gesamtlohnkosten es den verhältnismäßig arbeitsintensiven Branchen ermöglichen würden, die Preise ihrer Produkte und Dienstleistungen herabzusetzen, was wiederum zu größerer Nachfrage und damit zu mehr Arbeitsplätzen in diesen Branchen führen würde. Das DIW schätzte die Anzahl zusätzlicher Stellen auf 600 000 in zehn Jahren.

Die DIW-Studie hat sich nur mit einer ökologischen Energiesteuer befasst, aber Weizsäcker schlägt Ökosteuern auf sämtliche Rohstoffe vor (Weizsäcker 1996). Dies würde der deutschen Wirtschaft noch mehr Probleme bereiten, wenn ihre Konkurrenten nicht mit solchen Steuern belastet würden.

Ich möchte diesen Abschnitt mit einem weiteren Beispiel für die Naivität der VerfechterInnen einer ökologischen Energiesteuer abschließen. Einige ForscherInnen errechneten, dass in Europa die verschiedenen Bestandteile von einem Becher Joghurt insgesamt 8000 Kilometer zurücklegen, bevor der Joghurt den Verbraucher erreicht (Böge und Holzapfel 1994). Man will damit sagen, dass, wenn der Kraftstoffpreis genug gesteigert würde, diese absolut unnötige Reise von 8000 Kilometern auf eine sehr kleine Zahl schrumpfen würde und die VerbraucherInnen dennoch ihren Joghurt bekämen.

Das ist ganz richtig. Die lange Reise ist überhaupt nicht notwendig, aber (Unternehmer können rechnen!) sie ist profitabel, besonders im Kapitalismus. Seit den Tagen Adam Smiths wissen wir, dass die zunehmende Arbeitsteilung eines der Geheimnisse der steigenden Produktivität und mithin des zunehmenden Reichtums der Nationen ist. 8000 Kilometer Transportweg sind notwendig, um die Produktivität der einzelnen Produktionsfaktoren zu optimieren und sich die Vorteile der Größendegression sowie die der komparativen Kostenvorteile der verschiedenen Standorte zunutze zu machen. Natürlich könnte der Gütertransport in Europa in gewissem Grade reduziert werden, wenn die Absurditäten, die durch die Regeln, Vorschriften und Subventionen der EU entstehen, beseitigt werden könnten. Aber im Prinzip stimmt es, dass zunehmende Arbeitsteilung zunehmende Transporte notwendig macht. Nicht zum Spaß exportiert Deutschland ein Drittel seiner Produktion und importiert eine entsprechende Menge an Waren. Lokalisierung oder Regionalisierung der Produktion liegt im Interesse der Umwelt, aber Unternehmer können davon nicht profitieren, auch nicht die Verbraucher, denn dadurch steigen die Preise. Diese Gesetze der kapitalistischen und/oder industriellen Produktionsweise dürfen nicht einmal sogenannte progressive KapitalistInnen verletzen, wenn sie nicht in einer Welt harter Konkurrenz Pleite gehen wollen.

WO SOLL DAS GELD HERKOMMEN? DIE DILEMMATA DES ÖKO-KEYNESIANISMUS

Angenommen, die Ökosteuern ermöglichen ein zusätzliches Steueraufkommen. Sollte dieses der Wirtschaft zurückgegeben werden? In der ökologischen Literatur lesen wir oft von unseren »Schulden bei der Natur«. Wenn wir einem Gläubiger eine Geldsumme zurückzahlen, können wir diese nicht auch jemand anderem geben. Unsere Schulden bei der Natur können wir auf zweierlei Weise begleichen: indem wir allgemein weniger produzieren und konsumieren, so dass sich die Natur, so weit wie möglich, erholen kann, und/oder indem wir die angerichteten Schäden, falls noch möglich, reparieren. In beiden Fällen gäbe es kein Geld, das der Staat der Wirtschaft zurückgeben könnte, nicht in dem Sinne, wie sich das die ProtagonistInnen der Ökosteuern vorstellen. Kein Staat hat bisher den ersten Weg gewählt. Der zweite ist aber im Prinzip schon akzeptiert.

»Unsere Schulden bei der Natur« ist eine Metapher für die gesammelten Altlasten aus der Vergangenheit und andere Umweltschäden, die harmlos gemacht, beseitigt beziehungsweise repariert werden sollen und die eine Menge Geld kosten werden. Die Metapher bezeichnet auch den enormen, kostspieligen Aufwand, der zur Verhinderung weiterer – gegenwärtiger oder künftiger – Umweltverschmutzung und -schäden notwendig ist. Öko-Keynesianer fordern, dass der Staat selbst einige dieser Aufgaben mit Hilfe von Steuergeldern bewältigt und zur Bewältigung der übrigen die Wirtschaft motiviert oder sie zwingt, Investitionen zu tätigen, um veraltete Technologien durch umweltfreundlichere zu ersetzen. Der Staat sollte ihrer Meinung nach umweltfreundliche Maßnahmen finanziell fördern. Aber wo soll das Geld herkommen?

Innerhalb des Wachstumsparadigmas ist die Frage leicht zu beantworten: vom Wirtschaftswachstum. Joschka Fischer hat dies trefflich formuliert: »Eine Politik des ökologischen Umbaus ist auf die Mobilisierung enormer Summen angewiesen, braucht also eine *florierende Wirtschaft* und einen finanzstarken Staat, damit beide in den ökologischen Umbau investieren können« (Fischer 1989: 110; Hervorhebung durch den Autor). Natürlich gibt es im Kapitalismus hin und wieder Rezessionen. Keynesianer glauben aber, dass staatliche Defizitwirtschaft Rezessionen beheben kann.

Ich halte das alles für vollkommen unrealistisch. Haben wir nicht schon das Scheitern des Keynesianismus erlebt? Selbst Staaten, die sich nicht in einer Rezession befinden, sondern nur eine niedrige Wachstumsrate haben, erleiden eine allgemeine Krise der Staatsfinanzen, die sie auf Kosten der Armen zu lösen versuchen, das heißt durch das Herunterschrauben, wenn nicht die völlige Demontage des Wohlfahrtsstaates. Wie sollen sie sich noch massive Ausgaben zum Schutze der Umwelt leisten?

Fischer und seinesgleichen sind sich nicht einmal in ihren grüneren Zeiten des dieser Frage innewohnenden Dilemmas bewusst gewesen. Die AutorInnen des Parteiprogramms der Grünen von 1986 – Titel: »Der Umbau der Industriegesellschaft« – wollten einerseits die Umweltzerstörung und die Ausbeutung der Dritten Welt beenden. Andererseits nahmen sie für ihre Vorschläge – im Wesentlichen Umschichtungen von Geldern zwischen Haushaltsposten – die Größen des damaligen Bruttosozialprodukts und der damaligen Staatshaushalte zur Grundlage, obwohl sie wussten, dass ein Großteil davon durch Umweltzerstörung und Ausbeutung der Dritten Welt zustande kam (die Grünen 1986).

Eine besondere Hoffnung vieler Öko-Keynesianer ist bemerkenswert und muss kritisiert werden: nämlich, dass ihre jeweilige nationale Wirtschaft durch den Export von Ökotechnologien florieren würde. Beispielsweise schrieb der Deutsche Gewerkschaftsbund (DGB) 1985 in seinem zentralen Positionspapier »Umweltschutz und qualitatives Wachstum«:

> »Die Entwicklung moderner und preiswerter Umweltschutztechnologien kann neue Märkte und Wettbewerbsvorteile erschließen und sichern. Diese Märkte sind als die Märkte der Zukunft anzusehen, denn auch der Weltmarkt wird immer stärker nach umweltfreundlichen Produkten und Produktionsverfahren verlangen, *da die Umweltbelastungen weltweit steigen.*« (DGB 1985: 13; Hervorhebung durch den Autor)

Die AutorInnen sind in ihrem Eifer, Geld zu verdienen und durch die Eroberung neuer Märkte Arbeitsplätze zu schaffen, so blind, dass sie nicht einmal begreifen, dass Erfolg bei dieser Art ökologischer Exportpolitik die Fortsetzung, ja gar die Intensivierung gerade der Krankheit erfordert, die sie kurieren wollen.

Diese Art von Blindheit ist anscheinend bei allen Protagonisten des Öko-Kapitalismus weit verbreitet. Laistner erwartet, dass Deutschland – dank den überlegenen »grauen Hirnzellen« seiner Wissenschaftler, Techniker und Ingenieure – den entscheidenden Markt erobern wird, nämlich den für »besonders ›intelligente‹ Produkte« sowie »technologisch hochstehende Maschinen und Fertigungserzeugnisse«, die alle arbeitsintensiv sind. Den Markt für »Massenwaren« und »minderwertigen Ramsch« möchte er »anderen überlassen« (Laistner 1989: 138). Er begreift vielleicht nicht, dass Erfolg bei dieser Politik voraussetzen würde, dass jene anderen unterentwickelt bleiben. Die anderen werden aber nicht unterentwickelt bleiben. Ob diese Art von nationalistischer Politik im Zeitalter der Weltwirtschaft funktionieren wird, ist ein strittiger Punkt. Auf jeden Fall verstößt sie gegen den erklärten Geist nachhaltiger Entwicklung.

Steady-State-Kapitalismus?

Es ist äußerst seltsam, dass viele ÖkologInnen glauben, dass das Wirtschaftswachstum trotz einer drastischen Reduktion beim Ressourcenverbrauch weitergehen kann. Es ist noch seltsamer, dass sie glauben, dass dies im Rahmen des Kapitalismus möglich ist. Ich werde nun einige Ideen und Standpunkte solcher ÖkologInnen prüfen.

Wenn der Ressourcenverbrauch um einen Faktor zehn reduziert und die optimale Kombination von Arbeits- und Ressourcenproduktivität erreicht worden ist, werden wir einer »steady-state economy« (SSE: »stehende«, d. h. nicht wachsende, Wirtschaft) auf einem viel niedrigeren Niveau von Produktion und Konsum als heute recht nahe gekommen sein. In der Übergangsphase würde die Wirtschaft schrumpfen.

Für den Übergang zur SSE und ihr zukünftiges Funktionieren schlägt Herman Daly drei Institutionen vor, die auf der vorhandenen Grundlage des Preissystems und des Privateigentums aufbauen. Zwei davon – übertragbare Gebärlizenzen zur Stabilisierung der Bevölkerungszahl und Abbauquoten zur Stabilisierung des Vorrats an Artefakten (Maschinen, Geräten und so weiter) und zur Begrenzung des Ressourcendurchsatzes unterhalb der Nachhaltigkeitsgrenze – sind handelbar. Die dritte, von Daly als die Verteilungsinstitution bezeichnet, beinhaltet eine Ober- und eine Untergrenze für das Individualeinkommen und eine Obergrenze für privaten Reichtum; sie hat nichts mit dem Markt zu tun. Der Staat würde die Gebärlizenzen und Abbauquoten ausstellen und die Grenzwerte für Einkommen und Reichtum festlegen. Der Rest bliebe dem Markt überlassen (Daly 1977: Kapitel 3).

Ich habe einige Zweifel an der Machbarkeit von Dalys Entwurf. Ich teile seinen Glauben an die unvermeidliche Notwendigkeit einer Steady-State-Wirtschaft, die im Wesentlichen auf erneuerbaren Ressourcen basiert. Aber kann sie im Kapitalismus erreicht werden und in seinem Rahmen funktionieren?

Daly glaubt an die Effizienz und »Disziplin des Marktes«. Er glaubt, dass die Märkte die effiziente Zuteilung der Quoten sicherstellen würden. Außerdem möchte er, obwohl er für soziale Kontrolle plädiert, die Einschränkung der persönlichen Freiheit minimieren. Durch die Quoten bezweckt er Makrostabilität und durch den Markt die Mikrovariabilität. Die Mikroebene ist für ihn die Domäne der Unbestimmbarkeit, Neuheit und Freiheit. Sie sollte die Fähigkeit zur spontanen Koordinierung, Anpassung und Mutation beibehalten. Daly schreibt: »Wir sollten Makrokontrolle anstreben und Mikroeinmischung vermeiden. ... Uns fehlen die Kenntnisse und die Fähigkeiten, detaillierte Kontrolle über das Raumschiff zu übernehmen; deshalb müssen wir es einem ›Autopiloten‹ überlassen, so wie es seit Äonen gewesen ist« (ebd.: 51).

Das sind eigentlich Standardargumente für eine Marktwirtschaft – schöne Literatur, aber nicht überzeugend. Erstens kann man nicht von Disziplin sprechen, wenn man auch die Spontaneität, Unbestimmbarkeit, Mutation, Neuheit und Freiheit bewundert. Der Markt »diszipliniert« nur individuelle Unternehmer und nur in dem Sinne, dass sie wettbewerbsfähig bleiben müssen. Freiheit bedeutet hier auch die Freiheit, durch Konkurrenz andere Unternehmer in die Pleite zu treiben. Der Markt zwingt die Unternehmer nicht, auf soziale Ziele zu achten oder sich um das Wohlergehen der Mitmenschen zu kümmern. Historisch gesehen ist das System berüchtigt wegen seiner Anarchie, seiner Krisen, Pleiten, Inflationen, Rezessionen, Depressionen und Arbeitslosigkeit. Natürlich hat der Kapitalismus auch Wirtschaftswachstum vorangetrieben, bis zum heutigen Wohlstandsniveau der Industrieländer. Daly hat sich aber vom Wachstumsparadigma abgewandt. Kann das System im Kontext einer schrumpfenden Wirtschaft, die auf einen Steady-State auf niedrigem Niveau zusteuert, weiterhin funktionieren?

Zweitens ist Dalys Metapher vom Autopiloten deplatziert. Die richtige Metapher für die kapitalistische Marktwirtschaft ist Adam Smiths mysteriöse »unsichtbare Hand«. Ein Autopilot ist eine bewusste Erschaffung – entworfen auf wissenschaftlicher Grundlage; er steuert das Raumschiff voraussagbar in Übereinstimmung mit der von seinen Erschaffern festgelegten Flugbahn. Er ähnelt eher einem Instrument in der Hand der Planer, nämlich einem Computer. Drittens besteht der kapitalistische Markt, von dem Daly hier redet, keineswegs seit Äonen. Er ist, anders als Märkte im weitesten Sinne, erst vor kurzem entstanden.

In seinem etwa 20 Jahre später zusammen mit Cobb Jr. verfassten Buch verwendet Daly die Metapher von einer Sprache und ihrer Grammatik (Daly und Cobb 1990. 44). Auch diese Metapher ist deplatziert. Es stimmt, dass eine Sprache nicht von einer einzelnen Person geschaffen wurde, aber ihr Vokabular und ihre Grammatik sind in Büchern festgehalten. Jeder kann eine Sprache beherrschen, aber niemand kann die nicht existierende »Grammatik« einer freien Marktwirtschaft beherrschen. Was diesbezüglich schwarz auf weiß existiert, ist wenig brauchbar. Darum machen trotz der Existenz vieler Managementhochschulen auch erfahrene Geschäftsleute Verluste, gehen hundertjährige Firmen Pleite, erleben ganze Wirtschaften periodische Rezessionen und Krisen.

Ein wichtiges Designprinzip von Dalys SSE ist ein »beachtlicher Fehlerspielraum« zwischen der tatsächlichen Umweltbelastung und der maximalen Tragfähigkeit. Das ist ein richtiges Prinzip. Für das befriedigende Funktionieren einer jeden Art von Wirtschaft, nachhaltig oder nicht, ist ein gewisser Fehlerspielraum notwendig. Eine der Ursachen des schlechten Funktionierens der sowjetischen Wirtschaft war das Fehlen genügenden Spielraums zwischen Produktionszielen und dem Ressourcendurchsatz. Aber in einer Überflussgesellschaft ist es leichter, diesen Spielraum zu wahren als in einer Gesellschaft ohne Überfluss. Wie wäre es möglich, den notwendigen Spielraum in einer schrumpfenden Wirtschaft zu wahren, oder in einer Steady-State-Wirtschaft auf niedrigem Niveau, die im Wesentlichen auf erneuerbaren

Ressourcen basiert? In einer solchen Wirtschaft wären die verfügbaren Mittel so knapp, dass sich die Gesellschaft keinen »beachtlichen« Spielraum erlauben könnte. Daly ist sich der Folgen bewusst: »Je mehr sich das Tatsächliche dem Maximum nähert, desto geringer ist der Fehlerspielraum und *desto rigoroser, feiner abgestimmt und mikroorientierter müssen unsere Kontrollen sein*« (Daly 1977: 51; Hervorhebung durch den Autor). Nun, dann hätte eine freie Marktwirtschaft keine Erfolgschance! Das ist ein Plädoyer für umfassende Planung.

Zwar ist ein »beachtlicher Spielraum« theoretisch auch in einer SSE auf niedrigem Niveau möglich, wenn die Bevölkerungszahl auf die erforderlich niedrige Größe zurückgeht. Aber Daly ist auch ein Realist. Deshalb schlägt er hinsichtlich der Abbauquoten nur eine graduelle Reduzierung vor, beginnend mit der derzeitigen Abbaurate. Wie realistisch ist dann die Möglichkeit, dass die Bevölkerungszahl einer Gesellschaft schneller sinkt als die Schrumpfungsrate ihrer Wirtschaft? Alle Demographen wissen, wie schwierig und langwierig der Prozess sein würde, allein das Bevölkerungswachstum aufzuhalten.

Daly und andere denken, dass Unternehmer sowohl in einer schrumpfenden als auch in einer Steady-State-Wirtschaft weiterhin Profite machen würden. In Dalys SSE sollen alle Unternehmensgewinne den AktionärInnen als Dividende ausgezahlt werden (ebd.: 56). Weizsäcker et al. sind sogar davon überzeugt, dass die Gewinne der Unternehmer und Konzerne zunehmen, der Lebensstandard steigen und ganze Länder reicher werden würden, wenn alle gemäss den Empfehlungen der Autoren handelten (Weizsäcker et al. 1995: 221, 222, 226 und passim). Daly geht davon aus, dass die Chancen, die den Reichen wegen der Obergrenzen für Reichtum und Einkommen verloren gehen würden, den weniger Reichen zur Verfügung stünden, die dann höhere Steuern auf ihre »gestiegenen Einkommen« zahlen würden. (Würden die Reichen keine höheren Steuern auf ihre gestiegenen Einkommen zahlen?) Er denkt, dass das garantierte Mindesteinkommen unter anderem aus diesen Steuern finanziert werden könne (Daly 1977: 56). Von all dem bin ich nicht überzeugt.

Die ÖkologInnen, deren Positionen wir hier prüfen, fordern, dass der Material- und Energiedurchsatz in Industriegesellschaften reduziert werden müsse – nach und nach zwar, aber drastisch. Schmidt-Bleek (1993) sowie Loske et al. (1996) fordern eine Reduzierung um (etwa) einen Faktor 10. Wenn es dazu käme, begänne sofort eine starke Rezession im Extraktionssektor (Bergbau-, Öl-und-Gas- und Holzindustrie). Danach wird aber bald in der gesamten Wirtschaft eine Kettenreaktion einsetzen. Was Unternehmer (außer in den Dienstleistungssektoren) mit Fabriken, Maschinen und ArbeiterInnen tun, ist, Rohstoffe und Energie in Güter zu verwandeln. Wenn es in der gesamten Wirtschaft eine abnehmende Menge an Rohstoffen und Energie zu verarbeiten gäbe, würde ein entsprechend großer Teil der Fabriken, Maschinen und so weiter überflüssig werden; das heißt, Kapital im finanziellen Sinne würde vernichtet werden. Wie würden dann Unternehmer, deren Kapital zerstört worden wäre, weiterhin Profite erzielen können? Wie würde dann eine kapitalistische Marktwirtschaft weiter funktionieren können? Wäre das Ergebnis nicht eher eine lang andauernde und beschleunigte allgemeine Wirtschaftskrise, auch in den Dienstleistungssektoren, bis der Steady-State auf niedrigem Niveau erreicht ist? Würde das nicht im Kapitalismus zu Chaos und Zusammenbruch der Wirtschaft und Gesellschaft führen?

Alle Verfechter des Steady-State-Kapitalismus argumentieren, dass Unternehmer genug Zeit hätten, sich den Reduzierungen anzupassen, weil Letztere nach und nach erfolgen würden. Zwar ist es dem Kapitalismus in seiner Geschichte mehrmals gelungen, sich erfolgreich an veränderte Lagen anzupassen, und das kann auch in Zukunft weiterhin möglich sein. Aber das konnte und kann nur im Kontext eines allgemeinen wirtschaftlichen Wachstums gelingen. Während jeder Wirtschaftskrise ist eine Menge Kapital zerstört worden. Dies führte nicht zum Zusammenbruch des Kapitalismus, weil auf jede Krisenperiode eine längere Periode des Wirtschaftswachstums folgte. Auf diese Art und Weise Wirtschaftskrisen zu überwinden und gesellschaftliche Zusammenbrüche zu vermeiden, würde in Zukunft nicht mehr möglich sein, wenn ein Kurs wirtschaftlicher Schrumpfung eingeschlagen würde.

Für Kapital gibt es keinen »normalen« Tod. Eine Maschine, zum Beispiel ein Lastwagen, hat eine bestimmte Lebensdauer. Er funktioniert zehn bis fünfzehn Jahre. Danach »stirbt« der Lastwagen, wird verschrottet. Aber das darin verkörperte *Kapital* stirbt normalerweise nicht. Der Prozess der Amortisation sorgt dafür, dass es nach dem Tode des alten Lastwagens weiterlebt, so dass ein neuer Lastwagen als Ersatz für den alten gekauft werden kann. Braucht man aufgrund der Schrumpfungspolitik keinen neuen Lastwagen, wird das unsterbliche, vormals in dem (jetzt »toten«) Lastwagen verkörperte Kapital überflüssig. Und man kann mit hoher Sicherheit davon ausgehen, dass ein Großteil der Fabriken und Maschinen, die zu Beginn des Schrumpfungsprozesses noch Güter produzieren, überflüssig würden, ehe sich das in ihnen verkörperte Kapital amortisiert hat. Daraus folgt, dass es den Unternehmern nicht möglich wäre, sich an *diese* Veränderungen anzupassen. Die Zerstörung eines großen Teils des Kapitals *im finanziellen Sinne*, etwa in Form des Verfalls der Aktienkurse, wäre unausweichlich. Und ein Großteil des Kapitals, das sich amortisieren könnte, könnte nicht reinvestiert werden. Ein Teil davon könnte womöglich nicht einmal für den Konsum ausgegeben werden, denn die zum Verbrauch zur Verfügung stehende Menge an Gütern und Dienstleistungen würde ebenfalls kontinuierlich abnehmen, bis der Steady-State der Wirtschaft erreicht ist. Das war ungefähr der Fall in der ehemaligen DDR. Die Menschen dort hatten zu viel Erspartes und zu wenig Güter und Dienstleistungen, die sie kaufen konnten.

Alle Anwälte des Kapitalismus wissen, dass ein Großteil der Effizienz und Überlegenheit, die sie dem Markt attestieren, von der Existenz eines Käufermarktes abhängt, das heißt von der Existenz einer starken Konkurrenz unter Anbietern und der Möglichkeit, das Angebot sofort zu erhöhen, wenn die Nachfrage steigt (anderenfalls käme es zur Inflation). Aber aufgrund der generellen Schrumpfungspolitik würden sich die überlebenden Unternehmen eines Verkäufermarktes erfreuen. Das allmählich abnehmende Angebot von Gütern und Dienstleistungen würde einer überproportionalen effektiven Nachfrage gegenüberstehen. Zwar wäre das generierte Einkommen proportional zum Produktionsvolumen. Aber akkumulierte Ersparnisse aus der Vergangenheit und amortisiertes Kapital, von denen je ein Teil nicht (re)investiert werden könnte, würden in einem System von Privateigentum und kapitalistischer Marktwirtschaft, ohne Krieg oder Revolution, nicht verschwinden. Sie würden den Konsumfonds der Bürger vergrößern. Der Verkäufermarkt würde garantieren, dass selbst ineffiziente Firmen Profite erwirtschafteten und auch Güter und Dienstleistungen von schlechter Qualität Käufer fänden, so wie es in den »sozialistischen« Wirtschaften der Fall war. In einer kapitalistischen Marktwirtschaft würde dies zusätzlich zur Inflation führen, die staatliche Eingriffe – womöglich Preiskontrollen und/oder Rationierung – erforderlich machte, wenn der Staat eine gewisse Verteilungsgerechtigkeit wahren wollte, was Daly und andere ProtagonistInnen des Öko-Kapitalismus von ihm fordern.

Lediglich im Primärressourcensektor würde, wie Daly zeigt, ein Käufermarkt herrschen. Da unextrahierte Vorräte nicht verschwinden und Bäume weiter wachsen würden, würden die Bergwerks- und Waldbesitzer miteinander konkurrieren, den Industriellen und Geschäftsleuten – Besitzern von allmählich geringer werdenden Abbauquoten – ihre Mineralien beziehungsweise ihr Holz zu verkaufen.

Eine zentrale These von Weizsäcker et al. ist, dass Firmen in einer kapitalistischen Marktwirtschaft, die ihren Ressourcenverbrauch senkt, dank einer Effizienzrevolution »am Wenigerverkaufen ... mehr verdienen können« (Weizsäcker et al. 1995: 186). Sie geben das Beispiel einiger großer Stromkonzerne in den USA, denen angeblich dieses Wunderding gelungen ist. Bei näherer Betrachtung stellt sich aber heraus, dass diese Konzerne mehr verdienten, indem sie *andere* Güter und Dienstleistungen verkauften – und nicht, indem sie weniger von ihrem ehemals einzigen Produkt, nämlich Strom, verkauften. Diese Konzerne hatten sich teilweise verwandelt. Sie verkauften (bzw. verpachteten) auch Elektrozubehör (wie z.B. Energiesparlampen), Beratung, Planung und Durchführung, kurz alles, was man zum Energiesparen braucht (ebd.: 188). Der Staat förderte diesen Teilwandel, indem die offizielle Preiskommission beschloss, den Stromkonzernen keinen zusätzlichen Gewinn durch den Verkauf einer über dem geschätzten Bedarf liegenden Strommenge zu genehmigen. Gleichzeitig gewährte sie ihnen einen Extraprofit aus dem Energiespargeschäft: sie durften 15 Prozent der finanziellen Ersparnisse, die ihre Kunden durch die Energiesparmaßnahmen erzielen konnten, für sich beanspruchen (Weizsäcker et al. 1995: 190).

Eine andere Idee von Weizsäcker et al. ist die Tertiarisierung der Industrie. Wenn beispielsweise die Hersteller von Fotokopierern diese verpachten statt verkaufen würden, hätten sie großes Interesse daran, langlebige Maschinen zu produzieren und zu reparieren. Sie würden dann weiterhin Gewinne erzielen, und der Ressourcenverbrauch nähme ab. Ein ähnliches Resultat würden Automobilhersteller erreichen, wenn sie ihre Fahrzeuge vermieten statt verkaufen würden. Die Autoren berichten von einem konkreten Fall aus der chemischen Industrie: In Zusammenarbeit mit einem Recyclingunternehmen begann Dow Chemicals Deutschland, eine Chemikalie zu vermieten, statt zu verkaufen. Diese Chemikalie wird in der Industrie als Lösungsmittel zur Beseitigung von Fetten verwendet, und eine bestimmte Menge davon kann bis zu hundertmal verwendet werden. Dow Chemicals und das Partnerunternehmen erzielten Gewinne wie gewohnt, während gleichzeitig der Ressourcenverbrauch drastisch zurückging.

Diese und ähnliche *einzelne* Beispiele sind überzeugend. Aber die Autoren ziehen aus konkreten erfolgreichen Beispielen die generelle Schlussfolgerung, dass die gesamte Geschäftswelt prosperieren würde, wenn ihre Ratschläge zur Ressourceneinsparung befolgt würden. Automobilhersteller, die Fahrzeuge vermieten, statt zu verkaufen, könnten vielleicht trotz der verminderten Auslastung ihrer Fabrikationsanlagen Gewinne erzielen. Aber der Rückgang der Automobilproduktion würde mit Sicherheit zu Verlusten in der Stahl-, Reifen- und anderen Zulieferindustrien führen. Ähnliches würde auch im Zusammenhang mit den verpachteten Fotokopierern und Chemikalien passieren. Im Falle der Fotokopierer könnte das Verleihgeschäft des Herstellers den Gewinn von vielen hundert Copyshops auffressen. Ein Rückgang des Stromverbrauchs würde zu Pleiten von Unternehmen führen, die Kraftwerke bauen.

Versuchen wir nun, uns vorzustellen, wie die Situation in einem kapitalistischen System wäre, wenn der Schrumpfungsprozess beendet und der Steady-State erreicht ist. Diejenigen Unternehmer, die den Schrumpfungsprozess überlebt haben, würden sich sicherlich aufgrund ihrer Gewinne eines höheren als des durchschnittlichen Lebensstandards erfreuen. Da die Gesamtmenge des Ressourcenverbrauchs nicht steigen dürfte und da die Gesamtproduktion von Gütern und Dienstleistungen nicht steigen könnte, nachdem die optimale Kombination von Arbeits- und Ressourcenproduktivität erreicht wäre, könnten in einer bestimmten Branche die Umsätze eines Unternehmers nur auf Kosten der Umsätze eines anderen steigen. Zwar könnte es vonseiten der Unternehmer Versuche geben, Kartelle zu bilden, der Staat würde jedoch versuchen, das zu verhindern. Außerdem würde es immer Menschen geben, die Unternehmer sein möchten, um einen höheren Lebensstandard zu genießen. Diese neuen Unternehmer würden versuchen, die etablierten Unternehmer aus dem Markt zu drängen. In einer Steady-State-Wirtschaft muss der Profit eines neuen Unternehmers oder der höhere Profit eines etablierten zu Verlusten bei den anderen Unternehmern führen. Nur in einer wachsenden Wirtschaft können alle (höhere) Gewinne erzielen. In einer Steady-State-Wirtschaft würde daher, falls der Kapitalismus bestehen bliebe, die Konkurrenz sehr viel brutaler werden als heute, mit etlichen Nebenwirkungen.

Die Situation in Russland seit den frühen 1990er Jahren vermittelt uns wohl einen Vorgeschmack dieser Nebenwirkungen. Dort ist die Wirtschaft auf die Hälfte des Bruttosozialprodukts von 1989 geschrumpft – ohne dass dieser Schritt bewusst beschlossen wurde. Auf diesem Niveau stagniert sie seit geraumer Zeit. Morde an Geschäftsleuten und Bankiers durch gedungene Mörder, Polizisten, die die Bürger ausplündern, Mafiabanden, weitverbreitete Korruption und allgemeine Kriminalität – all das sind regelmäßige Erscheinungen im russischen Alltagsleben seit Mitte der Neunzigerjahre.

Loske et al. haben sich mit der Frage befasst, ob Deutschland auf dem Weltmarkt wettbewerbsfähig bleiben könnte, wenn es als einziges hoch industrialisiertes Land eine Politik der allmählich ansteigenden Ökosteuern, insbesondere einer Energiesteuer, verfolgte. Sie glauben, es wäre kein allzu ernsthaftes Problem. Sie denken, dass der Prozess der Dematerialisierung der Wirtschaft eine Verringerung der internationalen Interdependenz einleiten und der Zunahme der Globalisierung ein Ende bereiten würde. Erstens, so argumentieren sie, würde die Dematerialisierung den Dienstleistungssektor begünstigen. Dann würde in Deutschland mehr Wert durch Dienstleistungen geschaffen, die sich normalerweise auf eine Region beschränken. Das würde zur Expansion jenes Teils der Wirtschaft führen, der nicht der globalen Konkurrenz ausgesetzt ist. Zweitens, so argumentieren sie, wenn die Transportkosten anstiegen, würden die Händler ihre Waren nicht von weit her importieren wollen.

Diese Argumente sind nicht sonderlich überzeugend. Zur Verdeutlichung des ersten erwähnen die Autoren, unter anderem, Reparaturen und Werkzeugverleih als Beispiele. Diese beiden Dienstleistungen schaffen zweifellos Werte und tragen dabei auch zur Reduzierung des Ressourcenverbrauchs bei. Aber abgesehen von den großen Mengen an Rohstoffen, würden viele der Produkte, die repariert würden – Kameras, Kassettenrekorder, Computer und so weiter – immer noch aus dem Ausland importiert (es sei denn, die Deutschen wären bereit, höhere Preise für gleiche Produkte »made in Germany« zu zahlen oder niedrigere Löhne und Gehälter zu akzeptieren). Diese Importe müssten mit dem Export deutscher Güter bezahlt werden. Wenn diese aber aufgrund der Ökosteuern teurer würden, wäre es sehr schwierig, sie zu verkaufen. Das zweite Argument ist ebenfalls fehlerhaft. Wenn die Transportkosten in Deutschland, nicht jedoch weltweit, anstiegen, wäre das kein Grund für eine Abneigung gegen Importe beispielsweise aus Taiwan, denn die Strecke zwischen dem Hamburger Hafen und Köln zum Beispiel ist nur ein zu vernachlässigender Bruchteil der Gesamtstrecke.

Aber der wichtigste Grund, weshalb Loske et al. denken, dass die Konkurrenzfähigkeit der deutschen Wirtschaft nicht unter dem Öko-Kapitalismus leiden würde, ist, dass sie, genau wie Laistner, fest an die überlegene Kraft der Gehirne der deutschen WissenschaftlerInnen, IngenieurInnen und TechnikerInnen glauben. Ihrer Ansicht nach »ist es ... völlig verkehrt, allein auf die Kostenunterschiede zwischen verschiedenen Ländern zu starren. Entscheidend ist das Vermögen, im internationalen Innovationswettbewerb nicht den Anschluss zu verlieren« (Loske et al. 1996: 367). Mit voller Überzeugung schreiben sie: »Die neuen Stärken der deutschen Wirtschaft werden nur zu einem geringen Teil materielle Produkte umfassen, zu einem größeren Teil jedoch immaterielle Güter, geistiges Eigentum und Beratungsleistungen« (ebd.: 366).

Auf gut Deutsch sind sie der Meinung, dass Deutschland auf dem Weltmarkt mehr Patente, Blaupausen und so weiter verkaufen würde und dass es in dieser Branche keine starke Konkurrenz gäbe. Aber wie plausibel ist diese Annahme? Haben denn die Menschen aus den anderen entwickelten Industrieländern weniger Zellen in ihrem Gehirn oder weniger Bildung, Ausbildung und Forschungsmöglichkeiten? Und wie viel mehr Nachfrage nach diesen überlegenen, intellektuellen, immateriellen Produkten könnte es noch in künftigen Gesellschaften geben, die sich entschlossen haben, in einer ökologisch nachhaltigen Weise zu leben, wofür die notwendigen Technologien und Produkte bereits vorhanden sind?

Der Staat und die Gleichheit; Ethik, Moral und Werte

INNERE WIDERSPRÜCHE IN DER THEORIE

Die oben zitierten AutorInnen sind nicht wirklich davon überzeugt, dass wir mit dem Öko-Kapitalismus unsere sechs Ziele erreichen können. Ihre Arbeiten sind voll von inneren Widersprüchen, und sie widersprechen sich auch gegenseitig.

Zunächst möchte ich ein paar technische Widersprüche aufzeigen: Loske et al. schreiben: »Ein ökologischer Strukturwandel ist ... *nur* in einer funktionierenden Marktwirtschaft erreichbar« (ebd.: 367; Hervorhebung durch den Autor). Sie schreiben, dass bis heute »... marktwirtschaftliche Prinzipien in ihrer Logik ... systematisch an einer umweltverträglichen Entfaltung gehindert« würden (ebd.: 175). Sie schreiben aber auch, dass für die Ökologisierung der Marktwirtschaft die »Domestizierung marktwirtschaftlicher Mechanismen« erforderlich sei (ebd.: 169), und sie reden auch von der Notwendigkeit von »politischen Rahmensetzungen« und »Umsteuern« durch den Staat (ebd.: 175–176).

Die meisten ProtagonistInnen des Öko-Kapitalismus sagen, dass der Staat nach der Schaffung eines grundlegenden rechtlichen und wirtschaftlichen Rahmens von Interventionen, Subventionen, Freistellungen und dergleichen absehen soll. Loske et al. schreiben:

> »Eine *wirtschaftliche* Ratio für Erleichterungen besonders betroffener Industrien ergibt sich nicht. Falls bestimmte Industrien von ökologischen Steuerveränderungen besonders betroffen werden, sind es gerade die nicht mehr zukunftsfähigen Industrien. Sie von Steuern zum Beispiel auf Energie zu entlasten (mit dem Argument des internationalen Wettbewerbs) ist so wenig sinnvoll, wie es die Subventionen für sterbende Branchen sind, die lange Zeit den Strukturwandel verlangsamt haben.« (ebd.: 377)

Unmittelbar im Anschluss schreiben sie aber: »Aus politischen und sozialen Gründen kann sich ein anderes Vorgehen empfehlen, insbesondere wenn die vorübergehenden Beschäftigungsfolgen des Strukturwandels sich regional stark konzentrieren. Darüber muss dann aber offen gesprochen werden« (ebd.). Wie ich oben erwähnt habe, verlangte Weizsäcker gerade aus wirtschaftlichen Gründen, dass die Industrie von der ökologischen Energiesteuer auf die Energie, die sie für den Produktionsprozess braucht, befreit werden sollte. Und die deutschen Grünen schlugen vor, energieintensive Industriezweige für einige Jahre von 80 Prozent der ökologischen Energiesteuer zu befreien (*Frankfurter Rundschau*, 04.07.1996; die von der rotgrünen Bundesregierung durchgesetzte Ökosteuer sieht tatsächlich so aus.).

Angesichts der Gewissheit, dass Industrieländer, die im Alleingang ihre Preise für Energie und andere Ressourcen anheben, langfristig einen Verlust an Wettbewerbsfähigkeit erleiden würden, fordern sie eine Zollbarriere zum Schutz der nationalen Industrien. Weizsäcker et al. und Loske et al. fordern kompensierende Importzölle. Sehr energie- und/oder materialintensiv produzierte Güter sollen mit höheren Importzöllen belegt werden, damit sie im Endeffekt nicht billiger sind als deutsche Produkte.

Ich halte diese Idee aus folgenden Gründen für undurchführbar.

Selbst wenn die Regeln und Vorschriften der Welthandelsorganisation (WTO) zwecks Ermöglichung einer solchen Politik geändert oder ergänzt werden könnten, wer könnte herausfinden, wie viel Energie und Material aufgewandt worden ist, um die vielen tausend verschiedenen Produkte in Tausenden von Fabriken in mehr als hundert fremden Ländern zu produzieren? Wenn die Staaten der Welt dies ernsthaft und ehrlich versuchten (das läge nicht in ihrem Interesse, sie würden dann ihrer nationalen Industrie schaden!), müssten sie einen weiteren großen bürokratischen Apparat aufbauen, was dem Grundansatz der Verfechter des Öko-Kapitalismus widerspräche.

Die WTO kann keinen Staat zwingen, Energie- und andere Ressourcensteuern zu einem bestimmten Satz zu erheben.

Selbst wenn die WTO dazu in der Lage wäre, würden Energie- und andere Ressourcenpreise und damit auch ihr Verbrauch pro Produktionseinheit aus verschiedenen Gründen immer noch von Land zu Land variieren. Schließlich dürfen die Preise nach der Meinung der Verfechter des freien Marktes nicht diktiert werden.

Daly schlägt vor, dass in einer Steady-State-US-Wirtschaft die von der Regierung festgelegten Abbauquoten die Gesamtsumme der in den USA zu gewinnenden und aus dem Ausland zu importierenden Energie und Materialien darstellen müssen. Er sagt aber auch, dass importierte Fertigprodukte nicht diesen Quoten unterliegen sollten. (Daly 1977: 72). Aber warum? Fertigprodukte sind doch nichts anderes als transformierte Energie und Materialien. Das wäre doch nur ein Schlupfloch für die Aufrechterhaltung des hohen US-amerikanischen Konsumstandards – trotz der Abbauquoten.

Loske et al. wollen nicht nur, dass der Staat die »innovative Kapazität« der Wirtschaft »beeinflusst«. Sie fordern mehr vom Staat: »Die wichtigste Aufgabe, die *zentral* angegangen werden muss, das heißt auf nationaler oder am besten auf europäischer Ebene, ist die *Festlegung* klarer *Reduktionsziele* mit genauen *Zeitplänen*« (Loske et al. 1996: 369; Hervorhebungen durch den Autor). Jacobs, der der »Nötigung« der Wirtschaft das Wort redet, sagt, dass »die Ziele festgelegt werden müssen« (Jacobs 1991: 120, 134). Das bedeutet aber, dass der Staat die Ziele festlegt. Sie können ja nicht den Firmen oder den Marktkräften überlassen werden. Das alles klingt nach Planung.

Daly geht noch einen Schritt weiter. Er sieht die Gefahr der Konzentration der Abbauquoten in den Händen weniger großer Monopole. Zur Verteidigung des freien Marktes und des Wettbewerbs fordert er, dass der Staat dafür sorgen müsse, dass »kein einzelnes Unternehmen mehr als x Prozent der Quoten für eine bestimmte Ressource besitzen darf oder mehr als y Prozent der Ressourcenmenge, die der Industriebranche als Ganzem gehört, von der es ein Mitglied ist« (Daly 1977: 71). Doch damit nicht genug. Daly sagt auch, dass der Staat entscheiden solle, was die »legitime Größendegression« sei, und dass er *x* und *y* festlegen solle, damit die Unternehmen die Vorteile der Größendegression genießen könnten, während die Macht der Monopole eingeschränkt werde (ebd.). Er hätte hier eigentlich den Ausdruck »Rationierung« benutzen sollen, was er an anderer Stelle in diesem Buch tut.

Mit solchen Forderungen bin ich einverstanden. Ich bin davon überzeugt, dass diese staatlichen Aktivitäten – Festlegung der Ziele durch die Zentralregierung, Zeitplanung, Festlegung der Abbau- und Emissionsquoten (-lizenzen), Bestimmung ihrer periodischen Reduktionsrate, Rationierung der Quoten und Lizenzen für die Unternehmen, Schutz der nationalen Industrien vor auswärtiger Konkurrenz – in allen Industrieländern zur Erreichung unserer Ziele absolut notwendig sind. Ich frage mich aber, wie viel Marktwirtschaft bei all diesen staatlichen Aktivitäten noch übrig bleiben würde.

Natürlich ist die Errichtung von Monopolen logischerweise der beste Weg zur Schrumpfung und zu einem Steady-State, denn Monopole können die Wachstumsdynamik einer auf Konkurrenzzwang basierten Marktwirtschaft vermeiden. Tatsächlich würde Dalys Vorschlag indirekt zu einem Quasi-Monopol oder Kartell führen. Wenn den Firmen eines bestimmten Industriezweigs je eine Ration allmählich abnehmender Mengen der benötigten Ressourcen zugeteilt wird, dann kann keine mehr davon erwerben, mehr Fertigwaren produzieren und andere so aus dem Geschäft drängen. Warum sollten sie dann nicht zu Preisabsprachen greifen, um sicherzustellen, dass ihre gesamte Produktion zum höchsten Preis, der aus den Käufern herausgepresst werden kann, verkauft werden? Aber der Mythos von der Effizienz des Marktes und der Irrglaube, dass Freiheit unter anderem von der Freiheit des Marktes abhängt, sind so stark, dass die meisten radikalen Ökologen nicht in der Lage sind oder davor zurückschrecken, diese logische Schlussfolgerung zu ziehen. Wie Andrew McLaughlin argumentiert, »wenn die gesamte Wirtschaft einer Gesellschaft zu einem großen Monopol würde, könnte der Imperativ des Wachstums vermieden werden. Aber eine solche Gesellschaft wäre nicht länger kapitalistisch« (McLaughlin 1990: 79).

Es ist jedoch nicht notwendig, einen solchen drastischen Schritt zu empfehlen, um theoretisch und logisch den Kapitalismus zu verwerfen. Die oben erwähnten, von Verfechtern des Öko-Kapitalismus geforderten staatlichen Aktivitäten sind Verwerfung genug. McLaughlin argumentiert: »Den Markt als den Modus gesellschaftlicher Entscheidungsfindung zu ersetzen, kommt einem Übergang zu einer Art Staatskapitalismus, Technokratie oder Sozialismus gleich« (ebd.). Den Punkt weiter ausführend, schreibt er:

> »An welchem Punkt wird die politische Regulierung wirtschaftlicher Entscheidungen das System Kapitalismus in ein fundamental anderes verwandeln? Es besteht ein Spektrum von Möglichkeiten zur Regulierung der Interaktion der Gesellschaft mit der übrigen Natur. Am einen Ende des Spektrums würde die politische Regulierung der meisten wirtschaftlichen Entscheidungen den Kapitalismus in irgendeine Art Sozialismus, Faschismus oder Technokratie verwandeln, indem sie die Rolle des Marktes als eines Mechanismus gesellschaftlicher Auswahl völlig eliminiert oder deutlich einschränkt. Am anderen Ende steht ein reiner Marktkapitalismus, in dem die politische Regulierung ›privater‹ Handlungen minimal ist. Zwischen diesen beiden Extremen gibt es eine Vielzahl möglicher Gesellschaftsformen.« (ebd.: 75)

GLEICHHEIT ODER UNGLEICHHEIT?

Die meisten VerfechterInnen einer drastischen Reduzierung des Ressourcenverbrauchs begreifen, dass das, was sie empfehlen, eine große Veränderung mit sich bringt. Weizsäcker et al. schreiben von der Notwendigkeit, »die technologische *und zivilisatorische* Entwicklung wesentlich zu verändern« (Weizsäcker et al. 1995: 284; Hervorhebung durch den Autor) und von der Notwendigkeit der »Entwicklung wirklich dauerhafter zivilisatorischer Lösungen« (ebd.: 324). Was für eine Gesellschaft würde entstehen, nachdem solche Lösungen und Wandlungen stattgefunden hätten? Viel würde vom Grad der Gleichheit und Ungleichheit abhängen. Wären die Herrschenden entschlossen, in einer schrumpfenden Wirtschaft das jetzige Maß an Ungleichheit aufrechtzuerhalten, dann wäre – da bin ich mir sicher – eine autoritäre oder gar faschistische Herrschaft notwendig.

Einige sehen diese Gefahr nicht:

»Mäßige oder sogar große Einkommensunterschiede scheinen in unserer Gesellschaft akzeptiert zu sein, und Unterschiede in der Kaufkraft sind nichts Neues. Folglich ändern die Einführung der Idee des Umweltraums und der Anstieg der Preise für solche Produkte, für deren Herstellung Umweltressourcen verbraucht werden, nichts an der Situation. Wenn nur den zum Mindestlohn arbeitenden Menschen ein akzeptables Konsumniveau zugesichert wird, kann man die übrige Verteilung dem Markt überlassen. In der Tat werden die Reichen dann mehr Umweltraum aufkaufen als die Durchschnittsverdiener.« (Buitenkamp et al. 1993: 182)

Die AutorInnen dieses Zitats nehmen einfach an, dass der Friede in einzelnen Gesellschaften nicht durch krasse Ungleichheiten gefährdet sein würde. Das halte ich aber für einen Fehler. In Zeiten kontinuierlichen Wirtschaftswachstums ist der soziale Friede kein Problem, da die unteren Klassen, die Arbeitslosen und die SozialhilfeempfängerInnen genug zum Lebensunterhalt bekommen, einige sogar jedes Jahr etwas mehr. Aber während einer langen Schrumpfungsperiode blieben die unteren Klassen nicht friedlich, wenn die Ungleichheiten nicht zumindest relativ geringer würden. Gleichheit – innerhalb einzelner Gesellschaften sowie auf Weltniveau zwischen den Völkern – ist das beste Mittel, die notwendigen Einschränkungen des Lebensstandards akzeptabel zu machen.

Andere AutorInnen allerdings scheinen in etwa meine Ansicht zu teilen: eine Reduzierung der Ungleichheit ist ein essenzieller Bestandteil ihres Programms und ihrer Strategie. Meadows et al. (1992a: 13) betonen die Notwendigkeit von »gerechter Verteilung« (im englischen Original »equity«), Weizsäcker et al. (1995: 296) sprechen von »Verteilungsgerechtigkeit«, Loske et al. (1995: 32) fordern »soziale Fairness« und Daly möchte sogar Obergrenzen für Einkommen und Reichtum festlegen. Alle schlagen ein garantiertes Mindesteinkommen für alle Bürger und Bürgerinnen vor.

Was die Verteilung zwischen Nord und Süd angeht, ist das Prinzip der Gleichheit – nicht bloß das vage Prinzip der Verteilungsgerechtigkeit – klar akzeptiert. Sogar Buitenkamp et al. akzeptieren dieses Prinzip. Ihre Definition des Umweltraums, der einem Land zusteht, ist sehr streng: »Der global zur Verfügung stehende Umweltraum, geteilt durch die Weltbevölkerung und multipliziert mit der Bevölkerungszahl des jeweiligen Landes« (Buitenkamp et al. 1993: 18). Sie fordern, dass der Norden seinen Ressourcenverbrauch merklich einschränkt und dem Süden bei der Anhebung des Lebensstandards seiner Bevölkerung hilft (ebd.). Loske et al. (1996: 33–34) nehmen eine ähnliche Position ein. (Weizsäcker [1989: 14] will seine »neue Wirtschaftsweise« auf alle Menschen der Welt ausdehnen.)

Es ist sehr seltsam, dass die oben zitierten AutorInnen hinsichtlich der Verteilung des globalen Umweltraums zwischen Nord und Süd streng egalitär denken, sich aber weigern, bei der Verteilungsfrage im eigenen Land ähnlich egalitär zu sein. Buitenkamp et al. rechtfertigen Einkommensunterschiede damit, dass diese »nichts Neues« seien. Aber Unterschiede zwischen Nord und Süd beim Verbrauch des Umweltraums sind auch nichts Neues!

Nun müssen wir uns fragen, ob diese lobenswerten Absichten und Forderungen im Rahmen des Kapitalismus zu verwirklichen sind. Ich denke, das ist nicht möglich – weder innerhalb eines Landes noch hinsichtlich des Nord-Süd-Verhältnisses. Der Hauptgrund für meine negative Antwort ist die völlige Unvereinbarkeit der Grundprinzipien des Kapitalismus – Eigennutz und Gier – mit dem Ideal der Gleichheit oder auch nur mit einer Politik der Einschränkung der Ungleichheit (Dalys Idee). Ein Anhänger irgendeiner Art von Kapitalismus zu sein und gleichzeitig Gleichheit in puncto Umweltraum zu fordern, ist ein Widerspruch. Der Kapitalismus, auch ein Öko-Kapitalismus, würde aufhören zu funktionieren, wenn die Kapitalisten aufhörten, gierig und selbstsüchtig zu sein, und wenn der stark motivierende Faktor Ungleichheit nicht mehr existierte.

Daly scheint Gier zu verabscheuen. Er schreibt: »… oberhalb einer gewissen Zahl verkörpert jedes zusätzliche Privateinkommen eher Gier als Bedürfnis. … ein Einkommen von mehr als, sagen wir, 100 000 Dollar pro Jahr hat keine wirkliche funktionale Berechtigung, zumal die hochbezahlten Jobs in der Regel schon die interessantesten und die angenehmsten sind« (Daly 1977: 70). Aber warum sollten KapitalistInnen überhaupt ihr Geld investieren und riskieren, wenn ihre Profite nicht wesentlich höher wären als das Gehalt für eine hoch bezahlte abhängige Beschäftigung? Daly vergisst, dass KapitalistInnen ihr Geld nicht bloß deshalb investieren und riskieren, weil sie ihre Konsumbedürfnisse befriedigen wollen. Es ist ihre unersättliche Gier nach Geld, Status und Macht, die sie antreibt. Und diese unternehmerische Motivation, ohne die keinerlei Kapitalismus funktionieren kann, ist die funktionale Berechtigung für unbegrenzte Ungleichheit.

Außerdem gibt es im realen Leben Klassen und Klasseninteressen. KapitalistInnen und ihre Verbündeten kämpfen für den Kapitalismus inklusive unbegrenzter Ungleichheit nicht hauptsächlich, weil sie ernsthaft glauben, dass er das effizienteste System und also das beste für die gesamte Gesellschaft ist – das ist die vorgeschobene funktionale Berechtigung für den Kapitalismus –, sondern weil er ihren eigenen Interessen am besten dient. Sie würden auch dann dafür kämpfen, wenn sie überzeugt wären, dass er vom Standpunkt der Gesamtgesellschaft und der Natur aus das ineffizienteste System ist. Aus diesem Grund widersetzen sie sich auch dem Öko-Kapitalismus. Wirtschaftliche Schrumpfung, eine Steady-State-Wirtschaft, Gleichheit oder auch nur eine Minderung der Ungleichheit sind also Anliegen, die gegen die Gesetze der kapitalistischen Marktwirtschaft und gegen den erbitterten Widerstand der KapitalistInnen durchgesetzt werden müssen.

ZWEIFEL AM SYSTEM

Tatsächlich haben die meisten der hier zitierten AutorInnen selbst Zweifel daran, dass ihre Ziele im Rahmen des Kapitalismus erreicht werden können. Loske et al. schreiben: »Die gegenwärtige Wirtschaftsweise ist das zentrale Problem. Die wirtschaftlichen Institutionen sind auf der ganzen Welt die mächtigsten Kräfte. Deshalb können nur mit ihnen die notwendigen Veränderungen herbeigeführt werden. Sie müssen aktiver Teil der grundlegenden systemischen Transformationsprozesse sein« (Loske et al. 1996: 191). Hier wird nicht die Effizienz der wirtschaftlichen Institutionen als Hauptgrund angeführt, sondern die Tatsache, dass sie die mächtigsten Kräfte sind (ohne deren Einverständnis nichts läuft). An anderer Stelle widersprechen Loske et al. all ihren vorherigen Aussagen:

> »Ob die Systemlogik des marktwirtschaftlichen Systems tatsächlich mit Zukunftsfähigkeit unvereinbar ist oder ob sie überwunden werden muss (und kann), wissen wir nicht. ... Erst wenn sich in der Zukunft herausstellt, dass eine Verbrauchsreduktion von Energie und Stoffen mit der Systemdynamik der Marktwirtschaft nicht vereinbar ist, müssen andere Wege des Wirtschaftens überlegt werden. Nur in diesem Fall wäre die Gesellschaft vor die Wahl gestellt, entweder das marktwirtschaftliche System grundlegend zu ändern oder auf die ökologische Anpassung in Richtung Zukunftsfähigkeit zu verzichten.« (ebd.: 373)

Weizsäcker et al. (1995: 173) fragen, »ob unsere Wirtschaftsform überhaupt mit schlankmachenden Effizienzfortschritten gut leben kann.« Ihre Antwort lautet, wie wir gesehen haben, Ja. Sie schreiben aber auch:

> »Der globale Wettbewerb wird immer häufiger als Qual und Bedrohung empfunden. Er wird von seiten der Wirtschaft und Politik als Grund und Entschuldigung dafür ins Feld geführt, ... bereits beschlossene Sozialpolitik und Umweltpolitik rückgängig zu machen sowie Arbeitsplätze abzubauen. ... [Sie sagen] ›Wir können uns die zusätzlichen Kosten nicht leisten. Wenn wir von unseren umweltbelastenden Industrien dies und das verlangen, dann wandern sie aus, und das wäre noch schlimmer für die Umwelt.‹ Im Einzelfall ist die Aussage häufig richtig. Aber gerade wenn sie richtig ist, stimmt etwas im System nicht. Denn dies würde bedeuten, dass sich die Welt den Freihandel nicht leisten kann ...« (ebd.: 309)

An anderer Stelle schreiben sie von Krieg und anderen Konflikten oder irrationalem Verhalten »unter dem mörderischen Druck des weltweiten wirtschaftlichen Wettbewerbs« (ebd.: 296). Sie informieren uns über die Ansichten von Richard D'Aveni, einem Protagonisten des Freihandels: »Für D'Aveni geht es nicht mehr um Wettbewerb mit dem Konkurrenten, sondern um dessen Zerstörung. ›Wettbewerb ist Krieg‹, heißt es überdeutlich bei D'Aveni. Moral und Ethik kommen beim internationalen Wettbewerb nicht vor, konstatiert er« (ebd.: 310). Weizsäcker et al. schreiben diese Beobachtungen im Zusammenhang mit dem Welthandel. Aber jedes Wort dieser Zitate gilt auch für den Binnenhandel eines jeden kapitalistischen Landes.

Nach einer Schilderung der Umweltzerstörung, die in den Ländern des Südens durch den Freihandel verursacht worden ist, schreiben sie verallgemeinernd:

»Wenn wir all dies feststellen, sagen wir nicht, dass es irgendwo eine finstere Verschwörung gegen die Umwelt gäbe. Vielmehr meinen wir, dass die in Wirtschaftskreisen herrschende Grundüberzeugung bei dieser Tragödie Regie führt, die Grundüberzeugung, dass der Markt letztlich das Beste für alle Betroffenen bewirke.« (ebd.: 313)

Ungeachtet all dessen bleiben sie Anhänger des Kapitalismus. Sie wollen nur die »Zähmung des Marktes, ohne protektionistische Hürden zu entwickeln« (ebd.: 312). Sie schreiben:

»All diese Beobachtungen sollten uns nicht dazu verleiten, zu glauben, das Schließen von Grenzen würde die Umwelt retten. Tatsächlich kann der freie Markt natürlich auch helfen, umweltfreundliche Methoden und Technologien zu verbreiten ... Aber irgend etwas wird geschehen müssen, um die Prinzipien des Freihandels mit dem globalen Umweltschutz wirklich verträglich zu machen.« (ebd.:314)

Aber sie sind nicht blind. Sie wissen, dass es für diese Probleme eine andere Lösung geben könnte. Unter Bezugnahme auf die Kritik am Freihandel schreiben sie: »Der hierauf folgende Einwand, die sozialistische Planwirtschaft mit ihrer zwanghaften Abkoppelung von den Weltmärkten sei doch ökologisch noch schlimmer gewesen, kann nicht verfangen, denn wer sagt denn, dass der sowjetisch geprägte Sozialismus die einzige Alternative zum totalen Freihandel ist?« (ebd.: 309). Das ist richtig. Logischerweise hätte ihr nächster Satz lauten müssen: eine andere Art von Sozialismus oder ein Kapitalismus ohne Freihandel wäre eine mögliche Alternative. Sie haben das aber nicht geschrieben. Stattdessen üben sie sich in Bescheidenheit. Nach einer kritischen Darstellung des relativen Abbaus des Wohlfahrtsstaates durch den Freihandel und eine liberale, marktorientierte Wirtschaftspolitik schreiben sie in einer verzweifelten Stimmung: »Einen wirklichen Ausweg kennen wir selber noch nicht. Es scheint uns aber wichtig, zunächst einmal die klare Diagnose in der Hand zu haben, dass der Freihandel zumindest kurzfristig eindeutig das Kapital begünstigt und dass es irgendwo aus ethisch-politisch-ökologischen Gründen auch neue *Grenzen des Wettbewerbs* ... geben muss« (ebd.: 312).

Schließlich landen also diese VerfechterInnen des Öko-Kapitalismus bei der Ethik. Sie wollen für den Markt »den nötigen moralischen ... Rahmen« schaffen (ebd.: 180). Weizsäcker et al. stehen damit nicht allein. Daly schreibt im Zusammenhang mit seinen drei Institutionen:

> »Aber ... diese Institutionen könnten total ineffektiv sein. Abbauquoten könnten mit der Begründung der nationalen Verteidigung endlos angehoben werden. ... Menschen an der Obergrenze von Einkommen und Reichtum könnte es gelingen, diese Grenze kontinuierlich anheben zu lassen ..., indem sie die uneingeschränkte Aneignung von allem möglichen als genau das Fundament des American Way of Life rühmen. ... So werden wir zu den alles entscheidenden moralischen Prämissen zurückgebracht. ... Ein physikalischer Steady-State ... erfordert unbedingt moralisches Wachstum. ... Institutionelle Veränderungen sind notwendig, aber nicht ausreichend. Moralisches Wachstum ist ebenfalls notwendig, aber nicht ausreichend. Beide zusammen sind notwendig und ausreichend, aber die institutionellen Veränderungen sind gegenüber dem erforderlichen Wertewandel geringfügig.« (Daly 1977: 75)

Auch Loske et al. schwächen ihre den Markt bejahende Einstellung erheblich ab, wenn sie schreiben:

> »Häufig wird argumentiert, auch der Schutz der natürlichen Lebensgrundlagen könne letztlich nur über den Preismechanismus sichergestellt werden. ... Daran ist viel Richtiges ... Aber kann und darf wirklich alles bepreist und damit über einen Leisten geschlagen werden? Die Trockenlegung eines Feuchtgebiets oder der Bau einer Autobahn lassen sich in ihrem Nutzen nicht aufrechnen gegen den Wert des von dort vertriebenen Lebens.« (Loske et al. 1996: 174)

Ihre Schlussfolgerung aus diesen Überlegungen lautet: »Am Anfang steht also eine Wertentscheidung. Erst dann ist zu fragen, wie das als richtig erkannte Ziel am besten zu erreichen ist. Erst hier kommt die Frage nach angemessenen Instrumenten ins Spiel« (ebd.: 175).

Sehr richtig. Aber, wenn man diese Zeilen gelesen hat, fragt man sich erstaunt, wie diese Autoren gleichzeitig Verfechter des Öko-*Kapitalismus* sein können. Das Staunen wird noch größer, wenn man liest, was Daly zwanzig Jahre später schrieb. Er schrieb nämlich von der

»zerfressenden Wirkung individualistischen Eigennutzes auf den zusammenhaltenden moralischen Kontext der Gesellschaft« (Daly und Cobb Jr. 1990: 50). Offensichtlich haben all diese Autoren eine besondere Begabung, innere Widersprüche zu übersehen. Daly und Cobb liefern dafür folgendes Beispiel: Einerseits plädieren sie für eine Politik, die auf dem nationalen Markt der USA »die Konkurrenz intensivieren würde«, andererseits aber fordern sie, dass das Kapital regional gebunden sein müsse, dass Unternehmen »ihr Wohlergehen mit dem der Länder und Städte identifizieren« sollen und dass sie »gemeinsam mit den letzteren für das Wohlergehen der Gemeinschaft arbeiten« sollen. (ebd.: 291, 293).

Loske et al. treten für Kooperation ein. Man könnte das für einen sozialistischen Wert halten, der dem kapitalistischen Wert der Konkurrenz entgegensteht. Aber für Loske et al. besteht kein Widerspruch zwischen den beiden. Über das Postulat des Wettbewerbs schreiben sie:

> »Widerspricht es nicht der Notwendigkeit zur Kooperation, wie es in unseren Leitbildern ... gefordert wurde? Die Antwort lautet ganz eindeutig nein. Im Gegenteil: Es sollte ... deutlich gemacht worden sein, dass – wenn wir von Wettbewerbsfähigkeit sprechen – nicht die Fähigkeit gemeint ist, alle anderen möglichst vom Markt zu verdrängen. Dies wäre ein sehr beschränktes Bild einer Marktwirtschaft. Vielmehr geht es um die Handlungs- und Entwicklungsbedingungen der gesamten Gesellschaft, aller Gesellschaften. Hierbei ist die Kooperation wirtschaftlicher Akteure ein konstitutives Element. ... Zunehmende Arbeitsteilung und Verflechtung erfordern geradezu verschiedenste Formen gesellschaftlicher Kooperation.« (Loske et al.: 373–374)

Die Autoren haben hier zwei sehr verschiedene Sachen vermengt. Zusammenarbeit zwischen Firmen aus unterschiedlichen Branchen der Wirtschaft ist für jegliche Produktion notwendig. Eine Baufirma und die Firma, von der sie Zement kauft, haben ein kooperatives Verhältnis zueinander (obwohl beide entgegengesetzten Druck auf den Preis der Zementlieferung auszuüben versuchen). Innerhalb der Baubranche aber herrscht Konkurrenz, jede Firma versucht, auf Kosten der anderen einen höheren Marktanteil zu ergattern. Alle, die sich als Produzenten oder Händler am kapitalistischen Markt beteiligen, wissen, dass sie von dort verdrängt werden können. Dies ist eine der wichtigsten Eigenschaften des realen Marktes, und auch in der Theorie der Marktwirtschaft wird dies als etwas Positives angesehen. Es geschieht als logische Folge der Konkurrenz und ist eine unvermeidbare Tendenz.

> »Wettbewerb ist das, was den Profit auf normalem Niveau hält und die Ressourcen richtig zuteilt. Aber Wettbewerb bedeutet auch Gewinnen und Verlieren, und beide tendieren dazu, zu kumulieren. Für die Gewinner des Vorjahrs ist es leichter, auch im aktuellen Jahr Gewinner zu sein. Gewinner tendieren dazu, zu wachsen, Verlierer verschwinden. Mit der Zeit werden aus vielen Firmen wenige Firmen …« (Daly und Cobb Jr. 1990: 49)

Daly und Cobb bedauern das natürlich, denn das bedeutet, dass der Markt dazu neigt, eine der Bedingungen seiner eigenen Existenz, nämlich den Wettbewerb, zu erodieren. Im Gegensatz zu Loske et al. aber sind sie in sich schlüssig. Sie loben weder die Kooperation, noch halten sie diese für ein wichtiges oder gar konstitutives Element des Marktes. Im Gegenteil, sie sprechen von der Notwendigkeit, Kartelle zu sprengen (ebd.).

In ihrer Konzeption vom Übergang zu einem nachhaltigen Deutschland, postulieren Loske et al. die Zusammenarbeit zwischen Nord und Süd. Sie erwarten, dass aufgeklärter Eigennutz die Firmen des Nordens dazu motivieren würde, mit dem Süden zu kooperieren, ihm zu helfen und vom Versuch abzusehen, den höchstmöglichen Profit zu erzielen (Loske et al. 1996: 274). Das ist Wunschdenken und hat nichts mit der Wirklichkeit und den Existenzbedingungen von Firmen im Kapitalismus zu tun.

Daly denkt, es gebe keinen Widerspruch zwischen Privateigentum und moralischem Wachstum. Privateigentum kann seiner Ansicht nach legitim sein, wenn eine Verteilungsinstitution die Ungleichheit in Einkommen und Vermögen in vertretbaren Grenzen hält. In seiner Steady-State-Wirtschaft gibt es diese Institution. »Ohne solche Grenzen«, denkt er, »verlieren Privateigentum und die gesamte Marktwirtschaft ihre moralische Grundlage« (Daly 1977: 53). An anderer Stelle spricht er von »ethischen Grenzen«, innerhalb deren sich die Wirtschaft bewegen soll (ebd.: 69).

Ich bin der Ansicht, dass Obergrenzen für Einkommen und Vermögen sowie ein garantiertes Mindesteinkommen das Privateigentum erträglich machen, aber nicht legitim. Daly argumentiert mit John Stuart Mill, dass »Privateigentum als eine Bastion gegen Ausbeutung gerechtfertigt ist« (ebd.). Wir können hinzufügen, dass es auch als eine Art Versicherung gegen Arbeitslosigkeit, Krankheit und Alter gerechtfertigt ist. Eine solche Quelle der Sicherheit ist aber nicht notwendig, wenn es ein garantiertes Mindesteinkommen und, wir können hinzufügen, eine institutionalisierte Krankenversicherung gibt. Wäre, im Übrigen, das Privateigentum in Dalys SSE nur eine Bastion gegen Ausbeutung? In der Form von Industrie- und Geschäftskapital wäre es, auch in seiner SSE, vor allem ein Mittel – wenn nicht zur Ausbeutung der Arbeiter, so doch –, um mehr Geld zu erwerben als die anderen, durch die Arbeit von anderen. Dass ein Betrieb (eine Gruppe von Arbeitenden) auf Kosten eines anderen Betriebs (einer anderen Gruppe von Arbeitenden) Profite machen würde, stellt für ihn erstaunlicherweise kein moralisches Problem dar.

Um das Privateigentum zu legitimieren und ihm eine moralische Grundlage zu geben, übernimmt Daly John Lockes Gedanken, dass Eigentum durch *persönliche* Leistung erworben werden sollte. Nach diesem Prinzip mangelt einer Erbschaft oder einem unerwarteten Gewinn die wesentliche Qualität einer Belohnung für persönliche Leistung (ebd.: 55).[26] Das ist sehr gut, und wenn die Obergrenze für Einkommen nicht zu hoch ist, könnte Dalys SSE auch von SozialistInnen als eine Übergangsstufe akzeptiert werden. Denn dann würde jegliches Privateigentum – inklusive Bankguthaben und Aktien – aufhören, Privateigentum zu sein, nachdem der Mensch, durch dessen persönliche Leistung es zustande gekommen ist, gestorben ist. So würde alles gegenwärtige Privateigentum nach und nach in gesellschaftliches Eigentum übergehen. Das würde einen relativ raschen Übergang zum Sozialismus ermöglichen, wenn er gewollt ist. Und wenn eine gemischte Wirtschaft erstrebt wird, könnte das neue, *persönlich erarbeitete* Privateigentum nicht anders sein als relativ klein und ephemer. Die größeren und wichtigeren Betriebe könnten dann ausschließlich gesellschaftliches Eigentum sein, da kein Mensch allein durch die Ersparnisse seiner eigenen Arbeitseinkommen mehr erwerben kann als ein Haus oder eine Werkstatt. Dalys SSE, wie jede *moralische* Wirtschaft, wäre oder würde also notwendigerweise eine sozialistische oder zumindest halbsozialistische (gemischte) SSE. In einem solchen Wirtschaftssystem wäre es Einzelpersonen erlaubt, durch eigenen Einsatz ein Geschäft zu gründen und zu unterhalten, vielleicht zusammen mit anderen, mitarbeitenden, gleichberechtigten Partnern (Kooperative). Aber niemandem würde erlaubt, durch die Leistung von angeheuerten Arbeitskräften Gewinne zu machen oder Privateigentum zu erwerben. So war grob gesehen das System vom eingeschränkten Privatunternehmertum, das in der ehemaligen »sozialistischen« Gesellschaft der UdSSR erlaubt war und auch existierte.

In der Übergangsphase von Dalys SSE zu einer sozialistischen SSE würde das Privateigentum an größeren Mengen von Produktionsmitteln nach und nach schwinden. Kleine Privatunternehmen besäßen dann nur einen geringen Teil des Gesamtbestands an Produktionsmitteln in einer Gesellschaft. Der weitaus größere Teil würde der Gesellschaft als Ganzem gehören. In einer solchen Situation *könnten* die grundlegenden wirtschaftlichen Entscheidungen nicht den Marktkräften überlassen werden, da die Klasse der Kapitalisten mit ihren Beweggründen – Eigennutz und Gier – immer kleiner würde. Irgendeine Form von *bewusster* Entscheidungsfindung durch das gesellschaftliche Ganze wäre dann nicht nur wünschenswert, sondern auch notwendig.

Planung würde in der Übergangsphase absolut notwendig sein, um einen *geordneten* Rückzug aus der kapitalistischen Wachstumswirtschaft zu gewährleisten. Nur durch einen geplanten Rückzug wäre es möglich, die starken negativen Auswirkungen der unvermeidlichen Kapitalvernichtung aufzufangen, Massenarbeitslosigkeit vorzubeugen und so die Gefahr eines totalen wirtschaftlichen und gesellschaftlichen Zusammenbruchs abzuwenden, der zu Chaos, Krieg und/oder Bürgerkrieg führen könnte.

Die inneren Widersprüche in den Positionen und Argumenten der ProtagonistInnen des Steady-State-Kapitalismus sind so offensichtlich und die logischen Schlüsse, die ich aus ihren Prämissen gezogen habe, so zwingend, dass ich mich verwundert frage, warum all diese intelligenten Menschen dafür blind sind. Ich glaube, sie sind nicht blind, sondern sie haben lediglich Angst davor, die heilige Kuh, zu der die Marktwirtschaft in ihren Gesellschaften geworden ist, zu schlachten.

Der führende niederländische Ökonom Johannes P. Opschoor, dessen Position jenen der in diesem Kapitel zitierten AutorInnen ähnelt, gibt das Dilemma zu. Er spricht ausdrücklich von der Notwendigkeit von »sektoralen Entwicklungs- und Investitions*plänen*, die auf Vereinbarungen zwischen Regierung und Industrie, Aufteilung in Zonen, Vorschriften zum Infrastrukturangebot, Quoten … und so weiter basieren.« Er spricht sogar von der Notwendigkeit von »ökologischen und ökonomischen Prognosen und Plänen« (Opschoor 1991: 20; Hervorhebung durch den Autor). In der Tat kann das Instrument der handelbaren Emissionszertifikate und Abbauquoten nicht ohne Prognosen und Planung funktionieren. »Jedenfalls würde das die Macht der Regierung auf Gebiete (wie z. B. Wirtschaftsplanung, Preispolitik und so weiter) ausdehnen, aus denen sie sich derzeit eigentlich zurückzieht« (ebd.: 21). Zum Schluss schreibt er:

> »Die gründlichste Politik zur Verhinderung des Wachstums wäre, die Unsicherheit des (Welt-)Marktes und die Konkurrenz zu reduzieren. Da dies aber *den Kern unseres Wirtschaftssystems in Frage stellt* und da der Glaube an die Existenz von Alternativen zu diesem System rapide abnimmt, kann man nur hoffen, dass die ökologische Krise überwunden werden kann, ohne derartig fundamentale Veränderungen in Betracht ziehen zu müssen.« (ebd.: 21–22; Hervorhebung durch den Autor)

Ich sehe keine Chance, dass sich Opschoors Hoffnung erfüllt. Gerade der Kern des Kapitalismus steht der Überwindung der ökologischen Krise im Wege. Außerdem, warum sollte es keine Alternative geben? Wenn moralisches Wachstum, ethisches Verhalten und Kooperation die Grundbedingungen für den in Aussicht gestellten Erfolg des Steady-State oder ökologischen Kapitalismus sind – Bedingungen, die eigentlich dem Kern jedweder Art von Kapitalismus zuwiderlaufen –, dann kann man sagen, dass, unterstützt durch moralisches Wachstum, der Steady-State-Sozialismus viel leichter funktionieren würde. Schließlich sind moralisches Wachstum, die Idee des neuen Menschen, Kooperation und Beschränkung der Ungleichheit integrale und essenzielle Bestandteile des sozialistischen Ideals. Und wenn in der UdSSR nur die moralische Verkommenheit hätte verhindert werden können, dann wäre sogar der »Sozialismus« in der Lage gewesen, seine konkreten Fehler zu korrigieren, seine Defizite zu beseitigen und auf dem Weg zum echten Sozialismus fortzuschreiten. Auf jeden Fall erfordert die Lösung der fundamentalsten Krise der industriellen und kapitalistischen Gesellschaften fundamentale Veränderungen.

Kapitel 6

Die Alternative – Ein »Dritter Weg« oder Öko-Sozialismus?

Marktsozialismus

SozialistInnen müssen nicht nur unsere sechs in Kapitel vier aufgestellten Ziele erreichen. Sie müssen auch zwei besondere Defizite des »Sozialismus« überwinden: die bekannte Ineffizienz der »sozialistischen« Planwirtschaften und das Defizit an Demokratie und Freiheit.

In Jugoslawien, Ungarn, der Tschechoslowakei und der UdSSR versuchten »SozialistInnen« schon diese Defizite zu überwinden – durch das, was allgemein »Dritter Weg« genannt wird. Wegen der gegebenen praktischen politischen Zwänge konnten sie mit ihren Experimenten nicht weit genug gehen. Aber viele SozialistInnen im Westen haben eine allgemeine Theorie und einen groben Umriss eines dritten Weges zwischen dem Kapitalismus und dem«Sozialismus« entwickelt. Ihm wurden auch andere Namen gegeben: »Marktsozialismus«, »sozialistische Marktwirtschaft«, »Sozialismus mit menschlichem Antlitz« und »demokratischer Sozialismus«. Im Folgenden werde ich den Begriff »Marktsozialismus« verwenden, mit dem ich hier auch die Inhalte der anderen Begriffe abdecke.

Für seine VerfechterInnen ist der Marktsozialismus nicht bloß ein praktischer Kompromiss zwischen dem Ideal und der Realität und auch nicht lediglich die zweitbeste Lösung. Einigen seiner Theoretiker zufolge ist es der Sozialismus, den Marx im Sinne hatte. Ich werde zunächst die Argumente und die Grundelemente des Marktsozialismus präsentieren. Meine Kritik daran wird anschließend in einem eigenen Abschnitt folgen.

WIRTSCHAFTSDEMOKRATIE, FREIHEIT, EMANZIPATION

Es existieren ausgearbeitete theoretische Argumente für den Marktsozialismus. Joachim Bischoff und Michael Menard (1990) kritisieren zum einen die traditionelle linke Ansicht, dass Vergesellschaftung der Produktionsmittel absolut notwendig sei, um sicherzustellen, dass die Gesellschaft zur bewussten Planerin und Ausführerin ihrer eigenen Entwicklung wird, und dass zum selben Zweck die Verteilung zu einem Verwaltungsakt reduziert und nicht den anonymen Marktkräften überlassen werden solle. Zweitens kritisieren sie die traditionelle linke Ansicht, dass Staatseigentum die einzige Form der Vergesellschaftung der Produktionsmittel und der Verteilungseinrichtungen sei, welche bewusste Planung und Ausführung von Plänen ermögliche.

Sie behaupten, dass es einen grundsätzlichen Widerspruch zwischen Staatseigentum und Demokratie gebe. Wenn der Staat alle Produktions- und Verteilungsmittel besitze, müsse er konsequenterweise *umfassende* Planung, Ausführung und Kontrolle organisieren. Dann könnten die Mitglieder der Gesellschaft ihre wirtschaftlichen Aktivitäten nicht selbst wählen. Unter solchen Umständen sei die Demokratisierung der Wirtschaftssphäre nicht möglich. Sie zitieren Marx, um ihre Ansicht zu untermauern: »In der Tat wäre sie [die Bank = die Regierung] entweder die despotische Regierung der Produktion und Verwalterin der Distribution, oder sie wäre in der Tat nichts als ein board [Vorstand], das für die gemeinsam arbeitende Gesellschaft Buch und Rechnung führte« (Marx 1974: 73; Bischoff und Menard 1990: 19). Sie bemerken dann: »Die Beschränkung des gesellschaftlichen Eigentums auf Staatseigentum lässt nur die despotische Variante zu« (ebd.).

Für Renate Damus waren das Staatseigentum an Produktionsmitteln und die umfassende Planung nicht bloß Resultate eines theoretischen Fehlers. Sie seien von der »politischen Bürokratie« als Instrumente für die Sicherung ihrer Herrschaft benutzt worden. Indem die Herrschenden die Betriebe dazu gezwungen hätten, der Planerfüllung die höchste Priorität beizumessen (wobei die Planziele zentral festgelegt worden seien), und indem sie die Betriebe davon abgehalten hätten, ihre Inputs in einer horizontalen Beziehung voneinander zu kaufen, hätten sie die Produzenten an sich gebunden. Nach Damus seien solche Mechanismen »Ausdruck der Herrschaft der Bürokratie, die einer Dezentralisierung und Demokratisierung grundsätzlich entgegensteht« (Damus 1990: 70).

Die Idee der gesellschaftlichen Emanzipation, welche die Emanzipation der Arbeit einschließt, spielt eine wichtige Rolle in der theoretischen Argumentation für den Marktsozialismus. Für Bischoff und Menard sollte »individuelle Selbsttätigkeit« ein wichtiges Element in einer sozialistischen Gesellschaft sein. Natürlich müsse es auch eine »entwickelte soziale Sicherheit« geben, aber »Subalternität der Individuen« sei nicht mit dem Sozialismus vereinbar. Ihrer Ansicht nach sei es ein Teil der Menschenwürde, sich durch eigene Anstrengungen und Meinungsäußerungen an allen gesellschaftlichen Lebensbereichen beteiligen und sie mitgestalten zu können (Bischoff und Menard 1990: 29–31).

Nach Damus sollte eine sozialistische Gesellschaft die »wirtschaftlich-sozialen Voraussetzungen ... für die weitestgehende individuelle Entfaltung der Gesellschaftsmitglieder in allen Lebensbereichen« erfüllen (Damus 1990: 73). Aber, schreibt sie, »Freiheit, Gleichheit und Sicherheit fallen nicht harmonisch und konfliktlos zusammen. Wer sich für Freiheit und Gleichheit als vorrangige Werte menschlichen Seins entscheidet, kann keine absolute Sicherheit garantieren. Sie ist auch nicht erstrebenswert, denn sie degradiert die Menschen tendenziell zu Objekten, wo dieses Denken überhand nimmt« (ebd.: 76). Diese Ideen und Ideale sind für MarktsozialistInnen gewichtige Argumente nicht nur für die Arbeiterselbstverwaltung in Betrieben, sondern auch dafür, dass Mitglieder einer sozialistischen Gesellschaft Unternehmer werden dürfen. In diesem Sinne führt Alec Nove den Begriff der »Produzentenpräferenz« (»producers' preference«) ein, das heißt die freie persönliche Entscheidung, wie und in was für einem Betrieb die Menschen vorzugsweise arbeiten wollen (Nove 1983: 129).

> »Vertikale Unterordnung muss, wo möglich, durch horizontale Verknüpfungen ersetzt werden, das heißt durch ausgehandelte Verträge und Vereinbarungen mit Lieferanten und Kunden. Dies ... ist eine Voraussetzung dafür, dass sowohl die Verbraucherpräferenz als auch die Produzentenpräferenz befriedigt werden, angenommen, dass Kunden sowie Produzenten einen gewissen effektiven Einfluss auf ihr Alltagsleben haben möchten.« (ebd.: 226)

Mit anderen Worten sind nach Nove nicht nur Privatunternehmertum, sondern auch Marktmechanismen unabdingbar zur Verwirklichung dieser Ideale. Damus verlangt ausdrücklich Marktmechanismen – »nicht nur aus ökonomischen, sondern auch aus freiheitlichen Gründen, aus Gründen der Entstaatlichung«. Dann schreibt sie:

> »Wenn man aber Vergesellschaftung auch über Marktmechanismen ... bejaht, muss man auch Konkurrenz und damit soziale Unsicherheit, menschliches Leid, Arbeitslosigkeit und menschliche Ungleichheit, die sich auch in unterschiedlichem Verfügen über produktives Eigentum äußert, akzeptieren. Tut man dies nicht, verurteilt man die Menschen zu einer staatlich abgesicherten eindimensionalen Lebensweise.« (Damus 1990: 76)

Nicht alle MarktsozialistInnen sprechen eine so offene und ehrliche Sprache, aber alle akzeptieren den Kerngehalt des obigen Zitats. Nove ist sich des Widerspruchs zwischen Ungleichheit und sozialistischer Ethik schmerzlich bewusst. Im Zusammenhang mit der Notwendigkeit, um der ökonomischen Effizienz willen materielle Anreize anzubieten, gibt er eine Äußerung des ungarischen Ökonomen Janos Kornai frei wieder: »... jegliches Anreizsystem muss, wenn es effektiv sein soll, mit Ungleichheiten verknüpft werden, und wenn es mit dem Profit [des Betriebs] verknüpft ist, muss es zwangsläufig mit dem Prinzip des gleichen Lohnes für gleiche Arbeit konfligieren« (Nove 1983: 123). Einige Seiten später schreibt er:

> »Diese Arten von Widersprüchen sind unausweichlich, wo immer Bezahlung auf den Erfolg des Betriebs bezogen wird. Aber wenn dieser Bezug fehlt, woher soll das materielle Interesse der Arbeitenden am Erfolg ›ihrer‹ Firma kommen? Wäre es ihnen dann nicht gleichgültig, ob die Geschäfte ihrer Firma profitabel sind oder nicht? Das Dilemma ist eine objektive Tatsache, und jede Form der Selbstverwaltung mit materiellen Anreizen wird damit leben müssen.« (ebd.: 135)

Nove spricht hier nur von Ungleichheit unter den Arbeitenden. Die Ungleichheit wäre erheblich größer, wenn man die Profiteinkommen der Unternehmer mit den Löhnen der Arbeitenden vergliche.

Trotz ihrer starken Worte glaubt Damus, dass materielle Sicherheit für freie individuelle Entwicklung notwendig sei. Sie ist nur gegen »absolute Sicherheit« (sie meint vielleicht Arbeitsplatzsicherheit), welche ihrer Meinung nach in einer sozialistischen Gesellschaft nicht notwendig wäre, denn »der Verlust der Arbeit braucht nur sehr begrenzt zu einem Problem zu werden, wenn die Menschen nicht mehr ihre ganze Identität aus der Erwerbsarbeit ziehen, wenn informelle Strukturen der Eigenarbeit, Nachbarschaftsbeziehungen und so weiter entwickelt sind und wenn den Menschen zur Wahrung ihrer menschlichen Würde ein Grundeinkommen zusteht« (Damus 1990: 76).

Wenn Privatunternehmertum und Konkurrenz akzeptiert sind, muss auch das Heuern und Feuern von Arbeitenden akzeptiert werden. Also müsste es auch einen Arbeitsmarkt geben. Aber nach Stephan Krüger wäre die Funktion des Arbeitsmarktes im Marktsozialismus eine ganz andere als die des Arbeitsmarktes im Kapitalismus. Er würde nur die notwendige Mobilität der Arbeitenden sicherstellen. Es wäre eine gesellschaftliche Aufgabe des Staates und der Unternehmen, sicherzustellen, dass Arbeitende jederzeit ihre Arbeitskraft verkaufen können. Das würde allerdings bedeuten, dass Arbeitende bereit sein müssten, sich mehrere Qualifikationen anzueignen und an andere Orte zu ziehen (Krüger 1990: 65).

Trotzdem befürwortet Krüger ein »System öffentlicher Transfers an die privaten Haushalte zur *Korrektur der marktbestimmten Differenzierung der Geldeinkommen* sowie [ein System] von Versorgungsleistungen für nicht-erwerbstätige Bevölkerungsteile«, was für ihn »von außerordentlicher Bedeutung« ist (ebd.; Hervorhebung durch den Autor). Der Unterschied zwischen solchen Transfers im Marktsozialismus und der Sozialfürsorge im Kapitalismus wäre, dass, während die Letztere ein Ausdruck des »Klassenkompromisses« sei, die Ersteren ein Ausdruck »gewollter Umverteilung« wären. Noch entscheidender wären für Krüger Realtransfers in Form von »soziokulturellen öffentlichen Dienstleistungen«. Diese könnten auch der »Ansatzpunkt zur schrittweisen Etablierung kommunistischer Verteilungsprinzipien« sein – das heißt des Prinzips: Jedem nach seinen Bedürfnissen.

EIGENTUM AN DEN PRODUKTIONSMITTELN

Privatunternehmertum wäre im Marktsozialismus erlaubt. Sich auf Marx stützend, schreibt Krüger: »Der Charakter einer Gesellschaft, die zumeist mehrere unterschiedliche Formen der Produktion einschließt, wird also durch das jeweils dominierende soziale Produktionsverhältnis bestimmt. Dies gilt auch für die entwickelten Gesellschaften des Westens« (Krüger 1990: 58). Das heißt, dass die Gesellschaft sozialistisch genannt werden kann, wenn der größere Teil der Produktion und Verteilung durch sozialistische Produktionsverhältnisse stattfindet, selbst wenn sie Privatunternehmer und Marktmechanismen einschließt.

Staatsunternehmen würden natürlich in den entscheidenden Branchen der Wirtschaft dominieren, insbesondere im Bank- und Kreditwesen. Aber zwischen den beiden Polen gäbe es verschiedene andere Eigentumsarten: Kooperativen, Gemeinschaftsunternehmen (Joint Ventures) von öffentlichen und privaten Sektoren, Gesellschaften mit beschränkter Haftung (GmbHs), Unternehmen, die gänzlich oder zum Großteil Eigentum der dort Arbeitenden sind, und so weiter. Es scheint mir, dass all diese Unternehmensformen für MarktsozialistInnen als sozialistisch gelten würden.

Krüger sowie Bischoff und Menard zitieren mehrere Passagen von Marx, um zu zeigen, dass für ihn gesellschaftliches Eigentum an Produktionsmitteln nicht dasselbe sein kann wie Staatseigentum. Bischoff und Menard weisen auf eine Stelle bei Marx hin, wo er schreibt: »Aber die kapitalistische Produktion erzeugt mit der Notwendigkeit eines Naturprozesses ihre eigene Negation. Es ist Negation der Negation. Diese stellt nicht das Privateigentum wieder her, wohl aber das individuelle Eigentum auf Grundlage der Errungenschaft der kapitalistischen Ära: der Kooperation und des Gemeinbesitzes der Erde und der durch die Arbeit selbst produzierten Produktionsmittel« (Marx 1977: 791). Ihrer Meinung nach »resultiert« diese Äußerung »für Marx keineswegs in der Dominanz des Staatseigentums. Im Gegenteil« (Bischoff und Menard 1990: 104).

Ota Sik (1990) brachte die Idee der »Kapitalbeteiligung« der Arbeitenden ein, durch die der Interessenkonflikt zwischen Kapital und Arbeit verhindert werden könnte. Arbeitende würden dann nicht nur von Lohn- und Arbeitsplatzinteressen geleitet. Bei Aktiengesellschaften sollte es ihnen ermöglicht werden, Anteilseigner zu werden. Aber sie müssten die Anteile kaufen, so dass die Verantwortung eines Besitzers nicht verloren ginge. Sik behauptet, amerikanische Unternehmen mit Kapitalbeteiligung der Arbeitenden hätten sich als effizienter erwiesen als diejenigen ohne. Er denkt, Staatsunternehmen sollten nur in solchen Zweigen tätig sein, in denen es auf dem Markt keinen Wettbewerb gebe, zum Beispiel bei der Wasserversorgung.

Auf der Grundlage von Ota Siks Arbeit in den Siebzigerjahren schlagen Höltschi und Rockstroh (1985) ein vollständiges Modell vor, welches sie »Mitarbeitergesellschaft« (MAG) nennen. In diesem Modell wird der Teil des Profits, der reinvestiert werden soll, in einen Kapitalfonds transferiert, der von einer Art Treuhandgesellschaft verwaltet wird, die die Autoren »Vermögensverwaltungsgesellschaft« (VVG) nennen. Die Beschäftigten (Mitarbeiter) erhalten auch einen Teil des Profits. Aber nur ein Teil ihres Anteils wird ausgezahlt. Der Rest geht in den Kapitalfonds. Es ist zwar nicht ganz klar gesagt worden, aber das Modell scheint von den ursprünglichen Besitzern oder Anteilseignern zu erwarten, dass sie ihr investiertes Kapital der VVG überlassen. Es gibt schon Modelle für die allmähliche Umwandlung von Aktiengesellschaften in MAGs (Sik 1985: 359). Weder die ursprünglichen Besitzer des Unternehmens noch die Beschäftigten, die Investoren werden, kontrollieren das Kapital. Das tut die VVG. Das Kapital des Unternehmens wird so »neutralisiert«. Das heißt, weder die ursprünglichen Besitzer noch die Beschäftigten können ihren Kapitalanteil verkaufen oder wiederbekommen. »Kapital wird auf diese Weise vor individuellem Zugriff bewahrt« (S. 127). Wenn ein Beschäftigter das Unternehmen verlässt und dann bei einem anderen arbeitet, erhält er einen Anteil am Profit dieses Unternehmens. Die VVG stellt das Kapital einer anderen Körperschaft zur Verfügung, die »Betriebsführungsgesellschaft« (BFG) genannt wird und die das Unternehmen eigentlich führt.

Die MAG wird demokratisch geführt. Alle Beschäftigten sind Mitglieder sowohl der VVG als auch der BFG. Die VVG wählt ihren Vorstand. Bei der BFG wird allerdings die Leitung nicht von den Beschäftigten gewählt, und sie arbeitet weitgehend unabhängig von ihnen. Die Beschäftigten wählen lediglich einen Aufsichtsrat, der die Leitung anstellt, kontrolliert und, wenn nötig, entlässt. Die Beschäftigten organisieren ihre Arbeit und die Produktionsabläufe weitgehend autonom.

Sik sprach von selbstverwalteten Arbeitsgruppen. Die Wirtschaftssphäre ist auf diese Weise demokratisiert, und der Konflikt zwischen Arbeit und Kapital überwunden. Das Motivationsproblem ist ebenfalls gelöst. Da ein Teil ihres Einkommens von ihrer eigenen Leistung abhängt, kann von den Beschäftigten erwartet werden, dass sie ihr Bestes tun, um zu erreichen, dass ihr Unternehmen effizient arbeitet und konkurrenzfähig bleibt. Durch die »Neutralisierung des Kapitals« sind die Produktionsmittel von ihrem Klassencharakter befreit. Im Laufe der Zeit würde der größte Teil des Kapitals einer Gesellschaft den Beschäftigten gehören.

MARKTMECHANISMEN

Es gibt eine marktfeindliche sozialistische Position, die behauptet, dass der Sozialismus und Marktmechanismen inkompatibel seien, dass Letztere nur in der Periode des Übergangs zum vollständigen Sozialismus als eine Art Zugeständnis an unterentwickelte reale Verhältnisse toleriert oder benutzt werden könnten. In Erwiderung darauf behaupten MarktsozialistInnen, dass diese Position auf einer unhaltbaren Identifikation der kapitalistischen Produktionsweise mit Marktmechanismen beruht. Ein reformorientierter sowjetischer Ökonom, Eduard Gorbunow, schrieb:

> »Zunächst sei festgestellt, dass Markt, Austausch, Geld, Kredit keinesfalls eine Erfindung des Kapitalismus sind; sie existierten selbst unter den Verhältnissen der Sklavenhalter- und Feudalgesellschaft. Der Kapitalismus verlieh dem Markt lediglich zunächst nationale und dann auch internationale Dimensionen. Somit bedeutet die Existenz des Marktes im Sozialismus keinesfalls die Übernahme irgendwelcher besonderen Elemente der kapitalistischen Wirtschaft, sondern lediglich eine Fortführung der Traditionen der Weltwirtschaft, und zwar unter Berücksichtigung der Tatsache, dass es sich ... um einen sozialistischen Markt handelt.« (Gorbunow 1989: 59–60)

Den MarktsozialistInnen zufolge bestimme die spezifische Produktionsweise die Struktur und Funktionsweise des Marktes. Daher sagten die Marktmechanismen als solche nichts über die zugrunde liegenden Produktionsverhältnisse aus. Aus diesem Grunde sei es nach den MarktsozialistInnen Unsinn, den Markt für alle Übel der kapitalistischen Produktionsverhältnisse verantwortlich zu machen oder zu denken, dass die Ursache der Unterordnung der Produzenten unter einen fremden Willen in der Warenform der Arbeitsprodukte liege.

Bischoff und Menard (1990: 107) zitieren Marx: »Ware und Geld sind elementarische Voraussetzungen des Kapitals, entwickeln sich aber erst zu Kapital unter gewissen Bedingungen.« Elmar Altvater entwickelt diesen Gedanken wie folgt:

> »Die räumliche Ausweitung und Vernetzung verwandelt Märkte noch lange nicht in die Marktwirtschaft als ökonomisches System, wenn nicht die Form der Ware zum durchgängigen Prinzip gesellschaftlicher Regulation gemacht und das [die] Institut[ion] des Privateigentums an Produktionsmitteln hergestellt wird. Dies bedeutet: Der Grund und Boden muss als Ware mobilisiert werden, das Geld und das Kapital und – vor allem – die Arbeitskraft müssen zur Ware werden. Erst wenn die dieser Logik zum Durchbruch verhelfende gewaltige gesellschaftliche Transformation geschehen ist, hat die Marktwirtschaft als System gesiegt.« (Altvater 1990: 29)

Bischoff und Menard (1990: 107) fügen zwei weitere Bedingungen hinzu: die Trennung der Arbeitenden von den Produktionsmitteln und das Investieren von Kapital zum Zwecke der Erzielung immer höherer Profite.

MarktsozialistInnen haben nicht nur keine Einwände gegen die Anwendung von Marktmechanismen, sie fordern diese sogar – um der Freiheit, der Demokratie, der individuellen Entwicklung, der Initiative und der Effizienz willen. Konkurrenz dürfe nicht abgeschafft werden, denn ihrer Meinung nach sei sie notwendig als Triebkraft der Innovation und Effizienz. Sie stellen sich vor, dass in einer sozialistischen Gesellschaft alle Arten von Unternehmen, sogar Staatsunternehmen, miteinander konkurrieren würden. Die Preise müssten die tatsächlichen Produktionskosten widerspiegeln, und sie müssten sich durch Angebot und Nachfrage bilden dürfen. Das Profitprinzip müsse angewandt werden, weil ihrer Meinung nach Profit der einzige verlässliche Indikator sei, welcher zeigen könne, dass Güter und Dienstleistungen wirklich zur Befriedigung der Bedürfnisse der Verbraucher produziert würden und dass keine Verschwendung stattfinde. Aber sie wollen auch den Markt regulieren – im Allgemeinen, um sicherzustellen, dass sozialistische Produktionsverhältnisse vorherrschen, und im besonderen, um zyklische Krisen abzuwenden, um für Wachstum und Vollbeschäftigung zu sorgen und um dafür zu sorgen, dass die Verfolgung von eigenen Interessen nicht mit den allgemeinen Interessen der Gesellschaft konfligiert.

PLANUNG

Um diese Art von Regulierung zu ermöglichen, treten alle MarktsozialistInnen für eine Kombination von Plan und Markt ein, eine »nahtlose Verbindung der planmäßigen zentralen Lenkung der Volkswirtschaft mit der aktiven Rolle des Marktes auf der Basis der sozialistischen Eigentumsverhältnisse an den Produktionsmitteln« (Csapo, ein ungarischer Ökonom, zit. in Hamel 1972: 180). Sie verwerfen den sowjetischen Typus der Planung, sogar wenn sie dezentralisiert ist. Denn Bürokratie bleibe Bürokratie mit all ihren negativen Effekten, auch wenn die Macht von regionalen oder lokalen Bürokraten ausgeübt werde. Ihrer Ansicht nach würde es auch nicht helfen, wenn den Managern der staatseigenen Unternehmen mehr Macht innerhalb einer völlig verstaatlichten und geplanten Wirtschaft zugestanden würde. In einem solchen System würden sie, selbst wenn sie mehr Macht hätten, immer noch ein »ruhiges Leben« führen wollen. Sie würden sich natürlich mehr Autorität wünschen, aber sie wären immer noch Funktionäre in einer Bürokratie, keine Unternehmer; sie würden nur versuchen, in der Hierarchie aufzusteigen und in Ruhe und Sicherheit ihre Privilegien zu genießen. Dies wäre nicht vereinbar mit dem Ziel eines effizienten Betriebs, geschweige denn mit dem einer dynamischen Wirtschaft (Nove 1983: 177).

Die Art von Planung, für die die MarktsozialistInnen plädieren, ist eine langfristige makroökonomische Planung. Sie sollte auf der Basis der Analyse der grundlegenden Trends wirtschaftlicher Entwicklung langfristige (15 bis 20 Jahre) Ziele formulieren. Unter grundlegenden Trends versteht man zum Beispiel die Entwicklung gesellschaftlicher Bedürfnisse (Lebensniveau, Lebensweise und so weiter) und der Produktionsfaktoren (technologischer Wandel, Rohstoff- und Energiequellen, Bevölkerungszahl und so weiter). Aus den langfristigen Zielen würden die grundlegenden Proportionen abgeleitet, wie beispielsweise die Proportionen der Produktion (von Waren und Dienstleistungen), die Aufteilung des Nationaleinkommens in Akkumulation und Konsumption sowie die Proportion zwischen persönlichem und gesellschaftlichem Verbrauch.[27] Diese Proportionen würden die einzelnen Ziele der Fünfjahrespläne bestimmen: die Wachstumsrate des BSP, die technologische Entwicklung, die Investitionen in einzelne Wirtschaftszweige, die Staatseinkünfte, das Geldeinkommen der Bevölkerung und so weiter. Aber weder die lang- und kurzfristigen Ziele noch die Proportionen wären bindend, sie würden nur als Grundorientierung für Unternehmen dienen; sie würden Informationen liefern, auf deren Basis die Unternehmen ihre eigenen Entscheidungen treffen sollten. Kurz, es wäre eine Indikativ- oder Rahmenplanung.

Aber es gäbe einen bindenden Satz ökonomischer Politiklinien, der zielbewusst Bedingungen schaffen würde, »durch die die Betriebe aufgrund ihrer eigenen Interessen veranlasst werden, Entscheidungen zu fällen, die sich in Einklang mit den Grundzielen des Volkswirtschaftsplans befinden« (Kozusnik, ein tschechischer Ökonom, zit. in Hamel 1972: 182). In einer anderen Formulierung heißt es: »... die prozesspolitischen Steuerungsmethoden sollen bewirken, dass mit dem betrieblichen Erfolgsstreben zugleich die zentral bestimmten Ziele der gesamtwirtschaftlichen Entwicklung realisiert werden« (Hamel 1972: 180).

Die Instrumente einer solchen allgemeinen Wirtschaftspolitik würden viele Bereiche umfassen: Finanzen, Investitionen und Infrastruktur, Besteuerung, Kreditwesen und Zinssätze, Löhne und Preise, Außenhandel und so weiter Die Zentralorgane würden diese Instrumente flexibel handhaben; Plan und Markt würden sich gegenseitig informieren und korrigieren.

In einem demokratisch-sozialistischen Rahmen würde der Plan einer demokratischen Legitimation bedürfen. Höltschi und Rockstroh stellen sich mehrere als Alternativen zueinander stehende Pläne vor (entworfen von den politischen Parteien oder anderen Organisationen), aus denen die Bevölkerung einen Plan durch ein Referendum auswählt. Eine Alternative zu diesem Verfahren wäre, dass die Bevölkerung die Partei an die Macht wählt, deren Planentwurf sie am meisten überzeugt.

Ein sehr wichtiges Argument für Rahmenplanung und zentrale Steuerung ist, dass dies der einzige Weg ist, den zyklischen Krisen der kapitalistischen Marktwirtschaften vorzubeugen. Die grundlegenden Proportionen, insbesondere die zwischen Verbrauch und Investitionen, würden – wenn flexibel gehandhabt – sicherstellen, dass es weder Über- noch Unterproduktion gebe.

Kritik des Marktsozialismus

Ich möchte jetzt meine Kritik am Marktsozialismus darlegen. Es ist nicht mein Argument, dass der Marktsozialismus die Lehre von Marx und Engels verwirft. Die aufgezeigten Bemühungen von Bischoff und Menard sowie Krüger, nachzuweisen, dass die Meister eigentlich den Marktsozialismus meinten, wenn sie vom Sozialismus sprachen, sind nutzlos. In der Tat scheint es möglich, Marx mit Marx zu widersprechen. Für Paul Craig Roberts erachtete Marx die Warenproduktion und den Markt als charakteristisch für den Kapitalismus; daher seien die Marktsozialisten unmarxistisch (vgl. Nove 1972a: 120). Es gibt auch eine anscheinend wohlbekannte Passage in *Anti-Dühring* von Engels, die Nove wie folgt frei wiedergibt:

> »Direkte gesellschaftliche Produktion wird Warenaustausch ausschließen, und damit auch die Transformation von Produkten in Waren und in Werte. Die Quantität gesellschaftlicher Arbeit wird auch direkt gemessen werden, in Stunden. Produktionspläne werden auf der Basis des Wissens um den Nutzen der verschiedenen Produkte aufgestellt werden. Letztere werden miteinander und mit der für ihre Produktion notwendigen Arbeitsquantität verglichen werden. Die Menschen werden über all das ganz einfach entscheiden, ohne den Gebrauch des sogenannten ›Wertes‹.« (ebd.: 121–122)

Vergessen wir also Marx und Engels und prüfen wir, ob der Marktsozialismus der richtige Rahmen dafür sein kann, die am Ende von Kapitel vier aufgestellten sechs Ziele zu erreichen. Aber erst untersuchen wir, ob der Marktsozialismus Sozialismus ist oder nicht.

IST DER MARKTSOZIALISMUS SOZIALISMUS?

Ich habe im Kapitel eins die Ansicht vertreten, dass man hauptsächlich deswegen Sozialist ist, weil man die sozialistischen Werte schätzt, und nicht einfach wegen der praktischen Vorteile, die der Sozialismus im Vergleich zum Kapitalismus bietet. Schon stellen sich mehrere Fragen.

Bischoff und Menard behaupten, dass nur der Marktsozialismus es verdiene, Sozialismus genannt zu werden. Aber sie selbst äußern Zweifel:

> »Läuft aber die Eigentümerfunktion der Beschäftigten und der gewinnorientierte Wettbewerb der Betriebe untereinander nicht zwangsläufig darauf hinaus, dass diese Ellbogenmentalität nun auch von Sozialisten als erstrebenswertes Sozialverhalten anerkannt wird?« (Bischoff und Menard 1990: 60)

Gute Frage. Aber sie geben keine klare Antwort darauf in den folgenden Absätzen. Sie geben sich statt dessen viel Mühe, um auf eine *andere, nicht gestellte Frage* die folgende gute Antwort zu geben:

> »[In einem Betrieb], wo *nicht* jedes Quantum an größerem Geschick, Energie, Auffassungsgabe sich *in Mark und Pfennig niederschlägt*, kann dann ein Klima des *Wettbewerbs unter den Beschäftigten* entstehen, in dem tatsächlich Kreativität und Einsatzfreude ohne die stressigen Effekte des Leistungsdrucks gefördert werden.« (ebd.; Hervorhebung durch den Autor)

Die gestellte Frage war aber, ob nicht »*der gewinnorientierte* [also Mark und Pfennig zählende] *Wettbewerb der Betriebe untereinander*« zwangsläufig zu einer Ellbogenmentalität führen würde, welche die Marktsozialisten anerkennen müssten (Hervorhebung durch den Autor). Die Logik des Marktsozialismus zwingt einen zu antworten: Ja.

Natürlich kann es nützlich für die Arbeitenden sein, MitinhaberInnen des Unternehmens zu sein, bei dem sie arbeiten. Sie könnten beispielsweise entscheiden, dass in Zeiten der Rezession niemand entlassen würde und dass stattdessen alle einige Stunden weniger für eine geringere Bezahlung arbeiten würden. Aber die Konkurrenz zwischen den Belegschaften verschiedener Unternehmen im gleichen Sektor verbliebe. Jedes Unternehmen würde versuchen, seinen Marktanteil auf Kosten der anderen zu vergrößern, und die Belegschaften der erfolgreichen Unternehmen würden dann auf Kosten der Belegschaften der erfolglosen höhere Einkommen beziehen. In Zeiten der Rezession oder des Nullwachstums wäre diese Konkurrenz heftiger als in Zeiten des Aufschwungs. Was wäre das für ein Sozialismus? Die Arbeiter-Besitzer von Unternehmen verhielten sich dann wie Kapitalisten.

MarktsozialistInnen sind keine Verfechter einer absoluten Einkommensgleichheit. Nove sieht aber die Möglichkeit, dass im Marktsozialismus sogar das Prinzip des gleichen Lohnes für gleiche Arbeit verletzt wird (Marx hatte ja keinen Einwand gegen ungleichen Lohn für ungleiche Arbeit). Ein Lastwagenfahrer zum Beispiel, der in einem kommerziell erfolglosen Betrieb arbeitet, würde weniger verdienen als ein Lastwagenfahrer in einem erfolgreichen Betrieb – für die gleiche Quantität und Qualität der Arbeit. Kommerzieller Erfolg, schreibt Nove, »hängt von einer Vielzahl von Faktoren ab, von denen viele völlig außerhalb der Kontrolle der Arbeitenden liegen: Marktfluktuationen, Verhängung eines Einfuhrzolls durch ein fremdes Land und so weiter. In der Tat könnte er sehr wenig mit Anstrengung oder Produktivität zu tun haben« (Nove 1983: 134–135). Könnte dieses System dann noch Sozialismus genannt werden? Ich würde sagen Nein.

Krügers Idee (1990: 65), dass die marktbestimmte Differenzierung der Geldeinkommen durch öffentliche Transfers an die privaten Haushalte korrigiert werden sollte, mag natürlich einigen Linken sehr sozialistisch erscheinen, ist es aber nicht. Im Sozialismus sollte jeder der Gesellschaft geben, was er kann (Marx: »Jeder nach seinen Fähigkeiten ...«) und von der Gesellschaft je nach Arbeitsleistung Waren und Dienstleistungen zum Verbrauch bekommen. Öffentliche Geldtransfers, um die schlimmen Auswirkungen eines ungerechten Systems zu korrigieren, sind keine sozialistische Politik, sondern Mildtätigkeit.

Es gibt hier auch ein praktisches Problem. Solche Geldtransfers würden einen Effekt konterkarieren, den die MarktsozialistInnen wollen, nämlich den Anreiz ungleichen Einkommens. Außerdem könnten die Unterschiede, die korrigiert werden müssten, erheblich sein, wenn der Marktsozialismus privaten Unternehmern erlaubt, große Profite zu machen. Natürlich kann die Größe privater Unternehmen und ihrer Profite durch Gesetze, administrative Maßnahmen oder Steuersätze begrenzt werden. Davon sprechen die MarktsozialistInnen aber nicht. Und das ist verständlich, wollen sie doch den Geist des Unternehmertums nicht töten. Aber sogar der Besitzer eines kleinen Unternehmens würde normalerweise einen Profit erzielen, der über dem Gehalt läge, das er als Manager verdienen würde. (Das ist doch der Zweck der Übung.)

WIRTSCHAFTSDEMOKRATIE

Die MarktsozialistInnen haben Wirtschaftsdemokratie (nicht bloß politische) als essenzielles Element des Ideals des Sozialismus betont und behauptet, dass sie in dem von ihnen erdachten System viel einfacher zu verwirklichen sei. Ist das eine realistische Hoffnung?

In einer marktsozialistischen Gesellschaft könnte ein höherer Anteil des Nationaleinkommens an die unteren gesellschaftlichen Schichten gehen als in kapitalistischen Gesellschaften. Sie könnte auch im üblichen politischen Sinne demokratisch sein. Da aber die wirtschaftliche Macht aufgrund der ungleichen Verteilung von Reichtum und Einkommen ungleich verteilt wäre, sollte eine marktsozialistische Gesellschaft berechtigterweise auch nicht als Wirtschaftsdemokratie bezeichnet werden. Welche »Wirtschaftsdemokratie« könnten vor allem arbeitslose Menschen genießen, die es ja auch in einer marktsozialistischen Gesellschaft geben würde?

Was die Partizipation am Entscheidungsfindungsprozess im Unternehmen betrifft, bemerkt Nove mit Recht: »Je größer die Einheit ist, in der er [der Arbeiter] arbeitet, um so wahrscheinlicher fühlt er sich entfremdet, entfernt von Entscheidungen der Unternehmensführung, als kleines Rädchen in einer großen Maschine« (Nove 1983: 199). Ein paar Seiten später bemerkt er: »... es ist schwierig, sich vorzustellen, dass Giganten von der Größe eines sozialistischen DuPont oder Shell sinnvoll von der Belegschaft selbstverwaltet werden« (ebd.: 202). Unter Bezugnahme auf die Erfahrungen mit Selbstverwaltung im ehemaligen Jugoslawien schreibt er erstens, »dass der Wunsch zu partizipieren keineswegs universell ist«, und zweitens:

> »Der Werkzeugschlosser, Maurer, Lastwagenfahrer ... werden nicht ... mit dem Nachfragemuster für das Produkt ihrer Firma vertraut sein, auch nicht mit alternativen Quellen der Materialversorgung, relativen Kosten von Varianten oder den wirtschaftlichen Vorteilen dieser oder jener Innovation. ... Darum wundert es nicht, dass die jugoslawische Erfahrung auf die Grenzen der Partizipation hinweist ...« (ebd.: 137)

Sich auf die Erfahrung ungarischer Erzeugerkooperativen beziehend, schreibt er: »Wenige Personen außer dem Manager haben sich mit dem Unternehmen als Ganzem befasst« (ebd.).

In Noves Konzeption gäbe es eine »Vorliebe für kleinere Einheiten als Mittel zur *Maximierung* von Partizipation« (ebd.: 227; Hervorhebung durch den Autor). Das ist erstaunlich. Wie kann die industrielle Produktionsweise bei einer Vorliebe für kleinere Einheiten effizient sein? Wie können ohne große Einheiten die Arbeitsproduktivität erhöht und die Größendegression ausgenutzt werden? Kein anderer unter den Marktsozialisten, deren Ansichten ich kenne, hat für kleinere Einheiten plädiert. Und weder sie noch Nove haben etwas gegen die industrielle Produktionsweise, welche, in Kombination mit der Marktkonkurrenz, Unternehmen fast zwingt, groß zu werden.

Die Schwierigkeiten und Grenzen der Partizipation gibt es natürlich in jeder Form von Industriegesellschaft. Aber die Unsichtbarkeit der Hand der Marktkräfte und die daraus resultierenden Ungewissheiten machen das Führen eines Unternehmens erheblich komplizierter als sonst, was wiederum die Arbeiterpartizipation schwieriger und unwahrscheinlicher macht.

KÖNNTE DER MARKTSOZIALISMUS DAS ARBEITSLOSIGKEITSPROBLEM LÖSEN?

Prüfen wir jetzt, ob der Marktsozialismus der richtige Rahmen dafür ist, unsere zentralen Ziele zu erreichen.

Die MarktsozialistInnen hoffen, dass Makroplanung und die von ihnen empfohlenen Instrumente zur Wirtschaftssteuerung zyklische

Krisen überwinden und ein ausgeglichenes Wachstum sichern würden, so dass es kein großes Arbeitslosigkeitsproblem gäbe. Nove spricht von »der Pflicht, Arbeit zu besorgen«, welche »Vorrang vor Erwägungen der Mikroprofitabilität haben müsste« (ebd.: 228). Aber das heißt schon wieder, den Kuchen essen und auch behalten wollen. Man kann ein Wirtschaftssystem nicht hauptsächlich auf das Profitmotiv gründen und dann sagen, dass die Pflicht, Arbeit zu besorgen, das Profitmotiv außer Kraft setzen müsse. Wessen Pflicht wäre es, Arbeit für alle zu besorgen, wenn die Betriebe – außer vielleicht diejenigen, die im Besitz der Arbeitenden selbst sind – die Freiheit hätten, ArbeiterInnen zu entlassen, wenn sie nicht gebraucht werden? In dem Modell von Sik und Höltschi und Rockstroh würde sogar eine Mitarbeitergesellschaft (MAG) Arbeiter entlassen, wenn es notwendig werden sollte (Höltschi und Rockstroh 1985: 129–130). Nove selbst schreibt, dass es in Jugoslawien, wo Unternehmen wenigstens formell von Arbeitern selbstverwaltet wurden, das »bedrückende Problem der Arbeitslosigkeit« gegeben habe, das trotz einer zufrieden stellenden Wachstumsrate nicht überwunden werden konnte, nicht einmal durch den »Export« von Arbeitern nach Westdeutschland. Einer der Gründe dafür war ihm zufolge, dass die Arbeiterräte »an der Maximierung der Nettoeinkünfte pro Arbeiter« interessiert gewesen seien [was die Marktsozialisten von allen Arbeiterräten verlangen würden] und dass sie deswegen »*kein materielles Interesse* gehabt hätten, zusätzliche Kollegen anzustellen«. Darum »beeinflussten sie die Investitionsentscheidungen in Richtung der arbeitsparenden Varianten« (Nove 1983: 138).

Diese Wirtschaftspolitik der jugoslawischen Arbeiterräte kann nicht von den MarktsozialistInnen kritisiert werden, die ausnahmslos zur Erhöhung der Arbeitsproduktivität die Verwendung der modernsten Technologien befürworten. Sie haben alle die Tendenz der vormals »sozialistischen« Wirtschaften kritisiert, obsolete, arbeitsintensive Technologien zu verwenden und zu viele ArbeiterInnen zu beschäftigen. In jeglicher Art der Marktwirtschaft (außer in den Billigstlohnländern) würden Konkurrenz und das Profitmotiv alle Unternehmen dazu zwingen, immer mehr arbeitssparende Technologien zu verwenden.

Die von Damus und anderen vorgeschlagene Lösung – ein garantiertes Grundeinkommen und etwas Eigenarbeit – würde das Problem der Arbeitslosigkeit nicht lösen. Das würde zwar ausreichen, akute Armut zu verhindern oder zu überwinden. Aber, wie ich am Ende von Kapitel vier argumentiert habe, um die *Gesellschaft* nachhaltig zu gestalten, ist es auch notwendig, dass alle arbeitsfähigen Menschen sinnvoll beschäftigt sind. Außerdem ist die Lösung sämtlicher MarktsozialistInnen weit davon entfernt, soziale Gleichheit zu garantieren und ökonomische Ungleichheit auf ein erträgliches Niveau zu reduzieren – zwei weitere Erfordernisse einer nachhaltigen Gesellschaft.

Jeder nach seinen Fähigkeiten und jedem nach seiner Arbeitsleistung, das sollte ein essenzieller Wert des Sozialismus bleiben. Sonst wäre es kein Sozialismus. Aber im Marktsozialismus wäre das nicht möglich. Denn eine Gesellschaft, die in Zeiten höchst arbeitssparender Technologien diesem Wert Priorität einräumte, müsste alle Arten von Unternehmen und Institutionen *zwingen*, mehr Menschen einzustellen als nötig. Und sie müsste Arbeitsplatzbesitzer zwingen, weniger Arbeit für weniger Bezahlung zu akzeptieren. (Wie schon in Kapitel fünf ausführlich argumentiert, brächte das bloße Verteuern von Energie keine Lösung des Problems der Arbeitslosigkeit.) Aber dieser Zwang bedeutete das Ende des Marktprinzips, der Autonomie der Unternehmen und von Noves Produzentenpräferenz.

Sollten in der Gesellschaft Gleichheit, Solidarität und Kooperation schon als hochrangige Werte gelten, dann wäre kein Zwang mehr notwendig. ArbeiterInnen, ManagerInnen und ihre Unternehmen würden dann aus freien Stücken Arbeitszeiten und Einkommen herabsetzen, um diejenigen unterzubringen, die aus irgendeinem unvermeidlichen Grund arbeitslos geworden sind. Aber dieses Vorgehen stimmt nicht mit dem Prinzip Eigennutz überein, das in der marktsozialistischen Theorie zu den höchstrangigen Prinzipien gehört.

Die vom Weltmarkt und von der zunehmenden Globalisierung des Kapitals geschaffenen Probleme sind für die MarktsozialistInnen ebenfalls widerspenstig. Makroplanung und -steuerung blieben auf ihre jeweiligen Staaten begrenzt, und das wäre unzureichend, ökonomischen Krisen und hoher Arbeitslosigkeit vorzubeugen. Schonungslose Konkurrenz auf nationaler wie auf Weltmarktebene würde Unternehmen zwingen, mehr in Automation zu investieren und weniger in Arbeitskräfte. Dies geschieht bereits seit langem. Selbst wenn alle Länder der Welt ein marktsozialistisches Wirtschaftssystem hätten und selbst wenn Regierungen die ruinöse Konkurrenz innerhalb ihrer eigenen Territorien verhindern könnten, würde es immer noch Konkurrenz unter marktsozialistischen Unternehmen verschiedener Länder geben. Das würde für die Fortsetzung der heutigen Situation sorgen – Krisen und Arbeitslosigkeit in einigen Ländern und Wachstum plus Arbeitslosigkeit (jobless growth) in anderen, selbst wenn die Weltwirtschaft als Ganzes wächst.

KÖNNTE DER MARKTSOZIALISMUS DIE WIRTSCHAFT NACHHALTIG MACHEN?

Wie in Kapitel vier gezeigt, ist wirtschaftliche Schrumpfung – zumindest in den hoch industrialisierten Ländern – absolut und dringend notwendig. Könnte der Marktsozialismus der richtige Rahmen für diesen Prozess sein?

Die meisten MarktsozialistInnen haben sich nicht mit dieser Frage beschäftigt. Was ich in ihren Schriften gefunden habe, sind nur unseriöse, flüchtige Verweise auf die Umwelt und die Notwendigkeit, Umweltschutz in die Überlegungen über Pläne und Politik einzubeziehen. Was das Ressourcenproblem anbelangt, schreibt Nove: »Die Angelegenheit wird durch die Möglichkeit – oder vielleicht gar die Wahrscheinlichkeit – von Materialknappheiten verschlimmert, welche Produktionswachstum behindern. Dies zu sagen, heißt nicht, ein ganzes Weltuntergangsszenario à la Club of Rome zu akzeptieren« (Nove 1983: 5). An anderer Stelle schreibt er: »In Anbetracht der Tatsache, dass wir über ein industrialisiertes, entwickeltes Land diskutieren, braucht man nicht anzunehmen, dass *hohe* Wachstumsraten eine hohe Priorität haben würden« (ebd.: 222; Hervorhebung durch den Autor). Das heißt, Nove unterlässt es nicht nur, die langfristige Lebensfähigkeit der Industriegesellschaft in Frage zu stellen, sondern er erwartet auch, dass eine bescheidene Wachstumsrate Bestandteil der Wirtschaftspolitik in seinem marktsozialistischen Staat sein würde. In der Tat nehmen – mit nur einer Ausnahme – alle MarktsozialistInnen, deren Werke ich gelesen habe, als selbstverständlich an, dass Wirtschaftswachstum ein wichtiges Ziel der Politik in ihrem Marktsozialismus sein würde.

Die eine Ausnahme sind Höltschi und Rockstroh. Sie setzen sich ernsthaft mit der radikalökologischen Kritik am Industrialismus auseinander. Aber sie verteidigen die Industriegesellschaft. Sie sprechen zwar von der Unzulänglichkeit des Begriffs BSP. Aber sie behaupten:

> »Wichtig ist nicht, um wieviel Prozent die Wirtschaft wächst, sondern wie sie wächst. Unsere Ziele müssen umformuliert werden: Wie kann ein Wirtschaftssystem die materiellen und immateriellen Bedürfnisse der Menschen möglichst optimal befriedigen? Die Antwort auf diese Frage ist qualitativ und kann ein Wachstum von 0 oder von 5 Prozent nötig machen. Bruttosozialprodukterhöhungen können zusätzlichen Umweltschutz bedeuten.« (Höltschi und Rockstroh 1985: 208)

Sie beziehen sich hier auf die Möglichkeiten von umweltfreundlichen Technologien.

In diesem 1985 erschienenen Buch verwerfen sie die Meinung, dass in hoch industrialisierten Ländern die materiellen Bedürfnisse aller Menschen schon befriedigt werden. Das heißt, ihrer Meinung nach war 1985 noch mehr Wachstum notwendig. In ihrem Marktsozialismus sollte es einen Ausgleich zwischen »Wohlstandssteigerungen und Umweltschonung« geben. »Das eine soll das andere nicht ausschließen.« Sie glauben, für diesen Ausgleich sei ihr Modell besser befähigt als die heutigen Wirtschaftssysteme, aber auch als »etwas weltfremde ökologische Utopien«. Sie glauben, ihr Modell »beinhaltet ... wichtige Mechanismen, die das Wirtschaften ökologischer machen könnten« (ebd.: 209).

Ota Sik schreibt, der Zweck seiner Art von Planung wäre, nur die gesamtwirtschaftlichen Summen und Wachstumsraten zu planen, dass sie »Tempo und Art des wirtschaftlichen Wachstums« beeinflussen könnte und dass dadurch »von vornherein ... die Zusammenhänge zwischen ökonomischer und ökologischer Entwicklung berücksichtigt werden« könnten. Er ist ehrlich genug zuzugeben: »Dies wird den Umweltkonflikt nicht aus der Welt schaffen.« Aber er hofft, dass »ökologische Postulate explizit in den Makroplan aufgenommen werden« könnten (Sik 1985: 360–361). Kurz, Sik glaubt, dass es möglich sei, wirtschaftliches Wachstum zu haben und die Umwelt zu schützen, sogar in hoch industrialisierten Ländern.

Da die MarktsozialistInnen sie nicht einmal stellen, müssen andere die Frage beantworten: Kann der Marktsozialismus der richtige Rahmen für die notwendige wirtschaftliche Schrumpfung sein? Meine Antwort ist: Nein. Erstens würde die inhärente Wachstumsdynamik einer Marktwirtschaft, wie in Kapitel fünf beschrieben, auch in einer sozialistischen Marktwirtschaft wirken und im Widerspruch zur Notwendigkeit einer Wirtschaftsschrumpfung stehen. Zweitens gibt es keinen Grund zu glauben, dass die Verschwendungen, die typisch für eine westliche kapitalistische Marktwirtschaft sind, nicht auch in einer sozialistischen Marktwirtschaft stattfinden würden. Ob das Unternehmen dem Staat oder den Arbeitenden oder Privatpersonen gehört, würde keinen Unterschied machen, denn auf einem Markt voller Konkurrenten müssen sich alle Unternehmen wie Privatunternehmen verhalten. Beispielsweise müssten sie Geld für Werbung ausgeben. Drittens können die Vorteile bezüglich Effizienz, die den Marktmechanismen beigemessen werden, nur in einer Situation realisiert werden, in der sowohl ProduzentInnen als auch VerbraucherInnen flexibel auf Preissignale reagieren können, die vom freien Wechselspiel von Angebot und Nachfrage ausgehen. Wenn VerbraucherInnen mehr von einer bestimmten Ware kaufen wollen, sollten die Produzenten in der Lage sein, ihre Produktion zu steigern. Wenn der Preis einer Ware steigt, sollten die VerbraucherInnen die Möglichkeit haben, ein Alternativprodukt zu kaufen. Aber im Kontext wirtschaftlicher Schrumpfung würden ProduzentInnen und VerbraucherInnen wenig Flexibilität genießen können, so dass die angeblichen Vorteile der Marktmechanismen nicht verwirklicht werden könnten.

Die MarktsozialistInnen sagen selbst etwas Ähnliches: »... der Markt kann erst auf Grundlage hoher Produktivität und ausdifferenzierter Produktion als Mechanismus zur Koordination vielfältiger individueller Präferenzen voll wirksam werden« (Bischoff und Menard 1990: 20). Das heißt auf Grundlage einer hoch entwickelten, industrialisierten Wirtschaft. Und: »... die vom Markt herrührende Flexibilität, wofür auf den folgenden Seiten plädiert werden wird, ist in einer Situation akuter Knappheit besonders schwierig einzuführen« (Nove 1983: 178). An anderer Stelle schreibt Nove im Zusammenhang mit einigen marktähnlichen wirtschaftlichen Reformen in der UdSSR: »... Lockerung der Preiskontrolle und der administrativen Zuteilung von Inputs werden die angestrebten Resultate nicht erreichen, wenn ein Verkäufermarkt herrscht (Nachfrageüberhang bei materieller Knappheit)« (ebd.: 125). In Zukunft werden unvermeidlich materielle Knappheiten und Verkäufermärkte herrschen. So wäre der Marktsozialismus, wie jede andere Art von Marktwirtschaft, kontraproduktiv oder zumindest nicht der richtige Rahmen für eine Politik der wirtschaftlichen Schrumpfung.

In einer Situation von Knappheiten, die aus wirtschaftlicher Schrumpfung resultieren, würde die Marktlogik verlangen, dass die Preise bis zu einem Niveau steigen dürfen, auf dem es genug Waren in den Läden gäbe, da sie nicht von vielen Menschen gekauft werden könnten. VerfechterInnen von Marktmechanismen würden sagen, dass dies in einer solchen Situation die einzige rationale Politik wäre und dass die Bevölkerung das hinnehmen müsste. Aber können Markt*sozialistInnen* das sagen? Die Frage hört hier auf, eine rein ökonomische zu sein, und wird politisch. Wenn sie wirklich SozialistInnen sind, würden sie nicht hinnehmen, dass nur die Reichen, und nicht die Massen, in der Lage sein sollten, sich bestimmte Güter oder ausreichende Mengen an Gütern zu leisten. Schließlich hat der Sozialismus etwas mit Gleichheit und Gerechtigkeit zu tun.

Dieses Dilemma würde für die SozialistInnen nicht entstehen, wenn alle Menschen das gleiche oder annähernd das gleiche Einkommen hätten. Aber die MarktsozialistInnen fordern ja, dass es Einkommensungleichheit und die Möglichkeit hoher Profite als materieller Anreize geben sollte. Einige akzeptieren sogar Arbeitslosigkeit, wenn es ein garantiertes Mindesteinkommen gibt.

Ich denke, dass das Wirtschaftsmodell, das die MarktsozialistInnen vorschlagen, ganz einfach als eine Art Mischwirtschaft bezeichnet werden sollte. Mischwirtschaften sind nichts Neues. Indien hat eine solche (gehabt). Einige Dinge, die in einer kapitalistischen »sozialen

Marktwirtschaft« »sozial« oder »genossenschaftlich« genannt werden, werden in den Konzeptionen der MarktsozialistInnen einfach »sozialistisch« *genannt*. Was Planung angeht, schrieb Gorbunow im Hinblick auf die real existierenden Mischwirtschaften des Westens:

> »Also existiert im Westen auch keine Marktwirtschaft in Reinkultur mehr. ... Der Westen ist der UdSSR im Bereich der makroökonomischen, der zweigbezogenen und der regionalen Planung inzwischen voraus. Und zwar ... dadurch, dass es dem kapitalistischen System gelungen ist, eine im Vergleich zum sozialistischen System in hohem Grad optimale Verbindung der plan- und der marktspezifischen Methoden der Wirtschaftsleitung zu erreichen.« (Gorbunow 1989: 60)

Vielleicht übertreibt Gorbunow ein wenig. Aber was er sagt, ist grundsätzlich richtig. Dies ist einer der Gründe, warum wir lange Zeit von der Konvergenz der beiden Systeme hörten. Was ich hier sagen möchte, ist, dass weder diese noch jene Mischwirtschaft der richtige Rahmen für einen Übergang zu einer nachhaltigen Gesellschaft wäre.

Öko-Sozialismus

In Kapitel fünf habe ich erklärt, warum der Öko-Kapitalismus nicht funktionieren kann. Die Kapitel zwei und drei und der erste Teil dieses Kapitels haben gezeigt, welche Arten von Sozialismus uns nicht helfen können. Der einzige Rahmen, der uns helfen kann, sollte Öko-Sozialismus genannt werden.

ALTER WEIN IN EINER GRÜNEN FLASCHE ODER NEUER WEIN?

Ich bin nicht der Erste, der den Begriff »Öko-Sozialismus« verwendet. Viele Linke haben ihn verwendet, um ihren Sozialismus mit ihrer kürzlich entstandenen Sorge um die ökologische Nachhaltigkeit der Wirtschaft zu kombinieren. Aber die Integration beider Bestandteile ist häufig nicht überzeugend. Generell scheinen sich viele Linke immer noch zu weigern, das erste Element dieses Begriffs ernst zu nehmen. Aber SozialistInnen dürfen ihre Augen nicht vor den Fakten verschließen.

Ich möchte als erstes Beispiel David Peppers 1992 geschriebenes Buch *Eco-Socialism* nehmen. Er schreibt: »... das [rotgrüne] Projekt weist potenzielle Probleme auf. Es neigt dazu, ... die stark vereinfachenden ... Grenzen-des-Wachstums- und Überbevölkerungsthesen ... zu akzeptieren. ... Allerdings ist die sozialistische Behauptung, dass es reichliche Ressourcen gibt, die Bedürfnisse von allen zu befriedigen, ... nicht überzeugend widerlegt worden« (Pepper 1993: 247). Er tut das Überbevölkerungsproblem als »alte malthusianische (Dritte-Welt-) ›Überbevölkerungs‹-Ente« ab (ebd.: 2). Über die Ressourcenfrage schreibt er: »Die öko-sozialistische Antwort auf die Ressourcenfragen ist, ... dass es keine ahistorischen Grenzen von unmittelbarer Bedeutung für das menschliche Wachstum als *sozialistische* Entwicklung gibt« (ebd.: 233). Über Wirtschaftswachstum schreibt Pepper: »... eine ökologisch-kommunistische Utopie erfordert die Entwicklung der Produktivkräfte. ... Öko-sozialistisches Wachstum muss eine rationale, geplante Entwicklung zum gleichen Nutzen für alle sein, welche daher ökologisch verträglich wäre« (ebd.: 219).

Es muss zu Peppers Ehre erwähnt werden, dass er, wenn er von den »Bedürfnissen von allen« spricht, uns auch daran erinnert, »dass ›Bedürfnisse‹ von unserer derzeitigen marktorientierten Vorstellung gelöst werden müssen« (ebd.: 247). Aber dies scheint keinen praktischen Unterschied zu machen, denn an anderer Stelle schreibt er:

> »Es mag wahr sein oder nicht, dass die absoluten Mengen von Kupferoxid oder Erdöl zur Neige gehen, aber das ist nicht relevant. ... Was wir ... konsumieren, ist Telekommunikation – und das kann jetzt auf anderem Wege gemacht werden als über Kupferdrähte – und Autofahrten –, wofür das ›wasser‹betriebene[28], schadstofffreie, elektrische Auto eine künftige Alternative zum Auto mit Verbrennungsmotor sein könnte.« (ebd.: 100)

Telekommunikation und Autos stellen sich hier als sowohl »marktorientierte« wie auch »öko-sozialistische« Bedürfnisse heraus.

Genug Material ist in Kapitel vier vorgelegt und diskutiert worden, um hier sagen zu dürfen, dass Pepper an alten Illusionen leidet. Dennoch möchte ich hier noch eine Information hinzufügen, um ihm zur endgültigen Aufgabe seiner Illusionen zu verhelfen: Ich kann nicht sagen, wie viel Kupfer man heute – im Zeitalter des drahtlosen Telefonierens (des Mobilfunks) – noch für Telekommunikation braucht. Aber man braucht zu diesem Zweck ein noch knapperes Element namens Tantalum. Es wird aus einem Erz gewonnen, das auf Englisch »coltan« oder »columbite-tantalite« heißt. Im Jahre 2000 gab es einen weltweiten Mangel an Col-tan, so dass dessen Preis auf dem Weltmarkt von 20 US-Dollar pro Pfund im Jahre 1998 bis zu 200 US-Dollar im Jahre 2000 stieg. Im März 2001 lag der Preis bei 200 000 US-Dollar pro Tonne [ca. 100 US-Dollar pro Pfund]. Einer der wichtigsten Gründe, warum der Krieg im östlichen Kongo kein Ende nehmen will, ist, dass sich dort einige der reichsten Lagerstätten für Col-tan befinden. Tantalum ist übrigens auch ein sehr wichtiges Material für die Herstellung von Düsenmotoren, Air-bags, Nachtsichtgeräten, Faseroptikgeräten und, vor allem, Kondensatoren in Computer-Chips (*International Herald Tribune*, 20.03.2001).

Für Otto Normalverbraucher in Nordamerika und Nord- und Westeuropa mag es zurzeit schwierig sein, irgendein Ressourcenproblem wahrzunehmen. Aber erstens diskutieren wir die Probleme der gesamten Menschheit und nicht nur die der Ersten Welt. Und zweitens diskutieren wir Angelegenheiten nicht nur von unmittelbarer, sondern auch von zukünftiger Bedeutung. Jeder, der die Dritte Welt kennt, weiß, dass es dort bereits jetzt ein Ressourcen- und Bevölkerungsproblem von unmittelbarer Bedeutung gibt. Es ist nicht bloß, dass die ausbeuterischen reichen und mittleren Klassen die Armen ihres legitimen Anteils an Ressourcen berauben. Tatsache ist, dass sogar in den Hauptstädten der Bundesländer Indiens die reichen und mittleren Klassen an akuter Knappheit von Wasser, Strom und Brennstoff zum Kochen leiden.

Dieses Problem, das die meisten Linken mit ökologischen und Ressourcenkrisen haben, ist ziemlich alt. André Gorz akzeptierte die Existenz der Grenzen des Wachstums schon 1973, als er schrieb, dass »es feststeht, dass die Weiterverfolgung des materiellen Wachstums zu planetaren Sackgassen führt – und das kann man nicht leugnen …« (Gorz 1980: 76), und er schrieb von der Notwendigkeit von Recycling, langlebigen Gütern, Reparaturen und so weiter. Trotzdem drückte er 1977 die Hoffnung aus, dass »der Produktionsapparat technisch derart wirksam« sein würde, »dass ein Teil der verfügbaren Arbeitskraft ausreiche, um den Gesamtbedarf der Bevölkerung zu decken ...« (Gorz 1981: 156). Er machte 1983 deutlich, woher er diese Steigerung der Wirksamkeit des Produktionsapparats erwartete: von Mikroelektronik und Automation, »der mikroelektronischen Revolution« (Gorz 1984: 49). Er behauptete, »... die technische Revolution ... verursacht nicht nur, wie es bei den vergangenen technischen Revolutionen der Fall war, die Abnahme des Werts des fixen Kapitals pro Produkteinheit; sie führt auch zur Abnahme der *Gesamtmasse* des fixen Kapitals, das zur Produktion eines schnell wachsenden Warenvolumens notwendig ist« (ebd.: 50). Er behauptete weiter, dass moderne Ausstattung sowohl »leistungsfähiger« als auch »billiger« sei als »klassische Einrichtungen«. Und dann kommt der Höhepunkt: »[Moderne Ausrüstungen] ermöglichen es, *sowohl* Investitionen ... und Arbeitskraft ... *als auch* Rohstoffe..., insbesondere Energie, einzusparen« (ebd.: 49).

Offensichtlich glaubte Gorz an Wunder: mit der mikroelektronischen Revolution sah er die Möglichkeit aufkommen, sowohl die Arbeitsproduktivität als auch – gleichzeitig – die Ressourcenproduktivität zu erhöhen. Wir haben in Kapitel vier gesehen, dass ein Personalcomputer (PC) einen Materialdurchsatz von 15 bis19 Tonnen erfordert. Der Materialdurchsatz, den Industrieroboter und Automation im Allgemeinen erfordern, muss auch sehr hoch sein. Zumindest der *Betrieb* von PCs, die ja keine schwere Arbeit verrichten, erfordert nicht allzu viel Energie. Aber Industrieroboter und andere automatische Maschinen fressen bei ihrem Betrieb viel Energie – sehr viel mehr als manuell betriebene Ausrüstung. Außerdem führen sie, makroökonomisch betrachtet, zu einem gesteigerten Gesamtverbrauch von Ressourcen, da ja die Arbeiter, die sie ersetzen, nicht verschwinden, sondern weiterhin leben und Energie und andere Ressourcen verbrauchen.[29]

Martin Ryle scheint in seinem 1988 erschienenen Buch die ökologischen und Ressourcenkrisen ernster zu nehmen. Aber auch er scheint das Problem nicht in seiner ganzen Tiefe verstanden zu haben. Er schreibt von den »negativen, zwingenden Grenzen ökologischer Verantwortung«.[30] Aber er schreibt von »Öko-Schrumpfung« nur »in einigen Industriezweigen (Automobile, Verteidigung, Agrochemikalien)«. Er schreibt, dass »in ressourcenintensiven Bereichen (insbesondere Energie und Transport)« seine ökologische Perspektive »eine Verpflichtung beinhalten würde, den Ressourcenverbrauch in Großbritannien auf ein mit globaler Gerechtigkeit kompatibles Niveau zu reduzieren« (Ryle 1988: 66,76,100). Aber weder definiert er »mit globaler Gerechtigkeit kompatibel« so klar wie die Friends of the Earth Netherlands, noch nennt er eine konkrete Zahl, wie den Faktor 10 von Schmidt-Bleek (siehe Kapitel vier).

ÖKO-MARXISMUS?

Ein Versuch, den Marxismus weiterzuentwickeln, um ihn mit einer ökologischen Position zu versöhnen, muss hier auch erwähnt werden. Er beginnt damit, die Unzulänglichkeiten des Marxismus hinsichtlich des doppelten Problems der ökologischen Krise und der begrenzten natürlichen Ressourcen aufzuzeigen (vgl. Deléage 1994), und bringt dann eine »ökologische marxistische« Theorie hervor (O'Connor, J. 1988 und 1994).

Deléage kritisiert Marx, weil er »den [von ihm selbst] durch den Gedanken der Gesellschaft-Natur-Totalität geöffneten Pfad« verließ, »welcher zu einer fruchtbaren Reflexion über die Wechselwirkung gesellschaftlicher und natürlicher Determinationen führen könnte« (Delégae 1994: 47). Er kritisiert Marx auch, weil er eine Werttheorie vorgelegt habe, welche Arbeit als die einzige Quelle von Wert erachtet und »natürlichen Ressourcen keinen intrinsischen Wert beimisst« (ebd.: 48). Er fragt:

> »Aber kann nicht eine Parallele gezogen werden zwischen der ersten Mystifikation der Wirtschaft – nämlich dem verborgenen Mechanismus, durch welchen Mehrwert geschaffen wird – und einer weiteren, von Marx unvermuteten Mystifikation, nämlich den verborgenen Kosten von Dingen, die aus ökologischen Systemen abgezogen werden? Sollte nicht der theoretischen Bedeutung dieses Begriffs der ökologischen Kosten der gleiche Rang gegeben werden wie der theoretischen Bedeutung des Mehrwerts?« (ebd.: 48)

Zum Schluss schreibt er: »Diese zwei Sätze (›two sets‹) von Problemen zu kombinieren, bleibt eine der dringendsten Aufgaben« (ebd.: 50).

James O'Connor schreibt:

> »Marx schrieb wenig über die Weise, wie sich das Kapital durch Beeinträchtigung seiner eigenen sozialen und ökologischen Zustände selbst begrenzt, dadurch die Kosten und Ausgaben für Kapital erhöht und dadurch wiederum die Fähigkeit des Kapitals bedroht, Profite zu machen, das heißt droht, wirtschaftliche Krisen herbeizurufen. ... Marx hat nie zwei und zwei zusammengezählt, um zu argumentieren, dass ›natürliche Barrieren‹ kapitalistisch produzierte Barrieren sein können. ... Mit anderen Worten, der Kapitalismus dürfte einen inhärenten Widerspruch haben, der zu einer ›ökologischen‹ Theorie der Krise und sozialer Transformation führt.« (O'Connor, J. 1988: 13, 15)

Daraus schließt er logisch, dass »es in der spätkapitalistischen Gesellschaft nicht einen, sondern zwei Wege zum Sozialismus geben könnte« (ebd.: 15).

Die LeserInnen dürften bemerkt haben, dass meine Theorie diesen Ansichten nahe steht. Aber es gibt auch eine Differenz: Während O'Connor (aber nicht Deléage) von einem Widerspruch zwischen Kapitalismus und Ökologie spricht, denke ich (und teilweise Deléage), dass ein Widerspruch zwischen jeglicher Art von Industriegesellschaft (heute auch Bevölkerungswachstum) und Ökologie besteht. Dass O'Connors Position marxistisch ist, aber nicht wirklich ökologisch, wird deutlich, wenn er, nachdem er den Kapitalismus für die heutigen ökologischen und sozialen Krisen verantwortlich gemacht hat, schreibt: »Auf diese Weisen können wir problemlos ›Knappheit‹ auf eine marxistische, nicht neo-malthusianische Weise, in die Theorie ökonomischer Krisen einführen« (ebd.: 26). Wenigstens hier scheint es, dass er die Existenz von ökologischen und ressourcenbezogenen Grenzen des Wachstums, von »natürlichen Barrieren«, bestreitet, die unabhängig vom sozioökonomischen System sind.

Was ich bedauere, ist, dass weder Deléage noch O'Connor in ihren Aufsätzen deutlich machen, welche Art von Sozialismus ihrer Meinung nach möglich ist, entsprechend ihrem ökologischen Marxismus. In einem 1994 veröffentlichten Aufsatz fragt O'Connor: »Ist nachhaltiger

Kapitalismus möglich?« Die Antwort O'Connors ist natürlich Nein. Aber die nächste Frage sollte sein: Kann der Sozialismus nachhaltig sein? O'Connor hat nicht klar gesagt, dass eine drastische wirtschaftliche Schrumpfung notwendig ist, wenn spätkapitalistische (fortgeschrittene Industrie-)Gesellschaften seinen öko-marxistischen Weg zum Sozialismus einschlagen sollten.

Das kann er auch nicht. Denn eigentlich wäre ein solcher Weg zum Sozialismus unmarxistisch. Die Kapitalismusanalyse von Marx kann natürlich entwickelt und bereichert werden – so, wie es O'Connor vorschlägt, nämlich durch die Hinzufügung eines »zweiten Widerspruchs des Kapitalismus«, der aus der Unmöglichkeit resultiert, das, was Marx »Produktionsbedingungen« nannte, grenzenlos bereitzustellen (O'Connor, J. 1994: 162–166). Aber ein Sozialismus, der die Entwicklung der Produktivkräfte bis zum Niveau einer fortgeschrittenen Industriegesellschaft nicht voraussetzt, wäre kein *marxistischer* Sozialismus. Es ist schwierig, sich vorzustellen, wie der marxistische Sozialismus, der so tief in das Wachstumsparadigma eingebettet ist, sich für eine Ökologisierung eignen könnte. Ist dies ein Problem? Vieles im Marxismus ist wahr und wertvoll, und das würde überleben und uns trotz der obigen Schlussfolgerung nützlich sein. Aber es ist nicht unsere Aufgabe, den *Marxismus zu retten*.

FALSCHE SOZIALISMUSKRITIK

Insofern SozialistInnen die eine oder andere Variante des alten Weins in einer neuen grünen Flasche anbieten, werden sie zu Recht von RadikalökologInnen kritisiert. Letztere kritisieren nicht das fortgesetzte Festhalten der Ersteren an den Idealen der Gleichheit, Gerechtigkeit, Klassenlosigkeit, Emanzipation und so weiter, sondern die Tatsache, dass sie die ökologische und die Ressourcenkrise sowie deren Implikationen für die Wirtschaft nicht ernst nehmen.

Aber es gibt eine Sozialismuskritik seitens der RadikalökologInnen, die falsch ist. Sandy Irvine hat natürlich Recht, wenn er sagt, dass der Sozialismus viel »antiökologisches Gepäck« mitbringt. Seine Kritik, traditionelle linke Ideen hätten sich unter den deutschen (und anderen) Grünen ausgebreitet, hatte eine gewisse Zeit lang ihre Berechtigung

(1995, als er diese Kritik äußerte, war sie aber längst überholt.) Aber er hat Unrecht mit seinem Glauben, dass das »Versprechen einer frischen, aufregenden und relevanten Vision einer nachhaltigen Lebensweise« in einer grünen Politik liegt, die »weder links noch rechts, sondern vorne« steht (Irvine 1995a: 2, 16).

Seitdem die meisten echten SozialistInnen die Partei frustriert verlassen haben, praktizieren die deutschen Grünen in der Tat eine Politik, die die Charakterisierung »weder rechts noch links« verdient. Aber sie stehen nicht vorne. Sie sind nicht einmal mehr eine Ökopartei. Ihren Äusserungen nach sind sie eine öko-kapitalistische Partei. In Wahrheit aber verfolgen sie eine neoliberale Politik. Ihre Programme und Politikansätze sind voll innerer Widersprüche, die aus der Tatsache resultieren, dass sie Angst haben, den Wählern harte ökologische Wahrheiten zu sagen.

Irvine schreibt: »die Natur und Vitalität einer ökologisch beseelten Politik selbst könnte in *jeglicher* ›rotgrünen‹ Fusion auf dem Spiel stehen« (Irvine 1995a: 2; Hervorhebung durch den Autor). Aber warum? Wenn die Essenz des Sozialismus von seinem antiökologischen Gepäck befreit werden kann und Sozialisten die wahre ökologische Lektion lernen, was dann? Dann können sie nach Irvine eine »positive Rolle« spielen, »relevant sein« bei der Schaffung einer nachhaltigeren Gesellschaft im nächsten Jahrhundert (ebd.: 1, 16). Aber wenn SozialistInnen nur eine *Rolle* spielen und nur *relevant* sein können, was wäre dann der sozioökonomische Rahmen, der es uns ermöglichen würde, eine nachhaltige Gesellschaft zu schaffen? Jeder Rahmen außer Öko-Sozialismus wäre eine Variante des Öko-Kapitalismus, zumindest in der Übergangsperiode. Aber wir haben gesehen, dass der Öko-Kapitalismus nicht funktionieren würde.

Es ist klar, dass sich Irvines Haupteinwand gegen eine »Fusion« von Rot und Grün richtet. Ich vermute, dass er eine Fusion von Sozialismus und Ökologie für nicht möglich hält. Im Gegensatz zu ihm glaube ich, dass eine solche Fusion – ich bevorzuge den Begriff »Synthese« – nicht nur möglich, sondern auch notwendig für unser gemeinsames Ziel ist. Natürlich muss der Sozialismus erst die ökologische Lektion lernen. Aber das ist möglich. Schließlich sind der Sozialismus und marxistischer (geschweige denn leninistischer oder stalinistischer) Sozialismus nicht identisch. Während der marxistische Sozialismus logischerweise das antiökologische Gepäck von Marx (und Engels) enthält, gibt es keine solche logische, zwingende Verknüpfung im Falle des Sozialismus. William Morris, die utopischen und die anarchistischen SozialistInnen und viele andere hatten unterschiedliche Konzeptionen vom Sozialismus.

Ich glaube, ökologische Politik kann, wenn sie keine Synthese mit den egalitären, anti-ausbeuterischen Idealen des Sozialismus eingeht, in einer oberflächlichen Form problemlos ein integraler Bestandteil der jetzigen Weltwirtschaftsordnung werden, deren Überwindung das Ziel aller aufrichtigen Ökologen sein muss – selbst wenn sie keine vollständig sozialistische Gesellschaft erreichen wollen, sondern das begrenzte Ziel einer nachhaltigen Wirtschaft verfolgen. Ein Beispiel für die Integration einer oberflächlichen ökologischen Politik in die heutige Weltwirtschaftsordnung ist die 300 Hektar große Finca Irlanda in Chiapas, Mexiko. Sie produziert »biologisch-dynamischen« Kaffee, für den umweltbewusste Verbraucher in Europa und Nordamerika einen höheren Preis bezahlen – im Rahmen eines Systems, das sich »fair trade« nennt. In Wirklichkeit aber werden zur Erntezeit die meisten PflückerInnen aus Guatemala geholt, weil nicht einmal arme MexikanerInnen die niedrigen Löhne und die harten Arbeitsbedingungen ertragen können. Die PflückerInnen, denen Akkordsätze bezahlt werden, können nach einem Arbeitstag nur zwischen einem Drittel und der Hälfte des offiziellen mexikanischen Mindestlohns verdienen (Antillan 1996: 10–11).

Es sind nicht nur Ideale, die uns zwingen, eine Synthese von Sozialismus und Radikalökologie zu schaffen, sondern auch eine konkrete, logische Notwendigkeit, nämlich die, dass ohne Planung ein *geordneter* Rückzug vom heutigen Wahnsinn überhaupt nicht möglich sein wird.

In dem bisher Geschriebenen – von Kapitel eins bis zu dieser Seite – ist das theoretische Fundament meiner Art von Öko-Sozialismus gelegt worden. Bevor ich fortfahre, möchte ich die darin enthaltene Argumentation zusammenfassen.

1. Nicht nur die Wirtschaften der Welt, sondern auch die Gesellschaften müssen nachhaltig werden. Unnachhaltige Gesellschaften – solche, die von Krieg, Bürgerkrieg, sozialen Konflikten, Chaos, Korruption, Kriminalität heimgesucht werden – erleben eine Beschleunigung von Umweltzerstörung und Ressourcenraubbau, die auch sonst aus unseren gegenwärtigen wirtschaftlichen Aktivitäten resultieren.
2. Um Nachhaltigkeit zu erreichen, müssen die industriellen Wirtschaften schrumpfen, mit dem Ziel, den Steady-State zu erreichen.
3. Diese Schrumpfung erfordert die Akzeptanz eines niedrigeren Lebensstandards als des heutigen, was aber nicht ein niedrigeres Niveau des Glücksgefühls bedeuten muss.
4. Ein niedrigerer Lebensstandard kann von der Mehrheit der Bevölkerung akzeptiert werden, wenn die Opfer proportional getragen werden, und zwar nach dem Prinzip der Kapazität, Opfer zu bringen, wie im Fall der progressiv steigenden Einkommenssteuer.
5. Gleichheit ist das beste Mittel, in der Bevölkerung Akzeptanz für eine Politik der wirtschaftlichen Schrumpfung zu erreichen. Gleichheit wäre auch erforderlich – sowohl in der Periode der Schrumpfung als auch im Steady-State auf niedrigem Niveau – für die Fähigkeit einer Gesellschaft, erstens ein gewisses Minimum an Waren und Dienstleistungen für alle zu garantieren und, zweitens, einer Eskalation der sozialen Konflikte vorzubeugen.
6. Der Rückzug muss geplant und geordnet sein. Ein ungeordneter Rückzug würde zu Chaos und Zusammenbrüchen führen. Die Planung muss umfassend sein, mit Preiskontrollen, nicht bloß die Indikativ- oder Rahmenplanung, welche die Marktsozialisten vorschlagen.
7. In Ländern mit einer wachsenden Bevölkerungszahl ist die wichtigste und dringlichste Aufgabe, das Bevölkerungswachstum zu stoppen, wofür staatliche Aktionen notwendig sind.
8. Ein moralisches Wachstum, eine moralische Wirtschaft und Gesellschaft, sind notwendig, um Nachhaltigkeit zu erreichen. Dies ist nicht möglich im Rahmen des Kapitalismus, gleich welcher Art. Dies ist möglich, wenn auch nicht garantiert, in einem sozialistischen Rahmen, weil Sozialismus ein moralisches Projekt ist.

Diese Argumentation für den Sozialismus unterscheidet sich sehr von den Argumentationsmustern, die von Marx und Engels über Gorbatschow bis zu den Marktsozialisten reichen. Sie resultiert aus dem Paradigmenwechsel, der in Kapitel eins dargestellt wurde. Es wäre auch eine andere Art von Sozialismus – Öko-Sozialismus. Ich werfe die Frage auf, welches Element in der traditionellen Sozialismuskonzeption wichtiger ist: die Produktivkräfte zu entwickeln oder die Produktionsverhältnisse zu ändern mit den Zielen Gleichheit, klassenlose Gesellschaft, Abschaffung der Ausbeutung und Emanzipation?

Wir haben in Kapitel vier gesehen, dass die Entwicklung der Produktivkräfte im herkömmlichen (auch marxistischen) Sinne zu einer Steigerung des Materialdurchsatzes führt, was weitere Umweltbelastung und gesteigerten Ressourcenabbau verursacht. In der Tat müssten eigentlich große Teile der heutigen Produktivkräfte außer Kraft gesetzt werden, wenn wir das Ziel der Nachhaltigkeit verfolgen wollen. Aber eine Änderung der Produktionsverhältnisse ist möglich. Ich stimme völlig mit Otto Ullrich überein, wenn er schreibt:

> »Sozialismus ist eine Frage der gesellschaftlichen Verfassung, der Verhältnisse der Menschen untereinander. Es ist nicht notwendig und, wie sich herausgestellt hat, sogar verhängnisvoll, diese Frage mit einem nicht bestimmbaren Mindestmaß der technisch-organisatorischen Entfaltung von Arbeitsgeräten zu verknüpfen.« (Ullrich 1979: 21)[31]

Den Gedanken weiterentwickelnd, schreibt Ullrich:

> »Es gibt keine *untere* Grenze der ›Produktivkraftentfaltung‹, die den Sozialismus unmöglich macht, sondern eine *obere* Grenze. Das Industrialisierungsniveau, das heute von der BRD oder DDR erreicht worden ist, erzeugt über die Technologie eine Sozialstruktur, die ein sozialistisches Verhältnis der Menschen zueinander von der Sache her vereitelt.« (ebd.: 102)

Das heißt, dass Sozialismus sogar in Gesellschaften mit »unterentwickelten« Wirtschaften möglich ist. Ullrichs Argumente für seine Behauptung im zweiten Zitat werde ich später wieder aufgreifen. Zunächst möchte ich die Frage nach der Bedürfnisbefriedigung diskutieren, welche mit den Fragen der Produktivkraftentwicklung und des Ressourcenverbrauchs zusammenhängt.

Man könnte sagen, dass eine an extremer Armut leidende Gesellschaft nicht »sozialistisch« genannt werden kann. Würde eine sozialistische Steady-State-Wirtschaft extrem arm sein? Abgesehen davon, dass der Begriff »arm« relativ ist, hängt Armut beziehungsweise Wohlstand von mehr Faktoren ab als nur der Höhe des BSP. Die folgende Gleichung, welche UmweltschützerInnen häufig benutzen, um die Ursachen der Umweltdegradation zu erklären, ist in diesem Zusammenhang nützlich:

> Umweltlast = Bevölkerung × Wohlstand × Technologie
> (Meadows et al. 1992a: 132)

Die Gleichung besagt unter anderem, dass Wohlstand beziehungsweise Armut von der Größe der Bevölkerung abhängt, wenn Technologie und Umweltbelastung konstant gehalten werden. Ein anderer wichtiger Faktor ist die Qualität der Verteilung. Armut kann auch durch Umverteilung von oben nach unten beseitigt beziehungsweise gemildert werden. Ein dritter Faktor ist das Ausmaß von gesellschaftlichem Verbrauch. So kann eine Gesellschaft ihren Wohlstand oder ihre Armut weitgehend selbst bestimmen.

Was ist Armut und was ist Wohlstand? Marshall Sahlins, der bekannte Anthropologe, der die Wirtschaft der Jäger und Sammler intensiv studiert hat, schreibt in einem Aufsatz mit dem Titel »Die ursprüngliche Überflussgesellschaft«:

> »... es gibt zwei mögliche Wege zum Wohlstand. Bedürfnisse können durch hohe Produktion, aber eben auch durch wenig Begehren ›leicht befriedigt‹ werden. ... Es gibt auch einen Zen-Weg zum Wohlstand, der von Prämissen ausgeht, die etwas anders sind als die unsrigen: dass die materiellen Wünsche des Menschen wenige und begrenzt sind und die technischen Mittel unverändert, aber im Ganzen ausreichend. Wenn ein Volk sich die Zen-Strategie zu eigen macht, kann es einen beispiellosen materiellen Überfluss genießen – bei einem niedrigen Lebensstandard.«
> (Sahlins 1974: 1–2)

Aussagen wie diese können zu Recht als pure Romantik kritisiert werden, wenn sie nicht durch Berichte über die drei wichtigen Lebensbedingungen der vorkolonialen Jäger und Sammler relativiert werden, in deren Hütten die frühen Anthropologen stets materielle Fülle fanden: Sie lebten mitten in reichen Jagd-, Fisch- und Sammelgründen; ihre Population war stabil oder wuchs sehr langsam; und sie konnten (vorübergehend) in (fast) ebenso reiche Gründe abwandern, an denen es damals keinen Mangel gab. (Das war auch bei den Bevölkerungsgruppen der Fall, die von Brandkultur lebten.) Außerdem war die materielle Fülle, die die Jäger und Sammler genossen, relativ zu ihren bescheidenen oder »unterentwickelten« Bedürfnissen. Nichtsdestoweniger bleibt das Argument von Sahlins gültig: Wenn die Bevölkerung stabil bleibt und die materiellen Bedürfnisse und Wünsche die durch die Ressourcenbasis gegebenen Möglichkeiten nicht übersteigen, dann kann eine Wirtschaft in einem Steady-State sein, und die Menschen können dennoch einen gewissen Grad an materiellem Reichtum genießen, auch ohne viel technologische »Entwicklung«.

Der Versuch ist unnötig, einen hochgestochenen Unterschied zwischen Wünschen (»wants«) und Bedürfnissen (»needs«) oder zwischen Bedürfnissen, Befriedigern und wirtschaftlichen Gütern zu machen, wie es einige Theoretiker tun (siehe Max-Neef et al. 1990: 31ff.). Wie immer man diese Dinge nennt, sie müssen innerhalb der Grenzen der Nachhaltigkeit bleiben. Das sollte nicht schwierig sein. Denn »die Bedürfnisse, die unbedingt erfüllt werden müssen, damit ein Mensch überleben kann, sind sehr gering, in der Zahl und im ›Niveau‹. Sie beschränken sich auf Nahrung und liebevolle Zuwendung durch andere Menschen. Schon bei Kleidung und Behausung gibt es eine große Variationsbreite« (Ullrich 1979: 102). Aber das Problem mit den meisten Linken (sogar mit vielen, die sich selbst Öko-Sozialisten nennen) ist, dass sie eine solche Haltung zu Bedürfnissen nicht akzeptieren können. Nicht nur für »die menschliche Kraftentwicklung, die sich als Selbstzweck gilt, das wahre Reich der Freiheit«, das jenseits des Reichs der Notwendigkeit beginnt (Marx 1977: 828), sondern auch für ihre moderne Konzeption von Emanzipation glauben sie, unbedingt einen gewissen materiellen Wohlstand als Basis haben zu müssen. So veranstalteten 1984 einige grün-alternative Linke in Westdeutschland einen großen, hochkarätigen Kongress mit dem Titel »Ökologie zwischen

Selbstbeschränkung und Emanzipation«. Die Hauptfrage, über die der Kongress diskutierte, wurde so formuliert:

> »Ist die Natur so beschaffen, dass sie einem Emanzipations- und Entfaltungsprozess Raum lässt, oder eher so, dass sie bei Strafe des Untergangs nur die Anpassung an eherne Gesetze erlaubt, so dass ökologische Politik nur eine der Einschränkung und Sparsamkeit, des Rückbaus der Gesellschaft sein könnte?« (Bildungswerk für Demokratie und Umweltschutz 1984)

Die Antworten, die man normalerweise von umweltbewussten Linken und von den meisten Öko-SozialistInnen erhält, sind vage, zweideutig. Auch bei dieser Frage bieten sie im Großen und Ganzen alten Wein in neuen grünen Flaschen an. Zum Beispiel: »... es gibt natürliche Grenzen der materiellen Bedürfnisse jedes Menschen. Es sind also Bedürfnisse, die innerhalb der groben Grenzen der Fähigkeit der Natur, zu den Produktivkräften beizutragen, befriedigt werden können« (Pepper 1993: 219). Aber dann fährt er fort:

> »Die Tatsache, dass in sozialistischer Entwicklung die Menschen *ihre Bedürfnisse ständig* auf ein anspruchsvolleres Niveau *entwickeln*, muss nicht gegen diese Maxime verstoßen. Eine an den Künsten reichere Gesellschaft, in der Menschen vielfältigere und geschickt zubereitete Nahrung essen, kunstvoller hergestellte technische Geräte benutzen, gebildeter sind, vielfältigere Freizeitbeschäftigungen genießen, mehr reisen, erfüllendere Beziehungen haben und so weiter, würde wahrscheinlich weniger statt mehr von der Tragfähigkeit der Erde in Anspruch nehmen...« (ebd.: 219–220, Hervorhebung durch den Autor)

Ich bin mir nicht sicher, dass all dies weniger von der Tragfähigkeit der Erde in Anspruch nehmen würde. Da in Peppers öko-sozialistischer Welt nicht nur eine Minderheit, sondern alle Menschen ihre Bedürfnisse auf ein derart anspruchsvolles Niveau entwickeln würden, könnte das Ergebnis das genaue Gegenteil davon sein. Peppers Liste von sozialistischen Bedürfnissen enthält zwar solch immaterielle Dinge wie Künste »genießen«, »geschickt zubereitete« Nahrung essen, mehr Bildung und erfüllende Beziehungen. Aber sie enthält auch mehr Reisen, was höheren Materialverbrauch mit sich bringt. »Vielfältigere Nahrung« essen könnte heißen, Lebensmittel aus der ganzen Welt zu importieren, und »vielfältigere Freizeitbeschäftigungen« könnten auch höchst materialintensive Beschäftigungen bedeuten.

An anderer Stelle schreibt Pepper:

> »Der Öko-Sozialismus würde die Bedürfnisse ändern, wobei er Reichtum umdefinieren würde – so wie William Morris es mit seinen verschiedenen Ansätzen tat, welche auch eine »unterste Linie« vernünftigen materiellen Wohlergehens für alle beinhalten. Aber all diese materiellen Bedürfnisse können befriedigt werden ... obwohl generell menschliche Bedürfnisse in sozialistischer Entwicklung immer anspruchsvoller und reicher werden würden.« (ebd.: 233)

Die entscheidende Frage hier ist, was wir unter dem Begriff »unterste Linie« verstehen. Meine Erfahrungen in Europa und mit der Mittelklasse in Indien gibt Anlass zu der Befürchtung, dass man darunter zumindest den durchschnittlichen Lebensstandard eines mitteleuropäischen oder nordamerikanischen Facharbeiters in den neunziger Jahren versteht. Wir haben gesehen, dass Pepper Telekommunikation und Autofahrten für vernünftige materielle Bedürfnisse hält, die befriedigt werden können – für alle Menschen der Welt. Warum sollte er es auch nicht, wenn, wie er glaubt, kein Ressourcenproblem existiert? In dieser Konzeption von Öko-Sozialismus sollte es auch kein Problem sein, wenn jeder Bürger und jede Bürgerin (oder wenigstens jede Familie) der Welt ein Auto besitzt und benutzt, zumal die Autos bald mit »Wasser« angetrieben werden würden.

Aber es gibt ein grundsätzlicheres Problem mit dem Begriff »unterste Linie«:

> »Bei einem System, das Bedürfnisse über materielle Produkte zu befriedigen sucht, wird es ... für jede erreichte Stufe des ›materiellen Wohlstands‹ immer wieder neue ungedeckte materielle Grundbedürfnisse geben, vor allem auch, weil dieses System notwendigerweise sehr erfinderisch ist in der Produktion neuer Luxusgüter, die dann Vorbilder werden für neue materielle ›Grundbedürfnisse‹. Dieses System wird immer zu arm sein für den Kommunismus ... Was vorgestern das Radio war, war gestern der Schwarzweiß-Fernseher, ist heute das Farbgerät und wird morgen die dreidimensionale Bildprojektionsanlage sein.« (Ullrich 1979: 108)

Natürlich sagt Pepper nicht (auch Ullrich nicht), dass Bedürfnisse nur über materielle Produkte befriedigt werden können. Aber der Begriff der untersten Linie und die positiv angesehene Erwartung, dass »Bedürfnisse in sozialistischer Entwicklung immer anspruchsvoller und reicher werden würden«, kollidieren zwangsläufig mit der Notwendigkeit der Nachhaltigkeit.

Nehmen wir André Gorz als ein Beispiel. 1973 war seine Perspektive: »Wir können *besser leben* und dabei *weniger konsumieren* und arbeiten, aber anders« (Gorz 1980: 75; Hervorhebung durch den Autor). Aber 1977 sprach er von »weniger arbeiten und *besser* konsumieren«. Er nannte das Wirtschaftsprogramm seines imaginären idealen Präsidenten von Frankreich »ein Programm ... für ein anderes Wachstum«. In diesem Programm hat »jeder Erwachsene, ob er eine Stelle hat oder nicht, ... Anspruch auf alles zum Lebensunterhalt Notwendige.« Privatwagen-Verkehr würde man »in den Städten« untersagen (er würde also außerhalb der Städte erlaubt sein); das Reisen mit den öffentlichen Verkehrsmitteln würde kostenlos sein. Es stünden dem Publikum Hunderte von Fahrrädern zur freien Verfügung. In diesem Programm würde »niemand zu Einsparungen gezwungen sein«, und Luxus würde nicht verboten werden. Eine Zweitwohnung würde ungefähr 3000 Arbeitsstunden kosten, ein Privatauto 600. Diese Arbeitspreise würden »rasch abnehmen«. Nach der erfolgreichen Durchführung dieses Programms würden die Bürger das Recht gewonnen haben »auf freie Arbeit und freie Zeit« (Gorz 1981: 155–158).

Es muss besonders erwähnt werden, dass dieser Teil von Gorz' Utopie auf der Erwartung steigender *Arbeits*produktivität beruhte. 1983 schrieb er, dass die Bürger der Industriegesellschaften – dank der hohen Wachstumsrate der Arbeitsproduktivität, welche durch die mikroelektronische Revolution möglich gemacht wurde – bis zum Ende des Jahrhunderts nur die Hälfte der damals (1983) üblichen Arbeitsstunden pro Arbeitsleben brauchen würden, alles Notwendige zu produzieren (Gorz 1984: 68). In dieser Wirtschaft, die er schon in Reichweite sah, würde das »Paradies« der Marxisten – »jedem nach seinen Bedürfnissen« – endlich verwirklicht werden (ebd.: 70); das Reich der Notwendigkeit, welches er »heteronome Arbeit« nannte, würde schrumpfen, und das Reich der Freiheit, welches er die »Autonomiesphäre« nannte, würde erheblich erweitert werden.

Zu dieser Zeit wollten viele Öko-Alternative »... eine Reihe von *lebenswichtigen Aktivitäten* wieder stärker in die Produktionssphäre der lokalen Gemeinschaft« zurückholen und den »Bereich der Selbstproduktion« ausbauen. Selbst produzieren wollten sie »wichtige Gebrauchswerte« wie Lebensmittel, Möbel, Reparaturen und so weiter (Bierter 1979: 130–131; Hervorhebung durch den Autor). Gorz aber bestand darauf, dass in seinem »Paradies« die vermehrte Freizeit nicht zur Erzeugung von notwendigen Sachen genutzt würde:

> »Die Reduzierung der heteronomen Arbeit setzt nur dann Zeit frei, wenn es jedem freisteht, diese Zeit so zu nützen, wie es ihm gefällt. Das Notwendige muss ihm also anderwärtig garantiert sein. Die Freizeitaktivitäten, sofern sie produktiv sind, werden also die Eigenproduktion *des Fakultativen, des Unnützen, des Überflüssigen, kurz, des Nicht-Notwendigen* betreffen, das dem Leben Würze und Wert verleiht.« (Gorz 1984: 91)

Natürlich hat Gorz hier Recht. Freizeit ist per definitionem eine Zeit, in der man nichts Notwendiges tun muss. Aber wir diskutieren hier nicht, ob eine Definition richtig ist. Die Frage hier ist, ob Gorz' Hoffnung auf vermehrte Freizeit realistisch ist. Auch die anderen Elemente der Utopien von Pepper und Gorz – die reicheren und anspruchsvolleren Bedürfnisse, Luxus, größere Autonomiesphäre und so weiter, kurz, die sehr hoch gezogene »unterste Linie« – können sehr wohl Wünsche in den Köpfen der meisten Menschen in der Welt sein, aber es sind keine Wünsche, die materiell realisierbar sind. Es ist sozusagen eine Art moderner utopischer Sozialismus. Ich sehe keinen Zusammenhang zwischen diesen Hoffnungen und einer sozialistischen oder kommunistischen Gesellschaft, obwohl Marx, der angesehenste unter unseren Lehrern, von einem solchen Zusammenhang sprach. Wir verfügen heute über mehr wissenschaftliche Erkenntnisse, als Marx im 19. Jahrhundert haben konnte. Wissenschaftlicher Sozialismus heute muss die Tatsache der Grenzen des Wachstums akzeptieren, muss das Entropiegesetz akzeptieren, oder er wird nicht wissenschaftlich sein. Es gibt keinen Bedarf an Wunschdenken-Sozialismus.

EINIGE GRUNDSÄTZLICHE FRAGEN UND ÖKO-SOZIALISTISCHE POSITIONEN

Ich habe bis hierhin versucht, die zwingende logische Notwendigkeit meiner Art von Öko-Sozialismus als des einzigen sozioökonomischen Rahmens aufzuzeigen, in welchem Versuche, in der Welt nachhaltige Gesellschaften aufzubauen, erfolgreich sein könnten. Aber wie würde dieser Öko-Sozialismus aussehen? Und warum soll er so aussehen?

Marx sagte einmal, dass er keine Rezepte für die Garküchen der Zukunft schreiben wolle. Das war sehr weise. Ich möchte das auch nicht tun. Es ist besonders schwierig, sich vorzustellen, wie die Welt aussehen könnte, wenn alle nichterneuerbaren Ressourcen erschöpft sind. Das ist auch keine vordringliche Aufgabe für uns. Es wird die Aufgabe einer künftigen Generation sein. Für uns ist die Übergangsperiode wichtiger. Die Arbeit am Aufbau von öko-sozialistischen Gesellschaften muss heute beginnen, also brauchen wir wenigstens etwas Orientierung. Ich versuche, sie zu geben, aber ich werde nur einige relevante *grundsätzliche* Fragen behandeln und nicht auf Detailfragen eingehen.

Diese Fragen und meine Positionen dazu haben zwei Aspekte: Erstens beziehen sie sich auf den Öko-Sozialismus als ein langfristiges *Modell*; zweitens beziehen sie sich auf politische Linien und praktische Maßnahmen in der Übergangsperiode – unter der Annahme, dass die Mehrheit der Bevölkerung die Notwendigkeit eines Übergangs akzeptiert und dass ein öko-sozialistischer Präsident oder eine öko-sozialistische Partei an die Macht gekommen ist. Hinsichtlich beider Aspekte sind meine Positionen natürlich spekulativ, abstrakt, theoretisch. Nichtsdestoweniger sind sie logisch aus wissenschaftlichen Erkenntnissen abgeleitet. Ich fürchte, die beiden Aspekte können nicht getrennt voneinander behandelt werden; sie werden sich vermischen.

Arbeitslosigkeit, Vollbeschäftigung

Sogar die schlecht geführten »sozialistischen« Wirtschaften hatten kein Arbeitslosigkeitsproblem. Der Staat garantierte jedem einen Arbeitsplatz. Im Öko-*S*ozialismus würde es allerdings zunächst eine lange Periode ökonomischer Schrumpfung geben und schließlich eine Steady-State-Wirtschaft auf niedrigem Niveau. Würde dies kein großes Arbeitslosigkeitsproblem entstehen lassen? Jeder Ökoaktivist weiß, dass die Arbeitsplatzfrage die Achillesferse jeder wahren Ökologiebewegung ist.

In meiner Art Öko-Sozialismus gäbe es kein Arbeitslosigkeitsproblem. Erstens würden arbeitsintensive Technologien bevorzugt, nicht nur um Arbeitsplätze zu schaffen, sondern auch, weil solche Technologien Ressourcenverbrauch reduzieren und mithin die Umwelt weniger belasten. Zweitens gäbe es auch in einer Steady-State-Wirtschaft auf niedrigem Niveau viel notwendige Arbeit zu tun. Nahrungsmittel, Kleidung, Wohnraum und Dienstleistungen wie Bildung, Gesundheitswesen, Postwesen und so weiter müssten produziert werden. Dies würde viel Arbeit erfordern, die gleichmäßig auf alle, die arbeiten können, verteilt würde. Drittens würde eine öko-sozialistische Regierung einen Kurs der Stabilisierung und dann der Reduzierung der Bevölkerungszahl verfolgen. Öko-SozialistInnen müssen Paul Ehrlich zustimmen, der an die Adresse der Linken schrieb: »Was immer Eure Sache ist, es ist eine verlorene Sache, wenn wir die Bevölkerungszahl nicht kontrollieren« (zit. n. Weissman 1971: XV). Viertens sind umweltverträgliche Technologien – wie Reparatur, Recycling, Wiederverwendung, Unkraut jäten statt Pestizide gebrauchen – alle arbeitsintensiv.

Arbeitsintensive Technologien sind auch sozial heilsam. In kapitalistischen Industriegesellschaften wird ein großer Teil der sozialen Probleme – weit verbreitete Kriminalität, Korruption, soziale Unruhen, Gewalt und psychische Misere – direkt oder indirekt durch Arbeitslosigkeit in großem Ausmaß verursacht. Eine sozialistische Regierung sollte also arbeitsintensive Technologien auch dann fördern, wenn es keine ökologische und ressourcenbezogene Notwendigkeit dafür gäbe – einfach um die Arbeitslosigkeit zu beseitigen. Aus diesem Grund sollte eine Regierung, erst recht eine sozialistische, ernsthaft über die Vor- und Nachteile der Arbeitszeitverkürzung als Mittel zur Bekämpfung der Arbeitslosigkeit nachdenken.

Einige Psychiater sprechen von den Gefahren für die geistige Gesundheit der Gesellschaft, welche von Arbeitslosigkeit herrühren. Victor E. Frankl warnt:

> »… der Arbeitslose neigt nämlich dazu, sich zu sagen: ›ich bin arbeitslos, also bin ich nutzlos, und daher ist mein Leben sinnlos‹. Halten wir fest, … dass weniger die Arbeitslosigkeit an sich zur Neurose führt, als vielmehr das Gefühl der Sinnlosigkeit, und um *das* abzufangen reicht auch das soziale Sicherheitsnetz des Wohlfahrtsstaats nicht aus: *dazu* ist es viel zu weitmaschig. Der Mensch lebt nicht von der Arbeitslosenunterstützung allein …« (zit. n. Nuber 1994: 22)

1983 warnte Frankl vor Arbeitszeitverkürzung und Frühpensionierung als Mittel gegen die Arbeitslosigkeit. Er war überzeugt, dass »das Sinnlosigkeitsgefühl des sich nutzlos Vorkommenden um das Minderwertigkeitsgefühl des zum alten Eisen Geworfenen [vermehrt]« würde. Er prognostizierte, dass dieses Sinnlosigkeitsgefühl sich »in Form eines massenneurotischen Syndroms« niederschlagen würde. Manche Experten sprechen heute von einer »Depressionsepidemie« (zit. n. ebd.). Vielleicht ist die Arbeitslosigkeit auch eine der Ursachen der Ausländerfeindlichkeit und des Rechtsradikalismus in Deutschland.

Soziale Sicherheit, Bevölkerungskontrolle

Das Frankl-Zitat macht klar, dass Sozialhilfe, die verhindern soll, dass Arbeitslosigkeit zur privaten Katastrophe wird, nicht gut für eine öko-sozialistische Gesellschaft wäre. Außerdem wäre weder eine schrumpfende noch eine Steady-State-Wirtschaft auf niedrigem Niveau in der Lage, so viel Überschuss zu produzieren, dass die Gesellschaft zusätzlich zu Kindern, Kranken, Alten und Gebrechlichen, die sie versorgen muss, auch noch eine große Zahl von arbeitsfähigen nichtarbeitenden Erwachsenen unterhalten könnte. Es ist auch nicht ehrenhaft, von der Gesellschaft den eigenen Lebensunterhalt zu verlangen, ohne ihr etwas als Gegenleistung anzubieten. Darum wäre in einer öko-sozialistischen Gesellschaft ein garantiertes Mindesteinkommen ohne Arbeitspflicht nicht wünschenswert.

Aus all diesen Gründen wäre die Garantie einer bezahlten und sozial nützlichen Arbeit eine angemessenere Form sozialer Sicherheit in einer öko-sozialistischen Gesellschaft. Selbstverständlich müsste das Aufziehen von Kindern oder die Pflege von Kranken, Alten und Gebrechlichen als gesellschaftlich nützliche Arbeit erachtet und entlohnt werden, auch wenn solche Arbeit zu Hause stattfände und von nahen Verwandten verrichtet würde. Das Geld für solche Entlohnungen könnte über eine spezielle Steuer aufgebracht werden, welche alle Leute zahlen müssten, die keine derartige Arbeit zu verrichten hätten.

In der Dritten Welt würde die soziale Sicherheit während der Übergangsperiode große Relevanz für eine Politik der Bevölkerungskontrolle haben. Es ist bekannt, dass für arme Menschen in den meisten Dritte-Welt-Ländern Kinder, vor allem Söhne, die Hauptquelle der Altersversorgung sind. Im mikroökonomischen Sinne erscheint es ihnen daher rational, mehrere Kinder zu haben, auch wenn daraus ein niedrigerer Lebensstandard resultiert, bis die Kinder anfangen können zu arbeiten. Um im Alter zwei Söhne zu haben, muss ein Ehepaar durchschnittlich fünf Kinder zur Welt bringen. Das ist ein Teufelskreis – mikroökonomisch rationales Verhalten verursacht hier makroökonomischen Schaden.

Um diesen Teufelskreis zu durchbrechen, würde eine öko-sozialistische Regierung in der Übergangsperiode eine Altersversorgung für die Armen garantieren, aber nur als Gegenleistung für die Beschränkung der Kinderzahl auf zwei. Andere, also diejenigen, die nicht arm sind, müssen Beiträge in einen Altersversorgungsfonds zahlen. Dieser starke materielle Anreiz wäre notwendig, um die Armen dazu zu bringen, dass sie gegen ihr offensichtliches, privates materielles Interesse Geburtenkontrolle akzeptieren und praktizieren. Eine öko-sozialistische Regierung würde keinen Zwang, geschweige denn Gewalt gegen die Armen anwenden, und sie müsste sowieso das Problem der Altersversorgung lösen. Diese Politik wäre auch ein Mittel, eine Umverteilung von oben nach unten zu bewirken – eine traditionelle Aufgabe von SozialistInnen.[32]

Das Mindestalter für Heirat würde gesetzlich auf, beispielsweise, 21 Jahre erhöht werden, um zu verhindern, dass Kinder – 14- oder 15-jährige Mädchen – Kinder produzieren. Mit verschiedenen Methoden der Empfängnisverhütung, die Teenagern zugänglich gemacht würden, müsste die Befriedigung jugendlichen sexuellen Verlangens kein Problem darstellen. Insbesondere Feministinnen würden diese drei Elemente der Politik – garantierte Altersversorgung, nur zwei (oder weniger) Kinder und Heirat in einem wirklich erwachsenen Alter – als Beitrag zur Emanzipation der Frau sehr begrüßen.

Anders als ImperialistInnen sowie PropagandistInnen und Ideologen des Kapitalismus glauben Öko-SozialistInnen nicht, dass Bevölkerungswachstum der einzige Grund für Armut und Umweltzerstörung (insbesondere im Süden) ist. Wir wissen, dass Kapitalismus, Imperialismus, Ausbeutung, Unterdrückung und Überkonsum von Ressourcen durch die Völker des Nordens die Hauptursachen für beides sind. Aber anders als viele Feministinnen, traditionelle Linke und Dritte-Welt-Soli-AktivistInnen denken Öko-SozialistInnen nicht, dass das Bevölkerungswachstum ein zu vernachlässigender Faktor ist. Der Haupteinwand von Feministinnen gegen die bisher durchgeführte Politik der Bevölkerungskontrolle in kapitalistischen und patriarchalen Gesellschaften könnte nicht gegen die Politik einer öko-sozialistischen Regierung erhoben werden, welche nie versuchen würde, das Bevölkerungswachstum auf Kosten der Gesundheit der Frauen zu stoppen. Sie würde eher Vasektomie – die Sterilisation von Männern – als Hauptmittel der Bevölkerungspolitik anwenden.

Dalys Vorschlag – handelbare Geburtenlizenzen – ist vorstellbar, aber nicht ratsam. Mit so einem sensiblen Thema wie Kinderkriegen sollte man nicht Geld machen dürfen. Allerdings sollte die Regierung den BürgerInnen schon in der Übergangsperiode mitteilen, dass das langfristige Ziel nicht bloß die Stabilisierung, sondern die Reduzierung der Bevölkerungsgröße sei.

Gleichheit, Ungleichheit, Klassenunterschiede

Wir haben in Kapitel drei gesehen, welch große Schwierigkeiten die Bolschewiki mit der Verwirklichung ihres Ideals von der Gleichheit der Löhne und Gehälter hatten. Aber diese Schwierigkeiten entstanden aufgrund des großen Wertes, der auf Produktions- und Produktivitätssteigerung gelegt wurde, und aufgrund der Politik der schnellen Industrialisierung.

Im Öko-Sozialismus wäre die Wirtschaftspolitik das Gegenteil davon. Ich argumentierte in Kapitel fünf, dass Einkommensgleichheit nicht nur ein Ideal, sondern auch eine Notwendigkeit wäre, sowohl in der Schrumpfungsphase als auch in der Steady-State-Wirtschaft auf niedrigem Niveau. Eine fast perfekte Gleichheit war auch eine Notwendigkeit in der Mangelsituation des Kriegskommunismus in den frühen Jahren der UdSSR. Die Frage ist, ob im Öko-Sozialismus Gleichheit perfekte Gleichheit oder eine im Vergleich zu heute stark reduzierte Ungleichheit bedeuten sollte.

Ein Versuch einiger deutscher Linker in den Achtzigerjahren, in ihrem selbstverwalteten Betrieb das Ideal perfekter Einkommensgleichheit zu verwirklichen, sollte hier erwähnt werden. Die Zeitung *Die Tageszeitung (taz)* zahlte allen – den ArbeiterInnen sowie den RedakteurInnen und ManagerInnen – den Einheitslohn. Alle hatten auch gleiches Recht in der Entscheidungsfindung. Nach etwa zehn Jahren wurde der Einheitslohn abgeschafft. Zwei Gründe wurden für diesen Schritt angegeben: die RedakteurInnen und die »leitenden« Angestellten mochten es nicht, dass die ArbeiterInnen im Prozess der Entscheidungsfindung die gleichen Rechte hatten, und sie konnten zweitens nicht wirklich die gleichen, niedrigen Löhne der *taz* akzeptieren, so dass viele gingen, sobald sie bessere Angebote von wohlhabenderen Zeitungen (bzw. Firmen) bekamen. Das schaffte für die *taz* das permanente Problem, immer wieder neue JournalistInnen zu finden (für Details siehe Sarkar 1993a: 263–266). Häufig wird auf dieses Beispiel hingewiesen, um zu behaupten, dass nicht einmal SozialistInnen perfekte Gleichheit akzeptieren könnten und dass diese also nicht funktionieren könne.

Das Beispiel der *taz* ist in unserem Kontext von begrenztem Wert. Die besseren JournalistInnen, ManagerInnen und TechnikerInnen konnten bessere Angebote bekommen, weil es rund um die *taz* eine hoch entwickelte und wachsende Wirtschaft gab. Die Situation im Öko-Sozialismus wäre die umgekehrte – sowohl in der Übergangsperiode als auch im Steady-State auf niedrigem Niveau.

Die Situation innerhalb der *taz* ist in unserem Kontext relevanter. Sie hatte eine sehr niedrige Auflage, keine nennenswerten Einnahmen aus Werbung, und ihre Kapitalbasis war immer prekär. Sie konnte einfach keine guten Löhne zahlen. Arbeitslose oder unerfahrene JournalistInnen akzeptierten die niedrige Bezahlung, weil sie keine besseren

Chancen hatten, und die *taz* konnte ihren MitarbeiterInnen keinen niedrigeren Lohn zahlen als den, der schon nah an der Höhe der Arbeitslosenunterstützung war. Das Ideal der Gleichheit war natürlich ein Faktor, aber es gab auch wirtschaftliche Zwänge. Sonst hätte die *taz* ja auch Gleichheit auf hohem Niveau praktizieren können.

Ich denke, in einer öko-sozialistischen Gesellschaft wäre die Situation ähnlich. Wirtschaftlich wäre sie nicht in der Lage, hohe Löhne zu zahlen, und politisch wäre es nicht möglich, Löhne unter einem gesellschaftlich akzeptablen Minimum zu zahlen. Trotzdem gäbe es wohl die Notwendigkeit einer politischen Wahl zwischen perfekter Gleichheit und stark reduzierter Ungleichheit.

Diejenigen, die schwere oder unangenehme Arbeit verrichten würden, könnten höhere Löhne erhalten, oder sie könnten weniger Stunden arbeiten müssen als die anderen – aber für den gleichen Lohn. Eine andere – idealistischere, aber weniger praktische – Regel wäre es, dass jeder eine gewisse Menge von schwerer oder unangenehmer Arbeit leisten muss. Menschen, die unvermeidlicherweise länger arbeiten müssen als andere, könnten auch proportional höhere Löhne bekommen. Aber Menschen mit hohen akademischen Qualifikationen und hohen intellektuellen oder technischen Fähigkeiten wären in einer schwächeren Position. Es gäbe einfach nicht viel effektive (d.h. wirtschaftliche) Nachfrage nach ihren Qualifikationen und Fähigkeiten, da ja die Wirtschaft hauptsächlich arbeitsintensive und mittlere Technologien benutzen würde und da alles viel kleiner und einfacher werden würde. Ein Doktor der Philosophie oder ein Diplomphysiker müssten sich vielleicht um eine einfache Bürostelle bei der Eisenbahn bewerben und könnten wegen schlechter Handschrift abgelehnt werden.

In diesem Zusammenhang muss man auch an Gleichheit zwischen den verschiedenen Regionen desselben Landes denken (mit der Internationalismusfrage werde ich mich unten befassen). In der ehemaligen UdSSR und dem ehemaligen Jugoslawien versuchten die »sozialistischen« Regierungen – wie vorhin gezeigt – diese Gleichheit herbeizuführen. Dies muss selbstverständlich auch in einer öko-sozialistischen Gesellschaft gemacht werden. Es wäre natürlich schwierig. Denn anders als in der UdSSR und in Jugoslawien würde die Akzeptanz einer solchen zentralen Politik in den wohlhabenderen Provinzen nicht durch das starke Vertrauen auf anhaltend wachsenden Wohlstand erleichtert werden. Aber wenn moralisches Wachstum stattfindet, was auf jeden Fall eine Grundvoraussetzung für den Erfolg bei der Bemühung ist, eine nachhaltige Gesellschaft zu schaffen, dann wäre es auch möglich, Gleichheit zwischen den Regionen zu schaffen.

In der oben beschriebenen spekulativen Situation ist es möglich und wahrscheinlich, dass Klassenunterschiede allmählich verschwinden würden. Anders als Löhne können und sollen natürlich Intelligenz und natürliche Begabungen – wie die von MusikerInnen, KünstlerInnen, DichterInnen, MathematikerInnen, ErfinderInnen und so weiter – nicht nivelliert werden. Im Gegenteil, sie müssen gefördert werden. Aber die Besitzer solcher Talente und hoher Intelligenz würden aufgrund dieses Besitzes keine höheren Einkommen haben. Hohe Intelligenz wäre auch nicht notwendig, den Staat zu regieren oder die Wirtschaft zu führen, da ja alles einfacher strukturiert wäre (ein Punkt, den ich unten bespreche). Die Gefahr, dass in einer künftigen öko-sozialistischen Gesellschaft die Intelligenzija zu einer »neuen Klasse« würde, ist also nicht sehr hoch.[33]

Bis hierhin habe ich die Frage der ökonomischen und sozialen Gleichheit auf der Makroebene besprochen. Aber diese könnte wohl nicht automatisch Gleichheit auf der Mikroebene garantieren – bei zwischenmenschlichen Beziehungen zu Hause, in der Ehe, zwischen Erwachsenen und Kindern oder am Arbeitsplatz. Innerhalb von Familien, in kleinen Gemeinschaften, in religiösen Gruppierungen, insbesondere in traditionellen Gesellschaften, kann eine Ehefrau, eine Tochter oder eine Schwester von Männern ausgebeutet, unterdrückt oder diskriminiert werden – sogar wenn sie arbeiten geht und gleichen Lohn für gleiche Arbeit erhält und sogar wenn sie so viel verdient wie ihr Mann oder Bruder. Ähnlich können Kinder von Erwachsenen in der Familie ausgebeutet oder unterdrückt werden. Nachhaltigkeit einer Gesellschaft auf der Makroebene könnte wohl nicht garantieren, dass solche Phänomene auf der Mikroebene automatisch verschwinden. Gesetze und Aktivitäten staatlicher Organe würden kaum ausreichen, solche Übel abzuschaffen. Das wäre eine kulturelle Aufgabe für SozialistInnen, die durch soziale Bewegungen erfüllt werden müsste.

Das Motivationsproblem

Die Probleme, welche die »sozialistischen« Wirtschaften (außer Jugoslawien) hatten, weil ArbeiterInnen und ManagerInnen die Motivation fehlte, ehrlich und effizient zu arbeiten, werfen die Frage auf, wie eine öko-sozialistische Gesellschaft das Gegenteil sicherstellen würde.

Da der Öko-Sozialismus kein Marktsozialismus sein würde, müsste ausgeschlossen werden, dass die Gefahr des Arbeitsplatzverlustes, Eigennutz, Konkurrenz, das Risiko, Verluste zu machen oder Bankrott zu gehen, und so weiter als Motivationsquellen fungieren würden. Die materiellen Anreize, die in der UdSSR verwendet wurden, müssten ebenfalls ausgeschlossen werden, weil in einer schrumpfenden oder Steady-State-Wirtschaft auf niedrigem Niveau einigen ArbeiterInnen nur mehr bezahlt werden könnte, wenn anderen weniger bezahlt würde. Das wäre das Ende des Sozialismus. Revolutionärer Enthusiasmus und Appelle an ein revolutionäres Bewusstsein, die in der UdSSR eine wichtige Rolle spielten – zumindest in den ersten drei Jahrzehnten –, kann es aus folgenden Gründen auch nicht geben: Erstens, weil die Öko-Sozialisten vermutlich nicht durch den Ausbruch einer Revolution an die Macht kommen würden, und zweitens, weil sie nicht versuchen würden, ganz schnell eine blühende, hoch entwickelte Wirtschaft aufzubauen, wie damals in der UdSSR. Im Gegenteil, sie würden allmählich eine wohlhabende Wirtschaft abbauen, zumindest in der Ersten Welt. Die Mehrheit der Bevölkerung würde dies als eine Notwendigkeit akzeptieren, wäre aber höchstwahrscheinlich nicht begeistert. Die Drohung mit Gewalt, die auch in der UdSSR praktiziert wurde, wäre kein sozialistisches Motivierungsmittel.

Was bleibt noch als Möglichkeit? Sogar eine öko-sozialistische Steady-State-Wirtschaft auf niedrigem Niveau würde nicht ohne ehrliche und effiziente Arbeit funktionieren. Mir scheint, dass es, abgesehen von moralischem Wachstum, ohne das der Prozess nicht einmal beginnen kann, noch eine Hoffnung gibt. Im Öko-Sozialismus wären wirtschaftliche Aktivitäten weitgehend dezentralisiert und somit überschaubar, die Produktionseinheiten klein und die örtlichen Gemeinschaften weitgehend selbstversorgend und selbstverwaltend (auf diesen Punkt werde ich unten zurückkommen). Darum würden der Wohlstand und das Wohlergehen einer lokalen Gemeinschaft *sichtbar* von ehrlicher und effizienter Arbeit von jedem abhängen; dann gäbe es auch ein reales, objektives Interesse daran, ehrlich und effizient zu arbeiten.

Natürlich könnte es immer noch faule oder korrupte MitarbeiterInnen geben, aber sie würden bald und leicht als solche erkannt werden. Sie würden von KollegInnen, FreundInnen und NachbarInnen gerügt werden. Die Gemeinschaft würde solche Menschen beschämen. Kurz, statt hierarchischer Kontrolle durch ArbeitgeberInnen oder Vorgesetzte gäbe es soziale Kontrolle, die wahrscheinlich effektiver sein würde. Gleichzeitig würde die Gemeinschaft Menschen lieben und ehren, die für sie arbeiten, ohne dafür Geld zu verlangen. In einem solchen Kontext würde ehrliche Arbeit die normale Erwartung werden, und sie könnte auch als solche wahrgenommen werden, ohne die von einem individuellen Arbeiter produzierten Stücke zu zählen. Auf Akkordlohnsatz könnte dann verzichtet werden; »Jeder nach seinen Fähigkeiten ...« könnte dann Wirklichkeit werden.

Ich glaube, dass die Hoffnung von Marx und den Marxisten, dass im Kommunismus Arbeit »selbst das erste Lebensbedürfnis« sein würde (Marx und Engels 1966: 17), nicht zu absurd ist. Man kann beobachten, wie erbärmlich sich jemand fühlt, der keine Arbeit hat, obwohl er genügend Sozialleistungen bezieht. Man kann auch beobachten, wie glücklich viele arbeitslose oder pensionierte Menschen sind, wenn sie einer unbezahlten, aber sinnvollen Arbeit in einem Verband oder Wohltätigkeitsverein nachgehen. Und wir können beobachten, wie gerne viele von uns Altpapier und leere Flaschen zu Recyclingcontainern tragen. Wir können all das schon heute und in kapitalistischen Gesellschaften beobachten. Warum sollte es also keine realistische Erwartung sein, dass Menschen in einer *echten* öko-sozialistischen Gesellschaft, in der sie nicht ausgebeutet werden und in der alles der Gemeinschaft gehört, noch ehrlicher und bereitwilliger arbeiten würden als in einer kapitalistischen Gesellschaft?

Trotzdem wären noch viel bewusstseinsfördernde Arbeit und viele gute Beispiele notwendig, insbesondere vonseiten der führenden Personen von Staat und Gemeinschaft. Aber diese dürfen nicht vergessen, insbesondere im Zusammenhang mit arbeitsintensiven Technologien, dass die Fähigkeit der Menschen zu arbeiten begrenzt ist – körperlich wie geistig. Die beste Politik wäre, Arbeit *und* Wohlstand zu reduzieren. Die Jäger und Sammler, über die Sahlins schrieb, arbeiteten nur drei bis vier Stunden am Tag (Sahlins 1974: Kapitel 1).

Wirtschaft, Staat, Planung

Ich habe weiter oben argumentiert, dass eine schrumpfende Wirtschaft Planung benötigt. Pläne für eine Schrumpfung könnten, anders als Pläne für Wachstum, anfänglich nur durch einen starken Staat durchgeführt werden. Solche Pläne, auch wenn sie demokratisch legitimiert sind und von den sozialen Bewegungen unterstützt werden, müssten gegen den starken Widerstand derer, die viel zu verlieren hätten, durchgesetzt werden.

In der Übergangsperiode wäre die wichtigste Frage, was mit Unternehmen geschehen soll, die schließen müssen oder deren Produktion reduziert werden muss. Bei einer schrumpfenden Wirtschaft könnten richtige Kompensationszahlungen gar nicht in Frage kommen. Aber bei kleineren Unternehmen könnte der Staat den BesitzerInnen irgendeine Art von Pension geben oder Arbeitsplätze in der verbleibenden Wirtschaft. Arbeitszeitverkürzung oder Jobsharing (Arbeitsplatzteilung) könnten notwendig sein – sowohl für ManagerInnen als auch für ArbeiterInnen.

Für SchulökonomInnen wäre der Schrumpfungsprozess gleich einer immer schlimmer werdenden Rezession und der Steady-State auf niedrigem Niveau eine große Krise (Depression) ohne Ende. Es kann keinen Zweifel geben, dass in einer solchen Situation die ganze Wirtschaft *sozialisiert* werden müsste. Am Anfang des Prozesses muss der Staat die Betriebe übernehmen.

Stellen wir uns vor, was in einer solchen Situation geschähe, wenn Unternehmen nicht verstaatlicht beziehungsweise sozialisiert würden. Aufgrund der Planung könnten Unternehmen, die nicht geschlossen würden, natürlich alles verkaufen, was sie produzieren dürfen. Und die PlanerInnen würden die Preise so festsetzen müssen, dass die Einnahmen der Unternehmen ihre Kosten übersteigen, was heißt, dass sie etwas Profit machen würden. Aber das Profitvolumen und die Profitrate, das heißt der Profit als ein Prozentsatz des investierten Kapitals, würden kontinuierlich sinken, bis der Steady-State erreicht ist. Kapital im finanziellen Sinne würde weitgehend zerstört – nicht nur das in geschlossene Unternehmen vor der Schließung investierte Kapital, sondern auch viel von dem Kapital, das in Unternehmen investiert wurde, die nun mit reduzierter Produktion weiterarbeiten dürfen. Nicht nur würden die Preise der Aktien der Letzteren drastisch fallen, sondern solche Aktien würden auch kaum KäuferInnen finden. In einer solchen Situation würde weder eine Privatperson noch eine Firma eine neue Investition in Anlagen oder Maschinen machen. Außerdem wäre es ungerecht, wenn einige Unternehmen ohne Kompensation schließen müssten, während anderen gestattet würde, weiterhin Profite zu machen. Verstaatlichung der gesamten Wirtschaft wäre die einzige gerechte Lösung.

Obwohl Kapital im finanziellen Sinne zerstört würde, wären die Infrastrukturen, Fabriken, Maschinen, Bergwerke, Wälder, Ackerland, Bauernhöfe und so weiter noch da. Sie könnten immer noch Waren und Dienstleistungen produzieren. Da ihre volle Kapazität nicht gebraucht würde, würden sie wechselweise benutzt. Vor allem Maschinen würden für späteren Gebrauch »eingemottet«.

Wenn der Schrumpfungsprozess abgeschlossen und der Steady-State erreicht ist, würde es sehr viel einfacher geworden sein, die Wirtschaft zu planen und zu managen – wenn auch nur, weil das Produktionsvolumen und die Vielfalt der Güter und Dienstleistungen um einen Faktor 10 (in der Ersten Welt) gesunken sein würden. Zentralisierte Planung mit ihren Begleitproblemen könnte dann auf ein Minimum reduziert werden.

Schon sehr früh hatten manche Ökonomen dezentralisierte Planung als Lösung der Probleme vorgeschlagen, die zentralisierte Planung unvermeidlich mit sich bringt. Nove kritisierte eine solche Lösung, indem er auf die »Haken und Nachteile der Regionalisierung als Lösung der … Probleme« hinwies, die sich »durch die Unmöglichkeit der Zentralisierung« stellen. Was allerdings für unsere Diskussion hier relevant ist, ist Noves Kommentar über die chinesische dezentralisierte Wirtschaft der 1970er Jahre:

»Wenn ein Leser denkt, dass solche Schlüsse durch die chinesische Erfahrung widerlegt worden sind, dann lautet die Antwort: Chinas Dezentralisation beruht auf einer weitaus weniger entwickelten Wirtschaft, in der die innerhalb einer Provinz erhältlichen Ressourcen hauptsächlich benutzt werden, um die Bedürfnisse der jeweiligen Provinz zu erfüllen. ... Allerdings ist in einer modernen industriellen Wirtschaft ... ein solches Phänomen – lokale Industrien produzieren nur für den lokalen Markt mit lokal produzierten Inputs – ein kleines Segment des Ganzen. Auch in China werden das Output und die Zuteilung der Produkte der Großindustrie von nationaler Bedeutung zentral geplant.« (Nove 1982: 76–77)

Obwohl eine geplante Steady-State-Wirtschaft auf niedrigem Niveau sehr viel anders wäre als die chinesische Wirtschaft der Siebzigerjahre, ist das Argument klar: dezentralisierte Planung und Führung einer öko-sozialistischen Wirtschaft wären möglich und empfehlenswert. Solche Dezentralisierung kann über die Provinzebene hinausgehen, da die Provinz noch zu groß sein könnte. Planung, Management und Kontrolle auf der Ebene der regionalen und lokalen Gemeinschaften sind vorstellbar, und sie wären notwendig, wenn ein hoher Grad an regionaler oder lokaler Selbstversorgung ein Ziel ist. Die Partizipation der Betroffenen am Planungs- und Managementprozess wäre dann möglich, wenn auch nicht oberhalb dieser Ebenen. Dies würde sicher die Effizienz einer Planwirtschaft erhöhen.

Auch das Eigentum an Produktionsmitteln kann dezentralisiert werden. Regionale und lokale Staatsorgane könnten als formale Eigentümer fungieren. Wenn ein bestimmter Grad an privatem Unternehmertum gestattet wird, könnte der Staat einige Produktionsmittel (aber kein Land) an private Unternehmer verpachten oder auch verkaufen. Eigentum, das kein Produktionsmittel ist, könnte zu Beginn der Übergangsperiode im Besitz des Eigentümers belassen werden. Aber dem Locke'schen Prinzip folgend – Eigentum ist nur dann legitim, wenn es durch persönliche Leistung erworben wird (vgl. Daly 1977:55) –, würde solches Eigentum nach dem Tode des Besitzers an die Gesellschaft oder den Staat übergehen.

Privates Unternehmertum?

Da wir eine sozialistische Gesellschaft nicht nur deswegen wünschen, weil sie notwendig ist oder einige praktische Vorteile hat, sondern auch (und vor allem) wegen der Werte, die der Sozialismus beinhaltet, ist klar, dass in einer öko-sozialistischen Gesellschaft die Ausbeutung von Menschen durch Menschen und die Konkurrenz unter arbeitenden Menschen um Profit oder höheres Einkommen in keinem Fall zugelassen werden darf. Aber man müsste nicht dogmatisch sein, um den Sozialismus zu verteidigen. Unter dem Primat dieser Werte als Bedingungen ist es vorstellbar, dass eine öko-sozialistische Gesellschaft aus praktischen Gründen in einigen Bereichen etwas privates Unternehmertum zulassen würde.

Obwohl dezentralisierte Planung besser funktionieren würde als zentralistische Planung, wäre es immer noch schwierig, die Aktivitäten einer großen Anzahl von kleinen wirtschaftlichen Einheiten wie Restaurants, Taxis, Fahrradrikschas, Detailgeschäften, Schneidereien und anderen handwerklichen Werkstätten zu planen, zu lenken und zu kontrollieren.

Eine öko-sozialistische Regierung könnte private Unternehmen zulassen, wenn diese auf der Basis der eigenen Arbeit einer Person, ihres Ehepartners und ihrer erwachsenen Kinder betrieben werden. Die Gründung einer echten Kooperative mit einer begrenzten Zahl von Mitgliedern, die alle selbst bei ihrer Kooperative arbeiteten, könnte gestattet werden. Alle Mitglieder müssten gleiche Anteile, gleiche Rechte und gleiche Pflichten haben. Weder ein Privatunternehmen noch eine Kooperative dürfte andere Menschen als Arbeiter anheuern. Da ihnen Rohstoffe, Zwischenprodukte und Ausrüstungsgegenstände durch die Planungsbehörde zugeteilt würden und vor allem weil die Wirtschaft als Ganzes eine Steady-State-Wirtschaft auf niedrigem Niveau wäre, gäbe es wenig Möglichkeiten für solche Unternehmer und Kooperativemitglieder, reich zu werden. Sie könnten höchstens aufgrund härterer Arbeit etwas mehr als ein vergleichbarer Arbeiter in einem staatlichen oder kollektiven Unternehmen verdienen. Da außerdem kein solches Unternehmen expandieren dürfte, würde höhere Nachfrage lediglich zu Neugründungen führen. Ein Rückgang der Nachfrage würde einige

Schließungen bewirken. In der Tat existierten in der UdSSR ähnliche Möglichkeiten, und sie erwiesen sich als hilfreich.

Da Landwirtschaft überlebenswichtig ist, muss sie geplant werden. Die Feldfrüchte, die Menschen am meisten benötigen, müssen prioritär in erforderlichen Mengen produziert werden. Die Möglichkeit schlechter Ernten und damit die Notwendigkeit von Reserven müssen in die Planung einbezogen werden. Aber sollen die Produktionseinheiten Kollektivfarmen, Kooperativen oder kleine Familienfarmen sein?

Kollektive Landwirtschaft, aufgrund der negativen sowjetischen Erfahrung viel geschmäht, hat zweifellos mehrere intrinsische Vorteile (Größendegression), von denen einige in der UdSSR aus betriebsfremden Gründen nicht verwirklicht werden konnten. Doch mit moralischem Wachstum, mit dezentraler statt zentraler Planung, mit viel regionaler Selbstversorgung und mit der Stabilisierung der Bevölkerungszahl könnten die negativen Aspekte der sowjetischen kollektiven Landwirtschaft in der kollektiven Landwirtschaft einer öko-sozialistischen Gesellschaft vermieden werden.

Das harte Leben von Bauern und Bäuerinnen von Familienfarmen im Kapitalismus – kein Urlaub, 12-Stunden-Tage, das tägliche frühe Aufstehen, um die Kühe zu melken, die Schwierigkeiten der Bauern, eine Lebenspartnerin zu finden, die Ungewissheit darüber, wer im Falle einer Erkrankung die tägliche Arbeit erledigen soll, die Unwägbarkeiten des Wetters, die Ungewissheit über die Ernte – all das sind Argumente für sozialistische und kollektive Landwirtschaft. Was ist, aus einem makroökonomischen und ökologischen Blickwinkel betrachtet, der Vorteil, wenn jeder Bauer im Familienbetrieb Maschinen und andere Kapazitäten besitzt, welche nicht ausgelastet werden? Was ist der Vorteil, wenn jeder Bauer zum (Groß-)Markt fährt, um seine Produkte zu verkaufen – ein übliches Merkmal in der Landwirtschaft der Dritten Welt, welches auch in der Ersten Welt zunehmend beobachtet wird?

In der Übergangsperiode und mehr noch im Steady-State auf niedrigem Niveau würde sich die Quantität der für die gesamte Landwirtschaft verfügbaren Maschinen und Ausrüstung verringern, so dass jeder Familienbetrieb (auf gepachtetem Land), wenn dies das zukünftige System sein sollte, jeden Gegenstand mit anderen teilen müsste. Alle nötigen Güter würden gemeinsam gekauft oder von einer staatlichen oder gemeinschaftlichen Einrichtung gemietet. In beiden Fällen müsste ein Zeitplan für ihren Gebrauch ausgearbeitet werden. All dies ist nicht sehr weit entfernt von kollektiver Landwirtschaft.

Aber eine öko-sozialistische Gesellschaft muss, wenn sie sich für kollektive Landwirtschaft entscheidet, auch die wirtschaftlichen Nachteile sehr großer Einheiten vom sowjetischen Typ und die Vorteile leichter zu lenkender und überschaubarer kleinerer Einheiten in Erwägung ziehen, insbesondere im Hinblick auf Motivation und soziale Kontrolle. Die optimale Größe müsste durch Untersuchungen und Experimente gefunden werden.

Ich habe die Ansicht gehört, dass nach Abschluss der Übergangsphase der größte Teil einer Steady-State-Wirtschaft aus Familienfarmen und privaten Handwerksbetrieben (oder Kooperativen, die keine angeheuerten ArbeiterInnen ausbeuten) bestehen könnte und dass sie unter diesen Bedingungen eine Marktwirtschaft sein könnte und sollte. Ich glaube nicht, dass das funktionieren würde. Alle schon ausgeführten Argumente gegen eine Marktwirtschaft und für eine geplante und kontrollierte Wirtschaft wären immer noch gültig, auch unter solchen Bedingungen. Man könnte sich höchstens eine Mischwirtschaft mit einer starken Betonung von Planung und Kontrolle vorstellen, aber keine Marktwirtschaft, wenn man die Ziele der ganzen Bemühung nicht wieder aufgeben wollte.

Verteilung, Markt, Rationierung

MarktsozialistInnen glauben, dass der Markt unentbehrlich ist, insbesondere im Bereich der Verteilung. Beispielsweise:

> »Auf der anderen Seite allerdings ist der Markt innerhalb eines komplexen demokratisierten Systems der Regulation ökonomischer und gesellschaftlicher Verhältnisse unverzichtbar. Denn nicht alle ökonomischen Prozesse sind planbar und in einer arbeitsteiligen Gesellschaft sind die Menschen nicht nur Produzenten, sondern sie bleiben Konsumenten, die hoffnungslos überfordert wären, jede alltägliche Konsumentscheidung als politischen Wahlakt artikulieren zu müssen. Ohne Marktabstimmung kann also auch eine arbeitsteilige nicht-kapitalistische Gesellschaft nicht funktionieren.« (Altvater 1992: 359)

Nach Altvater kann Marx' Vorstellung eines »Vereins freier Menschen«, »wenn es sich bei dem Verein um eine Massengesellschaft handelt«, nicht ohne die Hilfe von Waren und Geld [also des Marktes] auskommen (ebd.).

Meiner Ansicht nach treffen Altvaters Argumente aus folgenden Gründen nicht auf eine öko-sozialistische Gesellschaft mit einer Steady-State-Wirtschaft auf niedrigem Niveau zu.

- Eine solche Gesellschaft wäre keine Massengesellschaft.
- Die Arbeitsteilung wäre viel geringer als in den heutigen Industriegesellschaften.
- Sie wäre natürlich demokratisch, aber nicht zu komplex.
- Die Menge, Sorten und Marken von Produkten, die den Konsumenten zur Verfügung stünden, wären stark begrenzt im Vergleich zu denen, die heute beispielsweise in Deutschland angeboten werden.

Altvaters Argumente sind richtig als Beschreibung einiger Schwierigkeiten, die eine öko-sozialistische Regierung zu Beginn der Übergangsperiode haben könnte. Aber während die Schrumpfung fortschreitet, würden die Schwierigkeiten immer weniger akut werden.

Aufgrund der abnehmenden Menge von Konsumgütern, die zum Verkauf zur Verfügung stehen würde, könnte bei besonders begehrten Gütern eine Art Rationierung notwendig werden. Es müsste nämlich sichergestellt werden, dass alle, die ein Produkt brauchen oder auch nur haben wollen, einen gleichen oder fairen Anteil zu einem gerechten, festgesetzten Preis erhalten und nicht zum Schwarzmarkt gehen müssen. Der Schwarzmarkt würde die wichtigste Bedingung für den Aufbau einer sozialistischen Gesellschaft konterkarieren, nämlich moralisches Wachstum. In der UdSSR blühte ein Schwarzmarkt für Konsumgüter, weil die Regierung in Zeiten der Knappheit keine strenge Rationierung einführte. Sogar das kapitalistische Großbritannien führte während des Zweiten Weltkrieges Rationierungen ein. »Die Rationierung ... war eine ... staatliche Intervention (die einen stark egalitären Aspekt hatte), um ein anerkanntes kollektives Interesse zu fördern. Zwar war dies nicht ›populär‹, ... aber trotz etwas Umgehung wurde sie allgemein akzeptiert« (Ryle 1988: 62).

In einer öko-sozialistischen Gesellschaft würde die Kultur der langlebigen Produkte, Wiederverwendung und Reparatur dazu beitragen, die durch niedrige Produktion hervorgerufenen Schwierigkeiten zu lindern. Das Teilen von langlebigen Gebrauchsgütern und Werkzeugen würde auch helfen. Dies würde die Förderung eines kollektivistischen/sozialistischen Geistes erforderlich machen, um kleinliche Streitigkeiten zwischen Menschen zu vermeiden, die sich knappe Güter teilen müssen.

Eine öko-sozialistische Gesellschaft würde zweifelsohne nicht in der Lage sein, alle Verbraucherwünsche zu erfüllen (dies ist nicht einmal in hoch industrialisierten Gesellschaften möglich). Aber viele Wünsche könnten durch Umfragen festgestellt werden, und die verbreitetesten unter ihnen könnten erfüllt werden. Hinsichtlich Kleidung wäre der Verbraucher in einer öko-sozialistischen Gesellschaft in einer besseren Lage als in einer Industriegesellschaft. Da arbeitsintensive Schneidertechnologie verwendet würde, würden Kleidungsstücke eher maßgeschneidert als in der Fabrik gefertigt, so wie es noch heute in unterentwickelten Ländern wie Indien der Fall ist.

Regionalismus, internationaler Handel, Globalisierung

Wie ich oben ausgeführt habe, würden im Öko-Sozialismus in hohem Maße ökonomische Aktivitäten dezentralisiert, ökonomische Einheiten klein und regionale und lokale Gemeinschaften selbstversorgend und autonom sein. Öko-SozialistInnen brauchen keine romantische oder engstirnige Liebe zum Lokalen oder Regionalen, um eine solche Politik zu verfolgen (ich werde die Frage nach der Größe ökonomischer Einheiten unten aufgreifen). Während in Deutschland die verschiedenen Komponenten eines Bechers Joghurt 8000 Kilometer reisen, bevor er den Verbraucher erreicht (Böge und Holzapfel 1994), essen indische DorfbewohnerInnen Joghurt, der zu hundert Prozent in ihrem eigenen Dorf hergestellt wird. Im letzteren Fall sind die Umweltbelastung und der Ressourcenverbrauch weitaus geringer. Zwar ist die Arbeitsproduktivität bei der Herstellung von indischem Dorfjoghurt wesentlich geringer als in der deutschen Joghurtindustrie. Aber für Öko-SozialistInnen hat die Erhöhung der Ressourcenproduktivität höchste Priorität.

Das ist für uns der Hauptgrund, als generelles Prinzip vorzuschlagen: Produziere lokal oder regional im größtmöglichen Umfang! »Region« kann von Fall zu Fall flexibel verstanden werden. Sie sollte aber nicht als Staat missverstanden werden. Der Handel zwischen Wladiwostok und Moskau wird üblicherweise als Binnenhandel erachtet, während der zwischen München und Zürich für Außenhandel gehalten wird. Für ÖkologInnen ist das Unsinn. Wir sollten von Fern- und Nahhandel sprechen. Im Öko-Sozialismus muss auch der Fernhandel schrumpfen. Aber ein gewisses Maß an Fernhandel würde auch in einer öko-sozialistischen Steady-State-Wirtschaft notwendig sein, wenn wir nicht Fanatiker werden wollen. Salz zum Beispiel kann einfach nicht überall in Indien produziert werden. NordinderInnen müssen es aus entfernten Küstenregionen importieren. Autarkie, Halbautarkie, Selbstversorgung und so weiter müssen im Verhältnis zu den Bedürfnissen erwogen werden. Je höher die Quantität und die Komplexität der Güter zur Bedürfnisbefriedigung sind, desto größer ist die Notwendigkeit von Fernhandel. Unsere Bedürfnisse und die erforderlichen Güter müssten unter Kontrolle gehalten werden, so dass der Fernhandel weltweit innerhalb nachhaltiger Grenzen gehalten werden kann.

Ist also das ökonomische Gesetz der komparativen Kostenvorteile falsch? So lange nicht, wie die ihm zugrunde liegenden Annahmen gültig bleiben – relativ niedrige internationale Mobilität von Arbeit und Kapital. Und so lange nicht, wie Transportkosten zu vernachlässigen sind, weil Energie (Öl) spottbillig ist und Seeleute aus der Dritten Welt niedrigste Löhne bekommen. Aber die internationale Mobilität des Kapitals wächst, die Gewinne bleiben nicht dort, wo sie erarbeitet werden. Dies verursacht große Unsicherheit und hat oft verheerende Wirkungen an der Beschäftigungsfront der Kapital exportierenden Länder. (Das Chaos und die Krise, die 1997/1998 in südostasiatischen Wirtschaften wüteten – infolge spekulativer Bewegungen ausländischen Kapitals, vor allem ausländischer Portfolioinvestitionen –, sind eine andere Geschichte.) Das alles kann nicht von Vorteil für *alle* teilnehmenden Länder sein. Außerdem müssen aus ökologischen Gründen die Energiepreise drastisch erhöht werden, damit der Energieverbrauch drastisch reduziert wird. Und niemand sollte diskriminierende Löhne für Seeleute aus der Dritten Welt unterstützen.

Es gibt einen weiteren Grund, warum sich Öko-SozialistInnen generell der wirtschaftlichen Globalisierung widersetzen und, unter bestimmten Umständen, eine starke Schrumpfung sogar des internationalen Nahhandels anstreben würden. Die Wirtschaft müsste überschaubar, vorhersehbar und kontrollierbar sein, wenn eine Regierung in der Übergangsperiode öko-sozialistische Politik erfolgreich durchführen wollte. Aber das gegenwärtige Ausmaß des internationalen Handels und der Globalisierung von Kapital hat bereits den gegenteiligen Zustand hervorgebracht. Außerdem sollten transnationale Konzerne und große fremde Mächte, darunter die WTO, der IWF und die Weltbank, nicht in der Lage sein, kleinen oder schwachen Staaten die Politik zu diktieren. Zu viel Abhängigkeit vom internationalen Handel und ausländischen Kapital hat solche Staaten schon weitgehend ihrer Unabhängigkeit beraubt.

Unterstützung für die obige Meinung kann man auch in den Schriften von Keynes finden, der, ohne jegliche Kenntnis des ökologischen Problems, gewisse Elemente der nationalen Autarkie befürwortete und den Schutz des heimischen Marktes unter bestimmten Umständen forderte (Moggridge 1977: 85). Er sympathisierte eher mit denen, die die wirtschaftliche Verflechtung zwischen Nationen minimieren wollten, als mit denen, die sie maximieren wollten (Daly und Cobb Jr. 1990: 209). Er schrieb:

> »Ideen, Wissen, Kunst, Gastfreundschaft, Reisen – das sind Dinge, die ihrer Natur nach international sein sollten, aber lasst Güter in der Heimat herstellen, wenn immer es sinnvoll und praktisch möglich ist, und vor allem lasst die Finanzen in erster Linie nationale sein. ... ich bin nicht überzeugt, dass die wirtschaftlichen Erfolge der internationalen Arbeitsteilung heute noch irgendwie mit den früheren vergleichbar sind.« (zit. n. Loske et al. 1996: 172)

Keynes wollte freilich diesen »Gedankengang nicht auf die Spitze treiben«. Unter bestimmten Umständen befürwortete er einen »beträchtlichen Grad an internationaler Spezialisierung ... in einer geordneten Welt« (ebd.).

Man könnte denken, dass die Probleme der Wirtschaften der Dritten Welt aufgrund ihrer Unterentwicklung anders gelagert seien und dass, während die Wirtschaften der Ersten Welt schrumpfen müssen, diejenigen der Dritten Welt in gewissem Grade entwickelt werden müssten. Einige politische AktivistInnen aus der Dritten Welt pochen auch auf ein Recht auf Entwicklung (z.B. Agarwal und Naraian 1992: 142). Seit der zweiten Weltmenschenrechtskonferenz (Wien 1993) ist dieses Recht auch formal im System der Vereinten Nationen als ein universales und unveräußerliches Menschenrecht anerkannt (für Details siehe Hamm 1994). Das ist aber eine falsche Position, da man ja unter Entwicklung nichts anderes versteht als eine »nachhaltige« industrielle Wirtschaft, die, wie ich in Kapitel vier gezeigt habe, einem schwarzen Schimmel gleichkommt. Große Teile der Dritten Welt sind bereits industrialisiert und haben somit die Grenzen der Nachhaltigkeit schon überschritten, weil jede Art industrielle Wirtschaft unnachhaltig ist. Es mag in der Dritten Welt immer noch einige Gegenden geben, die entwickelt werden können, ohne das Prinzip der Nachhaltigkeit zu verletzen, und vielleicht müssen die Wirtschaften der Dritten Welt generell nicht in dem Ausmaß und mit dem Tempo schrumpfen wie die der Ersten Welt. Aber es handelt sich nur um einen graduellen Unterschied.

Nichtsdestoweniger könnten und sollten öko-sozialistische Regierungen aus der Ersten Welt der Dritten Welt helfen – nicht entwickelt zu werden, sondern den Übergang zur Nachhaltigkeit zu bewältigen. Sie sollten helfen, weil erstens niemand, der kein Internationalist ist, die Bezeichnung Sozialist verdient, und weil zweitens auf lange Sicht nachhaltige öko-sozialistische Gesellschaften in Europa und Nordamerika in große Schwierigkeiten geraten würden, wenn die Mehrheit der Gesellschaften der Welt wegen Unnachhaltigkeit (oder aus anderen Gründen) zusammenbrechen würde. Sie würden dann höchstwahrscheinlich von »Heerscharen« von Flüchtlingen und Kriminellen überrannt werden.

Sie könnten helfen, indem sie, erstens, die Auslandsschulden der Dritte-Welt-Länder streichen und damit den Druck beseitigen, mehr zu erzeugen und zu exportieren, und, zweitens, indem sie von der bisherigen Politik abkehren, Nachhaltigkeit aus der Dritten Welt auf deren Kosten zu importieren (siehe Kapitel fünf).

In diesem Zusammenhang könnte es insbesondere die jüngeren LeserInnen interessieren, dass in den Siebzigerjahren zahlreiche linke politische Ökonomen den Dritte-Welt-Ländern empfahlen, sie sollten eine Politik der Abkoppelung vom Weltmarkt verfolgen (vgl. Senghaas 1979, Amin 1979). Einigen mag die Ähnlichkeit dieses Konzepts mit meinen Ideen auffallen. Aber es gibt einen großen Unterschied zwischen der erwähnten Abkoppelung und einer öko-sozialistischen Politik. Das angestrebte Ziel der Dritte-Welt-Länder bei der Abkoppelung sollte eine »autozentrierte«, mit anderen Worten »eigenständige (self-reliant) Entwicklung« (d.h. Industrialisierung) sein, mit dem weiteren Ziel, später als starker, gleicher Partner am Weltmarkt teilzunehmen. Nordkorea und China wurden oft als Beispiele erwähnt. Wie wir wissen, erreichte Nordkorea dieses Ziel nicht, und China gab diese Politik auf. Der Grund für das Scheitern dieser Strategie ist einfach: Die wachsende Quantität und Komplexität von Gütern und Dienstleistungen, die für die Befriedigung der zunehmenden Bedürfnisse der Menschen notwendig sind, und der sich daraus ergebende wachsende Hunger nach Kapital und Know-how erfordern eine zunehmende Teilnahme am Weltmarkt. Die öko-sozialistische Politik der Wirtschaftsschrumpfung würde diese Schwierigkeit nicht haben, da die Regierung bewußt eine konsequente Politik der Reduzierung und Vereinfachung der Bedürfnisse verfolgen würde.

Wenn in einer fernen Zukunft die Welt *eine* öko-sozialistische Welt wird, würde der minimale Fernhandel zwischen ihren verschiedenen Regionen, der notwendig und innerhalb der Grenzen der Nachhaltigkeit möglich wäre, ein gerechter, fairer Tausch sein. Vielleicht wäre es dann vorstellbar, einen Weltwirtschaftsrat zu bilden, der solch einen Handel plant. Eines der Ziele solcher Planung wäre, die Ressourcen der Welt gerecht zu verteilen, indem beispielsweise Ressourcen aus reich ausgestatteten Regionen (Öl aus Saudi-Arabien, Holz aus Kanada) in weniger reich ausgestattete Regionen transferiert würden. Aber dies ist im Augenblick zu viel Spekulation.

Aber warum, mag man fragen, müssen die Wirtschaftseinheiten klein sein? Die Größendegression – ungeachtet einiger wirtschaftlicher Nachteile – kann schließlich von Öko-SozialistInnen nicht bestritten werden.

Öko-SozialistInnen brauchen für die Begründung ihrer Politik keine romantische Liebe zum Kleinen zu empfinden. Klein mag schön sein oder nicht, aber es ist eine Notwendigkeit und eine notwendige Konsequenz aus anderen notwendigen politischen Grundentscheidungen. Die Einheiten, die in jedem Dorf Joghurt produzieren, können nicht anders sein als klein. Die Einheiten, die für lokale oder regionale Bedürfnisse produzieren, wären viel kleiner, als wenn sie für den Weltmarkt produzierten.

Die Größendegression ist das Hauptargument für industrielle Technologien mit ihren hohen Kapazitäten und hohen Preisen. Solche Technologien müssen, wenn sie einmal erworben sind, fast voll ausgelastet werden, wenn sie nicht Verluste und/oder Verschwendung verursachen sollen. Sie müssen groß angelegt sein und für einen großen Markt produzieren. Nur dann sind sie den anderen Technologien wirtschaftlich überlegen. Aber aus den bereits angeführten Gründen würden sich Öko-SozialistInnen für arbeitsintensive, kostengünstige, mittlere Technologien mit niedriger Kapazität entscheiden, so dass eine groß angelegte Produktion durch einzelne Einheiten keine allzu großen Vorteile mit sich bringen und die Produktion in kleinem Maßstab keine Nachteile verursachen würde.

Öko-SozialistInnen würden sich auch aus einem anderen Grund für kleine Einheiten entscheiden. In Industriegesellschaften hat sich das alte sozialistische Ideal der Kontrolle durch die ArbeiterInnen (Arbeiterselbstverwaltung) in den Unternehmen bisher als unmöglich erwiesen, da im Allgemeinen die Produktion in großen Einheiten und in großem Maßstab stattfindet. Diese Art von Produktion ist ohne die Unterordnung der ArbeiterInnen unter eine höhere Autorität unmöglich. Das war die Ansicht von Engels, obwohl er sicherlich das von Marx formulierte Ideal einer Gesellschaft als »freie Assoziation solidarischer Individuen« (zit. n. Ullrich: 94) teilte. In einem Artikel mit dem

Titel »Von der Autorität« schrieb Engels in diesem Zusammenhang von »einem wahren Despotismus ..., der *von aller sozialer Organisation unabhängig* ist« (Engels 1966: 600), von einer »gewissen ... Autorität ... und einer gewissen Unterordnung ..., die sich *uns aufzwingen* ..., zusammen mit den materiellen Bedingungen, unter denen wir produzieren und die Produkte zirkulieren lassen« (ebd.: 601). Er wusste, dass »die Großindustrie und die Großlandwirtschaft unweigerlich ... die Tendenz haben, das Feld dieser Autorität mehr und mehr auszudehnen« (ebd.; Hervorhebungen durch den Autor).

Wir haben gesehen, dass moderne Autoren wie Gorz und Nove bei dieser Frage ähnliche Ansichten haben wie Engels.

Bei seinen oben zitierten Ansichten beschränkte sich Engels auf Autorität in der Großindustrie. Aber Ullrich denkt – und ich teile seine Ansicht – , dass diese Ansichten von Engels allgemein auf alle Institutionen der Gesellschaft zutreffen (die Ansichten, die in diesem Absatz geäußert werden, basieren auf Ullrich 1979). Alles, was sehr groß ist, ist nicht leicht überschaubar; aus diesem Grund kann eine große Organisation nicht von den direkt betroffenen Menschen verwaltet werden. Sie entzieht sich ihrer Kontrolle und Aufsicht. Wirkliche Demokratisierung der *Gesellschaft* ist in einer solchen Situation nicht möglich. Je größer Wirtschaftseinheiten werden und je weiter die Arbeitsteilung fortschreitet, desto mehr werden ArbeiterInnen zu bloßen Anhängseln immer komplexerer, höher entwickelter Maschinen. Ein derartiges Produktionssystem kann nicht als »herrschaftsfreie Verwaltung von Sachen« geführt werden – eine Hoffnung, die von Saint-Simon geäußert wurde (vgl. ebd.: 69) und die von Generationen von MarxistInnen und anderen KommunistInnen gehegt wurde. Ein solches Produktionssystem muss notwendigerweise hierarchisch, autoritär und zentralisiert sein. Hierarchien haben außerdem ihre eigene Dynamik. Sie reproduzieren und verstärken sich und beschränken sich nicht auf die Industrie. »Solche Hierarchien setzen sich immer sachnotwendig in ›Sozialstruktur‹ um, sobald sie eine bestimmte Komplexität und Größe überschreiten« (ebd.: 69). Ullrich nennt diesen Prozess die Überschreitung der »sozial-kritischen Grenze« (ebd.: 118), die er für ein allgemeines Phänomen hält und die in allen Bereichen zu beobachten ist. In Anlehnung an Marx und andere SozialistInnen, schreibt Ullrich, dass eine sozialistische Gesellschaft idealerweise »eine herrschaftsfreie Assoziation solidarischer Individuen«[34] sein würde (ebd.: 94). Dieses Ideal würde vielleicht nie hundertprozentig Realität werden. Dennoch müssen SozialistInnen immer versuchen, dem so dicht wie möglich nahe zu kommen.

Allerdings zeigt sich hier ein signifikanter Unterschied zwischen dem Öko-Sozialismus in der Übergangsperiode und dem *Modell* einer öko-sozialistischen Steady-State-Gesellschaft. In Ersterem wäre ein starker Staat notwendig, um einen geplanten und geordneten Rückzug zu gewährleisten. Denn der Übergang muss höchstwahrscheinlich gegen die Opposition einer starken, uneinsichtigen Minderheit durchgesetzt werden. Diejenigen, die viel zu verlieren hätten, würden wohl versuchen, Unruhe zu stiften. Die Regierung wäre nicht in der Lage, großzügige Konzessionen zu machen, um sie ruhig zu stellen. Aber ein starker Staat, auch wenn er demokratisch verfasst wäre, stimmte nicht ganz mit dem *Ideal* der öko-sozialistischen Demokratie überein, das Demokratie auch im Wirtschaftsbereich und die Partizipation der Bevölkerung an der Politik auf allen Ebenen umfasst. Dieser Widerspruch muss in der Übergangsperiode ausgehalten werden, denn weltfremder Anarchismus, der jede Art von Autorität in jeder Phase einer Entwicklung ablehnt, könnte jeden Anfang zunichte machen. Wie genau dieser starke Staat aussähe und wie sein Verhältnis zum Prinzip Demokratie wäre, darauf können und müssen wir heute nicht eingehen. Auf diese Fragen die richtigen Antworten zu finden, ist die Aufgabe der zukünftigen Generationen, wenn es so weit ist.

Wenn die ökologischen und von den Ressourcenproblemen herrührenden Zwänge tatsächlich zur Schaffung einer Wirtschaft führen, die auf Produktion in kleinem Maßstab mit einfachen, leicht überschaubaren Technologien und Organisationen basiert, dann könnte vielleicht eine beträchtliche Annäherung an das Ideal möglich werden. Vielleicht würde in einer fernen Zukunft Lenins Ideal – »Jede Köchin muss den Staat regieren können« (zit. n. Sinjawskij 1989: 218) – nicht absurd klingen, wenn wir dann entsprechend kleine, einfache politische Einheiten hätten, die allerdings den heutigen Staaten nicht ähneln würden.

Aber kehren wir von der fernen in die nahe Zukunft zurück. Die Arbeitenden sollten in der Übergangsperiode so weit wie möglich die Betriebe kontrollieren. Wenn sie an der Gestaltung der Details des Schrumpfungsprozesses in ihren eigenen Betrieben teilnehmen, dann würde der Prozess in der gesamten Wirtschaft eher friedlich und weniger schwierig sein.

Aber können wir von den Arbeitenden erwarten, dass sie an der Schließung ihrer Betriebe oder an der Reduzierung ihrer Produktion teilnehmen würden? Ich bin überzeugt, dass wir es können, aber nur in einem öko-sozialistischen Regime. Zu dieser Überzeugung kam ich nach der Lektüre eines Berichts über die Ökologiebewegung in Osteuropa. Da heißt es, einer der Pfeiler der Ökologiebewegung bis etwa 1992 seien die Arbeitenden gewesen. BesucherInnen seien immer erstaunt gewesen zu sehen, dass die engagiertesten KämpferInnen gegen Umweltverschmutzung die ArbeiterInnen der schuldigen Fabriken gewesen seien. Zum Beispiel hätten die Arbeitenden einer schuldigen Chemiefabrik in Krasnoperekops in der Ukraine die Schließung eines Teils ihrer eigenen Fabrik gefordert. Sie hätten keine Angst gehabt, arbeitslos zu werden, da ja der Staat die Pflicht gehabt hätte, ihnen neue Jobs zu geben. 1993 hätte sich aber die Lage radikal verändert. Mit der Ausbreitung der Marktwirtschaft sei die Angst gewachsen, den Job zu verlieren. Niemand würde mehr daran denken, gegen den eigenen Boss zu demonstrieren (*Frankfurter Rundschau*, 06.04.1993).

Im Öko-Sozialismus würde niemand fürchten müssen, arbeitslos zu werden.

Öko-Diktatur?

Natürlich hoffen wir auf eine höhere Stufe der Demokratie, aber es kann nicht geleugnet werden, dass es auch die Gefahr einer Diktatur gibt. Da es nicht wirklich populär sein würde, die Wirtschaft schrumpfen zu lassen, und da es vielleicht nur von einer knappen Mehrheit als eine Notwendigkeit akzeptiert würde, dürfte es starken Widerstand gegen den Prozess geben, einen viel stärkeren, als heute gegen einige Maßnahmen für den Umweltschutz beobachtet werden kann. Gegner der Politik der Schrumpfung könnten mit undemokratischen Mitteln die Macht ergreifen und versuchen, mit Hilfe der Armee oder faschistischer Kräfte und Propaganda die Politik des Wirtschaftswachstums fortzusetzen.

Anders als viele, die fürchten, Ökoradikale könnten die Errichtung einer Diktatur fordern, um die Umwelt zu schützen, glaube ich nicht, dass radikale ÖkologInnen so dumm sein können, nicht zu begreifen, dass ihr Ziel nur mit der Unterstützung der Mehrheit erreicht werden kann. Die Armee könnte dem Projekt zusätzliche Unterstützung geben, wäre aber nicht ausschlaggebend. Wenn Millionen von BürgerInnen entschlossen sind, für unmittelbaren Gewinn die Umwelt zu zerstören und die Ressourcen zu erschöpfen – wie das heute der Fall ist –, dann könnte nicht einmal die Armee das verhindern. Die Mehrheit der Soldaten und Offiziere würde wahrscheinlich das Gleiche tun. Aber wenn ein demokratischer Übergang zu einer nachhaltigen Gesellschaft ausbliebe, dann würde im Chaos und im Zusammenbruch, welche der ökologischen und der Ressourcenkrise unausweichlich folgten, eine Diktatur errichtet werden – auch wenn deren Ziel heute noch nicht vorhergesehen werden kann.

Exkurs: Zurück zum Gandhismus?

Meine Art Öko-Sozialismus mag dem Gandhismus ähnlich scheinen. Dies ist in weiten Teilen zutreffend. Gandhi war ein Kritiker der Industriegesellschaft. Er schrieb 1940:

> »Nehru will Industrialisierung, weil er denkt, dass sie, wenn sie vergesellschaftet ist, frei von den Übeln des Kapitalismus wäre. Meine eigene Ansicht ist, dass die Übel dem Industrialismus inhärent sind. Man kann ihn vergesellschaften, soviel wie man will, die Übel kann man nicht ausrotten.« (zit. n. Madras Group 1983: 8)

Mit einer dogmatischen, vollständigen Ablehnung von Maschinerie beginnend (vgl. Gandhi 1996), nahm er später eine Position der vorsichtigen Akzeptanz einiger Industrien ein. Aber er bestand darauf, dass in seiner Gesellschaftsordnung der Zukunft »das Abhängigkeitsverhältnis umgekehrt werden wird. Bisher ist die Industrialisierung so geplant worden, dass die Dörfer und das dörfliche Handwerk zerstört wurden. Im Staat der Zukunft wird sie den Dörfern und ihren Handwerken dienlich sein« (Gandhi 1966: 122). Über die Rolle der Städte schrieb er: »... nichts wird von den Städten erzeugt werden dürfen, was genauso gut von den Dörfern erzeugt werden kann. Die zweckmäßige Funktion der Städte ist, als regionaler Marktplatz für die Produkte der Dörfer zu dienen« (zit. n. Madras Group 1983: 7). Gandhi begriff auch intuitiv die Grenzen des Wachstums. Er schrieb 1928:

> »Der Wirtschaftsimperialismus eines einzigen winzigen Inselkönigreiches (England) hält heute die Welt in Ketten. Wenn eine ganze Nation von 300 Millionen eine ähnliche wirtschaftliche Ausbeutung praktizieren würde, würde sie die Welt kahl fressen wie ein Heuschreckenschwarm.« (zit. n. Bandyopadhyay und Shiva 1989: 39)

Zur Frage des Eigentums an Produktionsmitteln nahm Gandhi mitunter eine sozialistische Position ein. Als ihm 1924 jemand sagte, dass auch seine geliebte Nähmaschine in Fabriken hergestellt werden müsse, schrieb er: »Ich bin Sozialist genug zu sagen, dass solche Fabriken verstaatlicht werden sollten oder staatlich kontrolliert. Sie sollten nur unter idealen, den attraktivsten Bedingungen arbeiten, nicht für Profit, sondern zum Wohle der Menschheit« (zit. n. Sen 1976: 3). Und 1947 schrieb er: »In der gewaltlosen Ordnung der Zukunft würde das Land dem Staat gehören, denn heißt es nicht ›*sabhi bhumi Gopalki*‹ [alles Land gehört Gott]?« (zit. n. ebd.).

Trotz dieser und anderer Ähnlichkeiten, kann der Öko-Sozialismus nicht eine bloße Rückkehr zum Gandhismus bedeuten. Gandhi war nicht konsistent und erhob auch nicht den Anspruch, es zu sein. In seinem langen Leben nahm er manche widersprüchlichen Haltungen ein. Außerdem waren einige seiner sozioökonomischen Positionen naiv, verwirrt, antiaufklärerisch und unsozialistisch. Er erachtete das Kastenwesen der Hindus nicht als schädlich. Im Gegenteil, er glaubte, es sei »in seinem Ursprung ... ein gesunder Brauch und fördere nationales Wohl.« Er glaubte, das Kastenwesen habe »den Hinduismus vor dem Zerfall gerettet«. Seiner Ansicht nach »bedeuten Kasten nicht

Überlegenheit oder Unterlegenheit. Sie erkennen lediglich unterschiedliche Auffassungen und entsprechende Lebensweisen an« (Gandhi 1965: 1–8). Er nahm auch das Übel der Klassenunterschiede in der Gesellschaft auf die leichte Schulter. Er schrieb:

> »Da der Mensch ein soziales Wesen ist, muss er eine Methode gesellschaftlicher Organisation ausdenken. Wir in Indien haben Kasten entwickelt; die in Europa haben Klassen organisiert. Kasten haben zweifelsohne gewisse Übel hervorgebracht, aber Klassen haben nichts weniger erzeugt.
> Wenn Klassen dazu beitragen, bestimmte gesellschaftliche Tugenden zu bewahren, tun dies Kasten im selben, wenn nicht in höherem Maße.« (Gandhi 1965: 6)

Über das Verhältnis zwischen Industriellen und ihren Arbeitern schrieb er: »Das Verhältnis zwischen Fabrikbesitzern und Fabrikarbeitern sollte wie das zwischen Vater und Kindern sein oder wie das zwischen Blutsbrüdern« (Gandhi 1966: 207). Er hoffte, er und seine AnhängerInnen würden die Herzen der KapitalistInnen und GroßgrundbesitzerInnen ändern können. Er wollte sie nicht enteignen. In seiner zukünftigen Gesellschaftsordnung würden sie als wohltätige TreuhänderInnen fungieren.

Dies ist nicht die Stelle für eine gründliche Analyse und Auswertung der heutigen Relevanz des Gandhismus.[35] Aber es sollte klar geworden sein, dass der Öko-Sozialismus, der wissenschaftliche Sozialismus für das 21. Jahrhundert, nicht auf dem Gandhismus fußen kann.

Öko-sozialistische Politik für heute und morgen

Analyse, Theorie, Spekulation – all dies ist nötig. Aber wir haben davon nur eine Vision, die wenig nützt, wenn es nicht auch Handlungen gibt, sie zu verwirklichen. Was kann und sollte heute und morgen getan werden, so dass wir wenigstens dem Anfang des Übergangs näher kommen?

Ich glaube, ich habe die *theoretische* Synthese erreicht; jetzt muss die *praktische* Synthese konkreter ökologischer und sozialistischer Politik, der zwei Bewegungen, folgen. Eine neue öko-sozialistische Bewegung muss aufgebaut werden. Das ist primär die Aufgabe der AktivistInnen in diesen beiden Feldern. Aber ich möchte einige grundsätzliche Bemerkungen zu dieser Frage machen – als meinen Beitrag zur praktischen Synthese.

Alle öko-sozialistischen AktivistInnen müssen einen fundamentalen Unterschied zwischen unserer Bewegung und den sozialen und sozialistischen Bewegungen der Vergangenheit begreifen. Bis die Ökologiebewegung aufkam, entstanden die meisten großen Bewegungen aus sozialen Problemen. In den früheren Epochen konnten in den Industriegesellschaften die meisten sozialen Probleme (zumindest teilweise) durch wirtschaftliches Wachstum gelöst werden. Akute Armut konnte überwunden und Löhne konnten erhöht werden. Die Armen, Arbeitslosen und Studenten erhielten finanzielle Hilfe. Fürsorge für Alte und Kranke wurde organisiert. Frauen erhielten das Wahlrecht und auch besser bezahlte Arbeitsplätze in Verwaltung, Industrie und Handel. Demokratische Rechte wurden anerkannt und ausgeweitet. Die Forderungen aller sozialen Bewegungen konnten dank des wachsenden Kuchens in hohem Grade erfüllt werden. Aber mit dem Aufkommen der Ökologiebewegung hat sich die Situation vollständig verändert. Nicht nur, dass der Kuchen nicht wachsen darf, er muss schrumpfen. Nichts Geringeres als die Grundlage der Fähigkeit der Industriegesellschaft, soziale Probleme zu lösen, muss angegriffen werden, wenn die Probleme, aus denen die Ökologiebewegung entstand, gelöst werden sollen. Erstmalig in der Geschichte »verspricht« eine soziale Bewegung einen niedrigeren Lebensstandard.

Den radikalen SozialistInnen, insbesondere den KommunistInnen, mit ihrer Tradition, in Kategorien einer Revolution zu denken, mögen die folgenden Worte von Walter Benjamin die Augen öffnen:

> »Marx sagt, die Revolutionen sind die Lokomotiven der Weltgeschichte. Aber vielleicht ist dem gänzlich anders. Vielleicht sind die Revolutionen der Griff des in diesem Zuge reisenden Menschengeschlechts nach der Notbremse.« (zit. n. Fetscher 1980: 8)

Wie man die vergangene Geschichte auch interpretieren mag, für heute und für die Zukunft besteht die revolutionäre Aufgabe darin, die Notbremse zu ziehen. Radikale SozialistInnen und KommunistInnen können sich nun der öko-sozialistischen Bewegung anschließen – in der Überzeugung, dass eine revolutionäre Aufgabe auf sie wartet. Ich kann auch zeigen, dass die KapitalistInnen vor dieser Synthese Angst haben. 1990 berichtete *Der Spiegel* in einem Artikel über den Schutz der Atmosphäre:

> »Die Bush-Gehilfen argwöhnen, die weltweit geschlagenen Verfechter der Planwirtschaft strebten nun über den Umweltschutz an, was ihnen im kalten Krieg versagt blieb: den Sieg über den Kapitalismus. So hatte Darman [ein Mitarbeiter von Bush] ... Angst vor ›radikalen Grünen‹ geschürt, die ein ›globales Management‹ der Ressourcen erzwingen wollten.« (*Der Spiegel,* 21.05.1990: 163)

In der Tat ist heute eine ernsthafte Ökologiebewegung der größte Feind des Kapitalismus. Die Farce mit dem Kyoto-Protokoll auf der Bonner Weltklimakonferenz im Juli 2001 belegt das.

Aber radikale SozialistInnen und KommunistInnen hätten ein großes Problem, nachdem sie die echte ökologische Lektion gelernt haben und Öko-SozialistInnen geworden sind. Sie könnten nicht mehr in der gleichen einfachen Weise für die materiellen Interessen der Arbeiterklasse kämpfen wie bisher. Sie würden den Werktätigen sagen müssen – zweifelsohne denen in der Ersten Welt und vielleicht auch denen im organisierten Sektor der Dritten Welt –, dass ihr Lebensstandard zu hoch ist für die Gesundheit der Umwelt, für das Überleben anderer Arten und für die Rechte künftiger Generationen. Der Traum vom Wohlstand für alle ist in der antikapitalistischen Bewegung leider noch nicht ausgeträumt. So lese ich, dass Kevin Danaher – einer der Führer der weltweiten Bewegung gegen die neoliberale Globalisierung, der die Protestaktionen in Seattle (November/Dezember 1999) maßgeblich mitorganisierte – gesagt hat, dass in der neuen Gesellschaft, die er schaffen will, *weltweit jeder mindestens* 10 000 US-Dollar im Jahr verdienen solle. Es müsse nach ihm auch eine Obergrenze geben; die solle aber bei 10 Millionen US-Dollar liegen (Kurbjuweit 2000: 92). Öko-SozialistInnen und auch einfache ÖkologInnen sind stark an dieser Bewegung beteiligt. Aber sie dürfen sich nicht von solchen populistischen, antiökologischen Visionen anstecken lassen.

Öko-SozialistInnen hätten noch ein großes Problem: Sie glaub(t)en, dass mit dem Proletariat erstmals in der Menschheitsgeschichte eine Klasse entstanden sei, deren Interessen identisch mit den Interessen der gesamten Menschheit seien, und dass sich das Proletariat weltweit vereinen könne und würde. Da es aber Grenzen des materiellen Wachstums gibt, treffen diese beiden Glaubenssätze nicht zu. Heute wissen wir, dass es keine *automatische* Kongruenz zwischen den *materiellen* Interessen des Proletariats in der Ersten Welt und denen des Proletariats in der Dritten Welt gibt. Warum sollten deutsche Arbeitende fordern, dass Arbeitende auf lateinamerikanischen Plantagen gleiche Löhne bekommen sollen wie sie selbst? Wenn diese Forderung erfüllt würde, explodierten die Bananenpreise in Deutschland. ArbeiterInnen in der Ersten Welt haben mehr als ihre Ketten zu verlieren, nämlich ihren Wohlstand.

Theoretisch können wir natürlich zwischen materiellen und irgendwelchen hypothetischen »wirklichen« oder »tieferen« Interessen differenzieren, auch zwischen kurzfristigen und langfristigen materiellen Interessen. Aber »wirkliche« und »tiefere« Interessen sind vage, und langfristig sind wir alle tot. Öko-SozialistInnen in der Ersten Welt können zur Bestätigung der These von der Interessenidentität nicht einmal auf die gesundheitlichen Gefahren einiger Industrien und des Giftmülls verweisen; denn solche Dinge können leicht und zu geringen Kosten in die Dritte Welt transferiert und dort abgeladen werden.

Wir müssen also zu dem Schluss kommen, dass wir zwangsläufig unseren langfristigen Zielen zuwiderhandeln, wenn wir bei unseren Bemühungen, Menschen für unsere Bewegung zu gewinnen, auf ihre kurzfristigen materiellen Interessen setzen. Nur bei Ein-Punkt-Umweltkampagnen, wie zum Beispiel gegen eine bestimmte umweltschädliche Chemikalie, stimmt das Ziel mit den kurzfristigen materiellen Interessen der Menschen überein. Selbst dann würde die Kampagne den materiellen Interessen der Beschäftigten der betreffenden Fabrik entgegentreten.

Das heißt, dass die Bewegung, wenn sie eine Partei bildet und an Wahlen teilnimmt, darauf gefasst sein muss, über Jahre hinweg von der großen Mehrheit der Wähler abgelehnt zu werden. Die Versuchung wäre groß, Analyse sowie Programm zu verwässern, um ein paar Sitze in den Parlamenten oder ein paar Ministerposten zu bekommen. Aber so erreichte »Erfolge« würden die Partei verändern, wie sie die deutschen Grünen verändert haben (siehe Sarkar 1994). Öko-SozialistInnen dürfen den Wählern nicht erzählen, dass sie den Kuchen essen und auch behalten können.

In diesem Zusammenhang ist ein Fehler von Ryle interessant. Unter Bezugnahme auf die »gewaltig zerbrechenden Auswirkungen« der Politik der konservativen Regierung in Großbritannien »auf lokale Wirtschaften und Wirtschaftssektoren wie Stahl, Kohlebergbau, Schiffsbau, Handelsschiffahrt« stellt er die rhetorische Frage: »Wenn die Rechte im Namen eines ziemlich abstrakten ›Realismus‹ politische Unterstützung für all dies hat gewinnen können, kann nicht ein ökologisch beseelter Sozialismus danach streben, für seine eigenen, sehr verschiedenen Ziele einen Konsens zu schaffen?« (Ryle 1988: 66). Natürlich teile ich seine Hoffnung. Aber die Parallele ist falsch. Die Rechte versprach die Beständigkeit des materiellen Wohlstands durch ihre Art von Realismus – natürlich nicht für jeden, aber im Großen und Ganzen für das britische Volk. Und es gelang ihr, während ihrer Regierungszeit dieses Versprechen zu halten. Öko-SozialistInnen würden kein solches Versprechen machen. Im Gegenteil. Deswegen wäre ihre Aufgabe viel schwieriger als die der Tories. Es wird die größte und schwierigste aller Aufgaben dieses Jahrhunderts sein.

Einige Zeilen später erwähnt Ryle als Beispiel für »ökologisch beseelten Sozialismus« den sehr bekannten alternativen Produktionsplan der ArbeiterInnen der Firma Lucas und Vickers. Aber Öko-Sozialismus kann nicht durch bloße Produktkonversion erreicht werden, da diese allein weder für die Umwelt noch für die Quantität des Ressourcenabbaus einen Unterschied macht, obwohl es in anderer Hinsicht sehr wohl einen Unterschied macht, ob man Panzer oder Lastwagen produziert.

Ich denke, zurzeit sollte die Betonung auf einer öko-sozialistischen *Bewegung* liegen und nicht auf einer Partei im herkömmlichen Sinne. Wenn eine Partei gegründet wird, sollte ihre einzige Aufgabe sein, Wahlen auszunutzen, um die Bewegung zu stärken. Das moralische Wachstum der Gesellschaft in der Gesamtheit, *die* Grundvoraussetzung des Erfolgs, muss momentan das erste Ziel der Bewegung sein. Die Bereitschaft, Luxus und Bequemlichkeit zu opfern, muss erzeugt werden. Dafür ist eine Kampagne für einen einfachen Lebensstil notwendig. Sie muss auf ökologischen Argumenten, Appellen an das Gefühl für Gleichheit, Gerechtigkeit und Solidarität mit der Dritten Welt und auf Argumenten im Namen der künftigen Generationen basieren.

Die Bewegung muss auch für eine Politik der Vollbeschäftigung und für soziale Sicherheit im Rahmen einer schrumpfenden Wirtschaft kämpfen. Wenn umweltschädliche und gesellschaftlich unnötige Betriebe geschlossen werden, soll sie das begrüßen. Sie muss sogar solche Schließungen fordern. Als kurz- und mittelfristige Lösung des Problems der steigenden Arbeitslosigkeit müssen Jobsharing und Arbeitszeitverkürzung gefordert werden. Es muss allerdings offen und klar gesagt werden, dass die langfristige Lösung des Problems in arbeitsintensiven Technologien liegt. Dieser Aspekt der Bewegung ist sehr wichtig, denn arbeitslose und sonstige unabgesicherte Menschen finden es allgemein schwierig, Solidarität zu üben oder dem Umweltschutz Priorität einzuräumen.

Die Bewegung muss eine fortgesetzte Kampagne für einen gewissen Rückzug aus dem Weltmarkt und für einen gewissen Grad an Protektionismus durchführen – auf der Grundlage von sowohl ökologischen als auch arbeitsplatzbezogenen Argumenten. Was den reinen Binnenmarkt betrifft, muss die Bewegung fordern, dass der Staat das Kapital und den Markt strenger kontrolliert. Ein Beispiel dafür ist die strengere Regulierung des Mietmarktes.

Ich will nicht weiter ins Detail gehen. Erfahrene Aktivisten aus den beiden ursprünglichen Bewegungen würden schon wissen, was zu tun ist, wenn sie die grundsätzlichen öko-sozialistischen Positionen akzeptiert haben. Sie würden keine Illusionen hegen. Sie würden wissen, dass die oben genannten Forderungen nur Kompromisse sind, die den Kapitalismus nicht grundsätzlich in Frage stellen, die aber notwendig sind, weil die große Mehrheit der Bevölkerung *noch* keine öko-sozialistische Gesellschaft will. Sie würden sich aber trotzdem nicht scheuen, ihre langfristige Vision zu propagieren.

Öko-SozialistInnen würden auch nicht die Illusion haben, dass ihre Bewegung und Kampagnen ausreichen würden, die Gesellschaft sozusagen von unten zu verändern. Sie würden wissen, dass es nicht irrelevant ist, wer die Macht hat. Sie würden hoffen, dass in einigen Jahren die Bewegung und die Kampagnen den Boden für eine öko-sozialistische Regierung bereitet haben würden. Auch wenn das nicht bald eintritt, könnten vielleicht andere an die Macht gekommene Parteien und PolitikerInnen wenigstens teilweise einige öko-sozialistische Positionen übernehmen. Die Bereitschaft der Bevölkerungsmehrheit, Opfer zu akzeptieren, würde auch von solchen Parteien und Politikern wahrgenommen werden. Sie würden sich unter Druck fühlen.

Zwei weitere Standpunkte müssen noch angebracht werden. Es ist unwahrscheinlich, dass die öko-sozialistische Bewegung in irgendeinem kleinen Land erfolgreich sein könnte. 1917 war es für die Bolschewiki schwierig, ihre Revolution in dem riesigen russischen Reich zu verteidigen. Heute und morgen wäre es für die Öko-SozialistInnen eines kleinen Landes viel schwieriger, ihr Regime zu verteidigen – selbst wenn sie mit der Unterstützung der Mehrheit der Bürger an die Macht kämen. Keine militärische Intervention durch feindliche Nachbarn wäre nötig, diesem Regime ein Ende zu setzen. Bei der heutigen, verglichen mit 1917 gewaltig angewachsenen, globalen wirtschaftlichen Interdependenz und Verflechtung könnte ein kleines Land mit einer neu gewählten öko-sozialistischen Regierung durch fremde, feindliche Mächte in ernsthafte wirtschaftliche Schwierigkeiten gestürzt werden – durch Boykotte, Handelsembargos und so weiter. Dann könnte ein geplanter, geordneter Rückzug nicht einmal beginnen. In großen Ländern wie Indien, Brasilien, den USA oder Australien dürfte es weniger schwierig sein. Aber die beste Strategie wäre, die Bewegung zuerst in großen Regionen wie Westeuropa zu festigen und nicht zu versuchen, an die Macht zu kommen, bevor sich der Druck für Veränderungen in Richtung des Öko-Sozialismus in verschiedenen Ländern aufgebaut hat. Weitere Einzelheiten auszuführen, wäre zu diesem Zeitpunkt noch zu spekulativ.

Der zweite Standpunkt betrifft die Rolle der Arbeiterklasse. SozialistInnen und KommunistInnen, die die wahre ökologische Lektion gelernt haben, müssen endlich alle Illusionen über die revolutionäre oder führende Rolle des Proletariats fallen lassen. Es gibt überhaupt keinen besonderen Grund, warum die ArbeiterInnen die Veränderungen, die die Öko-SozialistInnen bewirken wollen, mehr unterstützen würden als Angestellte (Büroangestellte, LehrerInnen, IngenieurInnen, Verkaufspersonal und so weiter). Die Ersteren sind genauso konsumsüchtig wie die Letzteren, und die Letzteren leiden heute ebenso sehr an Arbeitslosigkeit und ökologischer Degradation wie die Ersteren. Aufgrund ihrer großen Zahl sollten die ArbeiterInnen auch in der öko-sozialistischen Bewegung eine entsprechend große, aber nicht unbedingt eine führende Rolle spielen, wenn es um mehr geht als die betriebliche Umwelt. Wir können nicht ewig auf die Führung der Arbeiterklasse warten.

Erich Fromm kam zu dem Schluss, dass es heute »nur zwei Lager gibt: die Engagierten und die Gleichgültigen« (im englischen Original: »those who care and those who don't care«; Fromm 1982: 191 und 1979: 196). Ich stimme ihm völlig zu. Die Engagierten können in allen Klassen und Schichten der Gesellschaft gefunden werden – außer vielleicht unter den Unternehmern, die unbedingt Wirtschaftswachstum brauchen, ohne das sie Gefahr laufen, Bankrott zu machen. (Zudem würden die Unternehmer in einer öko-sozialistischen Gesellschaft als Unternehmer vollkommen überflüssig werden.) Und die aktivsten unter den Engagierten währen die Öko-SozialistInnen.

Kapitel 7

Was ist mit dem Fortschritt?

In diesem letzten Kapitel möchte ich mich kurz mit ein paar Fragen befassen, die aus meiner Konzeption von Öko-Sozialismus entstehen und/oder damit zusammenhängen und die ich noch nicht behandelt habe.

Entwicklung oder Fortschritt?

Es ist klar, dass der Öko-Sozialismus, was die Wirtschaft betrifft, fast das Gegenteil dessen ist, was üblicherweise Entwicklung genannt wird. Das gilt auch für jede radikalökologische Position. Um diese logische, unpopuläre Aussage zu vermeiden, haben einige RadikalökologInnen den Begriff »Entwicklung« neu definiert. Daly zum Beispiel schreibt:

> »Wachstum bedeutet eine quantitative Zunahme des Ausmaßes der materiellen Dimensionen der Wirtshaft. ›Entwicklung‹ bedeutet die qualitative Verbesserung der Struktur, des Designs und der Zusammensetzung des Bestands an materiellen Reichtumern – eine Verbesserung, die aus größerem Wissen sowohl über Technik als auch vom Zweck [des Wirtschaftens] resultiert. Eine wachsende Wirtschaft wird größer, eine sich entwickelnde Wirtschaft wird besser. Eine Wirtschaft kann sich also entwickeln, ohne zu wachsen, oder wachsen, ohne sich zu entwickeln.« (zit. n. Sivaraksa 1996: 70)

All dies ist richtig. Aber unnötigerweise die Bedeutung eines Begriffs zu verändern, schafft nur Verwirrung. Für Dalys Verständnis von Entwicklung kann man stattdessen den Begriff »Verbesserung« verwenden, den Daly in dem obigen Zitat definiert.

Aber kein denkender Mensch beschäftigt sich nur mit der Ökonomie. Die OrganisatorInnen des Kongresses über »Ökologie zwischen

Selbstbeschränkung und Emanzipation« fürchteten, dass ökologische Politik nur »Rückbau der *Gesellschaft*« bedeuten könnte (siehe Kapitel sechs, Seiten 323/324). Die Problemstellung wäre klarer gewesen, wenn sie von *Rückschritt* der Gesellschaft gesprochen hätten. Wie dem auch sei, da für MarxistInnen, andere Linke und die meisten Menschen menschlicher und gesellschaftlicher Fortschritt völlig von der Entwicklung der Produktivkräfte abhängt – das heißt auch von wirtschaftlicher Entwicklung –, können sie logisch schließen, dass jede Art von Steady-State-Wirtschaft auf niedrigem Niveau zwangsläufig das Ende allen Fortschritts bedeuten würde. Aber ist dieser Schluss richtig?

Im vorangegangenen Kapitel habe ich mit Ullrich argumentiert, dass der Sozialismus in keinem notwendigen Zusammenhang mit dem Niveau der Produktivkraftentwicklung steht, da er hauptsächlich »eine Frage der gesellschaftlichen Verfassung, der Verhältnisse der Menschen untereinander« ist (Ullrich 1979: 21). Da Sozialismus also auf der Basis einer Steady-State-Wirtschaft auf niedrigem Niveau möglich ist, behaupte ich, dass auch Fortschritt auf dieser Basis möglich ist. Wir müssen nur klären, was Fortschritt heißt.

Als erster Schritt hin zu dieser Klärung werde ich zwei berühmte westliche politische Ökonomen zitieren. Keynes schrieb 1931, er hoffe, dass »… das Wirtschaftsproblem in den Hintergrund treten wird, wo es hingehört, und dass die Arena des Herzens und des Kopfes von unseren *wirklichen Problemen* besetzt, oder wiederbesetzt, werden wird – von den Problemen des Lebens und der *Verhältnisse der Menschen untereinander*, der Schöpfung, des *Verhaltens* und der Religion (Keynes 1931, VII; Hervorhebungen durch den Autor). Zwar dachte Keynes, dies würde geschehen, weil die westliche Welt die »Ressourcen und die Technik« habe, »die das Wirtschaftsproblem herunterschrauben können« (ebd.). Nichtsdestoweniger ist es wichtig zu merken, was er für die wirklichen Probleme der Menschheit hielt. Wirtschaftswachstum gehörte nicht zu ihnen. Es ist auch wichtig festzuhalten, dass er die Ressourcen und die Technik, die die westliche Welt im Jahre 1931 schon hatte, als ausreichend erachtete; das einzige noch Notwendige war »die *Organisation*, die diese benutzen sollte« (ebd.; Hervorhebung durch den Autor).

Ein weiterer politischer Ökonom, John Stuart Mill, vertrat schon im 19. Jahrhundert die Idee einer Wirtschaft im »stationären Zustand« (vgl. Daly 1980: 14–15). Er schrieb 1857:

> »Es erscheint kaum notwendig, besonders zu betonen, dass ein Zustand konstanten Kapitals und gleichbleibender Bevölkerungszahl nicht mit einem stillstehenden Zustand menschlicher Erfindergabe gleichzusetzen ist. Es gäbe ebensoviel Spielraum für alle Arten geistiger Kultur, für moralischen und sozialen Fortschritt, genau so viele Möglichkeiten, die Lebensführung zu verbessern und es wäre wahrscheinlicher, dass dies auch geschehen würde.« (zit. n. Flechtheim 1984: 19–20)

Mill stand im 19. Jahrhundert mit seiner Ansicht nicht allein. »Die französischen Sozialisten, in erster Linie Fourier, Proudhon und Blanc, waren fast reaktionär in ihrer progressiven Politik, denn sie sahen die Möglichkeiten für eine Besserung der Gesellschaft im Allgemeinen in einer der modernen, industriellen Entwicklung entgegengesetzten Richtung« (Sklair 1972: 81). Die Vision von William Morris wurde »regressiver« Utopismus genannt (Ryle 1988: 23).

Was Keynes und Mill in den obigen Zitaten sagen, ist sehr allgemein. Wir können die Elemente des Fortschritts, die in einer modellhaften öko-sozialistischen Welt möglich wären, etwas konkretisieren, ohne sie alle detailliert zu diskutieren. In erster Linie würde sich die Möglichkeit des Friedens vergrößern, sowohl innerhalb eines Staates als auch zwischen Staaten. In einer öko-sozialistischen Gesellschaft gäbe es erheblich weniger Verbrechen und Gewalt als heute, da *alle* arbeitsfähigen Erwachsenen sinnvoll beschäftigt wären. Da Gleichheit eines der höchsten Prinzipien wäre, gäbe es keinen Klassenkonflikt; Ausbeutung und Unterdrückung existierten nicht, ebenso wenig existierte die Unterordnung von Frauen unter Männer. Da die Nachfrage nach knappen Ressourcen geringer würde, nähme auch die Gefahr ab, dass derentwegen Kriege zwischen Staaten ausbrächen. Verminderte Konkurrenz auf dem Weltmarkt würde die Möglichkeit freundschaftlicher Beziehungen zwischen den Völkern erhöhen. Stabile Bevölkerungszahlen und nachhaltige Wirtschaften würden die massenhafte Migration aus den heute armen in die reichen Länder beenden, was die Fremdenfeindlichkeit in den Letzteren reduzierte.

Eine allgemeine Grundschulausbildung in allen Ländern wäre möglich, ohne, wie heute in Europa, große Schulgebäude zu bauen. Zwar gäbe es nicht in jedem Haushalt eine persönliche Bibliothek, aber mehr LeserInnen würden öffentliche Bibliotheken nutzen. Mehr gebildete Menschen beteiligten sich stärker an öffentlichen Diskussionen. Es gibt keinen Grund anzunehmen, dass es in einer öko-sozialistischen Gesellschaft weniger Musik, Kunst oder Literatur gäbe. Aber es ist wahrscheinlich, dass es weniger ganztags beschäftigte professionelle MusikerInnen, KünstlerInnen, SchriftstellerInnen, KomponistInnen und so weiter gäbe. Die Mehrheit dieser Menschen benötigte wahrscheinlich einen zweiten Teilzeitjob.

Wie im letzten Kapitel gezeigt, wäre es möglich, Demokratie und Partizipation auf die wirtschaftliche Sphäre auszudehnen. Zweifellos wäre Freiheit, in dem Maße, wie sie als Resultat und abhängig von hohem materiellem Konsum verstanden wird, begrenzter als in den heutigen Industriegesellschaften. Außerdem müssten Pflichten gegenüber der Gesellschaft erfüllt werden. Alle arbeitsfähigen Menschen *müssten* eine für die Gesellschaft notwendige Arbeit verrichten. Ansonsten gibt es keinen Grund, warum bürgerliche Freiheiten, wie zum Beispiel die Redefreiheit, weniger geachtet sein sollten als heute.

Alles in allem gäbe es einen großen Fortschritt bei zwischenmenschlichen Beziehungen und menschlichem Verhalten sowie bei Beziehungen zwischen Völkern und Staaten. Zumindest würde die Möglichkeit und die Wahrscheinlichkeit solchen Fortschritts wachsen. In Indien würde es zum Beispiel eher als jedem anderen einem öko-sozialistischen Regime gelingen, das Kastenwesen und die Institution der »Dowry« (Mitgift)[36] abzuschaffen. Das wäre ein enormer Fortschritt für die indische Gesellschaft.

Alle Menschenrechte für alle

Ein wichtiges Element des Fortschritts sollte die Verwirklichung der Menschenrechte sein. 1776 wurde in Sektion eins der Virginia Bill of Rights erklärt, »alle Menschen sind von Natur her gleich frei und unabhängig, und sie haben gewisse inhärente Rechte ...«[37] 1948 erklärte die UNO in der Präambel ihrer »Allgemeinen Erklärung der Menschenrechte«, dass »die Anerkennung der allen Mitgliedern der menschlichen Familie innewohnenden Würde und ihrer gleichen und unveräußerlichen Rechte die Grundlage der Freiheit, der Gerechtigkeit und des Friedens in der Welt bildet ...« (Amnesty International 1981: 154). Aber Tatsache ist, dass nicht alle Mitglieder der menschlichen Familie diese Würde und Rechte genießen.

Die meisten Menschenrechtsorganisationen, wie zum Beispiel Amnesty International, protestieren nur gegen die *Verletzungen einiger* Menschenrechte. Merkwürdigerweise protestieren sie nicht gegen die *Nicht-Verwirklichung anderer* zentral wichtiger Menschenrechte. Die verschiedenen Erklärungen selbst enthalten keine Gedanken darüber, wie diese Rechte verwirklicht werden könnten.

Im Artikel eins der UNO-Erklärung liest man: »Alle Menschen sind frei und gleich an Würde und Rechten geboren« (ebd.). In Artikel 1 Absatz 1 des deutschen Grundgesetzes steht: »Die Würde des Menschen ist unantastbar.« Aber Tatsache ist, dass nicht alle Menschen frei und gleich geboren werden. Einige werden reich geboren, einige arm, einige frei, einige unfrei. Es ist auch nicht wahr, dass die Würde des Menschen unantastbar ist. Sie *ist* antastbar. Eine Gesellschaft, in der die zitierten Aussagen der Realität entsprechen, hat es bisher noch nicht gegeben. Die Verfasser solcher Aussagen hätten deswegen auch schreiben sollen, *wie* ihre Ziele erreicht werden könnten. Sie haben Gleichheit lediglich als Gleichheit vor dem Gesetz definiert. Aber fördert das Gesetz irgendwo *wirkliche* Gleichheit zwischen den Bürgern und Bürgerinnen?

Die UNO-Erklärung sagt: »Jeder Mensch hat Anspruch auf eine soziale und internationale Ordnung, in welcher die in der vorliegenden Erklärung angeführten Rechte und Freiheiten voll verwirklicht werden können« (Artikel 28; ebd.: 159). Niemand würde wohl bestreiten, dass die Wirtschaftsordnung die wichtigste Komponente jeder sozialen und – in den letzten Jahrzehnten – auch der internationalen Ordnung ist. Aber weder die verschiedenen Erklärungen der Menschen- oder Grundrechte noch die Gesetze irgendeines existierenden Staates fordern, dass alle Menschen *ökonomisch* gleich sein sollten.

Ökonomische Gleichheit ist für sich schon ein Wert, und sie sollte zudem die wichtigste Komponente des Prinzips der Gleichheit sein. Außerdem ist es ohne diese Gleichheit sehr schwierig, die sonstigen Gleichheiten und Freiheiten zu verwirklichen. Eine Person ohne Finanzkraft kann zum Beispiel nicht für das Amt des Präsidenten der USA kandidieren. Das heißt, sie darf dies formal tun, hätte aber keine gleiche Chance, ihr Programm und ihre Persönlichkeit den Wählern bekannt zu machen. Sie könnte nicht vor das Gericht ziehen, um dort ein Unrecht wiedergutmachen zu lassen. Sie kann keine lokale, geschweige denn eine nationale Zeitung herausgeben beziehungsweise kontrollieren. Jemand, der acht Stunden am Tag in einer Fabrik arbeiten muss, hat nicht einmal die Zeit und Energie, einen Leserbrief zu schreiben. Und Arbeitende, die nichts außer ihrer Arbeitskraft zu verkaufen haben, müssen oftmals, insbesondere in Zeiten hoher Arbeitslosigkeit, die Verletzung ihrer Würde durch Manager oder durch die Besitzer des Betriebs hinnehmen, wenn sie nicht ihren Arbeitsplatz riskieren wollen.

Ökonomische Gleichheit existiert nicht einmal als Ziel in den Verfassungen so genannter demokratischer Staaten. Im Gegenteil, fast alle Erklärungen von Menschen- oder Grundrechten – inklusive die der UNO von 1948 – proklamierten feierlich das Recht auf Eigentum. Die französische Verfassung von 1791, nur zwei Jahre nach der Französischen Revolution mit ihrem Slogan »Freiheit, Gleichheit, Brüderlichkeit« verabschiedet, qualifizierte dieses Recht sogar als »geheiligt« (Artikel 17).

Es ist ganz klar, dass heute, in einer Welt mit begrenzten Ressourcen, nicht jeder im Sinne dieser Erklärungen und Verfassungen über Eigentum verfügen kann. Theoretisch wäre es möglich, allen Menschen ein gleiches Eigentumsrecht (in der Form von Rechtstiteln) an den Ressourcen der Welt oder eines Staates zu geben. Aber dann wären die »demokratischen« Staaten, über deren Verfassungen wir hier reden, nicht entstanden. Wenn ein Großgrundbesitzer auf seinem Eigentumsrecht besteht, können die meisten EinwohnerInnen des Dorfes nicht zu EigentümerInnen von Ackerland werden. Wenn die Mineral- und Waldressourcen einer Region Eigentum von wenigen sind, können andere Menschen in der Region nicht deren EigentümerInnen werden. Das Recht auf Eigentum ist also kein Recht für alle, kann es nicht sein.

Die wichtigste Bedingung für die Verwirklichung der anderen Menschenrechte könnte im Grunde auch ohne Privateigentum erfüllt werden, nämlich wenn jeder über eine *ausreichende* wirtschaftliche Stärke verfügen würde. Die UNO-Erklärung proklamiert einige »unentbehrliche« ökonomische Rechte (Artikel 22) für jedes Mitglied der Gesellschaft. Sie proklamiert das »Recht auf Arbeit« (Artikel 23/1), das »Recht auf angemessene (auf Englisch ›just‹ = gerechte) und befriedigende Entlohnung« (Artikel 23/3) und das »Recht auf eine Lebenshaltung, die seine und seiner Familie Gesundheit und Wohlbefinden, einschließlich Nahrung, Kleidung, Wohnung, ärztliche Betreuung … gewährleistet« (Artikel 25/1) (Amnesty International 1981: 157–158). Aber nicht einmal alle BürgerInnen der reichen demokratischen Staaten des Nordens genießen diese Rechte. Mehrere Millionen Menschen in diesen Staaten sind obdachlos, und Tausende müssen in Parks und auf Bürgersteigen schlafen. Jeden Winter erfrieren mehrere Dutzend von ihnen. Gleichheit zwischen Mann und Frau ist noch nicht erreicht. Der Rassismus grassiert.

Es kann nicht argumentiert werden, dass alles seine Zeit braucht. Wenn über 200 Jahre der Entwicklung nicht ausgereicht haben, die Menschenrechte zu verwirklichen, dann muss es einen grundsätzlichen Fehler im Konzept geben. Dieser Fehler ist die Nichtexistenz des Rechtes auf ökonomische Gleichheit. ProtagonistInnen des Kapitalismus sind nicht nur gegen dieses Recht, sie sagen offen, dass dieses Recht nicht verwirklicht werden könne. Sie argumentieren, dass der Egalitarismus schlecht für das Wirtschaftswachstum sei, da er Initiative, Unternehmertum und Leistungswillen töte. Sogar öffentliche Wohlfahrtssysteme, wo sie existieren, werden allmählich abgebaut. Wir müssen also daraus schließen, dass ein Widerspruch zwischen den Menschenrechten und dem Kapitalismus besteht.

Diesen Widerspruch hat es schon immer gegeben, und die Verfasser der verschiedenen Menschenrechtserklärungen waren sich seiner bestimmt bewusst. Sie konnten ökonomische Gleichheit nicht als ein

Menschenrecht erklären. Denn der Gedanke der Menschenrechte mit seiner starken Betonung des Rechts auf Eigentum entstand aus einem historischen Prozess, in dem große Teile der Menschheit ihres Eigentums und ihrer Ressourcen beraubt wurden, und zwar von genau dem europäischen und amerikanischen Bürgertum, welches die bürgerlich-demokratischen Revolutionen des 18. und 19. Jahrhunderts machte. Dieser Raub erfolgte durch die Eroberung von Kolonien und, im Inland, durch Prozesse wie die Einzäunung der Allmende. Weder die Verfasser der Virginia Bill of Rights noch ihre Nachkommen hätten irgendein Eigentum erlangen können, ohne vorher die Menschen, die vor ihrer Ankunft in Amerika lebten, zu töten oder zu vertreiben. Im selben Prozess wurden große Teile der Menschheit auch ihrer persönlichen Freiheit beraubt – der Sklavenhandel und die Apartheid sind nur zwei der schlimmsten Fälle.

Im späten 19. und im frühen 20. Jahrhundert war auch die breite Bevölkerung der Kolonialmächte interessiert an Kolonien. In Deutschland unterstützte die Mehrheit der Sozialdemokratischen Partei, der Partei der Arbeiter, die vom Kaiser verfolgte Politik der kolonialen Expansion; ein Teil wollte eine friedliche Aufteilung der Welt unter den europäischen »Kulturstaaten«, andere hatten keine Einwände gegen den Einsatz militärischer Mittel (vgl. Mandelbaum 1974). In der postkolonialen Ära setzt sich die Ausbeutung der ehemaligen Kolonien fort – nur mit anderen Mitteln, die als Neokolonialismus bezeichnet werden und die einen Zustand verfestigen, den Johan Galtung »strukturelle Gewalt« nennt (Galtung 1975).

Die Menschenrechtsorganisationen berichten über Verletzungen der Menschenrechte in der Dritten Welt. Aber sie erwähnen mit keinem Wort deren wirkliche Ursachen. Die herrschenden Eliten dort foltern, ermorden und kerkern DissidentInnen nicht deswegen ein, weil sie Sadisten sind. Sie tun es, weil sie sonst nicht in der Lage wären, ihre Macht aufrechtzuerhalten, die sie haben müssen, um mit der Ausbeutung der Mehrheit der Bevölkerung fortfahren zu können. Und es sind nicht nur Diktatoren; auch demokratisch gewählte Regierungen verfahren so – zum Beispiel die Regierung der Türkei, eines NATO-Alliierten des Westens.

»Demokratische« Staaten des Westens unterstützen und schützen Diktatoren und Menschenrechtsverletzer – wie beispielsweise Mobutu in Zaire und Pinochet in Chile –, weil diese ihren Interessen dienlich sind. Sie lassen Diktatoren dann fallen, wenn sie nicht mehr nützlich sind. Ihr Hauptinteresse ist die Aufrechterhaltung der Weltordnung, in der sie dominieren, was garantiert, dass sie weiterhin über den Löwenanteil an den Ressourcen der Welt verfügen, einschließlich der Arbeitskraft der Menschen in der Dritten Welt. Sie schützen Diktatoren und andere autoritäre Herrscher, weil nur solche Herrscher sicherstellen können, dass die Strukturanpassungsdiktate des IWF durchgeführt werden, dass Zinsen auf Krediten aus dem Westen weiterhin gezahlt werden und dass westliche Investitionen in den betreffenden Ländern geschützt sind. Es ist auch eine Tatsache, dass alle Menschen in den westlichen Industrieländern – wie auch immer ihre subjektiven Empfindungen sein mögen – ein objektives Interesse an der Fortsetzung dieser Weltordnung haben, da sie, sogar die Sozial- und ArbeitslosenhilfeempfängerInnen, davon profitieren.

Protest gegen Menschenrechtsverletzungen in der Dritten Welt bleibt leer, solange nicht die Wurzel des Übels, dessen Grundursachen, angegriffen werden. Das ist die gegenwärtige soziale, ökonomische und politische Ordnung in jedem Land sowie die gesamte Weltordnung. Es liegt auf der Hand, dass in einem öko-sozialistischen Regime, und noch mehr in einer öko-sozialistischen Weltordnung, die Chance für die Verwirklichung der Menschenrechte viel größer wäre.[38]

Eine Welt oder unterschiedliche Kulturen und Zivilisationen?

Die von der UNO 1948 erklärten Menschenrechte sollen universelle Gültigkeit haben. Dies setzt die Idee von einer Welt und einer Menschheit voraus. Die Erklärung verwendet auch den Begriff »die menschliche Familie«. Diese Idee teilen alle, die den Nationalismus überwunden haben und für Frieden, Entwicklung und Fortschritt in der ganzen Welt arbeiten, und natürlich alle SozialistInnen. Aber in den letzten Jahren wurde sie von vielen ÖkologInnen und VerfechterInnen einer anderen Art von Entwicklung verworfen.

FORTSCHRITT ODER ZURÜCK ZU TRADITIONELLEN KULTUREN?

Einige EntwicklungskritikerInnen (d.h. KritikerInnen des bis jetzt dominierenden Entwicklungsmodells) haben in die Diskussion kulturelle Argumente eingeführt. Ich teile ihre Ablehnung von Entwicklung, aber nicht das, was sie über traditionelle oder indigene Kulturen sagen. Ich fürchte, sie unterstützen unwissentlich Bewegungen, die der Menschheit schaden.

Der kulturelle Ansatz

Ich denke, wir müssen heute von zwei Ansätzen zur Entwicklungskritik sprechen: dem kulturellen und dem ökologisch-ökonomisch-politischen Ansatz. ProtagonistInnen des Ersteren ignorieren den Letzteren nicht völlig. Für die meisten von ihnen scheint jedoch das Hauptübel der Entwicklung darin zu bestehen, dass sie die traditionellen Kulturen des Südens zerstört oder unterdrückt.

Wolfgang Sachs (1989) behauptet, der Westen[39] habe dem Süden die Entwicklungsidee und entsprechende Programme aufgedrängt, durch die die ganze Welt vereinheitlicht und die Lebensweisen der Völker uniformiert werden sollten. Diese Art Entwicklung habe zur »Verdampfung« von Kulturen und Sprachen geführt und die genügsamen Subsistenzwirtschaften der traditionellen Kulturen zerstört, was dann dazu geführt habe, dass die Betroffenen nicht nur arm geworden seien, sondern auch ihre kulturelle Identität verloren hätten.

Für Sachs ist der Slogan »eine Welt« ein Horror, weil er »eigensinnige Lebens- und Verständnisweisen« gefährde und weil er den Raum für Selbstbestimmung und Autonomie der Völker einschränke. Er weiß um die Gefährdung der Biosphäre und versteht die Logik des »Raumschiffs Erde«. Doch seine Liebe zur »Differenz« und »Buntscheckigkeit« ist sehr stark, und darum ist es für ihn »ein Sakrileg, den globalen Raum als eine vereinigte, hoch integrierte Welt zu entwerfen«.

T. G. Verhelst (1990) spricht vom »Recht der Völker, anders zu sein«. Während Sachs sogar gegen Alphabetisierungsprogramme für Stammesvölker ist, die keine Schriftsprache haben, ist Verhelst kein Gegner von Entwicklung. Er kritisiert aber Versuche, anderen Völkern das westliche Entwicklungsmodell inklusive der westlichen Technik und Kultur überzustülpen. Er meint, das sei der Grund für die Haltung der Passivität oder Ablehnung seitens vieler Zielgruppen gegenüber Entwicklungsprojekten, die von Organisationen aus dem Norden gefördert werden. Er interpretiert diese Haltung als eine Form des Widerstandes gegen den Imperialismus. Er glaubt: »Die Unterlassung, indigenen Kulturen gebührende Anerkennung zu zollen, ist einer der fundamentalen Gründe für die Misserfolge und Schwierigkeiten ... bei Entwicklungsarbeit« (ebd.: 157). Er fordert Respekt für alle Kulturen und von den NROs, die Entwicklungsarbeit als einen Beitrag zur Befreiung verstehen, die Anerkennung der indigenen Kulturen als Grundlage von Entwicklung.

Solche Ansichten sind auch im Süden zum Ausdruck gekommen. Ich möchte einige Beispiele aus Indien geben. Smitu Kothari schreibt: »Und parallel zu dieser [Bedrohung für] das biologische Überleben marginaler Gemeinschaften gibt es die anhaltende Bedrohung für das Überleben ihrer Kulturen. Die Unterminierung kultureller Pluralität ist also eingebaut im dominanten Modell von ›Fortschritt‹« (Kothari 1985: 8). Für Anil Agarwal und einige andere ÖkologInnen aus dem Süden resultierte eine Prüfung der kulturellen und biologischen Diversität der menschlichen Gesellschaft in »einem Verständnis der *wesentlichen Rationalität jeder Kultur*: wie sie sich in ihrem eigenen, bestimmten Ökosystem herausgebildet hat und wie die Menschen gesellschaftliche und Produktionssysteme, Verhaltensmuster und Überlebenstechniken entwickelt haben. Nachdem wir dies verstanden hatten, gab es einen unmittelbaren Respekt für *alle* Kulturen ...« (Agarwal et al. 1987: 351; Hervorhebung durch den Autor). Vandana Shiva behauptet, »das indische kulturelle und ökologische Erbe«, die hinduistischen Prinzipien »Dharma« (richtiges Verhalten) und »Ahimsa« (Gewaltlosigkeit) und so weiter hätten dafür gesorgt, dass die altindische (präkoloniale) Ökonomie sehr ökologisch gewesen sei und dass dieses Erbe die gegenwärtige Ökologiebewegung in Indien inspiriere (Shiva 1986).

S. Kappen (1994) fordert sogar, dass »das Recht auf ... kulturelle Identität als ein fundamentales Menschenrecht bekräftigt werden muss«. Er behauptet, dass »eine Entwicklung, die in der Befriedigung unserer ... Bedürfnisse besteht, notwendigerweise kulturspezifisch sein wird«. Seiner Meinung nach »muss Kultur nicht nur in der politischen Organisation der Gesellschaft«, sondern auch »in der Wissenschaft verkörpert sein«.

Kulturelle Identität ist eine Falle

Aus Platzgründen konnten die obigen Ausführungen nur eine kurze, annähernde Zusammenfassung der Ansichten sein, die ich hier kritisieren will. Sie verdeutlichen einen Trend. Es ist, erstens, nicht immer klar, ob sich der Autor nur auf die traditionellen Kulturen von Stammesvölkern und marginalisierten Menschengruppen bezieht oder auch auf die der Mehrheiten unter den Völkern des Südens. Zweitens ist es nicht immer klar, ob man mit traditioneller Kultur die Ansichten und Lebensweisen meint, die in den antiken heiligen und philosophischen Schriften ausgedrückt und empfohlen werden, oder (auch) die in der Vergangenheit oder der Gegenwart tatsächlich praktizierten Kulturen. Ich habe den Eindruck, dass alles gemeint sein kann, was nicht westlich oder verwestlicht ist.

Um möglichen Missverständnissen vorzubeugen, muss hier klar gesagt werden, dass TeilnehmerInnen an solchen Diskussionen das Wort »Kultur« in seiner sozialanthropologischen Bedeutung verwenden, nämlich im Sinne von »jenem komplexen Ganzen, das Wissen, Glauben, Kunst, Moral, Recht, Sitten und alle anderen Fähigkeiten und Gewohnheiten umfasst, die von Menschen als Mitglied der Gesellschaft erworben werden«. In diesem Sinne umfasst »Kultur« auch die »materielle Organisation des Lebens«, das heißt »soziale und ökonomische Institutionen« (Edwards 1967: 274).

Meine Hauptkritik am kulturellen Ansatz ist, dass seine Argumente nicht nur falsch, sondern auch schädlich sind. Entwicklung sollte verworfen werden, aber nicht, weil sie westlich oder fremd ist. Sie sollte verworfen werden, weil sie ökologisch, ökonomisch, politisch und sozial unhaltbar und schädlich ist, im Westen ebenso sehr wie anderswo. Die meisten ProtagonistInnen des kulturellen Ansatzes würden höchstwahrscheinlich dem zweiten Teil dieser Aussage zustimmen; also ist ihr kultureller Ansatz unnötig für ihre Ablehnung von Entwicklung.

Aber ihr Ansatz ist auch schädlich, und das nicht nur, weil er traditionelle Kulturen romantisiert und dadurch ein falsches Bild der Realität produziert. Wohin er uns führen kann, wird klar, wenn wir in einem Bericht über eine internationale Tagung zum Thema »neue Weltordnung« Folgendes lesen:

> »Anknüpfend an die Idee des CDU-Politikers Kurt Biedenkopf, eine innerhalb von Jahrzehnten nicht zu leistende Vereinheitlichung der materiellen Lebensverhältnisse in Deutschland durch Stärkung regionaler Identität zu kompensieren, schlug Hans May [Direktor der Evangelischen Akademie, Loccum] dies als Modell für die ganze Erde vor. Die Unmöglichkeit, auch nur annähernd vergleichbare Lebensbedingungen zu schaffen, lege den Schluss nahe, dass die *Menschenrechte differenziert und regionalisiert werden müssten*. May *warnte* in diesem Zusammenhang *davor, religiösen Fundamentalismus zu diskreditieren*.« (*Frankfurter Rundschau*, 27.04.1992; Hervorhebungen durch den Autor)

Hier ist das Motiv für die Differenzierung der Menschenrechte nicht Respekt für alle Kulturen und auch nicht Liebe zur Unterschiedlichkeit, sondern Angst vor den Bestrebungen des Südens, den Norden wirtschaftlich einzuholen, was für die ganze Welt ökologisch katastrophal wäre. Außerdem bestanden auf der UNO-Menschenrechtskonferenz (Wien, Juni 1993) alle Gruppen aus dem Süden auf der Allgemeingültigkeit (universality) von Menschenrechten. Ihr Slogan war »Alle Menschenrechte für alle« (Sethi und Sheth, 1993). Es sind nur die Herrscher einiger Länder, die diese Allgemeingültigkeit mit dem Argument der kulturellen Unterschiedlichkeit ablehnen. Offensichtlich haben auch sie Angst vor dem Verlangen ihrer eigenen Ausgebeuteten, Unterdrückten und Frauen, die Reichen, die Mittelklasse und die Männer einzuholen. Ich unterstelle nicht, dass alle ProtagonistInnen des kulturellen Ansatzes Hans Mays Schlussfolgerungen ausdrücklich teilen, aber das ist die Richtung, in die ihre Betonung der kulturellen Identität und Unterschiedlichkeit logischerweise geht.

Es ist nicht richtig zu sagen, dass der Norden dem Süden sein Entwicklungsmodell und seine Kultur aufgezwungen oder angedreht habe. Die meisten Menschen im Süden akzeptierten gern zumindest die größten Teile der Entwicklungsidee und der westlichen Kultur. In Indien wurde 1938 auf Veranlassung des Indischen Nationalkongresses ein Nationales Planungskomittee gebildet. Die Ziele der Planung waren, »... den allgemeinen Lebensstandard des ganzen Volkes ... durch die größtmögliche Entwicklung der Ressourcen des Landes zu heben« (zit. n. Majumdar et al. 1967: 969). Und seit den frühen Achtzigerjahren raten einige europäische PolitikerInnen dem Süden ausdrücklich, nicht den Westen nachzuahmen – vielleicht aus dergleichen Angst, die Hans May hat. Edgar Pisani, ein ehemaliger führender Politiker der Europäischen Wirtschaftsgemeinschaft (EWG), sagte: »Unsere Beziehungen [zum Süden] von jeglicher Andeutung von Rassismus zu befreien, heißt zu bekräftigen: wir sind unterschiedlich und wir werden unterschiedlich bleiben« (zit. n. Verhelst 1990:VII). Angelo Narducci, damals Präsident des EWG-Parlaments sprach von der »bösartigen Überzeugung, dass es überlegene Kulturen gibt, die sich behaupten müssen«, und verlangte »Respekt für Spezifität und kulturelle Identität« (zit. n. ebd.: 149–150). Im Dritten Lomé-Abkommen (1984) versprach die EWG als Ganzes, »die kulturellen Identitäten« der Völker Afrikas und der karibischen und pazifischen Regionen »zu fördern«. Das Abkommen vertrat die Auffassung, dass deren Entwicklung »auf ihre kulturellen und sozialen Werte« gegründet werden solle (zit. n. ebd.: 150).

Wir haben gesehen, zu welchen Grausamkeiten und Unterdrückungen religiöser Fundamentalismus führen kann. Man könnte hier argumentieren, ein kultureller Ansatz meine nicht einen religiösen Ansatz. Aber Religion ist ein sehr wichtiges Element der Kultur, und kulturelle Identität ist weitgehend religiöse Identität. Es hilft nicht, die Angelegenheit durch das Einbringen unseriöser Differenzierungen zu verwirren, wie Kappen es tut: »Während ... religiöse Erweckungsbewegungen und Fundamentalismen in vielen Teilen der Welt auftauchen – was selbst ein Zeichen von einem Verlust an Weisheit ist –, verlieren Menschen ihre Verankerung in authentischer Religion« (Kappen 1994). Was ist authentische Religion? Sind nicht die Scharia, das islamische Gesetzbuch, und die päpstlichen Erlasse Teile des authentischen Islam und des authentischen Katholizismus? Ist nicht das Kastenwesen ein Teil des authentischen Hinduismus? Alle drei Religionen haben ihre Ungläubigen: Kafirs, Heiden, Mlechchhas.

Aber davon abgesehen, was man mit »kultureller Identität« genau meint, sie zu betonen, verursacht Trennung zwischen Völkern, Nationen, ethnischen Gruppen und so weiter. Zwar kann sie unter bestimmten Umständen eine Gruppe von Menschen vereinen und so innere Solidarität erzeugen. Aber sie kann dies nur leisten, indem sie einen Unterschied zwischen dieser Gruppe und den anderen macht. Unter ungünstigen Umständen kann die Suche nach Identität leicht zu Konflikten führen und in einer Suche nach Feinden enden. In Nordirland ist es eine Mischung aus religiösen und nationalen Identitäten; im früheren Jugoslawien ist es eine Mischung aus ethnischen und religiösen Identitäten; in der früheren Sowjetunion ist es eine Mischung aus nationalen, rassischen und religiösen Identitäten; in den USA ist es eine rassische oder Hautfarbenidentität; und in Indien kommt zu all dem noch eine linguistische hinzu – Bengali, Assamisch, Oriya, Tamil, Hindi und so weiter. Natürlich gibt es bei solchen Konflikten fast immer eine tiefer liegende ökonomische Ursache; aber die separaten kulturellen Identitäten zu betonen, macht es sehr viel schwieriger, eine Lösung zu finden.

Für Indien stellt die Betonung kultureller Identität eine große Gefahr dar. Eine traditionelle indische Kultur gibt es nicht. Es gibt eine traditionelle Hindu-Kultur, aber diese ist nicht die traditionelle Kultur der indischen Muslime, einer sehr großen Minderheit, oder der indischen Sikhs. Wenn Kappens Idee in Indien Wirklichkeit würde, wäre es die traditionelle Hindu-Kultur, die in der politischen Organisation der indischen Gesellschaft »verkörpert« sein würde. Das wäre das Ende des säkularen indischen Staates, und es gäbe einen Hindu-Staat, mit Konsequenzen, die hier nicht näher ausgeführt werden müssen.

Die opportunistische Haltung gegenüber religiösen FundamentalistInnen sowie kulturellen und anderen IdentitätsfetischistInnen, die einige im Westen (wie Hans May) an den Tag legen, wird ihren Zweck verfehlen. Denn in ökonomischen Angelegenheiten schätzen die FundamentalistInnen im Allgemeinen den Unterschied nicht: sie wollen alle den Norden einholen und so viel zur Degradation der Biosphäre beitragen wie die Industriegesellschaften Europas und Amerikas. Niemand findet es also erstaunlich, dass iranische Ayatollahs die heiligen Schriften in der Bibliothek von Qom mit Computern verarbeiten. Für den Norden industrieller Wohlstand, für den Süden kulturelle Identität – diese neue Ideologie des Imperialismus ist leicht zu durchschauen.

»Wir sind unterschiedlich und wir werden unterschiedlich bleiben« – diese Ideologie muss aus einem anderen Grund verworfen werden. Mit ihr können US-AmerikanerInnen den ökologisch zerstörerischen und ausbeuterischen »American way of life« als ihre kulturelle Identität verteidigen, Hindus können damit Unberührbarkeit und das Kastenwesen verteidigen und fast alle Völker der Welt den untergeordneten Status der Frauen. Das alles sind in der Tat Teile traditioneller Kulturen. In Südafrika ermöglichte die Betonung der Unterschiedlichkeiten der kulturellen und ethnischen Identitäten sogar vielen liberalen und nationalistisch-christlichen Weißen, die Apartheidpolitik zu unterstützen, ohne den diskreditierten Begriff »Rasse« benutzen zu müssen.

Es gibt auch Menschen, die Entwicklung aus ökologischen, ökonomischen und sozialen Gründen ablehnen, die aber trotzdem in der Kulturfalle landen. Hier ein Beispiel: In der Singrauli-Region von Madhya Pradesh in Indien äußerten einige AktivistInnen, die die Interessen von Entwicklungsopfern verteidigten, die Auffassung, dass die einzige Alternative zur Entwicklung eine Rückkehr in die Vergangenheit sei. Sie sprachen von der Größe Indiens, bevor die Briten kamen. Sie behaupteten, dass die Dörfer des antiken und präkolonialen Indien eine glückliche Welt gewesen seien, frei von Ausbeutung, dass es damals keine Hungersnot gegeben habe, dass Frauen den Männern gleichgestellt worden seien und so weiter. Obwohl diese Behauptungen alle falsch sind, drücken sie wenigstens einige Ideale aus. Aber die Kultur des antiken Indien beinhaltete auch Kastendiskriminierung, also verteidigten diese RomantikerInnen auch das Kastenwesen (vgl. Dhagamvar 1985). Ein weiteres Beispiel ist Kappen. Er kritisiert überzeugend den Kapitalismus und die industrielle Zivilisation vom ökologischen, politischen und sozialen Standpunkt aus; aber auch seine Lösung ist »eine Wiedergewinnung der ewig gültigen Erkenntnisse der Vergangenheit« (was immer das heißen mag).

Die angebliche Weisheit und Rationalität traditioneller Kulturen

Eine Bedeutung von »ewig gültigen Erkenntnissen der Vergangenheit« könnte die angebliche ökologische Weisheit der Alten sein. Zweifelsohne hatten die meisten (nicht alle) Kulturen vor der industriellen Revolution ein gewisses ökologisches Gleichgewicht gefunden, zumindest vorläufig. Sonst hätten sie nicht überleben können. Ein Faktor dabei war sicher eine gewisse ökologische Weisheit. Denn schließlich hing ihr Lebensunterhalt in viel höherem Grade als heute von der Gesundheit ihrer Umwelt ab. Aber die entscheidenden Faktoren waren einige objektive Umstände ihres Lebens: Erstens hatten sie weder die Technologien von heute noch die fossilen Brennstoffe, mit deren Hilfe moderne Kulturen die Biosphäre rapide degradieren. Zweitens war der Druck des Bevölkerungswachstums viel geringer. Drittens gab es noch genug dünn besiedeltes Territorium auf der Erde, in das der Teil der Bevölkerung, der nicht mehr ernährt werden konnte, auswanderte. Europa wäre ökologisch zerstört, wenn nicht im 15. Jahrhundert Amerika entdeckt worden wäre.

Doch ArchäologInnen und HistorikerInnen haben viel Beweismaterial entdeckt, welches zeigt, dass auch die Alten in vielen Teilen der Welt ihre Umwelt zerstörten. Aber der Prozess war damals viel langsamer als heute, so dass nicht viele Individuen ihn in ihrer Lebenszeit wahrnehmen konnten. Clive Ponting (1991, Kapitel 5) gibt mehrere Beispiele: die Mittelmeerregion, die Maya-, die sumerische und die Industal-Zivilisation, das Einzugsgebiet des Gelben Flusses in China, Griechenland in der Zeit Platons. Die Ursachen waren Entwaldung, Überweidung, Überbevölkerung, Überbewässerung, wodurch der Boden wassergesättigt wurde oder die zur Bodenversalzung führte, Landwirtschaft auf ungeeignetem Land, die zur Bodenerosion führte, und so weiter.

Es kann nicht einmal gesagt werden, dass alle Menschengruppen, die vor der Entstehung jeglicher Zivilisation lebten, eine umweltfreundliche Lebensweise hatten. Es gibt Beweismaterial, welches zeigt, dass in Australien und Amerika die frühesten SiedlerInnen massive Zerstörungen am Ökosystem verursachten. Überjagung, vor allem die Technik des Jagens durch Feuerlegen, verursachte das Aussterben von 73 bis 86 Prozent der großen Säugetiere (ebd.: 35; Lovelock 1982: 188–189).

In der heutigen ökologischen Literatur lesen wir oft auch von der Naturliebe beziehungsweise von der ökologischen Weisheit der vorindustriellen Völker. Ein populäres, romantisiertes Beispiel ist das der Bishnois (in Indien), von denen etwa 300 ihr Leben geopfert haben sollen, um Bäume zu schützen (siehe Sunderlal Bahugunas Darstellung in Tüting 1983: 16–19). Eigentlich hatten diese Bishnois ein materielles Interesse daran, die Bäume zu retten, die ihr Dorf vor der Ausdehnung der Thar-Wüste (in Rajastan) schützten. Andererseits darf die Tatsache nicht übersehen werden, dass der König und die Holzfäller, die die Bäume fällen wollten, auch ein materielles Interesse an Brennstoffgewinnung zur Kalkerzeugung hatten, den sie zum Bau eines Palastes benötigten. Es handelte sich um einen klaren Fall eines Ressourcenkonfliktes im vorindustriellen, präkolonialen Indien. Wenigstens in dieser Hinsicht gibt es kaum Unterschiede zwischen der Vergangenheit und der Gegenwart, außer beim Tempo der Umweltzerstörung. Ökologisch war die Vergangenheit nicht *weiser* als die Gegenwart. Es gibt keinen Beweis für die Allgemeingültigkeit von »Großvaters Gesetz«.

Fälle ökologischer Zerstörung, die von ArchäologInnen und HistorikerInnen zutage gefördert wurden, sind vielleicht nicht sehr zahlreich. Aber es gibt keinen Zweifel, dass es in allen traditionellen fortgeschrittenen Kulturen der Welt – der indischen hinduistischen, der arabischen islamischen, der europäischen christlichen, der chinesischen konfuzianischen und so weiter – immer Ausbeutung und Unterdrückung, Gewalt und Kriminalität gegeben hat. Wir wissen, dass in fast allen Kulturen der Welt Hierarchie, Klassen- oder Kastensystem und Patriarchat große Teile der Bevölkerung zu einer permanent gedemütigten Existenz verdammt haben, einzig und allein, weil sie in der falschen Familie oder im falschen Geschlecht geboren wurden. Und fast alle Völker der Welt, einschließlich der Stammesvölker (vielleicht mit Ausnahme der primitivsten Jäger und Sammler), haben Kriege geführt. Es ist nicht einmal wahr, dass die weisen Männer der antiken indischen Kultur Apostel der Gewaltlosigkeit waren. Die gesamte Bhagavadgita, die wichtigste religiöse Schrift des Hinduismus, ist eine Ermahnung, Krieg zu führen. Die weisen Männer und die religiösen Texte der Juden sagten ihnen, dass sie das erwählte Volk Gottes seien und deswegen die Länder anderer Völker erobern durften. Der Buddhismus ist eine gewaltfreie Religion; er verbietet aber nicht die wirtschaftliche Ausbeutung von Mitmenschen. Sulak Sivaraksa, der thailändische Sozialaktivist und Denker, schreibt:

> »Der institutionalisierte Buddhismus (mit einem großen B) erklärt [wie der Hinduismus] die Unterdrückung mit *karma*, indem er sagt, dass beide, die Bauern und die Grundbesitzer, die Früchte ihrer Handlungen in ihren früheren Leben ernten; die Bauern aufgrund von schlechten Taten und der Grundbesitzer aufgrund von Verdiensten durch den Bau von Tempeln und Buddhastatuen. Sowohl die Reichen als auch die Armen werden ermutigt, die institutionalisierte Religion und die materielle Anhäufung in der Mönchsbruderschaft für ihr eigenes Wohlergehen im zukünftigen Leben zu unterstützen.« (Sivaraksa 1996: 65)

Das institutionalisierte Christentum – ungeachtet der Bergpredigt und der Idee eines liebenden Gottes – hat Kreuzzüge geführt, Kriege unterstützt, materielle Reichtümer angehäuft und nicht gegen Ausbeutung und Unterdrückung protestiert.

Angesichts dieser Fakten kann man nicht *allen* Kulturen Respekt zollen. Im Falle der *Ökonomien*, die vermutlich mehr oder weniger ökologisch gesund waren, kann man vielleicht von einer »wesentlichen Rationalität« reden. Ich sehe aber keine »wesentliche Rationalität« in den traditionellen oder vorindustriellen *Kulturen*. Die alten Hindus schufen ihr Kastenwesen und die Unberührbarkeit nicht, um sich an ihre spezifische Ökologie anzupassen. Und nirgendwo in der Welt erfordert das Ökosystem die Unterdrückung der Frauen durch die Männer.

In fast allen Gesellschaften hat es Widersprüche und Konflikte gegeben, und oft ging es um kulturelle Werte. Es gab Kämpfe gegen ausbeuterische, unterdrückerische, diskriminierende Werte, Sitten und Bräuche, Kämpfe gegen Aberglauben und für wissenschaftliche Erkenntnisse (z. B. dass sich die Erde um die Sonne dreht und nicht umgekehrt). Und generell hat es Kämpfe für Emanzipation gegeben. Keine Kultur verdient pauschalen Respekt oder pauschale Verachtung. Aber keine bisherige Kultur ist geeignet für die Bewältigung der ganz neuen, schwierigen und komplexen Aufgaben von heute. Bis dafür geeignete Kulturen entstanden sind, können nur Dialog und *kritische* Solidarität das einzig angemessene Verhalten bei Beziehungen zwischen Völkern verschiedener Kulturen darstellen.

Sicherlich hat es Stämme gegeben, in denen Solidarität und gegenseitige Hilfe die Norm gewesen ist. Aber diese ist nie auf benachbarte Stämme ausgedehnt worden; es hat keine Norm gegeben, die deren Ausbeutung oder gar Massakrierung verbietet. Nordamerikanische indianische Kulturen vergangener Jahrhunderte – die bei vielen Linken und ÖkoaktivistInnen den Ruf genießen, ökologische und soziale Modelle zu sein – waren nicht besonders friedliebend. Die Historikerin Dickason (die teilweise amerikanisch-indianischer Abstammung ist) zitierend, schreibt David Orton:

> »Kriege und Feindseligkeiten zwischen Stämmen waren in ganz Amerika endemisch. Die Irokesen praktizierten Kannibalismus und Folter. Einige Stämme praktizierten Menschenopfer. An der Nordwestküste [Kanadas] beruhten Klassenunterschiede auf Reichtum. Und sie hatten erbliche Häuptlinge, Adelige, einfache Mitglieder und Sklaven, die getötet werden durften.« (Orton 1995)

Ähnliche Züge gab es offenbar auch in den Kulturen der Azteken und der Inkas (siehe Rügemer 1992). In unserer Zeit sind die Konflikte und Massaker zwischen den Stämmen Afrikas (Hutus, Tutsis, Zulus usw.) gut bekannt.

Auf jeden Fall ist es unlogisch, auf der Basis einiger positiver Elemente in ein paar Ausnahmekulturen eine Ideologie oder ein alternatives Paradigma aufzubauen. Es ist gleichermaßen unlogisch, einige passende Sätze aus wenig gelesenen heiligen und philosophischen Schriften entwickelter traditioneller Kulturen zu zitieren und dann zu behaupten: so war ihre Kultur. Die Bhagavadgita und die Upanishaden waren ebenso wenig Ausdrücke der real existierenden Hindu-Kultur, wie die Bergpredigt ein Ausdruck der real existierenden christlichen Kultur gewesen ist.

Ein theoretischer Fehler

Ein fundamentaler theoretischer Fehler der ProtagonistInnen des kulturellen Ansatzes ist es, eine Parallele zwischen Ökologie und Kultur zu ziehen. Sie sprechen im selben Atemzug von ökologischer und kultureller Vielfalt. Für die Gesundheit der Ökologie einer Region ist Vielfalt absolut notwendig und Monokultur sehr schlecht. Aber für die Gesundheit einer menschlichen Gesellschaft ist es nicht schlecht, wenn Menschen dieselbe Sprache sprechen oder ähnliche Kleider tragen oder denselben Gott anbeten und so weiter. Es gibt einen weiteren Unterschied. Ein Mangobaum wird nicht in Europa gedeihen und ein Apfelbaum nicht in Südindien. Aber das Christentum ist auf den Philippinen gediehen, und Yoga ist in Europa sehr beliebt geworden. Wir müssen gegen die Gentechnik wegen der Gefahr irreversibler Schäden kämpfen, aber eine künstlich geschaffene kulturelle oder soziale Institution kann wieder abgeschafft werden, oder wir können ihr entgegenwirken, wenn sie sich als schädlich erweist.

Lewis Mumford, einer der wichtigsten Philosophen der öko-alternativen Bewegungen im Westen, liefert unwissentlich und indirekt ein anderes, sehr interessantes Argument für den Schutz und Erhalt »nationaler und regionaler Kulturen«:

> »Einer der großen Vorzüge in sich abgeschlossener nationaler und regionaler Kulturen besteht darin, dass, wenn die Möglichkeiten bewußt genutzt werden, mit diesen potenziellen Alternativen unter verschiedenen Bedingungen experimentiert und ihre Vorteile miteinander verglichen werden können. Jede Geschichtsphilosophie, die die Mannigfaltigkeit der Natur und der Menschheit in Betracht zieht, muss erkennen, dass die Selektionsprozesse in der Natur beim Menschen eine höhere Stufe erreicht haben und dass jeder Modus der Organisierung menschlicher Aktivitäten – mechanischer oder institutioneller Art –, der zugunsten eines geschlossenen und völlig vereinheitlichten Systems die Möglichkeiten fortgesetzter Erprobung, Selektion, Entstehung und Transzendierung einschränkt, nichts Geringeres ist als ein Versuch, die Evolution menschlicher Kultur aufzuhalten.« (Mumford 1970: 159 [Übersetzung des Autors]; 1980: 515–516)

Mumford hat sich hier in einen Widerspruch verstrickt: Einerseits will er die Evolution menschlicher Kultur. Andererseits, wenn er mit diesen alternativen Kulturen fortgesetzt experimentieren will, muss er sie schützen und erhalten. Sollen denn diese nationalen und regionalen Kulturen von der Evolution menschlicher Kultur ausgenommen werden? Sollen sie denn als Versuchskaninchen in einem Labor betrachtet werden oder zur Beobachtung durch Anthropologen in einem Gehege eingesperrt oder quasi in einer Kulturbank aufbewahrt werden, wie Biologen Gene von wilden Pflanzen in einer Genbank aufbewahren? Keiner dieser möglichen Gedanken wäre eine sehr respektvolle Haltung anderen Kulturen gegenüber. Doch die ProtagonistInnen des kulturellen Ansatzes wollen die Evolution menschlicher Kultur aufhalten, indem sie verlangen oder empfehlen, dass traditionelle Kulturen möglichst so bleiben sollen, wie sie sind, oder gar wieder so werden sollen, wie sie früher waren.

Mein Argument gegen Mumfords Betrachtung ist, dass für sein Anliegen, das ich teile, weder kulturelle Versuchskaninchen noch eine Kulturbank notwendig sind. In der Natur ist eine Spezies, wenn sie ausstirbt, für immer verschwunden. Aber wir können, wenn wir es wollen, alte oder ausgestorbene Kulturen oder Elemente davon wiederbeleben. Beschreibungen alter Kulturen und ihrer verschiedenen Elemente sind in Büchern erhältlich. Die Wiederbelebung der Olympischen Spiele ist ein einschlägiger Fall. Außerdem können wir unsere Phantasie und Intelligenz benutzen, um völlig neue soziale oder kulturelle Institutionen, Regeln und Normen zu schaffen, während GentechnikerInnen für ihre Experimente und Schöpfungen eine Genbank brauchen.

Was wollen die Völker?

ProtagonistInnen des kulturellen Ansatzes bestehen auf dem Recht der Völker, anders zu sein, auf dem Recht, nicht wie Europäer zu werden. Aber wer zwingt sie dazu? Seit den Sechzigerjahren sind alle Völker des Südens zumindest politisch unabhängig. Und seit den frühen Achtzigerjahren raten ihnen die Pisanis, Narduccis, Mays und die EWG sogar, unterschiedlich zu sein. Niemand hat uns davon abgehalten, weiterhin Kamele oder Ochsenkarren zu benutzen oder Nationaltrachten zu tragen oder in Großfamilien zu leben. Wir sind es, die Autos fahren und Hosen tragen wollten.

Natürlich gibt es viele indirekte (ökonomische) Zwänge. Aber im Prinzip hätten Fremde keinen Einwand dagegen, wenn ein Volk (oder ein Teil davon) den Wunsch hätte, seine traditionelle Kultur wiederzubeleben, zu erhalten und zu praktizieren, solange das anderen nicht schadete. Keine westliche Macht hat gegen eine islamische Republik Krieg erklärt, die die Scharia wieder eingeführt hat. Aber was wollen die Völker? Was sind ihre Träume und Visionen? Es gibt überhaupt keinen Zweifel daran, dass die große Mehrheit aller Völker des Südens das einholen will, was der Norden in den Bereichen Wirtschaft, Wissenschaft, Technologie, Bildung und so weiter erreicht hat. Zusätzlich zu ihrer eigenen traditionellen Kunst, Literatur, Musik und so weiter wollen sie auch lernen und genießen, was der Westen auf diesen Feldern geschaffen hat. Man braucht nur die Hindus, Buddhisten und Muslime in Indien, Thailand und Ägypten zu betrachten, und man ist davon überzeugt. Ob dies zu befürworten ist oder nicht, ist eine andere Frage. Zweifelsohne praktizieren die meisten Völker des Südens immer noch bis zu einem gewissen Grade ihre traditionelle Kultur – in sozialen Angelegenheiten (z. B. bei Hochzeiten und anderen Zeremonien, bei Ritualen und Sitten im Zusammenhang mit Geburt und Tod), in religiösen Angelegenheiten, in Kleiderfragen und so weiter. Sie tun dies aber nur, soweit dies ihren Bemühungen, den Norden in den Bereichen Wirtschaft, Wissenschaft, Technologie und Bildung einzuholen, nicht im Wege steht.

ProtagonistInnen des kulturellen Ansatzes wollen, dass indigene Völker ihre traditionelle Kultur praktizieren. Aber was wollen die Letzteren selber? Nehmen wir ein Beispiel aus Indien. Siddharta, ein Protagonist und Aktivist des kulturellen Ansatzes, schreibt über die Kurubas, ein Stammesvolk in Karnataka:

> »Zusätzlich dazu, dass sie Hindu-Werte imitieren, werden sie auch von westlichen und kommerziellen Werten beeinflusst, die durch das Kino vermittelt werden. Viele ihrer Jugendlichen kennen keine Stammeslieder, aber sie singen *begeistert* Filmlieder in der Kannada-Sprache. … Sie

praktizieren noch Kräutermedizin, aber die moderne Medizin hat schon große Einbrüche erzielt. Bei ernsten Erkrankungen lassen sie sich in staatlichen Krankenhäusern behandeln. ... Wenn die Stammesangehörigen einige ihrer Werte aufgeben, geschieht das nicht allein wegen der Aggression der kapitalistischen Wirtschaft. In gewissem Grade *wollen sie selbst diese Veränderungen*. Der Raum, den die moderne Zeit für das Individuum schafft, ist berauschend für viele ihrer Jugendlichen, die einige Sitten des Clans bedrückend finden (beispielsweise die Autorität, mit der der *Yajamana* oder Häuptling ausgestattet ist). Es muss zugegeben werden, dass die Freiheit des Individuums und der Raum dafür ... ein wichtiger Gewinn sind.« (Siddharta 1991; Hervorhebung durch den Autor)

Ähnliches kann sicherlich auch über andere Stammesvölker der Welt gesagt werden – über die nordamerikanischen Indianer und die, die in den Wäldern Amazoniens leben.

Industrielle Zivilisation und Kapitalismus

Verhelst schreibt: »Wie die Dritte Welt leidet auch der Westen an kultureller Entwurzelung.« Das ist auch die Meinung von Siddharta, der viele Jahre in Frankreich gelebt hat. Das ist verwirrend, denn westliche Kultur kann doch nicht durch westliche Kultur entwurzelt werden. Wer oder was entwurzelt sie denn? An dieser Stelle macht Verhelst plötzlich andere Faktoren für das Übel verantwortlich: »das große prometheische Abenteuer ..., das während der letzten 300 Jahre intensiviert wurde«, und »*die moderne Kultur*«, durch die viele Menschen im Westen »egozentrisch« und »Kreaturen der Herrschaft und Wettbewerbsfähigkeit« geworden sind (alle Zitate in diesem Absatz sind aus Verhelst 1990: 72; Hervorhebung durch den Autor). Mit dieser Analyse bin ich völlig einverstanden. Auf gut Deutsch heißen diese Faktoren industrielle Zivilisation und Kapitalismus, deren zerstörerische Ergebnisse die Protagonisten des kulturellen Ansatzes eigentlich kritisieren, die sie aber fälschlicherweise der westlichen Kultur zuschreiben, welche nach Verhelst selbst »viel von großem Wert enthält«. Das Alternativprogramm sollte also keine Rückkehr zu oder Wiederherstellung von östlichen, traditionellen, regionalen oder nationalen Kulturen im Gegensatz zur westlichen Kultur sein, sondern Öko-Sozialismus mit seiner Ablehnung sowohl von Industrialismus als auch von Kapitalismus.

Für die öko-sozialistische Bewegung ist die Liebe zu Unterschieden, Traditionen und kultureller Identität kontraproduktiv. Kontraproduktiv wäre auch, sich auf die existierenden Religionen zu stützen, nach dem Muster von Befreiungstheologie oder christlichem Sozialismus, was nicht bedeutet, dass punktuelle Zusammenarbeit mit gläubigen Individuen und Gruppen nicht sinnvoll ist. Die unrühmliche weltliche Geschichte der Institutionen der Religionen und ihr Rat, dass wir uns mehr am Jenseits orientieren sollen, würden die öko-sozialistische Bewegung eher schwächen. In diesem Zusammenhang sollten wir zwischen Religion, Ethik und Spiritualität unterscheiden. Religionen trennen unweigerlich. Wie ein Säugling verlangt eine Religion vollständige Akzeptanz: Man kann nicht einfach die guten Aspekte von ihr akzeptieren und die schlechten zurückweisen, ohne ein Opportunist zu sein. Dies ist insbesondere bei den Religionen der Fall, die auf angeblich göttlichen Offenbarungen und heiligen Schriften beruhen. Sie sind seriöser Diskussion oder Debatte, Vernunft oder Logik nicht zugänglich. Sie können sich neuen Erkenntnissen nicht öffnen. Ihr Widerstand beispielsweise gegen künstliche Geburtenkontrolle oder die Auflösung der Ehe ist ehrlich. Ihre Weigerung, einen echten Dialog mit anderen Religionen zu führen, ist eine unbestreitbare Konsequenz des Glaubens.

Wir sollten dem Slogan »eine Welt« nicht misstrauen, nur weil kapitalistische Bosse ihn auch in den Mund nehmen. In der Geschichte der Menschheit haben alle Völker voneinander gelernt: Die Europäer übernahmen das Christentum von palästinensischen Juden; Gandhi lernte viel von Tolstoj, Ruskin und Thoreau; viele Europäer und Amerikaner haben von Gandhi und Laotse gelernt. Die Naturgesetze sind für alle Völker dieselben, und die Erde ist von Anfang an die eine. Die Welt – in viele Länder aufgeteilt – muss auch eine Welt werden, aus mehreren praktischen Gründen. Der wichtigste ist die Lösung der globalen ökologischen Probleme. Aber auch um lokale ökologische Probleme und das Problem des Hungers in armen Ländern zu lösen, sind globale Kooperation und Hilfe aus den reichen Ländern erforderlich, zumindest für die nächsten zwei oder drei Jahrzehnte. »Eine Welt« meint nicht notwendigerweise die Konzeption der Welthandelsorganisation (WTO), der Weltbank, des IWF und der transnationalen Konzerne. Es sagt auch niemand, dass Europäer und Amerikaner die Initiative ergreifen müssen, um die traditionellen Kulturen des Südens zu verändern.

Wir dürfen nicht vergessen, dass die Völker der Welt nur Varianten derselben Gattung Mensch sind. Die Ähnlichkeiten zwischen uns sind viel größer als die Unterschiede, welche oberflächlich sind. Mit Ähnlichkeiten meine ich hier nicht bloß die speziesbedingten Ähnlichkeiten; die Völker der Welt sind nicht nur biologisch ähnlich. Psychoanalytiker haben gezeigt, dass unsere Psychen, sogar unser Unbewusstes, ähnlich sind; wir träumen sogar ähnliche Träume. Die bisher bekannten Kulturen sind auch weitgehend ähnlich. Institutionen wie Heirat und Familie, Glaube an Gott oder an Götter und Göttinnen, Priestertum, Tempel, künstlerische Ausdrucksformen wie Poesie, Musik und Tanz – all diese Sachen sind fast universal. Sie existierten bei den meisten Völkern, sogar bevor sie Kontakt miteinander hatten. So gesehen sind wir kulturell eine Menschheit, trotz kleinerer Unterschiede. Aus all diesen Gründen müssen und können wir am Prinzip der einen Welt festhalten, auch wenn die Wirtschaften regional und weitgehend *self-reliant* werden müssen.

ZUSAMMENSTOSS DER ZIVILISATIONEN?

Wir diskutieren seit einiger Zeit, ob das Ideal der einen Welt und der einen Menschheit aufrechterhalten oder verworfen werden soll; doch währenddessen hat Samuel Huntington eine Bombe mitten in unsere Diskussion geworfen, und zwar mit seiner Hypothese vom Zusammenstoß der Zivilisationen (clash of civilizations; Huntington 1993a). Sie besagt, dass die Weltpolitik nach dem Ende des Kalten Krieges in eine neue Phase eintritt:

> »Die fundamentale Quelle von Konflikten in dieser neuen Welt wird nicht primär ideologisch oder primär ökonomisch sein. Die großen Spaltungen in der Menschheit und die dominierende Quelle von Konflikten werden kulturbedingt sein. Die Nationalstaaten werden die mächtigsten Akteure bei internationalen Angelegenheiten bleiben, aber die Hauptkonflikte der Weltpolitik werden zwischen Nationen und Gruppen

verschiedener Zivilisationen stattfinden. Der Zusammenstoß von Zivilisationen wird die Weltpolitik dominieren. Die Bruchlinien zwischen Zivilisationen werden die Schlachtlinien der Zukunft sein.« (ebd.: 22)

Seine Hypothese erläuternd, schreibt Huntington, dass er »... nicht behauptet, dass Zivilisationsidentitäten alle anderen Identitäten ersetzen werden, dass Nationalstaaten verschwinden werden, dass jede Zivilisation eine einzelne, kohärente, politische Einheit werden wird, dass Gruppen innerhalb einer Zivilisation nicht miteinander in Konflikt geraten und sich sogar bekämpfen werden« (ebd.: 48). Seiner Meinung nach »sind Unterschiede zwischen Zivilisationen real und wichtig; und »das Zivilisationsbewusstsein wächst ...« (ebd.). Und, was in unserem Kontext das Wichtigste ist, er glaubt:

»Kulturelle Charakteristika und Differenzen sind weniger veränderlich und daher weniger leicht durch Kompromisse zu entschärfen als politische und ökonomische. In der ehemaligen Sowjetunion können Kommunisten zu Demokraten werden, die Reichen können arm werden und die Armen reich, aber Russen können nicht Esten werden und Aseri (das Volk von Aserbaidschan) nicht Armenier. Bei Klassen- und ideologischen Konflikten war die Schlüsselfrage ›Auf welcher Seite stehst du?‹, und Menschen konnten die Seiten wählen und wechseln und haben es getan. Bei Konflikten zwischen Zivilisationen ist die Frage ›Was bist du?‹. Das ist *etwas Gegebenes, das nicht geändert werden kann*. Und, wie wir wissen, von Bosnien bis in den Kaukasus und in den Sudan kann die falsche Antwort auf diese Frage eine Kugel im Kopf bedeuten. Noch mehr als ethnische Zugehörigkeit diskriminiert Religion Menschen scharf und ausschließend. Eine Person kann zur Hälfte französisch und zur Hälfte arabisch sein und sogar gleichzeitig ein Staatsangehöriger zweier Länder. Es ist schwieriger, halb katholisch und halb muslimisch zu sein.« (ebd.: 27; Hervorhebung durch den Autor)

Für ein besseres Verständnis seiner Ansichten ist es notwendig zu wissen, was für Huntington Kultur ist und was Zivilisation:

»Eine Zivilisation ist ein kulturelles Gebilde. Dörfer, Regionen, ethnische Gruppen, Nationalitäten, religiöse Gruppen – alle haben unterschiedliche Kulturen auf verschiedenen Ebenen kultureller Heterogenität. ... Eine Zivilisation ist ... die höchste kulturelle Gruppierung ... und die breiteste Ebene kultureller Identität. ... Menschen haben mehrere Ebenen der Identität: ein Einwohner von Rom kann sich mit unterschiedlichen Intensitätsgraden als Römer, als Italiener, als Katholik, als Christ, als Europäer, als Abendländer definieren. Die Zivilisation, zu der er gehört, ist die breiteste Ebene der Identifikation.« (ebd.: 23–24)

Huntington identifiziert sieben oder acht Hauptzivilisationen in der heutigen Welt: die westliche, die konfuzianische, die japanische, die islamische, die hinduistische, die slawisch-orthodoxe, die lateinamerikanische und, möglicherweise, die afrikanische.

Kritik an Huntingtons Hypothese

Nach dieser kurzen Darstellung von Huntingtons Hypothese möchte ich prüfen, ob sie haltbar ist. Wenn das, was er sagt, richtig ist, gibt es keine Hoffnung auf Fortschritt in Richtung eine Welt und eine Menschheit. Die Beziehungen zwischen den Völkern, Staaten und Zivilisationen (in Huntingtons Sinne) werden dann ewig konfliktträchtig bleiben. Auch und insbesondere innerhalb eines Volkes oder Staates werden die Beziehungen zwischen Menschengruppen voller Spannung und Konflikt sein. Denn in vielen Staaten, sogar in vielen Städten und Dörfern, leben Menschen nebeneinander, die zu verschiedenen Kulturen gehören. Huntington hat sich auf Bosnien und Indien bezogen. Wir können auch die grausamen Konflikte im Libanon zwischen den Muslimen und den Christen erwähnen. Und was die Zivilisationen betrifft, so leben auch sie nebeneinander in der einen und einzigen Heimat der Menschheit, dem Planeten Erde.

Die stattliche Reihe von Fakten und Ereignissen, mit der Huntington seine Hypothese stützt, ist eindrucksvoll und auf den ersten Blick überzeugend. In einer Replik auf seine Kritiker (Huntington 1993b) nennt er seine Hypothese das »Zivilisationsparadigma« und behauptet, dass es »die beste einfache Landkarte der Welt nach dem Kalten Krieg« sei und dass es viele wichtige Entwicklungen in der internationalen Politik der letzten Jahre erklären könne. Er fragt seine Kritiker: »Kann irgendein anderes Paradigma es besser tun? Wenn nicht Zivilisationen, was dann?«

Seine Kritiker – diejenigen, die in der Zeitschrift *Foreign Affairs* (November/Dezember 1993) schrieben – benutzten den Begriff »Paradigma« nicht. Aber sie versuchten, andere allgemeine Erklärungen für die Fakten und Ereignisse der Weltpolitik der letzten Jahre zu geben, und kamen zu anderen Schlüssen über die Zukunft. Nachdem er sie geprüft hatte, kam Huntington zu dem Schluss, dass sie kein zwingendes alternatives Weltbild liefern. Ich stimme dem zu.

Ein Strang alternativer Erklärungen ist, was Huntington »das Eine-Welt-Paradigma« nennt. Es besagt, Modernisierung und wirtschaftliche Entwicklung, die Verbreitung der englischen Sprache als Lingua franca, vermehrte Interaktion durch ausgedehntere Kommunikations- und Transportmöglichkeiten und so weiter hätten einen homogenisierenden Effekt gehabt und eine moderne Kultur erzeugt. Diesem Paradigma zufolge existiere eine universelle Zivilisation bereits oder werde voraussichtlich in den kommenden Jahren existieren.

Huntington verwirft dieses Eine-Welt-Paradigma. Das tue ich auch, aber aus anderen Gründen. Die Tatsache der vermehrten Interaktion zwischen den Völkern ist Huntington nicht entgangen, aber er folgert daraus das Entgegengesetzte: »... Kriege finden am häufigsten zwischen Gesellschaften mit hohen Niveaus von Interaktion statt, und Interaktion verstärkt häufig existierende Identitäten und erzeugt Widerstand, Reaktion und Konfrontation« (Huntington 1993b: 192). Außerdem verwirft Huntington die These einer universellen Zivilisation:

> »Eine universelle Zivilisation kann nur das Produkt universeller Macht sein. Die Macht des römischen Reiches schuf eine nahezu universelle Zivilisation innerhalb der Grenzen der antiken Welt. ... Der europäische Kolonialismus ist vorbei, die amerikanische Hegemonie geht zurück. Die Erosion der westlichen Kultur folgt, während sich einheimische, historisch verwurzelte Sitten, Sprachen, Glauben und Institutionen wieder behaupten.« (ebd.)

Ich habe drei Kritikpunkte an diesen zwei Aussagen. Erstens ist es nicht Interaktion *per se*, die Krieg, Widerstand, Reaktion und Konfrontation verursacht. Diese finden nur statt, falls und wenn eine Partei über die andere(n) herrscht, sie ausbeutet oder unterdrückt. Dies erklärt beispielsweise den Befreiungskrieg der Algerier gegen die Franzosen. Zweitens waren weder das Römische Reich noch die späteren europäischen Reiche »eine Welt«. Sie waren koloniale Welten, die es nicht verdienten, als universell charakterisiert zu werden. Drittens, selbst wenn einheimische Kulturen sich wieder behaupten und existierende Identitäten verstärkt werden, warum sollte das von selbst zu Konfrontation und Krieg führen? Mag sein (ich bin aber nicht davon überzeugt), dass Russen nicht Esten werden können und Aseri nicht Armenier, aber warum sollten verschiedene Kulturen, Identitäten und Zivilisationen nicht in Frieden Seite an Seite koexistieren können, trotz vermehrter Interaktion?[40]

Huntington kann diese Position nicht akzeptieren, weil er die wichtigste Quelle von Konflikten und Kriegen in der Geschichte – konfligierende wirtschaftliche Interessen und wirtschaftliche Gier – als die Hauptquelle gegenwärtiger und zukünftiger Konflikte nicht wahrnehmen will. Er leidet selbst unter dem Einzelne-Alternative-Trugschluss – eine Kritik, die er gegen die ProtagonistInnen der Ende-der-Geschichte-Theorie richtet. Denn wenn man nicht wahrhaben will, dass beispielsweise der Krieg gegen den Irak (1991) wegen des Öls geführt wurde, dann bleibt als einzige Erklärung der Zusammenstoß der Zivilisationen übrig.

Ich kann ein alternatives Paradigma für den begrenzten Zweck anbieten, die Weltpolitik zu erklären. Ich halte es für besser als das von Huntington. Ich möchte es das Wirtschaftsinteresse-Paradigma nennen. Aus Platzgründen werde ich nur zwei Beispiele geben.

Der Westen half den kuwaitischen Muslimen gegen den Irak, da es in Kuwait Öl gibt. Er half den bosnischen Muslimen gegen die Serben nicht, da es in Bosnien kein Öl gibt (die begrenzte Hilfe kam sehr spät).

Ägypten brach mit der Sowjetunion, die ihm in Krieg und Frieden geholfen hatte, und wurde Alliierter der USA, die immer seinem Feind Israel geholfen hatten. Warum? Weil die USA ein besserer und stärkerer *wirtschaftlicher* Alliierter zu sein versprachen als die Sowjetunion. Aus demselben Grund schloss sich Ägypten dem amerikanischen Krieg gegen den Irak, ein islamisches Land, an.

Das Wirtschaftsinteresse-Paradigma ist ziemlich alt, ist aber nicht so genannt worden. Unter Verweis auf Thomas Kuhn schreibt Huntington: »Ein Paradigma wird nur durch die Schaffung eines alternativen Paradigmas widerlegt, das mehr entscheidende Fakten mit genauso einfachen oder noch einfacheren Thesen erklären kann« (Huntington 1993b: 187). In diesem Sinne ist das Wirtschaftsinteresse-Paradigma nie widerlegt worden. Zwar gibt es auch bei diesem Paradigma einige Anomalien. Es kann nicht alles erklären. Aber wie Kuhn und Huntington sagen, falsifizieren einige anomale Ereignisse kein Paradigma. Huntingtons Zivilisationsparadigma ist daher nicht notwendig, abgesehen davon, dass es nicht überzeugend ist.

Nehmen wir jetzt einige Beispiele von Konflikten innerhalb eines Staates: zunächst das Auseinanderbrechen des ehemaligen Jugoslawien. Huntington zufolge gehören die Kroaten und die Slowenen zur westlichen (christlichen) Zivilisation, die Serben zur slawisch-orthodoxen und die Muslime Bosniens zur islamischen Zivilisation. Dies war für ihn der Grund für das Auseinanderbrechen. Doch weder erklärt dieser Ansatz, warum nicht Serbien, sondern eher Kroatien und Slowenien das Auseinanderbrechen wollten und initiierten. Noch liefert er eine Erklärung, warum die bosnischen Muslime sich erst später trennten. Das Wirtschaftsinteresse-Paradigma kann diese Tatsachen viel einfacher erklären. Kroatien und Slowenien waren die industrialisiertesten und auch anderweitig wohlhabenden (z.B. durch Fremdenverkehr) Republiken, und sie wollten ihren Wohlstand nicht mit dem Rest Jugoslawiens teilen, was sie in dem »sozialistischen« Bundesstaat tun mussten. Das war auch der Grund, warum die baltischen und nicht die muslimischen zentralasiatischen Republiken das Auseinanderbrechen der UdSSR wollten und initiierten. Und Russland wurde, nachdem es dem Sozialismus abgeschworen hatte, die zentralasiatischen Republiken los, nicht weil die Mehrheit der Menschen dort Muslime waren, sondern weil diese Republiken im Großen und Ganzen ökonomisch uninteressant, sogar eine Belastung waren (mit der Ausnahme von Aserbaidschan, das über Ölvorkommen verfügt).[41]

Dieses Paradigma kann auch erklären, warum die Türkei versucht, der EU beizutreten – trotz der rassistischen Behandlung, der muslimische Türken in Europa häufig ausgesetzt sind. Sie will dem Club der Reichen beitreten, und mit Hilfe der EU reich werden. Dieses Paradigma kann auch erklären, warum christliche Europäer kein Problem damit hatten, muslimische Arbeiter aus den armen Regionen der

Türkei anzuwerben, und warum sich viele Menschen in den reichen nördlichen Provinzen Italiens von den ärmeren südlichen Provinzen trennen wollen, obwohl alle katholisch, weiß und Italiener sind.

Relativer Reichtum und Armut liefern die einzige überzeugende Erklärung dafür, warum in Deutschland die Vietnamesen Opfer von Fremdenfeindlichkeit werden, nicht aber die Japaner, obwohl die beiden Menschengruppen zumindest für Europäer gleich aussehen und nach Huntington zu einer anderen Zivilisation gehören. Das ist auch die Erklärung dafür, warum in Deutschland Polen gehasst und verprügelt werden, nicht aber Franzosen, obwohl beide Völker weiß und westlich-christlich sind. Es ist in erster Linie das Bruttosozialprodukt des Staates, aus dem man kommt, und in zweiter Linie die Frage, ob man gekommen ist, um Geld zu verdienen oder auszugeben, welche bestimmen, ob eine fremde Person in einem europäischen Land willkommen geheißen oder gehasst wird.

Auch in anderen Teilen der Welt verläuft es ähnlich. In Indonesien erzeugt die wachsende Kluft zwischen Arm und Reich ethnischen und religiösen Hass und blutige Überfälle der örtlichen, armen Mehrheitsgemeinschaften auf die reichen und bevorzugten Immigrantenminderheiten aus anderen Teilen desselben Landes. Der indonesische Soziologe Adi Sasono erwähnt beispielsweise die chinesische Minderheit, welche in Allianz mit den Machthabern zwei Drittel des nationalen Wohlstands kontrolliert. Dass diese Minderheit auch überwiegend christlich ist, ist in diesem Zusammenhang nur von beiläufiger und sekundärer Bedeutung (*Frankfurter Rundschau*, 13.01.1997).[42]

Es ist erstaunlich, dass Huntington derart überwältigendes Beweismaterial ignoriert. Ich sage nicht, dass die Quellen von Konflikten, die er betont, nicht existieren. Sie existieren schon, aber sie sind von sekundärer Bedeutung. Zivilisatorische Erwägungen (in Huntingtons Sinne) sind immer wirtschaftlichen Interessen untergeordnet. Der Beweis dafür ist die Tatsache, dass Verwandtschaftserwägungen unter Staaten, auf die sich Huntington bezieht, nur dann eine Rolle spielen, wenn sie nicht mit den wirtschaftlichen Interessen eines Staates konfligieren. Das beste Beispiel dafür ist Ägyptens Teilnahme am amerikanischen Krieg gegen den Irak.

RadikalökologInnen haben lange geltend gemacht, dass Konflikte um Ressourcen zu einer Hauptquelle von Kriegen und Bürgerkriegen würden. In der Vergangenheit führte die Zentralregierung von Kongo/Zaire Krieg gegen die separatistische Provinz Shaba (Katanga), weil sie nicht deren Reichtum an Bodenschätzen verlieren wollte. Die Zentralregierung von Nigeria führte Krieg gegen die Ibos, die einen eigenen Staat, Biafra, schaffen wollten, weil sie in ihrer Provinz Öl hatten und es nicht mit den anderen Nigerianern teilen wollten. Nach dem Rückzug Spaniens überfiel Marokko Westsahara und besetzte es, weil dieses Land große Phosphatvorkommen hat. Und, was die Zukunft betrifft, fürchtet jeder – vom Worldwatch Institute bis zur Weltbank –, dass in einigen Regionen der Welt wegen der Konflikte um Süßwasser, der wichtigsten Ressource der Menschen, Kriege ausbrechen könnten.

Die große Tragödie von Ruanda (1994) war nicht einfach das Ergebnis von durch ethnische Identität erzeugtem Hass. Erstens hatte bis 1959, als sie von der Macht vertrieben wurde, die Tutsi-Minderheit, die nur 14 Prozent der Bevölkerung stellt, über das Land geherrscht. Der Hass der Hutu-Mehrheit auf die Tutsi war also zumindest teilweise der Hass der Ausgebeuteten und Unterdrückten auf die herrschende Aristokratie. Und die Verachtung, die die Tutsi für die Hutu empfanden, war die der Herrscher für die unteren Klassen. Zweitens war das rapide Bevölkerungswachstum – von ungefähr drei Millionen 1962 auf mehr als sieben Millionen 1993 – die Hauptursache, wenn auch nicht die einzige, für die schweren wirtschaftlichen Krisen eines kleinen Landes mit begrenzter Anbaufläche und sehr bescheidenem industriellem Wachstum (vgl. Dießenbacher 1994). Der Konflikt hätte vorausgesagt werden können, wenn auch nicht der Genozid.

Damit überschreiten wir das begrenzte Wirtschaftsinteresse-Paradigma und kommen zu dem viel breiteren und allgemeineren Grenzen-des-Wachstums-Paradigma zurück. Es ist erstaunlich, dass sowohl Huntington als auch seine KritikerInnen ihre Argumente auf die Annahmen des Wachstumsparadigmas gründen, als ob alle Völker, Nationen, Staaten und Zivilisationen reich, industrialisiert, entwickelt und modern werden könnten. Aber wenn diese Annahmen berechtigt sind, dann hat Huntington Unrecht. Warum sollten reiche, entwickelte, moderne politische Gebilde einander bekämpfen? Wenn ihre Kulturen sehr unterschiedlich wären und wenn das ein Problem wäre, dann könnten sie in einer Art kultureller Apartheid leben, trotz notwendiger und zunehmender Interaktion im wirtschaftlichen Bereich. Ich kann mir keinen Grund vorstellen, warum ökonomisch gleiche und befriedigte politische Gebilde gegeneinander Krieg führen sollen.

Da aber die Annahmen des Wachstumsparadigmas falsch sind, ist auch die Schlussfolgerung einiger KritikerInnen Huntingtons falsch, dass die Welt durch Industrialisierung und Modernisierung bald eine Welt werden würde. Eine Welt ist eine Vision, nicht schon eine Realität. Sie ist eine langfristige Aufgabe, und zwar eine sehr schwierige. Denn sie muss auf der Basis einer Steady-State-Weltwirtschaft auf niedrigem Niveau verwirklicht werden. Zudem müssen Stammes-, ethnische, nationale, kulturelle und Zivilisationsloyalitäten und -identitäten entschärft werden.

Wir sollten Huntington dafür danken, dass er uns auf einige Gefahren und Schwierigkeiten auf unserem Weg in die eine Welt aufmerksam gemacht hat. Aber jeder kann sehen, dass er sich widerspricht und das Wirtschaftsinteresse-Paradigma unterstützt, wenn er schreibt:

> »Entscheidungen, die im UNO-Sicherheitsrat oder im Internationalen Währungsfonds getroffen werden und die die Interessen des Westens widerspiegeln, werden der Welt präsentiert, als widerspiegelten sie die Wünsche der Weltgemeinschaft. Die Floskel »Weltgemeinschaft« selbst ist zu einem euphemistischen kollektiven Substantiv gemacht worden (welches »die Freie Welt« ersetzt), um Handlungen, die die Interessen der Vereinigten Staaten und der anderen westlichen *Mächte* widerspiegeln, globale Legitimation zu verleihen. Durch den IWF und andere internationale Wirtschaftsinstitutionen *fördert* der Westen *seine Wirtschaftsinteressen* und *zwingt* anderen Nationen die Wirtschaftspolitik *auf*, die er für angemessen hält. (Huntington 1993a: 39; Hervorhebungen durch den Autor)

Zu *diesem* Westen gehört Japan – nach Huntington kein Teil der westlichen Zivilisation –, während beispielsweise Portugal, welches kein mächtiges Land ist, nicht dazu gehört. Eigentlich ist G-7 (die Gruppe der sieben wichtigsten Industriestaaten) eine bessere Bezeichnung für diesen Westen.

Mit diesen Sätzen hat Huntington den Westen entlarvt; er hat seine Heuchelei genau getroffen. An anderer Stelle in seinem Essay nimmt er Bezug auf die Kritik der Muslime an der Tatsache, dass der Westen wegen des Öls gegen den Irak Krieg geführt hat, es aber unterlassen hat, bosnische Muslime gegen die Serben zu schützen, und schreibt: »Eine Welt zusammenstoßender Zivilisationen … ist unvermeidlich eine Welt *doppelter Moral*: Menschen wenden eine Moral auf ihnen verwandte Länder an und eine andere auf die übrigen« (ebd.: 36; Hervorhebung durch den Autor). Die doppelte Moral ist offensichtlich. Aber Huntington macht hier einen Fehler: Weder die Kuwaiti noch die bosnischen Muslime sind in seinem Sinne Verwandte des Westens. Das Wirtschaftsinteresse-Paradigma gibt eine bessere Erklärung für dieses Verhalten des Westens. In der internationalen Politik gibt es ein Sprichwort: Staaten haben keine Freunde, sondern nur Interessen.

Diese Entlarvung des Westens ist eine Hilfe für unsere Bewegung. Sie macht deutlich, dass das westliche Gerede über Werte – Demokratie, Freiheit, Menschenrechte und so weiter – und die Bemühungen des Westens, sie in der übrigen Welt zu propagieren, nichts anderes ist als eine Verschleierung. Ebenso kann das Gerede über Identitäten und Unterschiede – kulturelle, ethnische, nationale, zivilisationsbedingte – eine Verschleierung sein, die von den herrschenden Eliten benutzt wird, um ihre eigenen Interessen zu fördern und zu verteidigen. Öko-SozialistInnen müssen ihre eigenen, neuen Werte und Ideen entwickeln.

Wissenschaft, Technologie und Natur

Ich habe oft die Bemerkung gehört, dass in der Sorte Öko-Sozialismus, die ich vorschlage, nicht nur die Wirtschaft ins Mittelalter zurückfiele, sondern auch Wissenschaft und Technologie. Ich möchte zuerst eine sehr verbreitete Konfusion beseitigen. Wissenschaft und Technologie, obwohl verwandt, sind zwei verschiedene Sachen. Wissenschaft ist erstens ein Weg zur Erkenntnis; zweitens bedeutet sie auch das durch die Anwendung wissenschaftlicher Methoden erworbene und akkumulierte Wissen, welches als verlässlich erachtet werden kann. Technologien sind Methoden, etwas zu tun, wie zum Beispiel Güter und Dienstleistungen zu produzieren, kaputte Geräte zu reparieren, Abfall zu entsorgen und so weiter. Genetik ist eine Wissenschaft, Gentechnologie eine Technologie.

In der öko-alternativen Literatur kann man viel Kritik an moderner oder Hochtechnologie finden. Es gibt keinen Zweifel, dass in einer öko-sozialistischen Gesellschaft Technologien, die eine große Menge an Ressourcen erfordern und/oder die zu kompliziert für Durchschnittsmenschen sind, keine große Zukunft hätten. Nicht, dass es in einer solchen Gesellschaft überhaupt keine Maschinen gäbe. Der Kernpunkt wäre die Menge. Ich vermute, dass eine solche Gesellschaft versuchen würde, das Know-how moderner Technologien zu bewahren. Zu diesem Zweck würde sie wohl entscheiden, ein paar Exemplare von Maschinerie und Anlagen von jeder modernen Technologie zu bauen (oder zu bewahren) und anzuwenden, so weit und so lange wie möglich. Aber für den Massengebrauch läge der Schwerpunkt auf mittleren, arbeitsintensiven Technologien – aus Gründen, die ich in Kapitel sechs diskutiert habe.

Ich denke, so weit sind sich die Radikalen in der Öko-Alternativ-Bewegung einig. Aber unglücklicherweise gibt es viele unter ihnen, die sogar die Wissenschaft und ihre allgemeinen Methoden kritisieren. Bei dieser Frage stimme ich nicht mit ihnen überein. Wir müssen zwischen Sozial- und Naturwissenschaften unterscheiden. Bei den Ersteren werfen die Forschungsobjekte – Menschen und ihre Gruppen und Gesellschaften – viele Schwierigkeiten auf, so dass die Ergebnisse oft unzuverlässig sind. Zum Beispiel sagen Menschen, wenn sie von SozialwissenschaftlerInnen befragt werden, nicht immer die Wahrheit über ihr Leben oder ihre Ansichten. Bei den Naturwissenschaften sind solche Schwierigkeiten viel geringer. Leblose Gegenstände und Tiere lügen nicht. Zwar ist das Verhalten von Individuen einer Tierart in gewissem Grade unterschiedlich. Insofern haben auch Verhaltensforscher Schwierigkeiten bei ihrer Arbeit. Aber auch dann sind die Schwierigkeiten geringer als bei Menschen. Wenn die Kritik auf die Sozialwissenschaften und Wissenschaften wie Ethologie[43] und Evolutionsbiologie beschränkt wäre, hätte ich vielleicht etwas Verständnis dafür. Aber ihre Kritik ist allgemein, ohne Differenzierung.

Nehmen wir zwei Beispiele: Die Internationale Gesellschaft für Ökologie und Kultur (ISEC) schreibt unter dem Untertitel »Wissenschaft und die reduktionistische Weltsicht«:

> »Das ökonomische Paradigma geht Hand in Hand mit moderner Wissenschaft und Technologie; zusammen machen sie die Triebkraft hinter der Industriegesellschaft aus.
> Wissenschaft kommt zu ihrem Verständnis der Welt, indem sie kleine Stücke aus dem Kontinuum der Natur, in dem alle Sachen miteinander in Zusammenhang stehen, isoliert und untersucht. ... Allerdings ist die Fähigkeit der Wissenschaftler, die Konsequenzen ihrer Handlungen vorauszusagen, auf schmale Parameter beschränkt, was der wissenschaftlichen Methode implizit ist: wissenschaftliche Modelle sind am erfolgreichsten, wenn sie sich mit dem relativ Einfachen und der kurzen Frist befassen. Wenn es um die unendliche Komplexität und den langfristigen Zeitrahmen gesellschaftlicher Systeme oder Ökosysteme geht, sind die Grenzen der Wissenschaft besonders offensichtlich.« (ISEC 1992: 5–6)

Vandana Shiva schreibt unter dem Untertitel »Die Gewalt des Reduktionismus«:

> »Ich charakterisiere die dem modernen westlichen Patriarchat eigene, besondere epistemologische Tradition der ›wissenschaftlichen Revolution‹ als ›reduktionistisch‹, weil sie das menschliche Vermögen, die Natur zu erkennen, schmälerte, indem sie sowohl andere Erkennende als auch andere Wege zur Erkenntnis ausgrenzte, und weil sie das Vermögen der Natur beeinträchtigte, sich schöpferisch zu regenerieren und zu erneuern, indem sie sie als träge und fragmentierte Materie behandelte. ... Für den Reduktionismus setzen sich alle Systeme aus denselben isolierten, beziehungslosen und atomistischen Grundelementen zusammen, und er nimmt an, dass alle grundlegenden Prozesse dem Modell eines Mechanismus entsprechen.« (Shiva 1988: 22 [Übersetzung des Autors] und Shiva 1989: 33)

Diese Worte sind keine Kritik, sondern Anklagen. Man kann Menschen wegen Gewalttätigkeit anklagen, aber man kann keinen Weg zur Erkenntnis anklagen. Man kann die Wissenschaftspolitik einer Regierung kritisieren oder das wissenschaftliche Establishment oder, konkreter, die bestimmten WissenschaftlerInnen, die beispielsweise die Atombombe bauten, aber nicht die Wissenschaft der Physik oder der Kernphysik. Wie kann ein Weg zur Erkenntnis die Triebkraft hinter der Industriegesellschaft sein? Diese Triebkraft ist der Kapitalismus mit seinen Marktkräften und seinem Profitmotiv und später der »Sozialismus« mit seinem Ziel, den Westen einzuholen und die Produktivkräfte zu entwickeln. Ein Weg zur Erkenntnis kann nur richtig oder falsch sein, verlässlich oder unverlässlich, passend oder unpassend. Wenn wir einen besseren Weg zur Erkenntnis finden, werden ihn WissenschaftlerInnen früher oder später akzeptieren. Er würde ein Teil der Wissenschaft. Aber der gegenwärtige wissenschaftliche Weg zur Erkenntnis ist der einzige verlässliche Weg, den wir heute haben.

Wenn sich die Hauptkritik an der Wissenschaft gegen ihre Methode der Isolierung und Untersuchung von kleinen Stücken (vgl. die oben zitierte Kritik der ISEC) oder der Untersuchung von fragmentierter Materie (vgl. Shiva) richtet, dann müssen die KritikerInnen darlegen, wie wir sonst hätten erkennen können, dass zum Beispiel Luft aus verschiedenen Gasen besteht, dass Sauerstoff das lebenswichtigste von ihnen ist oder dass Kohlendioxid das für den Treibhauseffekt hauptverantwortliche Gas ist. Ohne »reduktionistische« Wissenschaft wäre unser Wissen auf dem Niveau des 15. Jahrhunderts stehen geblieben.

Außerdem arbeitet die Wissenschaft nicht nur mit der Methode der Isolierung und Fragmentierung: MeteorologInnen studieren die Bewegungen der Luft als Ganzen, ihre Geschwindigkeit und ihre Temperatur über einem Kontinent; VerhaltensforscherInnen beobachten ganze lebende Tiere oder Gruppen lebender Tiere; OrnithologInnen beobachten die jährliche Migration von Vögeln von Sibirien nach Indien und zurück nach Sibirien; GeografInnen studieren ganze Regionen und menschliche Habitate; GeologInnen studieren die ganze Erde, oder große Teile von ihr (nur Geochemiker isolieren und fragmentieren Materie). Die WissenschaftlerInnen, die die Ursachen der Gezeiten entdeckten, hatten vorher nicht das Meer und die Flüsse fragmentiert. Und die Wissenschaft der Ökologie ist der endgültige Beweis dafür, dass die Wissenschaft mehr ist als nur reduktionistisch. Die jährlichen Berichte über den Zustand der Umwelt individueller Staaten und der

Welt wären ohne moderne Wissenschaft nicht möglich. Und Lovelocks Gaia-Hypothese ist hundertprozentig wissenschaftliche Theorie. Es gibt nichts Mystisches oder Esoterisches daran.

Wenn für die Wissenschaft »alle Systeme sich aus denselben ... atomistischen Grundelementen zusammensetzen« (Shiva), also aus den 92 Elementen, dann ist es so, weil das der Schluss ist, zu dem WissenschaftlerInnen nach vier Jahrhunderten rigoroser Forschung kommen mussten. Wunschdenken über die Natur ist von keinerlei Nutzen – weder für die Menschheit noch für den Rest der Natur. Außerdem sagt die Wissenschaft nicht, dass Atome oder natürliche Systeme »beziehungslos« (Shiva) sind; WissenschaftlerInnen sprechen von Molekülen und chemischen Verbindungen und von Ökosystemen.

Wir haben oben gesehen, dass viele öko-alternative AktivistInnen und TheoretikerInnen traditionelle Kulturen romantisieren. Viele von ihnen romantisieren auch, was sie traditionelle, einheimische (vernacular) oder Volkswissenssysteme nennen. Shiva nennt sie »nicht-reduktionistische Wissenssysteme« (Shiva 1988: 22). Ich habe ein paar Mal auch den Begriff »einheimische (vernacular) Wissenschaft« gefunden. Für diese RomantikerInnen haben solche Wissenssysteme die gleiche Gültigkeit wie das westliche wissenschaftliche Wissenssystem. Kappen zum Beispiel verlangt, dass die Haltung des Südens »der westlichen Wissenschaft und Technologie« gegenüber »selektiv« sein müsse; »was immer wir an Wissenschaft und Technologie von außen lernen, muss sich dem überlegenen Anspruch unserer einheimischen Weisheit unterordnen« (Kappen 1994). Was mag das wohl bedeuten? Und ISEC schreibt: »In Anbetracht dieser fundamentalen Mängel ist der Status von Wissenschaft heute zutiefst beunruhigend. ... Wissenschaft dominiert inzwischen über alle anderen Wissenssysteme. Die Traditionen nichtwestlicher Kulturen und die Erfahrung und Intuition von Individuen werden nur in dem Maße akzeptiert, wie sie durch wissenschaftliche Beobachtung verifiziert werden können« (ISEC 1992: 6).

Hier sehen wir totale Konfusion. Erstens unterscheiden Kappen und ISEC nicht zwischen Wissenschaft und Technologie. Wir mögen es ratsam finden, diese oder jene Technologie oder diese oder jene *Anwendung* wissenschaftlich erworbenen Wissens abzulehnen. Aber wir können die Wissenschaft nicht ablehnen, den einzigen, verlässlichen Weg zur Erkenntnis. Wenn wir das tun, können wir AstrologInnen, SchamanInnen, Gurus und so weiter zum Opfer fallen und allerlei Aberglauben und hundert einander widersprechende »Wahrheiten«, »Weisheiten«, »Erkenntnisse« über dieselbe Frage schlucken, von denen keine verlässlich wäre. Selbst wenn so etwas wie Intuition existiert, können nur wenige sie besitzen, und wir wüssten nie, wer sie wirklich hat und wer ein Schwindler ist.

Zweitens sind zwar die Kenntnisse und Erfahrungen, welche traditionelle Dorf- und Waldgemeinschaften akkumuliert haben, und sogar ihre Wege zur Erkenntnis, nicht wertlos. Dies festzustellen, ist eine Sache, aber eine andere Sache ist es, die Wissenschaft zu kritisieren, weil sie diese Erkenntnisse nur in dem Maße akzeptiert, in dem sie verifizierbar sind. Sollte denn die Wissenschaft alles akzeptieren, was Individuen oder traditionelle Gemeinschaften sagen? Schließlich kann jeder einen Fehler machen. Außerdem sind die Kenntnisse und Erfahrungen solcher Gemeinschaften auf ihr eigenes Leben und ihre unmittelbare Umgebung beschränkt. Mit solchen Kenntnissen und Erfahrungen können wir die Probleme von heute nicht anpacken. Sie können nur unter bestimmten Umständen nützlich sein und nur, um modernes Wissen zu ergänzen.

Was Fragen nach dem Sinn des Lebens, einem Leben nach dem Tode und Ähnlichem anbelangt, kann kein Wissenssystem, weder das traditionelle noch das moderne, verlässliche Aussagen machen. In dieser Sphäre sind nur Vermutungen, angenehme und unangenehme, möglich. Die Situation kann folgendermaßen zusammengefasst werden:

> »Konfrontiert mit ... (pseudo)wissenschaftlicher Übermacht, wenden sich ökologische Graswurzelbewegungen manchmal gegen die Wissenschaft, was einen nicht erstaunen kann. ... antiwissenschaftliche Aktivisten verschmelzen manchmal Wissenschaft und Technologie. Zu Recht misstrauisch gegenüber unbegründeten wissenschaftlichen Ratschlägen und sich der erbärmlichen ökologischen und sozialen Konsequenzen einiger Technologien bewusst, wenden sich Graswurzelökologen manchmal gegen die Wissenschaft per se und verlieren sich in den Nebeln der Irrationalität.« (Martinez-Alier 1994a: 32–33)

Martinez-Alier schreibt Bauern und Stammesvölkern »ein zur Vernunft bringendes Verständnis der Natur« zu, welches die Graswurzelökologen, die er kritisiert, nicht mehr besitzen. Er selbst sympathisiert mit dem Slogan »Wissenschaftliche Erkenntnisse und Revolution« (ebd.).

Eine öko-sozialistische Gesellschaft würde die moderne Wissenschaft nicht verwerfen. Sie würde eher eine wissenschaftliche Geisteshaltung fördern als eine esoterische, traditionelle oder religiöse, auch wenn sie keine Forschung mehr zum Beispiel in der Kern- oder Teilchenphysik oder in der Astronomie finanzieren könnte. Der Öko-Sozialismus ist der wissenschaftliche Sozialismus für das 21. Jahrhundert.

DIE HALTUNG GEGENÜBER DER NATUR

In der öko-alternativen Bewegung findet man oft eine Romantisierung der Natur neben der Romantisierung traditioneller und indigener Kulturen und Wissenssysteme. Die Natur ist schön; aber das zu sagen, ist eine Sache, und zu sagen, die Natur sei unsere Mutter, sei gütig, sei kein Feind und so weiter, ist eine andere. Was nützt ein solches Gerede? Jede Theorie, die auf solchen Vorstellungen aufbaute, würde nur mehr Verwirrung stiften. Eigentlich ist der Natur, der Gaia, unser Schicksal gleichgültig. Freud möchte sagen: »... die Absicht dass der Mensch ›glücklich‹ sei, ist im Plan der ›Schöpfung‹ nicht enthalten (Freud 1994: 42–43).

Die Natur ist weder unsere Mutter noch unser Vater. Die Natur ist die Natur. Wenn wir uns die Natur als unsere Mutter vorstellten, dann würde nicht nur der Bergbau, sondern auch das Pflügen eines Feldes oder das Fällen eines Baumes schwierig. Denn diese Aktivitäten fügten dann der Natur, unserer Mutter, Verletzungen zu. Uns gegenüber ist die Natur weder nur gütig noch nur feindlich. Von der Natur bekommen wir Nahrung und andere nützliche Dinge; aber sie verursacht auch viel Leiden durch vernichtende Überschwemmungen, katastrophale Erdbeben, Krankheiten, Verletzungen, Alter und Tod. Die Natur ist nicht nur schön, sondern auch hässlich: es gibt brutales Töten in der Natur und sogar Kannibalismus; Ochsenfrösche fressen Ochsenfrösche. Es gibt Machtkämpfe in der Natur: männliche Schimpansen kämpfen um die Herrschaft über die Gruppe. Bei vielen Arten kämpfen die Männchen untereinander um das ausschließliche Recht, sich mit den Weibchen zu paaren.

Goethe, der in seiner Kritik an Newton die Experimentalwissenschaft wegen der Vivisektion der Natur tadelte, welche sie nicht wiederbeleben konnte, kannte auch die destruktive Seite der Natur und glaubte, »die Elemente daher sind als kolossale Gegner zu betrachten ...« (zit. n. Böhme 1992: 64). Daraus musste er die »Konsequenz eines radikal konstruktivistischen, herrschaftlichen Umgangs mit der Erde« ziehen, die er im Dammbauprojekt im *Faust* dargestellt hat (Böhme: ebd.).

Wir müssen die Fakten über die beiden Seiten der Natur akzeptieren. Wir können sie nicht ändern. Viele mögen unglücklich sein, solche prosaischen Zeilen zu lesen, aber dies ist die einzige ehrliche Weise, die Natur wahrzunehmen. Für Dichter müssen wir allerdings eine Ausnahme machen.

Die berühmte Ansprache des amerikanischen Indianers Chief Seattle ist schöne Literatur, aber ihr Inhalt ist nur teilweise wahr.[44] Menschen, einschließlich der amerikanischen Indianer, brauchen Tiere nicht nur, um »die große Einsamkeit des Geistes« zu überwinden, sondern auch als Nahrung. Seien wir ehrlich. Niemand weiß, ob Steine und Bäume eine Seele haben oder nicht. Nicht einmal amerikanische Indianer wissen es; sie stellen es sich nur vor.

Es ist schon in Ordnung, wenn Dichter uns dazu aufrufen, von der Natur zu lernen, oder sagen, dass die Natur es am besten weiß. Für eine weitergehende Betrachtung ist diese Sichtweise jedoch zu vereinfachend. Obwohl wir in der Tat von der Natur lernen könnten, uns unserer Umwelt anzupassen, muss menschlicher Fortschritt mehr beinhalten, als bloß ein Teil der Natur zu sein. Erich Fromm spricht von der »existentiellen Gespaltenheit« von Menschen: »Teil der Natur zu sein und sie gleichzeitig kraft seines Bewusstseins zu transzendieren« (Fromm 1994: 152). Unsere Natur enthält sowohl Gutes als auch Böses. Wir müssen uns über unsere Natur erheben, sonst können wir nicht von Fortschritt sprechen.

Ist moralischer Fortschritt möglich?

Die Konzeption des Öko-Sozialismus beruht auf der Annahme, dass Menschen den Eigennutz überwinden können und dass moralischer Fortschritt möglich ist. Es liegt nicht im *Interesse* der ArbeiterInnen in der Ersten Welt, die Forderung zu unterstützen, dass ArbeiterInnen in der Dritten Welt die gleichen Löhne bekommen wie sie. Entweder unterstützen sie sie aus *moralischen* Gründen oder gar nicht. Was die zukünftigen Generationen anbelangt, kann man sagen: Nach mir die Sintflut. Nur ein Sinn für Moral hält uns davon ab, so zu denken. Viele WissenschaftlerInnen und DenkerInnen haben die menschliche Natur untersucht und versucht, die Frage zu beantworten, ob der Mensch im Grunde gut oder böse ist. Mich mit dieser Frage ausführlich zu beschäftigen, liegt außerhalb meiner Fähigkeit und auch außerhalb des Rahmens dieses Buches. Ich werde mich also auf einige Fakten und Ansichten beschränken, die für die Annahme relevant sind, dass moralischer Fortschritt möglich ist.

Der Wolf hat bei Menschen einen schlechten Ruf. Aber ZoologInnen haben beobachtet, dass Wölfe eine fast unüberwindliche Hemmung haben, schwächere Wölfe zu beißen (Weizsäcker et al. 1995: 326). Trotzdem glauben viele mit Thomas Hobbes, dass Menschen so schlimm sind wie Wölfe: »Der Mensch ist dem Menschen ein Wolf.« Arme Wölfe! Margaret Thatcher, die ehemalige konservative britische Premierministerin, meinte: »So etwas wie eine Gesellschaft gibt es nicht, sondern nur Individuen und die Familie« (zit. n. Mellor 1992: 228). Unter Primaten, unseren nächsten Verwandten in der Tierwelt, haben WissenschaftlerInnen Moral und Ethik gefunden. Der berühmte Primatologe Frans de Waal zeigt, dass in ihrem Verhaltensmuster nicht nur Aggression, sondern auch Zuneigung, Gemeinschaftsgefühl, Gefühle der Güte und so weiter eine zentrale Rolle spielen. Nach de Waal ist die Fähigkeit, gut zu sein, ein genetisch vorgegebenes Potenzial, sogar bei Primaten, und es kann durch bestimmte Lernprozesse aktiviert werden. De Waal beobachtete in einer Gruppe von Rhesusaffen Anzeichen einer Fähigkeit, zwischen Gut und Böse und zwischen Recht und Unrecht zu unterscheiden. Er beobachtete unter Bonobos und Schimpansen, dass nach einem Kampf der Sieger Versöhnung mit dem Unterlegenen suchte. In Fällen, in denen die Gegner gar keinen Willen zeigten, Frieden zu schließen, nahmen andere sie bei der Hand und führten sie zueinander (de Waal 1997).

Natürlich lässt sich ein solches Verhalten auch bei Menschen beobachten. Aber können wir hoffen, dass wir Menschen, die wir auf einer höheren Stufe der Leiter der biologischen Evolution stehen, die Fähigkeit haben, auch höhere moralische Niveaus zu erreichen?

AGGRESSION UND DESTRUKTIVITÄT UNTER MENSCHEN

Viele Menschen glauben, dass die Antwort auf diese Frage Nein sein muss. Sie haben selbst erlebt und/oder die Erfahrung gemacht, dass Menschen nicht bloß so schlimm sind wie Wölfe, sondern schlimmer. Sie finden auch wissenschaftliche Unterstützung für ihre Ansicht, beispielsweise in der Aggressionstheorie von Konrad Lorenz.[45] Lorenz zufolge ist die intraspezifische Aggression (Aggression gegen Mitglieder der eigenen Spezies) bei Tieren das Resultat eines auch im Menschen vorhandenen Instinkts. Aber hierbei gibt es einen Unterschied zwischen Tieren und Menschen. Bei Tieren hat diese Aggression eine positive Funktion für das Überleben der Spezies: Sie stellt sicher, dass die Individuen der Spezies in dem verfügbaren Habitat in ausreichendem Abstand voneinander verteilt sind; sie garantiert die Selektion der besseren männlichen Tiere; und sie konstruiert eine soziale Rangfolge. Aggression hat diese Funktion noch besser erfüllt, seitdem im Evolutionsprozess tödliche Aggression in symbolische und rituelle Drohung verwandelt wurde.

Doch Lorenz zufolge wurde »das sogenannte Böse« bei Tieren im Falle der Menschen zu einem realen Bösen, einem bösartigen aggressiven Instinkt. Wie diese Umwandlung im Laufe von Zehntausenden von Jahren des Paläolithikums stattfand, erklärt Lorenz wie folgt:

> »Als die Menschen eben gerade soweit waren, dass sie kraft ihrer Bewaffnung, Bekleidung und ihrer sozialen Organisation die von außen drohenden Gefahren des Verhungerns, Erfrierens und Gefressenwerdens von Großraubtieren einigermaßen gebannt hatten, so dass diese nicht mehr die wesentlichen selektiven Faktoren darstellten, muss eine böse intra-

spezifische Selektion eingesetzt haben. Der nunmehr Auslese treibende Faktor war der Krieg, den die feindlichen benachbarten Menschenhorden gegeneinander führten. Er muss eine extreme Herauszüchtung aller sogenannten ›kriegerischen Tugenden‹ bewirkt haben ...« (Lorenz 1985: 48–49)

Lorenz denkt (wie Freud mit seinem Todestrieb), dass der menschliche Aggressionstrieb von einer ständig fließenden Energie gespeist wird, welche sich in dem mit diesem Instinkt zusammenhängenden Nervenzentrum akkumuliert. Dies führt zur Zunahme von Druck in einem sozusagen »hydraulischen« System. Für Lorenz ist es also nicht nur ungesund, nach außen drängende Aggression zu unterdrücken, sondern auch sehr schwierig, wenn nicht gar unmöglich, sie unter Kontrolle zu halten. Wenn der Druck zu sehr zugenommen hat, kann es zu einer Explosion kommen: Der Mensch kann dann grausam, mörderisch werden, sogar ohne äußeren Stimulus. Aber in der Regel finden sowohl Menschen als auch Tiere Stimuli, sie suchen Stimuli oder produzieren selbst Stimuli. Lorenz nennt als Beispiel die Gründung einer politischen Partei, die Stimuli erzeugt, die aber nicht die wirkliche Ursache von Aggression ist.

Wenn das, was Lorenz glaubt, wahr wäre, dann gäbe es nicht viel Hoffnung auf moralischen Fortschritt. Aber es gibt Gründe zu glauben, dass seine Theorie nicht ganz richtig und dass die Lage der Menschheit vielleicht nicht so schlecht ist. Erich Fromm[46] ist anderer Meinung als Lorenz und Freud. Erstens akzeptiert er die These nicht, dass Aggression, die in der Tat sowohl in der tierischen als auch in der menschlichen Natur als Instinkt existiert, spontan funktioniert und kontinuierlich wächst wie Sexualität. Sie muss zuerst durch bestimmte Stimuli mobilisiert werden. Wenn solche Stimuli nicht vorhanden sind, kommt keine Aggression auf. Zweitens nennt Fromm diese reaktive Aggression, die Tieren und Menschen gemeinsam ist, »defensive« oder »gutartige« Aggression.

Gutartige Aggression dient »vitalen Interessen«. Bei Tieren sind diese das eigene Leben des Individuums, die Sorge für die Jungen, der Zugang zu Tieren des anderen Geschlechts, der Zugang zu den Nahrungsquellen und schließlich das Überleben der Gattung. Bei Menschen sind sie grundsätzlich dieselben, aber für sie können vitale Interessen viel mehr bedeuten, weswegen sie aggressiver sein können als Tiere. Menschen können nicht nur auf unmittelbare, sondern auch auf voraussehbare zukünftige Gefahr reagieren. Menschen können Symbole und Werte schaffen, mit denen sie sich so sehr identifizieren, dass eine Bedrohung von diesen zu einer Bedrohung der eigenen vitalen Interessen wird. Menschen können zu anhänglich werden an »Idole«, was in Phasen mangelhafter psychischer Entwicklung für ihr psychisches Überleben notwendig werden kann. Wenn ein solches »Idol« angegriffen wird, kann sein »Anbeter« das als Angriff auf seine vitalen Interessen sehen. Schließlich können den Menschen durch Erziehung, Ideologie und Gehirnwäsche allerlei »vitale Interessen« suggeriert werden. Fromm schreibt: »Alle diese Faktoren aber sind ihrerseits das Resultat der bisherigen Gesellschaftsstrukturen, [die auf dem] Prinzip der Ausbeutung und der Gewalt beruht haben und noch beruhen …« (zit. n. Funk 1978: 186).

Weiter stellt Fromm fest:

> »Wenn die menschliche Aggression mehr oder weniger auf dem gleichen Niveau stünde wie die anderer Säugetiere – besonders wie die unseres nächsten Verwandten, des Schimpansen – so wäre die menschliche Gesellschaft recht friedlich und wenig gewalttätig. Aber dem ist nicht so. Die Geschichte der Menschheit ist der Bericht einer außerordentlichen Destruktivität und Grausamkeit, und die Aggression des Menschen ist offenbar weit größer als die seiner tierischen Ahnen; der Mensch ist im Gegensatz zu den meisten Tieren ein wirklicher ›Killer‹.« (Fromm 1994: 207)

Fromm zufolge ist diese »Hyperaggression« des Menschen einzigartig. »Das Einzigartige beim Menschen ist, dass er von Impulsen, zu morden und zu quälen, getrieben werden kann und dass er dabei Lustgefühl empfindet. Er ist das einzige Lebewesen, das zum Mörder und Vernichter der eigenen Art werden kann, ohne davon einen entsprechenden biologischen oder ökonomischen Nutzen zu haben« (ebd.: 245). Er nennt diese »sadistisch-grausame Destruktivität« auch »bösartige« Aggression. Anders als gutartige Aggression ist sie kein Instinkt. Wenn sie, ganz ausnahmsweise, bei Tieren vorkommt, geschieht dies, weil das Umwelt- und soziale Gleichgewicht gestört worden ist, unter Umständen wie »Übervölkerung« (crowding).

Man könnte argumentieren, dass Menschen destruktiver sind, weil sie »Übervölkerung« oder andere derartige Aggression erzeugende Bedingungen, die allgemein geworden sind, geschaffen oder verursacht haben. Nach Fromm ist das weitgehend richtig. Aber Menschen können auch ohne äußere Stimuli wie »Übervölkerung« sadistisch grausam und destruktiv sein; sie können sogar (wie auch Lorenz sagt) auf Situationen warten, in denen sie destruktive Handlungen begehen können, sie können sie suchen oder herbeiführen.

Fromm erklärt dieses Phänomen nicht mit dem Aggressionstrieb, sondern mit dem Begriff Charakter. Mit Hilfe von Zitaten aus seinem Werk *Man for Himself* erläutert Rainer Funk Fromms Begriff »Charakter« wie folgt: »Jeder Mensch muss sich im Prozess der Assimilierung und Sozialisation in irgendeiner Weise ›in Beziehung‹ setzen (›orientieren‹). Die spezifische Form seiner Bezogenheit drückt sich in seinem Charakter aus und ist zugleich Ausdruck seines Charakters. ›Diese Orientierungen, durch die sich das Individuum in Beziehung zur Welt setzt, konstituieren den Kern (core) seines Charakters‹, so dass der ›Charakter definiert werden kann als die (relativ gleichbleibende) Form, in die menschliche Energie im Prozess der Assimilierung und Sozialisation kanalisiert wird‹« (Funk, 1978: 53). Die verschiedenen Typen menschlicher Destruktivität sind verschieden orientierte Reaktionen auf menschliche Bedürfnisse. Solche verschiedenen Typen der Reaktion können durch Faktoren erklärt werden, die Charakterstrukturen formen, so dass man keinen ausschließlich bei Menschen zu findenden destruktiven Instinkt anzunehmen braucht. Die spezifisch menschlichen Typen sadistisch-grausamer Destruktivität sind pathologische Formen der Reaktion auf menschliche Bedürfnisse.

Fromms Verständnis sadistisch-grausamer Destruktivität (bösartiger Aggression) lässt die Möglichkeit zu, sie zu überwinden oder wenigstens deutlich zu reduzieren, da sie nicht durch den Instinkt, sondern durch den Charakter bestimmt wird. Charakter wird anerzogen, das heißt durch äußere Faktoren geformt; darum kann er, anders als ein Instinkt, durch Veränderungen der äußeren Faktoren – nämlich der sozialen, ökonomischen und politischen Strukturen – geändert werden.

Fromm hat drei Argumente gegen die Kriegshypothese von Lorenz.

Angesichts der Tatsache, dass im Krieg aggressive Individuen in großer Zahl getötet werden, ist es nicht plausibel, dass Hyperaggression unter Menschen auf eine positive Selektion durch den Krieg zurückzuführen ist. Mit den toten jungen Kriegern sollte das für solche Aggression verantwortliche Gen allmählich verschwinden, was zu einer negativen Selektion führen sollte.

Auf der Grundlage von überwältigendem empirischem anthropologischem Beweismaterial zeigt Fromm, Q. Wright zitierend: »Die Sammler, primitiven Jäger und Ackerbauern sind die am wenigsten kriegerischen. Die weiter fortgeschrittenen Jäger und Ackerbauern sind kriegerischer, und die am höchsten stehenden Ackerbauern und die Hirten sind die kriegerischsten von allen« (Q. Wright, zit. n. Fromm 1994: 170). Dies beweist für Fromm, dass Kriegslust keine Funktion eines menschlichen Instinktes ist, der sich in den primitivsten Formen menschlicher Gesellschaft manifestiert, sondern eine Funktion der Entwicklung der Zivilisation. Die anthropologischen Daten von Wright zeigen, »dass eine Gesellschaft um so kriegerischer ist, je mehr Arbeitsteilung in ihr herrscht, und dass Gesellschaften mit einem Klassensystem die allerkriegerischsten sind« (Fromm ebd.).

Fromm argumentiert, dass vor der Entstehung der Zivilisation primitive Jäger und Sammler kaum eine ökonomische Motivation haben konnten, Krieg zu führen. Denn das Bevölkerungswachstum war unbedeutend, es gab nicht viel bewegliche Habe, die geraubt werden konnte, und Sklaven konnten keinen Überschuss produzieren. Konflikte um Jagdgründe oder Wasserlöcher wurden vermutlich ohne Schlacht entschieden. Die stärkere Gruppe verdrängte einfach langsam die schwächere.

Am Ende seiner Analyse stellt sich Fromm selbst die Frage, ob er Hoffnung für die Zukunft der Menschheit hat. Er will nicht antworten »Ich bin optimistisch«, weil das »gleichgültig und distanziert klingt«. Stattdessen benutzt er den Begriff »Glaube«. Aber Glaube ist für Fromm »rationaler Glaube«, »der sich auf die klare Erkenntnis aller relevanten Daten gründet und nicht auf eine auf Wünschen beruhende Illusion, wie dies beim ›irrationalen Glauben‹ der Fall ist« (ebd.: 488). Seine Position

> »ist die eines rationalen Glaubens an die Fähigkeit des Menschen, sich aus dem scheinbar verhängnisvollen Netz der Umstände, das er selbst geschaffen hat, zu befreien. Es ist die Position all jener, die … Radikale sind, die den rationalen Glauben an die Fähigkeit des Menschen haben, der endgültigen Katastrophe entrinnen zu können. Dieser humanistische Radikalismus … versucht, den Menschen von den Ketten seiner Illusion zu befreien; er postuliert die Notwendigkeit radikaler Änderungen, und zwar nicht nur unserer ökonomischen und politischen Struktur, sondern auch unserer Werte, unserer Vorstellung von den Zielen des Menschen und unseres persönlichen Verhaltens.
> Glauben heißt wagen, das Undenkbare zu denken und dennoch innerhalb der Grenzen des realistisch Möglichen zu handeln; Glauben ist die paradoxe Hoffnung …« (ebd.: 490)

Lorenz ist auch hoffnungsvoll, aber er spricht nicht von der Notwendigkeit, die Gesellschaft zu verändern. Er hat auch Glauben, aber es ist der Glaube an die Evolution. Er spricht von der Notwendigkeit eines Hemmungsmechanismus in uns, »der tätliche Aggression nicht nur gegen unsere persönlichen Freunde, sondern gegen alle Menschen verhindert. Daraus leitet sich die selbstverständliche … Forderung ab, alle unsere Menschenbrüder, ohne Ansehen der Person, zu lieben«, eigentlich eine uralte Forderung (Lorenz 1985: 258). Seinen Glauben, dass diese uralte Forderung in Erfüllung gehen wird, begründet Lorenz so:

> »… unsere Vernunft vermag ihre Notwendigkeit, unser Gefühl ihre hehre Schönheit voll zu erfassen, aber dennoch vermögen wir sie, so wie wir beschaffen sind, nicht zu erfüllen. Das volle und warme Gefühl von Liebe und Freundschaft können wir nur für Einzelmenschen empfinden, daran kann der beste und stärkste Wille nichts ändern! Doch die großen Konstrukteure [Mutation und Selektion] können es. Ich glaube, dass sie es tun werden, denn ich glaube an die Macht der menschlichen Vernunft, ich glaube an die Macht der Selektion und ich glaube, dass die Vernunft vernünftige Selektion treibt. Ich glaube, dass dies unseren Nachkommen in einer nicht allzu fernen Zukunft die Fähigkeit verleihen wird, jene größte und schönste Forderung wahren Menschentums zu erfüllen.« (ebd.: 258–259)

Das ist ein ziemlich langfristiges Projekt für die Evolution. Also macht Lorenz für die Gegenwart einige konkrete Empfehlungen, wie Aggression kontrolliert werden kann: Abreagierung von Aggression an Ersatzobjekten (der Prozess der Katharsis, Sublimation), Sport, Förderung von Freundschaften zwischen Angehörigen verschiedener Nationen, Förderung von Kunst und Wissenschaft, Humor, Vermehrung der Werte, mit denen man sich identifiziert, und viele andere (ebd.: Kapitel 14).

Fromms Analyse der menschlichen Aggression und Destruktivität ist überzeugend, aber sie enthält ein Problem. Man könnte »vitale Interessen« auch so verstehen, dass der Begriff nicht nur Zugang zu Nahrung und anderen Wirtschaftsgütern beinhaltet, die zur Befriedigung der Grundbedürfnisse erforderlich sind, sondern auch Zugang zu Ressourcen (wie Erdöl), die für eine industrielle Produktions- und Lebensweise notwendig sind. Darum ist es *heute* nicht mehr ausreichend zu sagen, dass Aggression zur Verteidigung der eigenen vitalen Interessen (oder derjenigen der Nation) gutartig sei. Was heute gebraucht wird, ist Selbstaufopferung oder die Opferung eines Teils dessen, was wir als unsere vitalen Interessen verstehen mögen, was aber in Wirklichkeit keine vitalen Interessen sind.

Fromm scheint sich in den frühen Siebzigerjahren, als er von vitalen Interessen schrieb, nicht der Grenzen des Wachstums bewusst gewesen zu sein. Ein Indiz dafür ist eine Stelle in einem 1970 veröffentlichten Aufsatz mit dem Titel »Zur Theorie und Strategie des Friedens«. Dort schreibt Fromm, dass die bisherigen Gesellschaftsstrukturen »wegen der Unterentwickeltheit der Produktionskräfte« auf Ausbeutung und Gewalt beruhen mussten (vgl. Funk 1978: 186). In der zweiten Hälfte der Siebzigerjahre allerdings war er sich dieser Grenzen voll bewusst, wie sein Buch *Haben oder Sein* beweist. Dieses Bewusstsein veranlasste ihn, unter dem Untertitel »Die ökonomische Notwendigkeit menschlicher Veränderung« von einem Argument zu schreiben, »das in einer tiefgreifenden psychologischen Veränderung des Menschen eine *Alternative zur ökonomischen und ökologischen Katastrophe* sieht« (Fromm 1982: 19; Hervorhebung durch den Autor). Hier bezieht er sich auf den zweiten Bericht an den Club of Rome – der von Mihailo Mesarovic und Eduard Pestel 1974 verfasst wurde – und zitiert bejahend die Ansicht der Autoren, dass die erforderlichen radikalen ökonomischen Veränderungen nur dann möglich seien, wenn ein fundamentaler Wandel der menschlichen Grundwerte und Einstellungen im Sinne einer neuen Ethik und einer neuen Einstellung zur Natur eintritt. Er fügt dann hinzu: »... eine neue Gesellschaft kann *nur dann* entstehen, wenn sich parallel zu deren Entwicklungsprozess ein neuer Mensch entwickelt ...« (Fromm 1982: 20). Doch ungeachtet dieses neuen ökonomischen und ökologischen Bewusstseins bleibt seine neue, ideale Gesellschaft eine Industriegesellschaft. Er denkt, zwei Hauptaufgaben der Erbauer seiner neuen Gesellschaft wären, »die Frage zu lösen, wie *die industrielle Produktionsweise beibehalten* werden kann, ohne in totaler Zentralisierung zu enden ...«, und »das Ziel unbegrenzten wirtschaftlichen Wachstums« aufzugeben und es »durch *selektives Wachstum*« zu ersetzen (ebd.: 166; Hervorhebungen durch den Autor).

Fromm schreibt: »Die Funktion der neuen Gesellschaft ist es, die Entstehung eines neuen Menschen zu fördern ...« (ebd.: 163). Die Eigenschaften, welche die Charakterstruktur seines neuen Menschen aufweisen wird, sind alle großartig. Aber auf unserer begrenzten Erde mit ihren begrenzten Ressourcen kann eine Industriegesellschaft, auch wenn sie sich für nur selektives Wachstum entscheidet, den neuen Menschen seines Traums nicht hervorbringen. Eine solche Gesellschaft, egal ob kapitalistisch oder sozialistisch, wird weiterhin den Homo oeconomicus brauchen und hervorbringen. Aggression ist nicht nur Krieg und nackte Gewalt, es gibt auch, was Johan Galtung (1975) »strukturelle Gewalt« nennt. Die Eliten berauben ihre Armen normalerweise durch ökonomische und politische Strukturen, das heißt ohne direkte Gewalt, obwohl sie auch nackte Gewalt anwenden, wenn die Ausgebeuteten und Unterdrückten anfangen, Widerstand zu leisten.

NOCH EINMAL DER NEUE MENSCH

Wir kommen also zum Thema des neuen Menschen zurück, aber jetzt in einem anderen Kontext. Wir haben diskutiert, wie und warum das Projekt des neuen Menschen in der Sowjetunion scheiterte (vgl. Kapitel drei). Gibt es eine Chance, dass es im Kontext des Aufbaus einer öko-sozialistischen Gesellschaft Erfolg haben könnte?

Hier stellt sich sowohl ein theoretisches als auch ein praktisches Problem. Die frühen Bolschewiki dachten, dass der neue Mensch als *Ergebnis* der sozialistischen Revolution und der revolutionären Veränderungen, die sie in der Gesellschaft durchführten, entstehen würde. Dies entsprach der marxistischen Theorie, dass das materielle Sein das Bewusstsein bestimme. MarxistInnen glaub(t)en an einen zwangsläufigen Zusammenhang zwischen sozialistischen Eigentumsverhältnissen und moralischem Fortschritt. »Moralischer Fortschritt hängt also von der Aufhebung der Selbstentfremdung des Menschen ab, die von der Revolution in den Eigentumsverhältnissen und dem Ende der Arbeitsteilung abhängt, und diese wiederum sind von der ›Expropriation der Expropriateure‹ abhängig« (Sklair 1972: 83). Außerdem führte die immense Entwicklung der Produktivkräfte nach Marx und den MarxistInnen die Menschheit zwangsläufig zu einer sozialistischen Revolution, welche die Expropriateure expropriieren sollte.

Heute aber, wie bereits ausgeführt, erachten wir moralischen Fortschritt als die *Grundvoraussetzung* für den Erfolg beim Versuch, Katastrophen abzuwenden. Die Entwicklung der Produktivkräfte würde nicht zu moralischem Fortschritt führen. Im Gegenteil, moralischer Fortschritt ist notwendig, um die Entwicklung der Produktivkräfte zu stoppen. Was muss zuerst kommen? Eine öko-sozialistische Gesellschaft oder der neue Mensch? Es sieht fast wie ein Henne-und-Ei-Problem aus. Fromm behauptet weder, dass der neue Mensch vor der neuen Gesellschaft kommen müsse, noch, dass er nur als Ergebnis der neuen Gesellschaft kommen könne. Er erwartet eher, dass der neue Mensch im Prozess der Entwicklung der neuen Gesellschaft entstehen wird. Ich glaube, er hat Recht.

Aber so wie es natürliche Grenzen des Wirtschaftswachstums gibt, gibt es vielleicht auch in der menschlichen Natur Grenzen des moralischen Wachstums. Höltschi und Rockstroh, zwei Reformisten, schreiben:

> »Materielle Wünsche, Machtstreben, Egoismus u. ä. gehören seit Anbeginn auch zum Menschen. Dies kann weder eine ›Kulturrevolution‹ ... ändern, noch ist dies bei der ›Nicht-Klasse der Nicht-Arbeiter‹ ... we-

sentlich anders. Zwar verschieben sich die Werte der Menschen ständig ... doch zu einem völlig altruistischen, umweltbewussten und friedfertigen Wesen wird der Mensch in absehbarer Zeit auch bei idealer Gesellschaftsordnung kaum.« (Höltschi und Rockstroh 1985: 85)

Das sagen alle selbst ernannten RealistInnen. Wenn es wahr wäre, dann gäbe es natürlich nur eine geringe Wahrscheinlichkeit des moralischen Fortschritts. Aber vielleicht ist es nicht wahr. »Wenn ein Kranker auch nur die geringste Überlebenschance hat, wird kein verantwortungsvoller Arzt sagen: ›Geben wir unsere Bemühungen auf!‹, oder nur schmerzstillende Mittel verordnen. Er tut im Gegenteil alles, um das Leben des Kranken zu retten. Eine kranke Gesellschaft hat sicher kein geringeres Anrecht« (Fromm 1982: 188).

In den vorangegangenen Kapiteln habe ich gezeigt, dass der Öko-Kapitalismus, der Öko-Keynesianismus und der Marktsozialismus die Patienten – die Erde und die Menschheit – nicht werden heilen können, dass sie bestenfalls nur Linderungsmittel sind, die nur eine vorübergehende Wirkung haben. Nur der Öko-Sozialismus ist die richtige Behandlung. Es gibt natürlich keine Garantie dafür, dass es mit einer öko-sozialistischen Politik heute langfristig gelingen würde, eine öko-sozialistische Gesellschaft aufzubauen. Was alles in der Zukunft passieren würde, können wir ja nicht voraussehen. Aber wie Peter von Oertzen sagte: »Die Fähigkeit der Menschen, egoistisch zu sein, macht Sozialismus notwendig; ihre Fähigkeit, großzügig zu sein, macht Sozialismus möglich« (zit. n. *Frankfurter Rundschau*, 06.09.1994).

Dass Menschen die Fähigkeit besitzen, großzügig zu sein, ist kein Wunschdenken. Wir erleben es im Alltag. Außerdem haben Egoismus, Gier nach Reichtum und materiellen Gütern, Gier nach Status, Machtstreben und so weiter nicht seit den Ursprüngen zur Menschennatur gehört. Fromm hat anthropologisches Material gesammelt, um das Gegenteil zu beweisen. E. R. Service, dessen Buch die umfassendste Darstellung anthropologischer Funde über primitive Jäger und Sammler ist, schreibt:

»... haben wir uns daran gewöhnt, zu glauben, menschliche Wesen hätten eine ›natürliche Neigung zu schachern und zu handeln‹ und die wirtschaftlichen Beziehungen ... seien gekennzeichnet durch ... die

›Maximierung‹ des Erfolges unserer Bemühungen, dadurch, dass man ›billig einkauft und teuer verkauft‹. Die Primitiven tun jedoch nichts dergleichen; meist hat man vielmehr den Eindruck, dass sie das Gegenteil tun. Sie ›geben Sachen weg‹, sie bewundern Freigebigkeit, sie erwarten Gastfreundschaft, sie bestrafen Sparsamkeit als Egoismus.« (zit. n. Fromm 1994: 159)

Sie teilen Nahrung (wie Fleisch) wie eine Selbstverständlichkeit, es ist das Recht des Empfängers, einen Anteil zu haben. Man denkt gar nicht daran, sich beim Geber zu bedanken, weil alles auf Gegenseitigkeit beruhe (E. R. Service, nach ebd.: 160). Über die Frage des Eigentums schreibt Service:

»In keiner primitiven Gruppe wird jemandem der Zugang zu den Ressourcen der Natur verweigert – kein Einzelner besitzt sie …
Die natürlichen Ressourcen, auf die die Gruppen angewiesen sind, sind kollektiver oder kommunaler Besitz. … Innerhalb der Gruppe haben alle Familien das gleiche Recht, sich ihren Anteil zu nehmen. …
Dem Privateigentum am nächsten kommen Gegenstände, die zum individuellen Gebrauch hergestellt und von Einzelpersonen benutzt werden. Waffen, Messer und Schaber, Kleider, Schmuck, Amulette und ähnliches werden bei Jägern und Sammlern oft als Privateigentum angesehen. … Insofern der Besitz dieser Dinge durch ihren Gebrauch geboten ist, ist dieser Besitz mehr eine Funktion der Arbeitsteilung als ein Besitz an ›Produktionsmitteln‹. … man kann sich nur schwer einen Fall vorstellen (und es ist nicht möglich, einen solchen in den ethnographischen Berichten zu finden), dass jemand, der, durch irgendwelche Umstände bedingt, keine Waffen oder Kleider hätte, sich diese nicht von einem glücklicheren Sippenangehörigen leihen oder sie von ihm erhalten könnte.« (zit. n. ebd.: 160–161)

Soziale Beziehungen zwischen den Mitgliedern primitiver Gesellschaften von Jägern und Sammlern sind durch die Abwesenheit von Dominanz charakterisiert:

»Es gibt keine Hackordnung, die sich auf physische Überlegenheit gründet, und es gibt auch keine hierarchische Ordnung, die ihren Ursprung in anderen Quellen der Macht hätte, wie Reichtum, ererbte Klassenprivilegien, ein militärisches oder politisches Amt. Die einzige dauernde Überlegenheit ist die des Älteren oder Weiseren, der eine Zeremonie leiten kann.

Selbst wenn einzelne einen höheren Status oder ein größeres Prestige als die anderen besitzen, äußern sich dieser höhere Status und die bevorrechtigte Stellung völlig anders als in der Hierarchie der Menschenaffen. Freigebigkeit und Bescheidenheit werden von [solchen] Personen ... erwartet, und die Belohnung, die ihnen dafür zuteil wird, ist einzig die Liebe und Aufmerksamkeit der anderen. ... in der primitiven menschlichen Gesellschaft [anders als in der Sozietät der Menschenaffen] muss die größere Kraft in den Dienst der Gemeinschaft gestellt werden, und wer nach höherem Prestige strebt, muss dafür im wahrsten Sinne des Wortes Opfer bringen, indem er für weniger Nahrung härter arbeitet.« (Service, zit. n. ebd.: 161–162)

Es mag zwar wissenschaftlich nicht ganz korrekt sein, Beschreibungen vom Leben primitiver Jäger und Sammler des 18., 19. und 20. Jahrhunderts auf Jäger und Sammler zu projizieren, die vor der Entstehung jeglicher Zivilisation lebten. Aber diese Beschreibungen zeigen wenigstens, dass Egoismus, Gier nach materiellen Gütern, Machthunger, Hierarchie und so weiter dem Menschen nicht angeboren sind. Diese Charakterzüge formten sich im Laufe der Zivilisation, wobei man logischerweise auch schließen muss, dass das *Potenzial* dafür in der Menschennatur liegen muss.

Schauen wir nun auf die Zukunft hin. Wir wissen, dass ein Sozialismus, für den eine Industriegesellschaft mit einem Überfluss an materiellen Gütern eine unentbehrliche Grundlage war, bei der Entwicklung des neuen Menschen scheitern musste. In den Zwanziger- und Dreißigerjahren mussten die Bolschewiki dieses Ideal aufgeben, um den Westen wirtschaftlich einzuholen. Kann man sich vorstellen, dass eine öko-sozialistische Gesellschaft, die die entgegengesetzte Richtung einschlägt, ein fruchtbarer Boden für die Entstehung des neuen Menschen sein könnte? Eine Anmerkung von Service über primitive Gesellschaften ist in diesem Zusammenhang relevant: »Es hat den Anschein, dass die primitivsten menschlichen Gesellschaften gleichzeitig auch die egalitärsten sind. Das dürfte damit zusammenhängen, dass diese Art von Gesellschaft durch ihre *rudimentäre Technologie* mehr und öfter als jede andere auf Zusammenarbeit angewiesen ist« (zit. n. ebd.: 162; Hervorhebung durch den Autor). Und folgende Anmerkungen von Fromm sind von Bedeutung:

> »Die prähistorischen Jäger und Ackerbauern hatten *keine Gelegenheit*, ein leidenschaftliches Besitzstreben oder Neid gegenüber den ›Besitzenden‹ zu entwickeln, weil es einen Privatbesitz, nach dem man hätte streben können, gar nicht gab und weil die wirtschaftlichen Unterschiede so geringfügig waren, dass sie kaum Neid erregen konnten. ... Es war keine Grundlage vorhanden, auf der der Wunsch, andere auszubeuten, hätte entstehen können. ... Schließlich war auch für die Entwicklung der Habgier kaum ein Anreiz vorhanden, da *Produktion und Konsum* auf einem bestimmten Niveau *stabilisiert waren.*« (ebd.: 182–183; Hervorhebung durch den Autor)

Die Technologien einer öko-sozialistischen Gesellschaft wären zwar nicht rudimentär. Aber sie wären arbeitsintensiv und einfach. Produktion und Konsum wären auf einem, im Vergleich zu heute, niedrigen Niveau stabilisiert. Privatbesitz wäre sehr begrenzt, und wirtschaftliche Unterschiede wären unbedeutend. Der neue Mensch hätte in einer solchen Gesellschaft eine viel bessere Chance zu entstehen.

Natürlich erstreckten sich die Tugenden der primitiven Jäger, Sammler und Ackerbauern nicht über ihre eigene Sippe oder ihren eigenen Stamm hinaus. Aber heute, mit unserem Niveau von Wissen, Information und Bewusstsein, können sie sich auf alle Völker der Welt erstrecken. Und obwohl das Projekt des neuen Menschen in der UdSSR scheiterte, wissen wir aus den Berichten von Sinjawskij und den Webbs, dass das Ideal für ein paar Jahre teilweise verwirklicht wurde.

Weizsäcker, Lovins und Lovins – obwohl Protagonisten des Öko-Kapitalismus – schreiben: »In Wirklichkeit ist der Egoismus überhaupt kein unabänderlicher, von den Genen diktierter Wesenszug des Menschen.« Unter Bezugnahme auf die psychologische Kooperationsforschung, unter anderem auf die Arbeit von Alfie Kohn, schreiben sie, dass sogar in modernen kapitalistischen Gesellschaften »eine von gegenseitiger Achtung geprägte Zusammenarbeit wesentlich motivierender und befriedigender ist, als Wettbewerb es sein kann« (Weizsäcker et. al. 1995: 326). Und Kenneth E. Boulding schrieb schon 1969 in seinem Essay »Die Ökonomie als Moralwissenschaft«:

> »Weite Kreise der Bevölkerung glauben, dass Handel irgendwie schmutzig sei, dass Kaufleute irgendwie zwielichtige Charaktere seien und dass der Arbeitsmarkt gänzlich verachtenswert sei, da er das Prinzip der Pro-

stitution auf eigentlich alle Bereiche des menschlichen Lebens überträgt. Über diese Ansicht können Ökonomen nicht einfach hinwegsehen. Wir Ökonomen unterstellen nur allzugern, dass alles, was Ertrag bringt, auch rechtmäßig sei. Die Dynamik der Rechtmäßigkeit ist leider etwas komplizierter. Häufig sind gerade negative Gewinne, d. h. Opfer, rechtmäßig, und nicht positive Gewinne.« (Boulding 1976: 139)

Wir haben gesehen, dass Lorenz seine Hoffnung auf die Evolution durch Selektion setzt. In diesem Zusammenhang sind einige Anmerkungen von Sahlins über paläolithische Jäger sehr interessant.

»Im Zuge der selektiven Anpassung an die Gefahren der Steinzeit hat die menschliche Gesellschaft den Hang der Primaten zur Selbstsucht, zur Promiskuität, zur Dominanz und zum brutalen Wettkampf überwunden oder zurückgedrängt. An die Stelle des Kampfes trat Blutsverwandtschaft und Kooperation, die Solidarität erhielt Vorrang vor der Sexualität, die Moral vor der Macht. In ihren frühesten Tagen hat sie die größte Reform in ihrer Geschichte vollbracht, die Überwindung der menschlichen Primaten-Natur, wodurch sie die evolutionäre Zukunft der Art sicherstellte.« (zit. n. Fromm 1994: 157)

Es ist nicht ganz klar, ob Sahlins hier Anpassung durch genetische Veränderungen (Mutation) meint. Meiner Meinung nach nicht. Er redet ja von einer vollbrachten gesellschaftlichen *Reform*. Außerdem verschwinden Eigenschaften, die durch genetische Veränderungen zustande kommen, nicht so schnell, wie Kooperation, Solidarität und Moral im Laufe der Entwicklung unserer Zivilisationen verschwanden. Es war mit Sicherheit eine einfache Anpassung an äußere Umstände und Notwendigkeiten; und das Wissen und die Erfahrung, die in diesem Prozess der Anpassung akkumuliert wurden, wurden an die nächsten Generationen weitergereicht, bis sie nicht mehr nützlich waren.

Ähnlich werden Menschen in der nahen Zukunft gezwungen sein, sich an ökologische und ressourcenbezogene Notwendigkeiten, die jetzt entstehen, anzupassen – um des bloßen Überlebens willen. Um bei dieser Anpassungsarbeit Erfolg zu haben, werden sie neue Gesellschaften schaffen müssen, wenn sie nicht bereit sind, Lösungen durch ökologische Katastrophen, Kriege, Bürgerkriege, Genozide, Hungersnöte, Epidemien und so weiter zu akzeptieren. Ich bin überzeugt, dass diese

Gesellschaften von einer öko-sozialistischen Art sein müssen. Und für diese Anpassung werden einige wesentliche Charakterzüge primitiver Menschen wieder notwendig sein, nämlich grundsätzliche Kooperationsbereitschaft, Solidarität und moralisches Verhalten. Das wäre dann der neue Mensch.

Hin zu öko-sozialistischen Kulturen

Viele ÖkologInnen sind davon überzeugt, dass die Wurzeln unserer Probleme in unseren Kulturen liegen. Beispielsweise schreiben Walter und Dorothy Schwarz unter Bezugnahme auf die große Dust-Bowl-Katastrophe, welche in den 1920er und 1930er Jahren über den Mittleren Westen der USA hereinbrach: »... Bewusstsein ist die erste Priorität bei jeder ökologischen Politik. Und was folgt auf Bewusstsein? ... Auch Bewusstsein reicht nicht aus, um sicherzustellen, dass Aktion stattfindet, solange es keine Veränderung bei der kulturellen Einstellung gibt« (Schwarz und Schwarz 1987: 142).

Einige der oben zitierten ProtagonistInnen des kulturellen Ansatzes sehen auch die Notwendigkeit von Veränderung oder Reform ein, aber diese muss ihrer Meinung nach im Rahmen der traditionellen/indigenen Kultur stattfinden. Für Agarwal et al. ist »die Rückkehr zur eigenen Kultur kein blindes Zurückgreifen auf Traditionen« (Agarwal et al. 1987: 351). Sachs schreibt: »Das Gegenteil zu ›Entwicklung‹ heißt ... keineswegs Stagnation; von Gandhis ›swaraj‹ bis zu Zapatas ›ejidos‹ gibt es in jeder Kultur Bilder der Veränderung« (Sachs 1989). Ich glaube, dass viele radikale Veränderungen nötig sind, um die Probleme, mit denen wir konfrontiert sind, zu lösen. Doch eine Kultur, die sich selbst radikal verändern will, muss bereit sein aufzuhören, dieselbe Kultur zu sein. Wenn beispielsweise die US-Amerikaner in zwanzig Jahren ihre Privatautos aufgeben und nur noch mit Straßenbahn, Eisenbahn, Bus und Fahrrad fahren, nur (oder hauptsächlich) vegetarische Speisen essen und ihre Streitkräfte auflösen – alles notwendige Verhaltensänderungen aus ökologischen und friedenspolitischen Gründen –, dann wäre ihre Kultur nicht mehr die »amerikanische« Kultur, sondern eine neue.

Wir müssen sowohl traditionelle Kulturen als auch die moderne industriell-kapitalistische Kultur hinter uns lassen, wie sehr wir sie auch lieben oder an sie gewöhnt sein mögen. Wir müssen neue Kulturen schaffen. Alle existierenden Kulturen haben sich als unfähig erwiesen, mit den großen Krisen fertig zu werden, mit denen die Menschheit heute konfrontiert ist – Krisen, die diese Kulturen selbst durch ihr Tun und Unterlassen verursacht haben.

Warum sollte die Entstehung neuer Kulturen Angst erzeugen? In der Geschichte der Menschheit sind viele Kulturen verschwunden, manche haben sich zu neuen Kulturen entwickelt. Keine ist seit der Ewigkeit oder für die Ewigkeit da. Heute, um nur ein Beispiel zu nennen, beobachten wir eine kulturelle Revolution bei den Tuareg des nördlichen Afrika, einem Nomadenvolk, von dem viele nun sesshafte Ackerbauern werden – mit allen kulturellen Konsequenzen. Sie wollten diese Transformation nicht, aber ökologische und ökonomische Notwendigkeiten – Dürre und Bevölkerungswachstum – zwangen sie, die Transformation zu akzeptieren (Stührenberg und Maitre 1997: 41–45).

Es müsste nicht eine einzige neue Kultur für die gesamte Menschheit sein, obwohl ich mir kein Argument dagegen vorstellen kann, außer dass kulturelle Vielfalt schön ist. Wir könnten in Zukunft mehrere neue Kulturen haben. Aber welche Götter und Göttinnen die Menschen auch immer anbeten mögen, was und wie auch immer ihre Nahrung, Kleidung, ihre Künste, Gesetze, Bräuche, Rituale und so weiter sein mögen, die zu schaffenden Kulturen müssen einige für alle gültige kategorische Imperative akzeptieren, welche den bisherigen Kulturen bei ihrer Entstehung unbekannt waren. Der wichtigste ist der ökologische Imperativ. Jede Kultur muss die Grenzen sowohl des ökonomischen als auch des Bevölkerungswachstums anerkennen. Eine große Anzahl von Kindern darf nicht als Gabe Gottes erachtet werden, noch darf das Bedürfnis nach einem Privatauto oder mindestens einem Sohn respektiert werden.

Jede Kultur muss auch den Imperativ der Gleichheit akzeptieren. Ohne Gleichheit wird es keinen Frieden geben, weder zwischen Völkern noch zwischen Männern und Frauen oder Reichen und Armen innerhalb eines Volkes. Alle Ideale der Aufklärung und der Französischen Revolution konnten keinen Frieden bringen, weil das Prinzip der Gleichheit auf bloße Gleichheit vor dem Gesetz reduziert wurde. Der Verrat des Westens an diesen Idealen ist die tiefere Ursache der heutigen Gegenaufklärung – des religiösen Fundamentalismus, Rassismus, Nationalismus, der ethnischen Säuberungen, der Fremdenfeindlichkeit und so weiter. Hauptsächlich unter Bedingungen von Ausbeutung, Unterdrückung, Diskriminierung oder Verachtung durch ein dominierendes oder überlegenes Volk entsteht ein exzessives, morbides, separatistisches Bedürfnis nach Identität. Man mag sie kulturelle Identität nennen, aber sie kann auf Nation, Stamm, Rasse, Sippe, Kaste, Religion oder Sprache beruhen. Doch auch eine Rückkehr zu den wahren Idealen der Aufklärung ist nicht mehr adäquat, denn sogar die Philosophen der Aufklärung hatten keine Ahnung von den kommenden ökologischen und demographischen Problemen.

Ein weiterer kategorischer Imperativ, den die neuen Kulturen der Zukunft akzeptieren müssen, besteht darin, dass anderen Arten erlaubt und ermöglicht sein muss zu überleben und genügend Raum zu haben – nicht nur Gorillas in Ruanda, Löwen in Gujrat (Indien), Wölfen in Europa, sondern auch allen kleinen tierischen und pflanzlichen Arten. Auch aus diesem Grund müssen wir Menschen unsere Anzahl reduzieren und uns langfristig von einem Teil des Territoriums, welches wir besetzt haben, zurückziehen. Unter allen Arten sind nur die Menschen zu dieser bewussten, moralischen Handlung in der Lage, und so zu handeln, wäre ein Zeichen unseres moralischen Fortschrittes. Es ist wahr, dass im Laufe der Evolution viele Arten ausgestorben sind, aber entschließen wir uns wenigstens, kein weiteres Artensterben zu verursachen.

Neue Kulturen mit solchen kategorischen Imperativen können nur im Rahmen einer öko-sozialistischen Wirtschaft und Politik entstehen. Aber Öko-Sozialismus kann nicht nur eine Angelegenheit von Wirtschaft, Politik und Regierung im engeren Sinne sein. Er muss als neuer, umfassender kultureller Rahmen verstanden werden, etwa im Sinne von Paul Edwards' Definition des Begriffs Kultur (siehe oben, S. 378). Fortschritt hieße dann Bewegung hin zu einem solchen kulturellen Rahmen. Eine öko-sozialistische Regierung würde nicht zustande kommen, wenn nicht vorher eine Bewegung zur Schaffung eines solchen kulturellen Rahmens einen gewissen Erfolg gehabt hätte. Eine öko-sozialistische Regierung würde ihrerseits eine Rolle bei der Stärkung dieser Bewegung spielen müssen, weil ansonsten die Stabilität der Regierung nicht garantiert werden könnte.

Ich fürchte nicht, dass unsere öko-sozialistische Welt, wenn sie Wirklichkeit werden könnte, nur eine monotone Kultur kennen würde. Die künftigen ökologischen und dezentralisierten Wirtschaften und die neuen regionalen Institutionen würden genügend Raum für unterschiedliche Ausdrucksformen wirtschaftlichen, sozialen, politischen, religiösen, spirituellen, literarischen und künstlerischen Lebens schaffen.

WERTEWANDEL

Wie wir es auch nennen mögen – eine Veränderung der kulturellen Einstellung oder die Schaffung neuer Kulturen –, es muss mit einem Wertewandel beginnen. Einige in der öko-alternativen Bewegung sahen diesen Wandel bereits in der zweiten Hälfte der Siebzigerjahre stattfinden. Beispielsweise konstatierten Binswanger et al. »eine tiefgreifende Veränderung unseres politischen Bewußtseins und unserer Wertvorstellungen«, welche, so hofften sie, »unsere gesellschaftlichen Beziehungen verändern und auf unser Wirtschaftssystem einwirken« wird (Binswanger et al. 1979: 214). Hartmut Bossel glaubte, »dass ein Wandel der Wertvorstellungen in Richtung auf die partnerschaftliche und ökologische Alternative stattfindet, so dass mit sich verstärkendem gesellschaftlichem Druck in diese Richtung zu rechnen ist, mit allen seinen Konsequenzen für die Entwicklung unserer Gesellschaft« (Bossel 1978: 19). Wir wissen heute, dass diese Erwartungen enttäuscht wurden. Aber warum? Weil der Wertewandel, der damals in der Tat stattfand, gründlich missverstanden wurde.

Ronald Inglehart, der zur damaligen Zeit eine gründliche Untersuchung des Phänomens durchführte, stellte fest: »... die grundlegenden Werteprioritäten der westlichen Bevölkerungen verschoben sich von einer materialistischen Betonung zu einer postmaterialistischen – von der obersten Priorität der materiellen Versorgung und Sicherheit hin zur stärkeren Betonung auf Zugehörigkeitsgefühl, Selbstverwirklichung (self-expression) und Lebensqualität« (zit. n. Weinberger 1984: 13). Seine Erklärung dieses Phänomens wurde wie folgt zusammengefasst:

> »Unter Bezugnahme auf Maslows Theorie der Bedürfnishierarchie geht Inglehart davon aus, dass dann, *wenn materielle Versorgungs- und Sicherheitsinteressen gedeckt sind*, ›nichtmaterielle‹ Werte wie Selbstverwirklichung, Partizipation, ästhetische Bedürfnisse und so weiter in den Vordergrund rücken. Für die Bevölkerungsgruppe, deren Kindheit und Jugend, durch *mittelschichtsspezifische Herkunft* und Bildung begünstigt, von den *wirtschaftlichen Prosperitätsbedingungen* der Nachkriegszeit geprägt worden ist, stünden somit ›postmaterialistische‹ Werte im Vordergrund.« (Brand 1982: 66; Hervorhebungen durch den Autor)

Die Feststellung und ihre Erklärung waren absolut richtig, aber das Phänomen bezeugte weder einen Wertewandel noch eine »stille Revolution« (Inglehart 1977). Postmaterialistische Werte wurden der Liste nur *hinzugefügt*, wenn die materiellen Interessen reichlich gedeckt waren, wie Sahne auf einen Kuchen. Auf der Basis des Wohlstands verlangte man eine bessere Lebensqualität. Der Wohlstand selbst wurde nicht in Frage gestellt oder kritisiert, außer durch eine sehr kleine Minderheit. Das erklärt, warum die radikalökologischen Positionen der Siebzigerjahre so kurzlebig waren und warum die öko-alternative Bewegung in den Achtzigerjahren einen Perspektivenwechsel durchmachte und industriellen Wohlstand in ihr Programm des ökologischen und sozialen Umbaus der Industriegesellschaft aufnahm.

Zwanzig Jahre später beobachtet man eine deutliche Rückbewegung zu materialistischen Werten. Diejenigen, die Wohlstand genießen, wollen noch reicher werden, oder sie fürchten, ihn zu verlieren. Und die Millionen Arbeitslosen und Unterbeschäftigten suchen verzweifelt nach Möglichkeiten, Geld zu verdienen. Die Spekulation auf den Börsen aller Industrieländer boomt. Nicht Lebensqualität, sondern hohe Qualität der Konsumgüter wird gewünscht. Man redet nicht mehr von Selbstverwirklichung, sondern es ist die Rede von der Spassgesellschaft. Ein wahrer Wertewandel in Richtung einer ökologischen und solidarischen Alternative erforderte nicht den heutigen Wohlstand der Industrieländer als materielle Grundlage. Eine öko-sozialistische Perspektive würde ihn ermöglichen.

Es genügt nicht zu sagen, dass Notwendigkeit uns zwingen würde, eine öko-sozialistische Gesellschaft und die Werte und Tugenden des neuen Menschen zu entwickeln. »Notwendigkeit« könnte in den Ländern des Südens Katastrophen heißen, gefolgt von enormem Leid. Das könnte auch zum Faschismus führen. Und in den Ländern des Nordens nimmt die große Mehrheit der Bevölkerung diese Notwendigkeit immer noch nicht wahr. Die entwickelten Gesellschaften haben die wirtschaftliche Kapazität, Katastrophen für weitere Jahrzehnte zu verhindern oder damit fertig zu werden. Kann etwas getan werden, bevor Katastrophen geschehen? Was könnte die Inspirationsquelle sein, schon *heute* für die Schaffung einer ökologischen oder öko-sozialistischen Gesellschaft zu handeln?

In Kapitel sechs habe ich meine Gedanken über öko-sozialistische Politik für heute und morgen ausgeführt. Kann Religion eine Rolle in der Bewegung für eine öko-sozialistische Kultur spielen? Kann sie die Inspirationsquelle sein? Schließlich ist Religion ein wichtiges Element in allen Kulturen und hat bei der Entstehung von manchen Kulturen eine wichtige Rolle gespielt.

In Kapitel eins habe ich kurz darauf hingewiesen, dass die jüdisch-christliche religiöse Tradition für den Anthropozentrismus und die Ideologie der Herrschaft über die Natur verantwortlich gemacht wird. Lynn White Jr. macht sie auch für die gegenwärtige destruktive Fortschrittsideologie verantwortlich:

> »Unsere sich täglich wiederholenden Handlungen zum Beispiel sind von einem blinden Glauben an einen kontinuierlichen Fortschritt bestimmt, der im griechisch-römischen Altertum und im Orient unbekannt war. Er wurzelt in der jüdisch-christlichen Teleologie und ist außerhalb dieser unhaltbar.« (White Jr. 1973: 23)

Trotzdem gibt es viele, die glauben, dass (nur) Religion diese Inspirationsquelle sein kann. Ich werde nicht ins Detail gehen, aber ich möchte ein gutes Beispiel für ein solches Argument geben.

In einem Papier mit (aus der Sicht eines gläubigen Christen) anscheinend soliden Argumenten versucht der katholische Theologe Michael Kern (1996) zu zeigen, was der spezielle Beitrag der Religion zur Lösung des ökologischen Problems sein kann.

> »Gute Argumente vorzulegen (globale Gerechtigkeit, Rechte künftiger Generationen), fällt der Umweltethik nicht schwer. ... Zum Gegenstand der Ethik muss aber auch die Frage gehören, unter welchen Bedingungen normative Überlegungen in tatsächliches Handeln münden. ... hier bewirken religiöse Wertorientierungen, die tiefliegende Gefühle und Wünsche ansprechen, mehr als das Bemühen um reine sozialökologische Vernunft.« (Kern 1996: 21)

Nach Kern habe der »Tod Gottes« zum »Tod der Natur« geführt. Zwar sei das »Immer-mehr-haben-Wollen« kein ausschließliches Charakteristikum der Moderne. Aber der »Wegfall eines religiösen Gesamtverständnisses«, welches früher dem Leben Sinn und Geborgenheit gab, sei spezifisch neuzeitlich. Die neuzeitliche Einstellung zum Leben sei: »Ist das Leben die letzte und einzige Gelegenheit, so muss man alles aus ihm herausholen, alles erleben, genießen, verbrauchen« (ebd.: 23). Und dann folge das, was als kompensatorischer Konsum bekannt sei.

> »Hinter dem Streben nach immer mehr glücksverheißenden Genüssen, Erlebnissen, Geschwindigkeiten steht eine Sehnsucht nach Ganzheit und Vollendung, theologisch gesprochen: eine Sehnsucht nach dem Paradies. Es ist also letztlich das ... ›unruhige Herz‹, worin die soteriologische [Soteriologie = Lehre vom Erlösungswerk Christi] Analyse die Wurzel der ökologischen Problematik sieht. Dieses Streben ist dem Menschen ob seiner anthropologischen Struktur unabdingbar. Und doch bleibt es unerreichbar: Der Mensch ist – und dies als Ergebnis einer philosophischen Anthropologie – ein erlösungsbedürftiges Wesen. Verkennt er diese seine Conditio humana, unterliegt er einer Vermessenheit, deren Folgen bis in die ökologische Problematik reichen. Ob aus dem ›homo compensator‹ überhaupt ein ›homo oecologicus‹ werden kann, ohne religiöse Rückbindung an eine transzendentale Instanz, die dem Weltganzen und seiner eigenen Existenz einen heilsamen Sinn gibt, ist fraglich.« (ebd.: 24)

Da »im christlichen Daseinsverständnis ... das Heil ... zuvorkommend geschenkte Gnade« ist, genießen die Gläubigen nach Kern ein »haltgebendes und zugleich beglückendes Daseinsgefühl des Angekommen- und Einsseins«. Aus diesem Daseinsgefühl heraus »bräuchte der

Mensch sich nicht krampfhaft selbst zu sichern, nach Erlebnissen zu jagen, seiner Existenz einen Sinn zu geben. Kompensation erübrigte sich, ein maßvolleres Dasein würde ermöglicht« (ebd.: 24). Nur solche Menschen könnten die Stärke besitzen, die schmerzhaften Opfer zu leisten, die nötig seien, um die ökologische Krise zu lösen.

Es wäre natürlich wunderbar, wenn es so funktionierte, wie Kern denkt. Unglücklicherweise funktioniert es so nicht. Der Beweis dafür ist die Tatsache, dass noch vor der Moderne, als Gott sehr lebendig war, sogar Päpste, Priester und Mönche – Gläubige erster Güte, die Gottes Gnade im Voraus empfangen hatten – sich so unsicher fühlten oder so gierig waren, dass sie sogar andere Gläubige betrogen, durch Ablasshandel, um in ihren Kirchen und Klöstern Reichtum anzuhäufen und im Luxus zu leben. Offensichtlich war ihr »Paradies« sehr irdisch. Auch die Tatsache, dass die protestantische Ethik so kompatibel mit dem Kapitalismus (gewesen) ist, widerlegt seine These. Es ist daher zweifelhaft, dass Menschen, wie Kern behauptet, ein *Bedürfnis* nach Erlösung haben.

In den anderen Religionen ist es nicht sehr viel anders. Hindu-Priester, muslimische Mullahs und buddhistische Mönche sind im Allgemeinen keine Musterbilder ökologischer Tugend. Daher sind, allgemein gesprochen, Religionen nicht die Quelle der Art von Inspiration, die wir brauchen, um die ökologische Krise zu lösen. Natürlich mag man Beispiele finden, die scheinbar das Gegenteil beweisen – der einfache Lebensstil des heiligen Franz von Assisi, Gandhi, einige Mönche, Mystiker und Asketen –, aber sie sind Ausnahmen, die die Regel bestätigen. Ich glaube nicht, dass heutige gläubige Christen, die engagierte Öko-AktivistInnen sind, so sind, *weil* sie Christen sind. Sie sind gute Menschen, die *auch* Christen sind: sie hätten dieses Engagement auch, wenn sie in einer atheistischen Familie geboren worden wären.

Eines kann Kerns These auch nicht erklären: den besonderen Aspekt des ökonomischen Verhaltens primitiver Jäger und Sammler, die keine Vorstellung von Erlösung oder Gottes Gnade hatten. E. R. Service schreibt: »Und das Allermerkwürdigste ist, je prekärer ihre Lage, je knapper (oder wertvoller) die Güter sind, um so weniger ›sparen‹ sie, und um so freigebiger scheinen sie zu sein« (zit. n. Fromm 1994: 159). Und Sahlins zitiert aus LeJeunes Bericht (1887) über die Montagnais:

»Während der Hungersnot, in der wir uns befanden – wenn mein Gastgeber zwei, drei oder vier Biber fing –, hatten sie sofort ... ein Fest *für alle benachbarten Primitiven*. Und wenn diese Leute irgend etwas fingen, dann hatten sie auch eines, zur selben Zeit. ... Ich sagte ihnen, dass sie nicht gut haushalteten und dass es besser wäre, diese Feste für die Zukunft zu reservieren ... Sie lachten mich aus. ›Morgen‹, sagten sie, ›werden wir noch ein Fest machen, mit dem, was wir fangen werden.‹ Ja, aber viel öfter fangen sie nur Kälte und Wind.« (Sahlins 1974: 30)

Natürlich haushalteten sie nicht gut und verdienten Kritik. Doch das Argument hier ist, dass sie für ihre Großzügigkeit, ihre völlige Sorglosigkeit um das Leben morgen und ihr fehlendes Interesse an Anhäufung keinen Glauben an eine transzendentale Instanz in Kerns Sinne brauchten. Sie hatten Vertrauen auf die Solidarität und Großzügigkeit anderer Primitiven ihres Stammes. Alles, was sie brauchten, war ihr primitiver Kommunismus. Das Unsicherheitsgefühl moderner Menschen, ihr Bedürfnis, die echte Notwendigkeit, für ihre individuelle Zukunft und die Zukunft ihrer Kinder vorzusorgen, und das daraus resultierende Fehlen von Solidarität, sind hauptsächlich unserem sozioökonomischen System zuzuschreiben. Außerdem sind der Glaube an Gottes Gnade und das Versprechen der Erlösung ein sehr schwacher Schutz gegen die Zwänge des Kapitalismus und der Konkurrenz und gegen die ständige Bombardierung mit Werbung für immer mehr Luxusgüter.

Die Religion, über die Kern schreibt, ist keine uns bekannte Religion. Er selbst verwendet häufig den Begriff »Theologie«. Ich habe schon meine Ansichten über die real existierenden Religionen geäußert. Selbst wenn man in ihnen etwas finden könnte, was ihren Anhängern gebietet, die Natur sanft zu behandeln, bleibt der Einwand, dass Religionen Gruppen von Menschen voneinander trennen. Man braucht nur auf Jerusalem zu schauen, auf die blutigen Kämpfe zwischen den Juden und den Muslimen um den Tempelberg und die Al-Aksa-Mosche, um einen Schrecken vor den Auswirkungen von Religionen zu bekommen.

Die Transzendenz, von der Theologen wie Kern sprechen, grenzt an Spiritualität. Wenn wir von den »Meistern« und »Gurus« absehen, die durch pseudospirituelles Gerede nur Geld verdienen wollen, kann Spiritualität in der Tat im öko-sozialistischen Projekt eine Rolle spielen, nämlich bei der Überwindung von Egoismus und Gier und bei der Erzeugung von Solidarität und Sympathie mit den Mitmenschen und dem Rest der Natur. Ja, sie kann humanistisch sein, ohne anthropozentrisch zu sein. In der Tat kann Spiritualität ein Gegenmittel gegen den Anthropozentrismus des »Sozialismus« und anderer Spielarten des Humanismus sein.

Im Allgemeinen hat Spiritualität einen Vorteil. Keine ihrer Spielarten, nicht einmal diejenigen, die aus irgendeiner Religion entstanden sind, ist so rigide, so ausschließend und so zu Dogmatismus und Intoleranz fähig wie die meisten Religionen. Fromm regt eine gute mögliche Synthese zwischen unserem anthropologischen Bedürfnis nach Spiritualität (Transzendenz) und unserer grundsätzlichen wissenschaftlichen Einstellung an:

> »Für diejenigen, die nicht authentisch in einer theistischen Religion verwurzelt sind, ist die entscheidende Frage in der Tat, ob eine Konversion zu einer humanistischen ›Religiosität‹ ohne Religion, ohne Dogmen und Institutionen zustande kommt, einer ›Religiosität‹, die schon lange von der Bewegung der nichttheistischen Religiosität vorbereitet ist, von Buddha bis zu Marx.« (Fromm 1979: 196–197 [Übersetzung des Autors], Fromm 1982: 192)

Diese Art von Religiosität sollte vielleicht nichttheistische Spiritualität genannt werden. Wenn Astronomen uns von der Unermesslichkeit des Universums erzählen und Physiker über subatomare Teilchen, wenn Biologen uns von Genen erzählen und Lovelock von Gaia, dann haben wir Material, das uns in Staunen setzt, uns zur Meditation anregt über unseren Platz und unsere kurze Lebensspanne in diesem Universum und unsere Einsamkeit darin. All das könnte uns dazu motivieren, einander mit Mitgefühl, Liebe, Solidarität und Freundschaft zu behandeln.

Das Sicherheitsgefühl religiösen Glaubens ist für immer verloren. Es gibt keine Erlösung. Der Tod Gottes ist endgültig. Dies musste mit der Zunahme wissenschaftlicher Erkenntnisse eintreten. Ein Gott oder Götter und Göttinnen, für deren Existenz es überhaupt keinen Beweis gibt, können nicht wirklich wiederbelebt werden, geschweige denn, dass sie unserer Existenz einen Sinn geben. Das ist Bestandteil unserer Conditio humana.

Wenn also nicht Religion, was kann uns dann inspirieren, das wirklich Notwendige zu tun, bevor Katastrophen stattfinden? In der Geschichte der Menschheit gibt es viele Beispiele dafür, dass eine Sache oder ein Ideal Menschen inspiriert, einschließlich Atheisten. Die frühen Jahre der Sowjetunion und des kommunistischen China sind zwei solche Beispiele. Heute könnte der Öko-Sozialismus in der Lage sein zu inspirieren.

HÖHE EINER KULTUR

Der letzte Punkt, der besprochen werden muss, ist das Bedenken vieler KritikerInnen, dass nicht nur die öko-sozialistische Wirtschaft ein niedriges Niveau haben würde, sondern auch eine öko-sozialistische Kultur, eben wegen des niedrigen Niveaus der Wirtschaft. Ich habe die Meinung gehört, dass eine Gesellschaft, deren Wirtschaft weitgehend autark und daher weitgehend vom Weltmarkt abgekoppelt ist, auch kulturell einen engen Horizont haben würde. Solche KritikerInnen verstehen unter Kultur nicht den sozialanthropologischen Begriff, sondern Kunst, Literatur, Tanz, Musik sowie die Produkte des Intellekts.

Darin liegt ein Körnchen Wahrheit. Obwohl eine öko-sozialistische Gesellschaft mehr Wert auf kulturellen und intellektuellen Fortschritt legen würde als auf Wirtschaftswachstum, gäbe es, verglichen zu heute, einfach sehr viel weniger Geld für den internationalen Austausch von KünstlerInnen, MusikerInnen, SchriftstellerInnen, WissenschaftlerInnen und so weiter. Schließlich muss auch der Luftverkehr drastisch eingeschränkt werden. Eine öko-sozialistische Regierung könnte sich dafür entscheiden, solche Austausche auf Kosten anderer Dinge zu finanzieren, aber die Hunderttausende von Flugreisen in fremde Länder, die alljährlich von Touristen und Geschäftsleuten unternommen werden, wären nicht mehr möglich. Das muss allerdings nicht heißen, dass Reisen in das Ausland nicht mehr möglich wären. Auch nachdem der Welthandel und der Fremdenverkehr drastisch geschrumpft sind, würde es immer noch Fernhandel geben, für den Seeleute und Schiffe benötigt würden. Ich kann mir vorstellen, dass viele junge Leute diese Gelegenheit nutzen würden, um fremde Länder zu sehen. Öko-sozialistische Regierungen könnten Austauschprogramme für LehrerInnen,

ArbeiterInnen, StudentInnen und so weiter organisieren. Einige könnten sich entschließen, sich im Ausland niederzulassen.

Aber – und dies ist der Hauptpunkt – die allgemeinen Kriterien für die Bewertung der »Höhe« einer Kultur müssen sich ändern. Leistungen in Kunst, Literatur, Musik, Wissenschaft, Philosophie und so weiter sollten nicht die Hauptkriterien sein, sondern eher Fragen wie, ob eine Gesellschaft Ausbeutung und Unterdrückung abgeschafft hat, ob sie andere Völker ausbeutet, ob ihre Mitglieder frei von Hunger sind, ob die Lasten schwerer und unangenehmer Arbeit gleichmäßig verteilt sind, ob das Patriarchat verschwunden ist, ob für das richtige Funktionieren der ökonomischen und soziopolitischen Organisation keine Hierarchie erforderlich ist und vor allem ob sie in Harmonie mit der Natur lebt. Nach diesen Kriterien zu urteilen, befinden sich alle existierenden Kulturen auf einem sehr niedrigen Niveau.

Schlusswort: Entweder Öko-Sozialismus oder Barbarei

Anders als die Theorie des marxistischen Sozialismus gibt die Theorie des Öko-Sozialismus – des wissenschaftlichen Sozialismus für das 21. Jahrhundert – keine Garantie für sein Gelingen. Obwohl die Umstände eine öko-sozialistische Anpassung notwendig machen mögen, könnten menschliche Gesellschaften sie versäumen oder dabei versagen, sich anzupassen. Eine Gesellschaft nach der anderen könnte zusammenbrechen; viele brechen bereits zusammen und versinken in Chaos und Barbarei.

Auf dem Höhepunkt des nuklearen Wettrüstens schrieb Edward Thompson (1980) einen Essay mit dem Titel »Exterminismus als letztes Stadium der Zivilisation«. Ich habe nie geglaubt, dass die USA und die Sowjetunion sich jemals angreifen würden; also habe ich nie an die Wahrscheinlichkeit der nuklearen Vernichtung geglaubt. Inzwischen ist allerdings eine andere Spielart des Exterminismus Wirklichkeit geworden. Wir nennen sie Genozid, von dem wir unlängst in Ruanda ein Beispiel gesehen haben.

Heute sind, mehr denn jemals zuvor, die Alternativen – in Anlehnung an Rosa Luxemburg –: Entweder Öko-Sozialismus oder Barbarei.

Anhang

Anmerkungen

1 Die Begriffe Sozialismus und Kommunismus stiften stets etwas Verwirrung. Von den Siebzigerjahren des 18. Jahrhunderts bis zum Ende des Ersten Weltkriegs wurden die beiden in der sozialistischen Bewegung als Synonyme gebraucht (vgl. Conert 1990: 253). Das System, dessen Scheitern wir diskutieren, wurde von Personen und Gruppen, die sich selbst »Kommunisten« bzw. »Kommunistische Partei« nannten, als »Sozialismus« oder »real existierender Sozialismus« bezeichnet. Für das zur Diskussion stehende System werde ich den Begriff Kommunismus nicht benutzen, es sei denn, es ist unumgänglich. Marx' Verständnis vom Kommunismus, wie er es etwa in seiner Kritik des Gothaer Programms formuliert, ist jedenfalls zu einer unrealisierbaren Vision geworden.

2 Lovelock erklärt seine Gaia-Hypothese folgendermaßen: »Sie geht davon aus, dass der physikalische und chemische Zustand der Erdoberfläche, der Atmosphäre und der Ozeane aktiv durch die Gegenwart des Lebens selbst passend und komfortabel gemacht wurde und wird. Dies steht im Gegensatz zur üblichen Meinung, nämlich dass sich das Leben an die gegebenen Bedingungen auf dem Planeten angepasst hat, während es und sie sich auf ihrem eigenen Weg entwickelten« (1987: 152 und 1982: 216). Dieses »Leben selbst« ist mit einem selbst regulierenden, lebenden Superorganismus verglichen worden und hat den Namen »Gaia« erhalten, den Namen der antiken, griechischen Erdgöttin.

3 Kurz zusammengefasst, besagt die Tiefenökologie, dass die natürliche Vielfalt ihren eigenen, intrinsischen Wert hat. Das heißt, sie soll bewahrt werden und die nichtmenschlichen Arten – Tiere wie Pflanzen – sollen geschützt werden, nicht deswegen, weil sie für Menschen nützlich sind, sondern wegen ihres intrinsischen Wertes. Aus diesem Grund muss die menschliche Bevölkerungszahl reduziert werden (vgl. Schwarz 1987: 126–127).

4 Es muss allerdings gesagt werden, dass nicht alle »sozialistischen« Regimes Osteuropas so terroristisch waren wie das stalinistische in der UdSSR.

5 Gorbatschow tat in der Periode von Perestroika und Glasnost in der UdSSR genau dies. Es fanden Wahlen statt, bei denen KandidatInnen der KP geschlagen werden und NichtkommunistInnen als Abgeordnete gewählt werden durften. Die Dominanz der KP als der einzigen und der regierenden Partei war allerdings garantiert. Der gesamte Prozess führte jedoch letztendlich zum totalen Zusammenbruch, weil die ökonomische Basis sehr schwach war und gerade durch Perestroika und Glasnost noch schwächer wurde. Vor Gorbatschow hatte Chruschtschow einige politische Liberalisierungen initiiert, die Breschnew nicht völlig aufgehoben hatte.

6 Der Name ist ein Pseudonym. Komarow gelang es, sein Buch im Westen zu veröffentlichen. Außerdem kursierte es im Untergrund der sowjetischen Dissidentenkreise.

7 Ich benutze das Wort »Degradation«, um sowohl Verschmutzung als auch alle über die bloße Verschmutzung hinausgehenden Veränderungen (zum Beispiel Kahlschlag) zu bezeichnen, die das ökologische Gleichgewicht stören, zersetzen oder zerstören.

8 Aganbegyan meint wohl die Jahresproduktion. Sonst hätte die Investition keinen Sinn gemacht.

9 Dieses Argument ist nicht mehr stichhaltig. Der Verschmutzer kann seine Kosten auf andere Gesellschaften in anderen Staaten abwälzen. Das Argument kann nur dann wieder gelten, wenn die ganze Welt ein einziger Staat und die ganze Menschheit eine einzige Gesellschaft wird.

10 Die Bezeichnung »Sibirien und der Norden« schließt bei Komarow die sibirischen Regionen mit einem gemäßigten Klima aus.

11 Es sollte hier erwähnt werden, dass diese Zahlen auch Exporte der UdSSR und der anderen »sozialistischen« Länder untereinander einschließen. Diese brachten erstens keine harte Währung ein und lieferten zweitens nicht den Beweis dafür, dass Produkte der »sozialistischen« Wirtschaften auf dem Weltmarkt attraktiv waren. Um moderne Technologie und Lebensmittel aus dem Westen importieren zu können, waren aber Exporte in Regionen mit harter Währung notwendig. Solche Exporte lagen also unter der im Text genannten Gesamtzahl.

12 Ein anderer Faktor, der zu dieser Intensivierung beitrug, war das kontinuierliche Bevölkerungswachstum, das den Ausbeutern immer mehr billige Arbeitskräfte zur Verfügung stellte. Es muss allerdings hinzugefügt werden, dass auch lokale und nationale Ausbeuter von diesen zwei Faktoren profitierten.

13 Hier muss erwähnt werden, dass seit einigen Jahren einige Linke und ehemalige Linke die Tatsache der neokolonialen Ausbeutung der unterentwickelten Länder verneinen. Ich finde ihre Argumente aber nicht überzeugend.

14 Der Ausdruck »Stagflation« wurde Mitte der Siebzigerjahre geprägt, um die ungewöhnliche Situation zu bezeichnen, in der die Wirtschaft sowohl mit Inflation als auch mit Stagnation – das heißt gar keinem oder sehr langsamem Wachstum – zu kämpfen hatte.

15 Chruschtschow verfolgte in jener Zeit eine Politik der friedlichen Koexistenz und des friedlichen sozioökonomischen Wettbewerbs der beiden Systeme.

16 »Decile Ratio« auf Englisch. Der Begriff bedeutet hier das Verhältnis des Durchschnittseinkommens der untersten zehn Prozent zu dem der obersten zehn Prozent in der Bezugsgruppe.

17 Komsomol ist die russische Bezeichnung für die Jugendorganisation der KP.

18 »Realer Sozialismus« war der in den Siebzigerjahren und danach unter osteuropäischen KommunistInnen gebräuchliche Ausdruck zur Bezeichnung ihrer sozialen Formation.

19 Kollektoren sind normalerweise Photovoltaikzellen oder Aluminiumspiegel; sie können aber jegliche Einrichtung bedeuten, die Sonnenschein sammelt, um daraus Elektrizität oder Wärme zu gewinnen.

20 Natürlich ist ein Großteil der körperlichen Arbeit nichts anderes als Energieaufwand, aber der besseren Verständlichkeit halber ist es sinnvoller, den Begriff »Energie« den nichtkörperlichen Energiequellen vorzubehalten.

21 Abkürzung für: Material Intensity per Unit of Service.

22 Ich denke, dass eigentlich nur der Drucker nach vier Jahren verschlissen ist. Andere Teile des Computers werden wohl lediglich obsolet in vier Jahren; ihre reale Lebensdauer ist etwas länger.

23 »Umweltraum meint die gesamte Quantität der Umweltverschmutzung, der nichterneuerbaren Ressourcen, des Ackerlands und der Wälder, die wir weltweit nutzen dürfen, ohne den Zugang künftiger Generationen zur gleichen Menge zu beeinträchtigen. Der zur Verfügung stehende Umweltraum ist definitionsgemäß begrenzt.« (Brakel und Zagema 1994: 7)

24 Dies kann man nicht von den Grundprinzipien des Sozialismus behaupten – trotz der Existenz von Kriminalität in den ehemaligen »sozialistischen« Gesellschaften.

25 Dieses Phänomen ist zurzeit (2001) in Japan zu beobachten, wo den Konjunkturexperten zufolge die Wirtschaft nicht aus der Rezession herauskommen kann, weil die JapanerInnen aus Angst vor Zukunftsproblemen zu wenig konsumieren.

26 Dies sind nicht Lockes eigene Worte, sondern die seines Interpreten, John McClaughry, den Daly hier zitiert.

27 Gesellschaftlicher Verbrauch ist das, was der Staat für soziale, kulturelle, medizinische und ähnliche Infrastrukturen ausgibt, die die Bürger und Bürgerinnen benutzen, ohne dafür direkt und privat bezahlen zu müssen. Auch Bildungseinrichtungen zählen dazu.

28 Pepper meint offensichtlich aus Wasser gewonnenen Wasserstoff.

29 Für eine ausführliche Kritik der Ansichten von Gorz siehe Sarkar 1990.

30 Ryle meint sicherlich die Grenzen, die uns ökologische Verantwortung auferlegt.

31 Für jene, die kein Deutsch lesen, habe ich ein langes Rezensionsessay zu Ullrichs Buch und seinem Thema veröffentlicht (siehe Sarkar 1983).

32 Meine Ansichten über die Bevölkerungsproblematik habe ich in Sarkar 1993b ausgearbeitet.

33 Der polnische Anarchist Vaclav Machajski warnte schon vor der Oktoberrevolution 1917 in Russland vor dieser Möglichkeit (siehe Kolakowski 1978: 162).

34 Die Formulierung von Marx lautet: »freier Zusammenschluss solidarischer Individuen«.

35 Eine derartige Auswertung findet sich in meinem Artikel »Von Gandhi lernen – aber wie?« (Sarkar 1988).

36 »Dowry« ist eine Geldsumme (und/oder langlebige Konsumgüter), die die Eltern einer Braut dem Bräutigam oder seinen Eltern zahlen. Sie wird als der Preis für den Gefallen verstanden, den die Letzteren angeblich den Ersteren tun.

37 Wenn nicht anders angegeben, ist die Quelle für dieses und alle folgenden Zitate aus den Erklärungen oder Proklamationen der Menschen- oder Grundrechte: Commichau (Hrsg.) 1985.

38 Für eine ausführlichere Darstellung meiner Ansichten über dieses Thema siehe: Mies, Maria und Sarkar, Saral 1990.

39 Die Begriffe »Westen« und »Norden« bedeuten bei Diskussionen dieser Art das Gleiche. »Westen« gebraucht man allgemein, wenn es um das Thema Kultur geht, »Norden«, wenn es um Entwicklung geht.

40 Eigentlich widerspricht sich Huntington. Einerseits schreibt er, kulturelle oder Zivilisationsidentität sei »etwas Gegebenes, was nicht geändert werden kann«, andererseits schreibt er: »Menschen können ihre Identitäten umdefinieren, und sie tun es auch; daraus resultiert, dass sich die Zusammensetzung und die Grenzen der Zivilisationen ändern« (1993a: 24, 27). Ich stimme der zweiten Aussage zu. Die Tatsache, dass bei Immigranten aus verschiedenen Kulturen und Zivilisationen eine US-amerikanische Identität entstanden ist, beweist ihre Richtigkeit.

41 Die Anomalie, dass Russland nicht bereit ist, Tschetschenien aus der Russischen Föderation zu entlassen, kann nicht so einfach erklärt werden. Die Erklärung dafür ist die Furcht vor dem Auseinanderbrechen der Russischen Föderation, wenn sich Tschetschenien von ihr loslöst.

42 Das Wirtschaftsinteresse-Paradigma würde nicht ausreichen, die jahrhundertelange Verfolgung der Juden in Europa zu erklären. Sie waren nicht sehr reich (außer einigen Bankiers und Industriellen ab dem 19. Jahrhundert) noch irgendwie begünstigt, noch waren sie Immigranten. Die Tatsachen, dass ihre Vorfahren für die Hinrichtung von Jesus verantwortlich waren und dass sie sich weigerten, Christen zu werden, spielten meiner Meinung nach eine wichtige Rolle.

43 Ethologie ist die Wissenschaft, die das Verhalten der Tiere studiert und versucht, daraus Schlüsse über ihre Natur zu ziehen.

44 Forscher haben in den Achtzigerjahren herausgefunden, dass die Rede in Wahrheit von einem weißen Amerikaner geschrieben wurde (vgl. Rügemer 1993). Für unseren Zusammenhang ist nicht wichtig, wer die Rede schrieb. Relevant ist hier nur die Tatsache, dass die in der Rede ausgedrückten Empfindungen bei manchen Menschen existieren.

45 Die Darstellung der Ansichten von Lorenz beruht auf: Lorenz 1985, Fromm 1994 und Funk 1978.

46 Die Darstellung der Ansichten von Fromm beruht auf: Fromm 1994, Funk 1978.

Literatur

Abalkin, Leonid und Blinow, Anatoli (Hrsg.) (1989) *Perestroika von Innen*, Düsseldorf.

Afanassjew, Juri (Hrsg.) (1988) *Es gibt keine Alternative zu Perestroika*, Nördlingen.

Aganbegyan, Abel (1979) »Exploiting Siberia's Natural Resources«, in: Goncharuk und Novikov (Hrsg.) 1979.

Ders. (1988) *The Challenge: Economics of Perestroika*, London.

Agarwal, Anil et al. (Hrsg.) (1987) *The Fight for Survival*, New Delhi.

Agarwal, Anil und Naraian, Sunita (1992) *Towards a Green World*, New Delhi.

Alt, Franz (1993) »Heilung für den blauen Planeten – Schilfgras statt Atom«, in: *Wegweiser* 4/1993.

Altner, Günter et al. (Hrsg.) (1994) *Jahrbuch Ökologie 1994*, München.

Altvater, Elmar (1986) »Alte Hüte mit grüner Feder«, in: Kallscheuer (Hrsg.) 1986.

Ders. (1990) »Markt oder Plan – eine falsche Alternative«, in: Heine et al. (Hrsg.) 1990.

Ders. (1992a) *Die Zukunft des Marktes*, Münster.

Ders. (1992b) *Der Preis des Wohlstands*, Münster.

Ders. (1993) *The Future of the Market*, London und New York.

Altvater, Elmar/Hickel, Erika/Hoffmann, Jürgen et al. (1986) *Markt, Mensch, Natur*, Hamburg.

Amalrik, Andrej (1970) *Kann die Sowjetunion das Jahr 1984 erleben?*, Zürich.

Amin, Samir (1977/1979) »›Self-reliance‹ und die Neue Internationale Wirtschaftsordnung«, in: Senghaas (Hrsg.) 1979.

Amnesty International (1981) *Der internationale Menschenrechtsschutz*, Frankfurt am Main.

Antillan, S. (1996) »Öko-Ausbeutung in Chiapas«, in: *ILA – Zeitschrift der Informationsstelle Lateinamerika*, Nr. 195 vom Mai 1996.

Arbeitskreis Alternativenergie Tübingen (1982) *Energiepolitik von unten*, Frankfurt am Main.

Bahro, Rudolf (1977) *Die Alternative – Zur Kritik des real existierenden Sozialismus*, Köln und Frankfurt am Main.

Ders. (1987) *Logik der Rettung*, Stuttgart.

Bandyopadhyay, Jayanta und Shiva, Vandana (1989) »Political Economy of Ecology Movements«, in: *ifda dossier* 71 vom Mai/Juni 1989.

Barney, Gerald O. (Study Director) (1980) *The Global 2000 Report to the President* (hrsg. vom Council on Environment Quality und vom US State Department), Washington.

Beckenbach, Frank et al. (Hrsg.) (1985) *Grüne Wirtschaftspolitik – machbare Utopien*, Köln.

Beckerman, Wilfred (1972) »Economists, Scientists and Environmental Catastrophes«, in: *Oxford Economic Papers* vom November 1972.

Ders. (1995) *Small is Stupid*, London.

Bettelheim, Charles/Dobb, Maurice et al. (1969) *Zur Kritik der Sowjetökonomie*, Berlin.
Bettelheim, Charles (1976) *Class Struggles in the USSR – First period*, New York und London.
Ders. (1978) *Class Struggles in the USSR – Second period*, Hassocks.
Bierter, Willy (1979) »Der selbst-produzierende Konsument«, in: Brun (Hrsg.) 1979.
Bildungswerk für Demokratie und Umweltschutz e.V. (1984) Einladung zum Kongress »Ökologie zwischen Selbstbeschränkung und Emanzipation«, Berlin.
Binswanger, H. C./ Geissberger, W./Ginsburg, T. (1979) *Wege aus der Wohlstandsfalle*, Frankfurt am Main.
Birckenbach, Hanne-Margret (1994) *Jahrbuch Frieden 1995*, München.
Bischoff, Joachim und Menard, Michael (1990) *Marktwirtschaft und Sozialismus – Der Dritte Weg*, Hamburg.
Block, J. R. und Maier, W. (1984) *Wachstum der Grenzen*, Frankfurt am Main.
Böge, Stefanie und Holzapfel, Helmut (1994) »Zu viele Kilometerfresser verderben den guten Geschmack«, in: *Frankfurter Rundschau* vom 19 April 1994.
Bogen, Ralf (1987) *Sowjetunion und »Dritte Welt«*, Stuttgart.
Böhme, Hartmut (1992) »Gaia – Bilder der Erde von Hesiod bis James Lovelock«, in: Internationale Gesellschaft der bildenden Künste (Hrsg.) 1992.
Bossel, Hartmut (1978) *Bürgerinitiativen entwerfen die Zukunft*, Frankfurt am Main.
Boulding, Kenneth E. (1976) *Ökonomie als Wissenschaft*, München.
Brakel, Manus van und Zagema, Bertram (1994) *Sustainable Netherlands*, Amsterdam (Kurzfassung von Maria Buitenkamp et al. 1992).
Brand, Karl-Werner (1982) *Neue Soziale Bewegungen*, Opladen.
Bress, Ludwig und Hensel, Karl Paul (Hrsg.) (1972) *Wirtschaftssysteme des Sozialismus im Experiment – Plan oder Markt?*, Frankfurt am Main.
Brown, Lester R. (1994) »Der unsicheren Ernährungssituation ins Auge schauen«, in: Brown et al. 1994.
Brown, Lester R. et al. (1991) *State of the World 1991*, London.
Dies. (1992) *Zur Lage der Welt 91/92*, Frankfurt am Main.
Dies. (1994) *Zur Lage der Welt 1994*, Frankfurt am Main.
Dies. (1995 a) *State of the World 1995*, New York und London.
Dies. (1995 b) *Zur Lage der Welt 1995*, Frankfurt am Main.
Brun, Rudolf (Hrsg.) (1979) *Der neue Konsument*, Frankfurt am Main.
Buitenkamp, M./Venner, H./Wams, T. (Hrsg.) (1993) *Action Plan Sustainable Netherlands*, Amsterdam.
Buitenkamp, Maria et al. (Friends of the Earth Netherlands) (1992) *Sustainable Netherlands – Action Plan*, Amsterdam.
Bundesumweltministerium (Hrsg.) (1994) *Klimaschutz in Deutschland – Nationalbericht der Bundesregierung*, Bonn.
Capra, Fritjof (1996) Interview, in: *Frankfurter Rundschau* vom 10. September 1996.
Carr, E. H. (1971) *Foundations of a Planned Economy*, Vol. 2, London und Basingstoke.

Ders. (1976) *The Bolshevik Revolution 1917–1923*, Vol. 2, Harmondsworth.
Carr, E. H. und Davies, R. W. (1974) *Foundations of a Planned Economy*, Vol. 1, Harmondsworth.
Commichau, Gerhard (Hrsg.) (1985) *Die Entwicklung der Menschen- und Bürgerrechte von 1776 bis zur Gegenwart*, Göttingen und Zürich.
Commoner, Barry (1973) *Wachstumswahn und Umweltkrise*, München, Gütersloh und Wien.
Ders. (1977) *Energieeinsatz und Wirtschaftskrise*, Reinbek.
Conert, Hans Georg (1990) *Die Ökonomie des unmöglichen Sozialismus*, Münster.
Daly, Herman E. (1973) »Introduction«, in: Daly (Hrsg.) 1973.
Ders. (Hrsg.) (1973) *Toward a Steady-State Economy*, San Francisco.
Ders. (1977) *Steady-State Economics*, San Francisco.
Ders. (1980) »Introduction to the Steady-State Economy«, in: Daly (Hrsg.) 1980.
Ders. (Hrsg.) (1980) *Economics, Ecology, Ethics – Essays toward a steady-state economy*, New York und San Francisco.
Ders. (1990) »Toward Some Operational Principles of Sustainable Development«, in: *Ecological Economics*, Nr. 2.
Daly, Herman E. und Cobb, John B. Jr. (1990) *For the Common Good*, London.
Damus, Renate (1990) »Jenseits von realem Sozialismus und Kapitalismus«, in: Heine et al. (Hrsg.) 1990.
Daublebski, Peter (1973) »Technologie und Entwicklung«, in: Nussbaum (Hrsg.) 1973.
Deléage, Jean-Paul (1994) »Eco-Marxist Critique of Political Economy«, in: O'Connor, Martin (Hrsg.) 1994.
Der Spiegel, verschiedene Ausgaben.
Devall, Bill und Sessions, George (1985) *Deep Ecology – Living as if Nature Mattered*, Salt Lake City.
DGB (Deutscher Gewerkschaftsbund) (1985) *Umweltschutz und qualitatives Wachstum*, Düsseldorf.
Dhagamvar, Vasudha (1985) »The Displaced, Their Past and Their Future«, in: *Lokayan Bulletin*, Nr. 3–4/5.
DIE (Deutsches Institut für Entwicklungspolitik) (1991) *Bericht vor dem Bundestagsausschuss für wirtschaftliche Zusammenarbeit über die Verschuldungsproblematik der Entwicklungsländer am 15.5.1991 in Berlin*, Berlin.
Die Grünen (1986) *Der Umbau der Industriegesellschaft*, Bonn.
Dies. (Hrsg.) (1981) *Entrüstet euch*, Bonn.
Die Tageszeitung (taz), verschiedene Ausgaben.
Dießenbacher, Hartmut (1994) »Söhne ohne Land«, in: *Der Spiegel*, Nr. 21.
Die Zeit, Nr. 9 vom 19. Februar 1998.
DIW (Deutsches Institut für Wirtschaftsforschung) (1994) *Wirtschaftliche Auswirkungen einer ökologischen Steuerreform*, Berlin.
Djilas, Milovan (1963) *Die neue Klasse – eine Analyse des kommunistischen Systems*, München.

Dobb, Maurice (1993) *Soviet Economic Development Since 1917*, Neu-Delhi.
Dudde, Lasse (1996) »Anderswo geht's«, in: *Greenpeace Magazin* vom Juli/August 1996.
Edwards, Paul (Hrsg.) (1967) *Encyclopaedia of Philosophy*, New York.
Ellenstein, Jean (1977) *Geschichte des ›Stalinismus‹*, Berlin.
Encyclopaedia Americana (1982) *International edition*, Vol. 27, Danbury.
Engels, Friedrich (1873/1966) »Von der Autorität«, in: Marx und Engels (1966a).
Ders. (1973) *Dialektik der Natur*, Berlin
Eurosolar – Sektion Deutschland/E.-F.-Schumacher-Gesellschaft für politische Ökologie/ Naturwissenschaftler-Initiative Verantwortung für den Frieden/Artists United For Nature e.V. (1994) »Aufruf zur Solar-Energie-Intiative (SEI)«, Anzeige, in: *Die Zeit*, Nr. 11 vom 11. März 1994.
Ferenczi, Caspar und Löhr, Brigitte (1987) *Aufbruch mit Gorbatschow?*, Frankfurt am Main.
Fetscher, Iring (1980) *Überlebensbedingungen der Menschheit*, München.
Fischer, Joschka (1989) *Der Umbau der Industriegesellschaft*, Frankfurt am Main.
Flavin, Christopher (1995 a) »Harnessing the Sun and the Wind«, in: Brown et al. 1995a.
Ders. (1995 b) »Sonne und Wind anzapfen«, in: Brown et al. 1995b.
Flechtheim, Ossip K. (1984) »Einführung in den Ökosozialismus«, in: Scherer und Vilmar (Hrsg.) 1984.
Frankfurter Rundschau, verschiedene Ausgaben.
French, Hilary F. (1991) »Restoring the East European and Soviet Environments«, in: Brown et al. 1991.
Dies. (1992) »Wiederherstellung der Umwelt in Osteuropa und der Sowjetunion«, in: Brown et al. 1992.
Freud, Sigmund (1994) *Das Unbehagen in der Kultur*, Frankfurt am Main.
Friedl, Christian (1995) »Ökobilanz für Solaranlagen«, in: *Globus*, Nr. 9–10.
Friends of the Earth Netherlands (1992) (siehe Buitenkamp et al. 1992).
Fromm, Erich (1979) *To Have or To Be*, London.
Ders. (1982) *Haben oder Sein*, München.
Ders. (1994) *Anatomie der menschlichen Destruktivität*, Reinbek.
Funk, Rainer (1978) *Mut zum Menschen*, Stuttgart.
Gabor, Dennis/Colombo, Umberto/King, Alexander/Galli, Ricardo (1976) *Das Ende der Verschwendung – Zur materiellen Lage der Menschheit. Ein Tatsachenbericht an den Club of Rome*, Stuttgart.
Galtung, Johan (1975) *Strukturelle Gewalt – Beiträge zur Friedens- und Konfliktforschung*, Reinbek.
Gandhi, M. K. (1965) *My Varnashrama Dharma* (Hrsg. Anand T. Hingorani), Bombay.
Ders. (1966) *Socialism of My Conception* (Hrsg. Anand T. Hingorani), Bombay.
Ders. (1996) *Wege und Mittel* (*Hind Swaraj or Indian Home Rule*), Baden-Baden und Zürich.

Gandhi, Mahatma (1997) »The Quest for Simplicity – My Idea of Swaraj«, in: Rahnema und Bawtree 1997.

Georgescu-Roegen, Nicholas (1976) *Energy and Economic Myths*, New York.

Ders. (1987) *The Entropy Law and the Economic Process in Retrospect* (deutsche Übersetzung: eine Publikation des IÖW), Berlin.

Ders. (1992) Interview, in: *Greenpeace Magazin*, 1/1992.

Ders. (1978) »Technology Assessment: The Case of the Direct Use of Solar Energy«, in: *Atlantic Economic Journal* vom Dezember 1978.

Goldman, Marshall I. (1972) *The Spoils of Progress – Environmental Pollution in The Soviet Union*, Cambridge, Mass.

Ders. (1983) *USSR in Crisis – The Failure of an Economic System*, New York und London.

Goldsmith, Edward/Khor, Martin/Norberg-Hodge, Helena/Shiva, Vandana et al. (1992) *The Future of Progress – Reflections on Environment and Development*, Bristol und Berkeley.

Goncharuk, M. und Novikov, V. (Hrsg.) (1979) *Economic Growth and Resources*, Moskau.

Gorbachev, Mikhail (1987a) *Perestroika*, New York.

Gorbatschow, Michail (1987b) *Perestroika*, München.

Gorbunow, Eduard (1989) »Plan oder Markt«, in: Abalkin und Blinow (Hrsg.) 1989.

Göricke, Fred v. und Reimann, Monika (1982) »Brasilien: das nationale Alkoholprogramm – eine verfehlte Energie-Investition«, in: Michelsen et al. (Hrsg.) 1982.

Gorz, André (1980) *Ökologie und Politik*, Reinbek.

Ders. (1981) *Abschied vom Proletariat*, Frankfurt am Main.

Ders. (1984) *Wege ins Paradies*, Berlin.

Grießhammer, Rainer (1996) »Mehr virtuell als reell«, in: *Politische Ökologie*, Nr. 49 vom November–Dezember 1996.

Hamel, H. (1972) »Die Experimente der sozialistischen Marktwirtschaften«, in: Bress und Hensel (Hrsg.) 1972.

Hamm, Brigitte (1994) »Das Menschenrecht auf Entwicklung: Leere Versprechung oder Pflicht«, in: Birckenbach et al. (Hrsg.) 1994.

Hardin, Garrett (1973 a) »Die Tragik der Allmende«, in: Lohman 1973.

Ders. (1973 b) »The Tragedy of the Commons«, in: Daly (Hrsg.) 1973.

Ders. (1980) »Second Thoughts on ›The Tragedy of the Commons‹«, in: Daly (Hrsg.) 1980.

Hauff, Volker (Hrsg.) (1987) *Brundtland-Bericht 1987*: *Unsere gemeinsame Zukunft*, Greven.

Hayes, D. (1979) *Pollution – The Neglected Dimension* (Worldwatch Paper 27), Washington.

Heine, Michael et al. (Hrsg.) (1990) *Die Zukunft der DDR-Wirtschaft*, Reinbek.

Heuler, Werner (1986) »Sowjetische Energie- und Umweltpolitik vor und nach Tschernobyl«, in: *Kommune*, Nr. 6/1986.

Heuser, Uwe Jean (1993) »Geld, Freiheit, Ideologie«, in: *Zeit der Ökonomen* (eine Veröffentlichung von *Die Zeit)*, Hamburg.

Hickel, Rudolf (1986) »Ökologisch-industrieller Komplex 2000«, in: Altvater/Hickel/Hoffmann et al. 1986.

Höltschi, René und Rockstroh, Christian (1985) *Bausteine für Alternativen – Ota Siks Dritter Weg in ein Wirtschaftssystem der Nachmoderne*, Grüsch.

Huntington, Samuel P. (1993a) »The Clash of Civilizations?«, in: *Foreign Affairs* vom Sommer 1993.

Ders. (1993b) »If Not Civilizations, What?«, in: *Foreign Affairs* vom November/Dezember 1993.

Inglehart, Ronald (1977) *The Silent Revolution*, Princeton.

International Herald Tribune vom 20. März 2001.

Internationale Gesellschaft der bildenden Künste (Hrsg.) (1992) *Terre Erde Tierra Earth*, Bonn.

IRB (Informationszentrum Raum und Bau der Frauenhofer-Gesellschaft) (Hrsg.) (1985) *Biogasnutzung in der Landwirtschaft*, Stuttgart.

Irvine, Sandy (1995a) *Red Sails in the Sunset? – An ecopolitical critique of the socialist inheritance* (a publication of ECO, the Campaign for Political Ecology), Leeds.

Ders. (1995b) *Sustainable Development – The Last Refuge of Humanism?*, Newcastle upon Tyne.

ISEC (International Society for Ecology and Culture) (1992) »The Future of Progress«, in: Goldsmith et al. 1992.

Jablokow, Alexej (1988) »Ökologische Ignoranz und ökologisches Abenteuertum«, in: Afanassjew (Hrsg.) 1988.

Jacobs, Michael (1991) *The Green Economy*, London.

Kahn, Herman/Brown, William/Martel, Leon (1977) *Vor uns die guten Jahre – ein realistisches Modell unserer Zukunft*, Wien und München.

Kaiser, Reinhard (Hrsg.) (1980) *Global 2000 – Der Bericht an den Präsidenten*, Frankfurt am Main.

Kallscheuer, Otto (Hrsg.) (1986) *Die Grünen – letzte Wahl?*, Berlin.

Kappen, S. (1994) »Towards an Alternative Cultural Paradigm of Development«, in: *Lokayan Bulletin*, Nr. 10/4.

Kern, Michael (1996) »Mißachtete Natur – glücksuchender Mensch«, in: *Politische Ökologie*, Nr. 48 vom September/Oktober 1996.

Keynes, John Maynard (1931) *Essays in Persuasion*, London.

Khozin, G. (1976) *The Biosphere and Politics*, Moskau.

Khudokormov, G. N. et al. (1967) *Political Economy of Socialism*, Moskau.

Klaus, Georg und Buhr, Manfred (Hrsg.) (1974) *Philosophisches Wörterbuch*, Bd.1, Leipzig.

Klewe, Heinz (1996) »RHAPIT, STORM und andere FRUITS«, in: *Politische Ökologie*, Nr. 49 vom November/Dezember 1996.

Kolakowski, Leszek (1981) *Die Hauptströmungen des Marxismus*, Bd. 3, München und Zürich.
Körblein, Alfred (1995) *Erntefaktor Solarzellen*, Mitteilung im Internet vom 25. Oktober 1995.
Komarow, Boris (1979) *Das große Sterben am Baikalsee*, Reinbek.
Kosta, Jiri/Meyer, Jan/Weber, Sibylle (1973) *Warenproduktion im Sozialismus*, Frankfurt am Main.
Kothari, Smitu (1985) »Ecology vs. Development«, in: *Lokayan Bulletin*, Nr. 3–4/5.
Krüger, Stephan (1990) »Marktsozialismus – eine moderne Sozialismuskonzeption für entwickelte Länder«, in: Heine et al. (Hrsg.) 1990.
Kuhn, Thomas S. (1976) *Die Struktur wissenschaftlicher Revolutionen*, Frankfurt am Main.
Kurbjuweit, Dirk (2000) »Die Zukunft der Rebellion«, in: *Spiegel Reporter*, Nr. 8 vom August 2000.
Kurz, Robert (1991) *Der Kollaps der Modernisierung – Vom Zusammenbruch des Kasernensozialismus zur Krise der Weltökonomie*, Frankfurt am Main.
Laistner, Herman (1989) *Die Geduld der Erde geht zu Ende*, Frankfurt am Main.
Lemeschew, Mikhail (1988) »Wirtschaftsinteressen und soziale Naturnutzung«, in: Afanassjew (Hrsg.) 1988.
Lenin, W. I. (1966) *Ausgewählte Werke*, Bd. II, Berlin.
Ders. (1966) *Ausgewählte Werke*, Bd. III, Berlin.
Levinson, Charles (1978) *Wodka Cola*, Reinbek.
Lohmann, Karl-Ernst (1985) »Staatsplan versus Marktkonkurrenz«, in: Lohmann (Hrsg.) 1985.
Ders. (Hrsg.) (1985) *Sozialismus Passé?* (Argument-Sonderband AS 135), Berlin.
Lohmann, Michael (Hrsg.) (1973) *Gefährdete Zukunft – Prognosen angloamerikanischer Wissenschaftler*, München.
Lorenz, Konrad (1985) *Das sogenannte Böse*, München.
Loske, Rainer und Bleischwitz, Raimund (1995) *Zukunftsfähiges Deutschland (Kurzfassung)*, Bonn.
Dies. (1996) *Zukunftsfähiges Deutschland*, Basel.
Lovelock, J. E. (1987) *Gaia – A new look at life on Earth*, Oxford und New York.
Ders. (1982) *Unsere Erde wird überleben – Gaia: eine optimistische Ökologie*, München und Zürich.
Ders. (1990) »Hands up for the Gaia Hypothesis«, in: *Nature* vom 8. März 1990.
Luks, Fred (1997) »Der Himmel ist nicht die Grenze«, in: *Frankfurter Rundschau* vom 21. Januar 1997.
Madras Group (1983) «What is Development? – Recalling an Old Debate«, in: *PPST Bulletin* vom Mai 1983.
Magdoff, Harry und Sweezy, Paul M. (1990) »Perestroika and the Future of Socialism«, in: Tabb (Hrsg.) 1990.
Majumdar, R. C. et al. (1967) *An Advanced History of India*, London.

Malley, Jürgen (1996) »Von Ressourcenschonung derzeit keine Spur«, in: *Politische Ökologie*, Nr. 49 vom November/Dezember 1996.

Mandelbaum, Kurt (1974a) »Sozialdemokratie und Imperialismus«, in: Mandelbaum 1974b.

Ders. (1974b) *Sozialdemokratie und Leninismus*, Berlin.

Martinez-Alier, Juan (1994a) »Ecological Economics and Ecosocialism«, in: O'Connor, Martin (Hrsg.) 1994.

Ders. (1994b) *Ecological Economics – Energy, Environment and Society*, Oxford.

Marx, Karl (1974) *Grundrisse der Kritik der politischen Ökonomie*, Berlin.

Ders. (1977a) *Das* Kapital, Bd. I (MEW Bd. 23), Berlin.

Ders. (1977b) *Das Kapital*, Bd. III (MEW Bd. 25), Berlin.

Marx, Karl und Engels, Friedrich (1965), *Gesammelte Briefe* (MEW Bd. 31), Berlin.

Dies. (1966a) *Ausgewählte Schriften in zwei Bänden*, Bd. I, Berlin.

Dies. (1966b) *Ausgewählte Schriften in zwei Bänden*, Bd. II, Berlin.

Max-Neef, Manfred/Elizalde, Antonio/Hopenhayn, Martin (1990) *Human-Scale Development – An Option for the Future*, Motala.

Mayer, Lothar (1999) *Ausstieg aus dem Crash: Entwurf einer Ökonomie jenseits von Wachstum und Umweltzerstörung*, Oberursel.

McLaughlin, Andrew (1990) »Ecology, Capitalism and Socialism«, in: *Socialism and Democracy*, Nr. 10 vom Frühling/Sommer 1990.

Ders. (1993) *Regarding Nature – Industrialism and Deep Ecology*, Albany.

Meadows, Dennis et al. (1972) *The Limits To Growth*, London.

Dies. (1973) *Die Grenzen des Wachstums*, Reinbek.

Meadows, Donella H./Meadows, Dennis L./Randers, Jorgen (1992a) *Die neuen Grenzen des Wachstums*, Stuttgart.

Dies. (1992b) *Beyond the Limits*, London.

Meek, Ronald L. (Hrsg.) (1971) *Marx and Engels on the Population Bomb*, Berkeley.

Meliß, Michael et al. (1995) *Erneuerbare Energien – verstärkt nutzen*, Bonn.

Mellor, Mary (1992) *Breaking the Boundaries – towards a feminist green socialism*, London.

Mesarovic, Mihailo und Pestel, Eduard (1974) *Menschheit am Wendepunkt – 2. Bericht an den Club of Rome zur Weltlage*, Stuttgart.

Meyer-Abich, K. M. (1973) »Die ökologische Grenze des herkömmlichen Wirtschaftswachstums«, in: Nussbaum (Hrsg.) 1973.

Michelsen, Gerd et al. (Hrsg.) (1982) *Der Fischer Öko-Almanach 82/83*, Frankfurt am Main.

Michelsen, Gerd und Öko-Institut Freiburg i. Br. (Hrsg.) (1991) *Der Fischer Öko-Almanach 91/92*, Frankfurt am Main.

Mies, Maria und Sarkar, Saral (1990) »Menschenrechte und Bildung für alle?«, in: *Vorgänge* vom Oktober 1990.

Moggridge, Donald E. (1977) *John Maynard Keynes*, München.

Müller, Eva (1993) *Das Ende der Ölzeit*, Frankfurt am Main.

Mumford, Lewis (1970) *The Myth of the Machine: The Pentagon of Power*, New York.

Ders. (1980) *Mythos der Maschine*, Frankfurt am Main.

Naess, Arne (1990) *Ecology, Community and Lifestyle*, Cambridge.

Naisbitt, John (1986) *Megatrends – 10 Perspektiven, die unser Leben verändern werden*, München.

Nick, Harry (1994) *Warum die DDR wirtschaftlich gescheitert ist*, Berlin.

Nove, Alec (1972a) »›Market Socialism‹ and its Critics«, in: *Soviet Studies* vom Juli 1972.

Ders. (1972b) *An Economic History of the USSR*, Harmondsworth.

Ders. (1975) »Is There A Ruling Class in The USSR?«, in: *Soviet Studies*, Bd. 27, Nr. 4.

Ders. (1982) *The Soviet Economic System*, London.

Ders. (1983) *The Economics of Feasible Socialism*, London.

Nuber, Ursula (1984) »Die produktive Kraft der Depression«, in: *Psychologie heute* vom März 1984.

Nussbaum, H. von (Hrsg.) (1973) *Die Zukunft des Wachstums*, Düsseldorf.

O'Connor, James (1988) »Capitalism, Nature, Socialism – A Theoretical Introduction«, in: *Capitalism Nature Socialism*, Nr. 1 vom Herbst 1988.

Ders. (1994) »Is Sustainable Capitalism Possible?«, in: O'Connor, Martin (Hrsg) 1994.

O'Connor, Martin (Hrsg.) (1994) *Is Capitalism Sustainable? – Political Economy and the Politics of Ecology*, New York und London.

Omvedt, Gail und Kelkar, Govind (1995) *Gender and Technology – Emerging Visions from Asia*, Bangkok (AIT).

Opschoor, Johannes B. (1991) *Environmental Taxes and Incentives* (eine Veröffentlichung des Centre for Science and Environment), New Delhi.

Orton, David (1994) »Struggling Against Sustainable Development – A Canadian Perspective«, in: *Z-Papers* vom Januar–März 1994.

Ders. (1995) *Some Limitations of a Left Critique and Deep Dilemmas in Environmental-First Nations Relationships* (Green Web Bulletin Nr. 46), Saltsprings, Kanada.

Palz, Wolfgang und Zibetta, Henri (1991) »Energy Pay-Back Time of Photovoltaic Modules«, in: *International Journal of Solar Energy*, Bd. 10.

Pattberg, Ursula (1992) »Fallbeispiel Thailand – verfehlte Ressourcenpolitik«, in: *Informationsbrief (Sonderdienst) Weltwirtschaft & Entwicklung* vom 29. Juni 1992.

Pearce, David/Markandya, Anil/Barbier, Edward B. (1989) *Blueprint for a Green Economy*, London.

Pearce, Fred (1992) *The Dammed – Rivers, Dams, and the Coming World Water Crisis*, London.

Pepper, David (1993) *Eco-Socialism*, London.

Ponting, Clive (1991) *A Green History of the World*, London.

Postel, Sandra (1994) »Die Grenzen der Erde und ihre Tragfähigkeit«, in: Brown. et al. 1994.

Rahnema, Majid und Bawtree, Victoria (1997) *The Post-Development Reader,* London, New Jersey, Dhaka, Halifax und Cape Town.

Rheinisch-Westfälisches Institut für Wirtschaftsforschung (RWI) (1996) *Regionalwirtschaftliche Wirkungen von Steuern und Abgaben auf den Verbrauch von Energie – das Beispiel Nordrhein-Westfalen (Zusammenfassung),* Essen.

Rosenbladt, Sabine (1986) *Der Osten ist grün,* Hamburg.

Rügemer, Werner (1992) »Im Indianer-›Paradies‹ herrschten Diktatur und Kannibalismus«, in: *Frankfurter Rundschau* vom 2. Juli 1992.

Ders. (1993) »Die Rede des Häuptlings schrieb ein Drehbuchautor«, in: *Frankfurter Rundschau* vom 24. September 1993.

Ryle, Martin (1988) *Ecology and Socialism,* London.

Sachs, Wolfgang (1989) »Zur Archäologie der Entwicklungsidee« (ein Essay in sechs Teilen), in: *EPD-EP,* verschiedene Nummern des Jahres.

Sadik, Nafis (UNFPA) (1990) *The State of World Population 1990,* New York.

Sahlins, Marshall (1974) *Stone Age Economics,* London.

Sanides-Kilian, Silvia (1982) »US-amerikanische Atomindustrie am Ende!«, in: *Atom-Express,* Nr. 29 vom Mai/Juni 1982.

Sarkar, Saral (1983) »Marxism and Productive Forces – a Critique«, in: *Alternatives* vom März 1983.

Ders. (1988) »Von Gandhi lernen – aber wie?«, in: *Kommune,* 7/1988.

Ders. (1990a) »Accomodating Industrialism – A Third World View of the West German Ecological Movement«, in: *The Ecologist* vom Juli/August 1990.

Ders. (1990b) »Das Paradies von André Gorz – Fragen, Zweifel, Kritik«, in: *Kurswechsel* (Wien), 3/1990.

Ders. (1993a) *Green-Alternative Politics in West Germany, Bd. 1 – The New Social Movements,* Tokio und Neu-Delhi.

Ders. (1993b) »Polemics is Useless – A Proposal for an Eco-socialist Synthesis in the Overpopulation Dispute«, in: *Frontier* (Kalkutta) vom 20. Februar und 13. März 1993.

Ders. (1994) *Green-Alternative Politics in West Germany, Bd. 2 – The Greens,* Tokio und Neu-Delhi.

Saslawskaja, Tatjana (1989) *Die Gorbatschowstrategie,* Wien.

Schapiro, Leonard und Grodsom, Joseph (Hrsg.) (1981) *The Soviet Workers,* New York.

Scheer, Hermann (1995) *Sonnenstrategie,* München.

Ders. (1999) *Solare Weltwirtschaft – Strategie für die ökologische Moderne,* München.

Scherer, Klaus-Jürgen und Vilmar, Fritz (Hrsg.) (1984) *Ein alternatives Sozialismuskonzept – Perspektiven des Ökosozialismus,* Berlin.

Schmidt-Bleek, Friedrich (1993) *Wieviel Umwelt braucht der Mensch?,* Berlin, Basel und Boston.

Ders. (1994) »Ohne De-Materialisierung kein ökologischer Strukturwandel«, in: Altner et al. (Hrsg.) 1994.

Schmitz-Schlang, Otmar (NABU) (1995) *Nachwachsende Rohstoffe – Chancen und Risiken*, Bonn.

Schneiders, Volker (1984) »Die Ressourcen der Ökonomie«, in: Block und Maier 1984.

Schütte, Volker (1996) »ArBYTE auf der Autobahn«, in: *Politische Ökologie*, Nr. 49 vom November/Dezember 1996.

Schwarz, Walter und Dorothy (1987) *Breaking Through – Theory and Practice of Wholistic Living*, Devon.

Sen, Mohit (1976) »Did Gandhiji Have an Ideology?«, in: *New Age* (Indien) vom 18. April 1976.

Senghaas, Dieter (1979) »Dissoziation und autozentrierte Entwicklung – eine entwicklungspolitische Alternative für die Dritte Welt«, in: Senghaas (Hrsg.) 1979.

Ders. (Hrsg.) (1979) *Kapitalistische Weltökonomie – Kontroversen über ihren Ursprung und ihre Entwicklungsdynamik*, Frankfurt am Main.

Sethi, Harsh und Sheth, D. L. (1993) »All Human Rights for All – A Report on the World Conference on Human Rights (NGO Forum) Wien«, in: *PUCL Bulletin* (Neu-Delhi) vom August 1993.

Shiva, Vandana (1986) »Ecology Movements in India«, in: *Alternatives* vom April 1986.

Dies. (1988) *Staying Alive – Women, ecology and survival in India*, Neu-Delhi.

Dies. (1989) *Das Geschlecht des Lebens – Frauen, Ökologie und Dritte Welt*, Berlin.

Siddharta (1991) «Tribals in H.D. Kote Area – a case from India«, in: *Cultures and Development – quid pro quo*, Nr. 5–6/1991.

Sik, Ota (1985) »Dritter Weg und grüne Wirtschaftspolitik«, in: Beckenbach et al. (Hrsg.) 1985.

Ders. (1990) »Die DDR zwischen Marktradikalität und Planungsdogmatismus«, in: Heine et al. (Hrsg.) 1990.

Simon, Gabriela (1991) »Wieviel ist zuviel?«, in: *blätter des Iz3W* vom November 1991.

Simon, Julian L. und Kahn, Hermann (Hrsg.) (1984) *The Resourceful Earth – A Response to Global 2000*, Oxford und New York.

Sinjawskij, Andrej (1989) *Der Traum vom neuen Menschen oder Die Sowjetzivilisation*, Frankfurt am Main.

Sivaraksa, Sulak (1996) »Asiatische Identität aus einer buddhistischen Perspektive«, in: Wagner (Hrsg.) 1996.

Sklair, Leslie (1972) *Die Soziologie des Fortschritts*, München.

Smith, Hedrik (1976) *Die Russen*, Bern und München.

Stalin, J. V. (1976) *Problems of Leninism*, Peking.

Stiftung Entwicklung und Frieden (1991) *Global Trends 1991*, Bonn.

Strahm, Rudolf H. (1981) *Überentwicklung – Unterentwicklung*, Gelnhausen.

Strong, Anna Louise (1956) *The Stalin Era*, Kalkutta.

Strotmann, Peter (1969) »Preface«, in: Bettelheim et al. 1969.

Stührenberg, Michael und Maitre, Pascal (1997) »Die Herren der Wüste müssen sesshaft werden«, in: *Greenpeace Magazin*, Nr. 3/1997.

Sünkens, Ralf (1995) »Krieg an der Küste«, Interview, in: *Spiegel Spezial* (*Die neuen Energien*), 7/1995.

Sweezy, Paul M. (1979) »A Crisis in Marxian Theory«, in: *Monthly Review* vom Juni 1979.

Szymanski, Albert (1979) *Is The Red Flag Flying? – The Political Economy of the Soviet Union Today*, London.

Tabb, William K. (Hrsg.) (1990) *The Future of Socialism – Perspectives from the Left*, New York.

The Ecologist (1992) »Whose Common Future?« (Sonderausgabe) vom Juli/August 1992.

The Economist vom 6. Dezember 1985.

Thompson E. P. (1981) »Exterminismus als letztes Stadium der Zivilisation«, in: Die Grünen (Hrsg.) 1981.

Tibbs, Hardin B. C. (1992) »Industrial Ecology – An Environmental Agenda for Industry«, in: *Whole Earth Review* vom Winter 1992.

Trainer, F. E. (1985) *Abandon Affluence*, London.

Trainer, Ted (1996) »Later Than You Think«, in: *Real World* vom Herbst 1996.

Tsuru, Shigeto und Weidner, Helmut (Hrsg.) (1985) *Ein Modell für uns – Die Erfolge der japanischen Umweltpolitik*, Köln.

Tüting, Ludmilla (1983) *Umarmt die Bäume – Die Chipko-Bewegung in Indien* (Sunderlal Bahugunas Beschreibung der Chipko-Bewegung), Berlin.

Ullrich, Otto (1979) *Weltniveau – In der Sackgasse des Industriesystems*, Berlin.

Verhelst, T. G. (1990) *No Life Without Roots – Culture and Development*, London.

Waal, Frans de (1997) *Der gute Affe*, München.

Wagner, Jost (Hrsg.) (1996) *Thailands kritische Denker*, Trier.

Wahl, Peter (1997) »Private Finanzströme – Königsweg oder Holzweg?«, in: WEED 1997.

WCED (World Commission on Environment and Development) (1987) *Our Common Future (the »Brundtland Report«)*, Oxford und New York.

Webb, Sidney und Beatrice (1944) *Soviet Communism, A New Civilisation*, Kalkutta.

WEED (World Economy Environment and Development) (1997) *Schuldenreport*, Bonn.

Weidner, Helmut (1985) »Von Japan lernen? – Erfolge und Grenzen einer technokratischen Umweltpolitik«, in: Tsuru und Weidner (Hrsg.) 1985.

Weinberger, Marie-Luise (1984) *Aufbruch zu neuen Ufern?*, Bonn.

Weissman, Steve (1971) »Foreword«, in: Meek (Hrsg.) 1971.

Weizsäcker, Ernst Ulrich von (1989) *Erdpolitik*, Darmstadt.

Ders. (1994) *Earth Politics*, London und New Jersey.

Ders. (1996) »Die Ökosteuer ist kein Arbeitsplatzkiller«, Interview, in: *Frankfurter Rundschau* vom 13. Juni 1996.

Weizsäcker, Ernst Ulrich von/Lovins, Amory B./Lovins, Hunter L. (1995) *Faktor Vier*, München.

Welter, Philippe (1996) »Wichtig ist, was hinten raus kommt – PV-Anlagen liefern mehr Energie als zu ihrer Herstellung verwendet wurde«, in: *Photon*, November/Dezember 1996.

Weltkommission für Umwelt und Entwicklung (1987) siehe Hauff (Hrsg.) 1987.

White Jr., Lynn (1973) »Die historischen Ursachen unserer ökologischen Krise«, in: Lohmann, Michael (Hrsg.) 1973.

Wicke, Lutz (1988) *Die ökologischen Milliarden*, München.

Wicke, Lutz/de Maizière, Lothar und Thomas (1990) *Öko-Soziale Marktwirtschaft für Ost und West*, München.

Wiles, Peter (1981) »Wage and Income Policies«, in: Schapiro und Grodsom (Hrsg.) 1981.